Five
Ways
of Doing
Qualitative
Analysis

社会科

U0573661

一个案例
五种方法

质性研究与资料分析的艺术

Grounded
Theory
扎根理论

现象学心理学 Phenomenological
Psychology

Narrative
Research
叙事研究

话语分析 Discourse
Analysis

Intuitive
Inquiry
直觉探询

[美]弗雷德里克·沃茨 (Frederick Wertz)
凯西·卡麦兹 (Kathy Charmaz)
琳达·麦克马伦 (Linda M. Mcmullen)
朱瑟琳·乔塞尔森 (Ruthellen Josselson)
罗斯玛丽·安德森 (Rosemarie Anderson)
艾米莉·麦克斯帕登 (Emily Mcspadden)　著

王曦影　丁　瑜　李沛薇　连宏萍
张文琪　郑　静　钟晓慧　译

北京师范大学出版集团
BEIJING NORMAL UNIVERSITY PUBLISHING GROUP
北京师范大学出版社

译者序

王曦影

作为一位质性研究学者和质性研究方法课程的教授者，自 2005 年以来，每年春夏之交在伊利诺伊大学厄巴纳-香槟分校召开的国际质性研究大会一直是我心中的圣地。2018 年春夏之交，我和北京师范大学质性研究教学团队的几位同事一起去参加了国际质性研究大会，前往"朝圣"的愿望终于达成。各种质性研究方法（如自我民族志、叙事研究、行动研究等）在大会上争奇斗艳，令人大开眼界。这让我更深入地体会到，如果说定量研究是一种科学，那么质性研究就是一门艺术。

在大会一楼的质性研究图书推荐会场上，我偶遇了 *Five Ways of Doing Qualitative Analysis：Phenomenological Psychology, Grounded Theory, Discourse Analysis, Narrative Research, and Intuitive Inquiry* 这本书。最初购书的想法很简单，我以为这只是一本介绍五种不同资料分析方法的工具书，待回国仔细阅读后，才发觉自己误打误撞购买了一本质性研究的奇书。

我将该书的中文译名定为"一个案例，五种方法：质性研究与资料分析的艺术"，虽然有点意译，但却反映了该书的精髓。五位心理学领域训练有素、成果卓著的质性研究者，分别从现象学心理学、建构主义扎根理论、话语分析、叙事研究和直觉探询五种方法，对一个遭遇创伤并挣扎复原的案例进行分析。正如作者们所言，这本书是一场冒险。难能可贵的是，五位作者在自己的研究领域中都是顶尖人物，但他们都抛开了门户之见，诚心诚意与运用不同分析方法的同行切磋"武艺"，在质性研究中共同精进。确实，该书从多个维度打破质性研究方法著作的传统框架和构想，有着如下几大优势和特点。

（1）该书紧密关注质性研究的重点与核心——资料分析。传统的质性研究方法著作通常以研究过程为主线，贯穿一种研究方法和传统，如叙事研究或扎根理论，始于如何提出研究问题，终于如何写作质性报告和论文。这本书将视线聚焦于资料分析，因为这既是质性研究的核心也是难点。在许多质性研究的写作中，资料分析的步骤和过程都被省略，成为研究的"黑箱"。然而，这本书揭开黑箱，将过程、步骤、哲学思考和理论建构条分缕析，清楚明晰地呈现在读者面前，达到了具体示范的效果。

（2）该书不仅介绍了现象学心理学、建构主义扎根理论、话语分析、叙事研究和直觉探询五种方法，而且将这五种方法的哲学基础、本体论、认识论和具体运用进行了梳理和介绍，勾勒出每一种方法的发展脉络和历史流变。更为重要的是，在定量研究仍在心理学界和社会科学界占据主导地位的今天，面对心理学相对社会学等其他学科更晚拥抱质性研究的事实，该书梳理了质性研究在心理学领域的传统，指出许多灿若星辰的心理学和社会科学先驱，如弗洛伊德、马斯洛、威廉·詹姆斯、科尔伯格等，都是运用质性研究方法的大师，他们为心理学的发展和社会科学的演进奠定了开创性的基础。该书尝试链接质性研究的光辉传统和现今发展，但还是遗憾地指出，质性研究传统还没有得到充分的挖掘、总结和发扬光大。

（3）该书是跨界合作的成果。质性研究强调事实是社会建构的，强调研究者的主体性，强调不同研究者去研究同一个人或同一事件有可能选取不同的视角、关注不同重点并得出不同的结论。虽然大多数质性研究者秉持这样的信念，但这本书却将这一信念变成一部著作，呈现在读者面前。共同选取一名歌唱者在冉冉升起之时突然患甲状腺癌并失去嗓音这一创伤性事件：现象学心理学学者讨论了创伤与抗逆力（resilience）的心理过程；建构主义扎根理论学者看到了自我价值的失而复得；话语分析学者看到了"强调自我，弱化他人"的创伤复原的话语模式；叙事研究者讲述了理智与情感、身份建构、自我和他人故事的建构、解构和重构；直觉探询学者建构了疾病的"反向镜像"理论。作者们的努力到此只拉开了五种资料分析的帷幕，接下来，五位学者认真阅读其他四位学者的分析，并撰写自己的分析与他人分析的异同。此外，弗雷德里克·沃茨，作为现象学心理学的质性研究者，以及这部著作的统筹者，尝试运用现象学资料分析的方法，将五位学者的发现进行整合，并开拓了在质性研究中开展元研究的一种可能。最后，所有的作者都指出跨界合作，共同推进质性研究发展的重要性。他们认为，五种资料分析方法虽然各有独特之处，但是它们之间的相似性更加明显。他们列举了质性研究的共同特点，并指出，如果研究者不想遵循某一既定的质性研究传统，应该如何开展研究。作为译者，我们很欣赏他们可以放下彼此的门户之见，携手推进质性研究作为一个大家庭、大领域的发展和演进。

（4）该书也是对质性研究的实践伦理进行测试和改造的试验田。传统质性研究通常把研究参与者的保密和匿名当成金科玉律。研究参与者在资料收集阶段发挥重要作用，但在资料分析阶段，参与者能发挥的作用非常有限。研究者很少与参与者分享他们的分析结果，更不用说将参考者对研究分析的意见发表出来了。然而，这本书的安排却异乎寻常。案例的提供者是一名心理学的研究生，她接受邀请，一五一十地写出对五种分析的个人感受，并要求署本名刊登。这给这一项目提出崭新的伦理挑战：当参与者不匿名的时候，如何保护参与者谈到的其他人的隐私？资料到底归谁所有？谁更有解释性权威？令人欣赏的是，该书公开透明地讲述了这一安排有可能带来的各种伦理挑战，并寻求了一个相对两全其美的办法：在案例部分和资料分析部分，仍然使用化名特蕾莎，但在第十一章"参与者回应"中，使用了参与者的真名。参与者成为合作者，她的名字也被放到书的封面上。该书对伦理问题的灵活处理给其他的质性研究提供了一个示范，虽然遵守保密和匿名是质性研究的基本原则，但在研究过程中尊重参与者的意愿更加重要。有时候，遵守过程伦理比固守既定规则更加重要。

感谢北京师范大学出版社的周益群老师，我偶然和她提及这本书的种种特别之处，她认为本书值得引介给更多的中国读者，这使得我义不容辞承担起中文版的统筹翻译工作。我邀请了6位同仁和我一起倾力合作来开展这项颇为艰巨的翻译工程。我们7位都是资深的质性研究学者，其中4位（王曦影、丁瑜、朱志勇和连宏萍）常年从事质性研究方法课程的教学。朱志勇教授又邀请张文琪加入了翻译团队，一共8人，耗时一年翻译了这本书。由于原书是由6名作者撰写的，所以我们在进行翻译工作分配的时候，基本上采取了一位译者对应一位作者的方法，其中张文琪（译）和朱志勇（校）一起负责了原作者琳达·麦克马伦（Linda McMullen）撰写的部分，李沛薇负责的部分是心理学领域的质性研究先驱的阐述，并没有对应的原作者，我负责统筹以及致谢、前言、质性研究的心理学的传统和特蕾莎文本等部分的翻译。具体分工见每章最后的翻译安排。

正因为译者人数较多，翻译分工比较琐碎，最后的统稿工作就显得有些艰难。为了保证翻译风格具有一致性，也追求章与章之间的用词、术语的统一，我用了好几个月的时间，将接近600页的翻译稿从头至尾校对了一遍。例如，有的译者将 data analysis 译为"数据分析"，有些译者将其翻译为"资料分析"，为了与定量研究的数据分析区分开，本书一律使用"资料分析"。这样的例子不胜枚举。此后，美国北卡罗来纳大学教堂山分校的在读博士高雨桐又与我一起将文稿从头至尾校对了两遍。我要感谢北京师范大学的研究生林依彤、吴佳芮和郭鑫。林依彤协助我整理了翻译全文的格式，核对了全书的中英文人名翻译和索引翻译，并在翻译稿上不辞辛苦地添加了原书的页码(本书边码)；吴佳芮协助翻译了几位作者的简历；郭鑫协助整理了目录。我还要感谢北京师范大学的胡雪龙、谢洋、张甄英、郭鑫、吴佳芮和彭云其，她们都协助我校对了部分三校样。我要感谢北京师范大学出版社的刘溪编辑，作为责任编辑，他给翻译稿提出很多宝贵意见。我们竭尽全力追求翻译的信达雅，但是必须要指出的是，我们大多数译者虽是训练有素的质性研究学者和教授者，但并没有心理学系统训练的背景(李沛薇除外)，所以翻译难免有疏漏之处，文责自负。

　　我真心希望该书的出版可以进一步推动中国的质性研究开展，推动中国的心理学界和整个社会科学界认识到质性研究的价值和意义并投身其中。我还希望同仁们可以运用本书推动质性研究资料分析高阶课程的开发，并希望有一天有机会可以参考本书的方法和中国的质性研究同仁们做类似的研究实验。这是我在质性研究旅程上继续前进的目标和方向，是为序。

目　录

第一部分　心理学中质性研究的故事

第二部分 质性分析的五种方法

第三部分　质性研究的多元性、参与性和统一性

致　谢

　　我们希望借此机会感谢生命中的重要他人和家人，因为他们的理解，对我们工作的分享，以及无私的支持。

　　我们也感谢福特汉姆大学（Fordham University）、萨斯喀彻温大学（University of Saskatchewan）、菲尔丁研究生大学（Fielding Graduate University）和超个人心理研究所（Institute of Transpersonal Psychology）的博士研究生和同事们给我们的支持、鼓励和共同的愿景；特别感谢福特汉姆大学参与"心理学质性研究方法"研究生课堂的学生们，他们塑造了这个项目，并为我们的分析提供了资料。

　　真心感谢卡姆拉·穆迪（Kamla Modi），她提供了书面描述并参与了后期的访谈。我们也要感谢两位访谈者——弗兰克·威廉姆斯（Frank Williams）和塔米卡·乔丹（Tameeka Jordan），他们收集的资料奠定了这个项目的基础。我们感谢艾米莉·梅纳德（Emily Maynard）为文稿做出的详细的编辑。

　　我们特别感谢吉尔福德出版社（Guilford Press）的出版人黛博拉·劳顿（Deborah Laughton）。她像同事一样陪伴我们，持续不断鼓励我们，提出建设性批评意见和无比宝贵的建议。

　　我们也要感谢下列的评审人给出的有益且富有洞见的评论：萨斯喀彻温大学心理系的珍妮·马雷赛克（Jeanne Marecek）；田纳西大学（University of Tennessee）心理系的马克·赫克托（Mark A. Hector）；密歇根州立大学（Michigan State University）教师教育系的苏珊娜·威尔逊（Suzanne Wilson）。感谢下列研究生：菲尔丁研究生大学的海蒂·马蒂拉（Heidi Mattilla）和凯特·泰伊盖尔（Kat Tighe）；福特汉姆大学的萨拉·卡门斯（Sarah Kamens）；以及萨斯喀彻温大学的梅勒妮·贝利（Melanie Bayly）。

最后，我们感谢那些从不同方面为本书做出贡献的人，他们的贡献包括理解对话、开设公众论坛、头脑风暴、给出方向、修饰手稿等。他们包括：朱迪·阿伯特（Judy Abbot）、理查德·巴吉尔（Richard Bargdill）、鲍勃·班尼特（Bob Bennett）、杰恩·比格森（Jayne Bigelsen）、斯科特·邱吉尔（Scott Churchill）、莱斯特·恩布里（Lester Embree）、琳达·芬利（Linda Finlay）、西莉亚·费舍尔（Celia Fisher）、马克·弗里曼（Mark Freeman）、肯尼斯·格根（Kenneth Gergen）、安迪·乔治（Andy Giorgi）、芭芭拉·赫尔德（Barbara Held）、马特·詹姆斯（Matt James）、萨拉·卡门斯、希拉·卡兹（Sheila Katz）、丹尼尔·马尔皮卡（Daniel Malpica）、多伊尔·麦克卡西（Doyle McCarthy）、唐娜·梅顿（Donna Mertens）、大卫·雷尼（David Rennie）、大卫·里格尼（David Rigney）、琳达·斯尔卡（Linda Silka）、凯瑟琳·恩桑克（Katherine Unthank）、玛丽·沃特金斯（Mary Watkins）和泰顿·伍兹（Tryon Woods）。我们还要感谢美国心理学会下属的人本主义心理学分会这些年来为我们这一项目的发展提供论坛和讨论的平台。

导　言

本书的主题是一场冒险。人类科学和服务专业面临的最大的挑战就是研究方法的选择和应用，尤其考虑到人类经验的独特性、复杂性和意义。质性研究方法在 20 世纪为心理学做出了重大的贡献，杰出的研究者如威廉·詹姆斯（William James），西格蒙德·弗洛伊德（Sigmund Freud），让·皮亚杰（Jean Piaget），劳伦斯·科尔伯格（Lawrence Kohlberg）、亚伯拉罕·马斯洛（Abraham Maslow），以及诺贝尔奖获得者赫伯特·西蒙（Herbert Simon）和丹尼尔·卡尼曼（Daniel Kahneman）都使用这一研究方法。直到最近几十年，丰富多样的方法才被正式用来在学术场所中训练研究者。自从 20 世纪 70 年代以来，质性研究方法在教育场所、基金项目、会议报告和论文发表中逐渐显现。这一运动被称为"质性研究的革命"（Denzin & Lincoln, 1994）。然而，尽管目前的教科书和研究生课程向学生和学者介绍各种方法，很少聚焦于不同方法之间以及过去和现在的比较。学生甚至是成熟的研究者寻求提升他们的方法论的能力以及质性研究的实践，但他们又常常在不同研究方法的相似性与差异性中间踟蹰不定，也常常不能确定如何选择最符合他们研究目标的分析方法。这本书聚焦于历史背景、当前现状、具体示范和展现五种常用质性分析方法（现象学心理学、扎根理论、话语分析、叙事研究和直觉探询）的对比，从而促进了人们对质性研究方法日渐增长的兴趣。这本书的目标是协助研究新手及成熟研究者实现更为扎实的质性研究实践（praxis），即质性分析的反思性应用。

2

一、质性研究方法的本质和重要性

质性研究致力于回答"是什么？"（what?）。了解"是什么"常常意味着将事物作为整体来研究，运用概念化并考察整体和各个组成部分；考察组成部分如何相互联系并形成一个整体；探究这一整体又如何与其他事情相似或不同。探究"是什么"可能常常包括对"怎么样"（how）的概念化——它的过程以及随着时间变化的变迁。质性知识也常常包括了解情境、后果或者产出，以及对于考察更大世界的意义。建构理论、假设性解释、预测、对主题的测量预设了质性知识，即知识作为主体的基本特征。"是什么"的知识可能是隐性的或显性的，未加批判的假定或是仔细建构的，通过非正式渠道或正式渠道获取的。在关注人类精神生活的科学历史中，按照严格规范测量的过程和定量分析是关注的重点，然而质性的、描述性的过程却很少得到关注。然而，从始至终，测量只能告诉我们量的大小（magnitude），即便很多的测量是运用了精心设计的工具并运用最为复杂的统计过程进行分析，它们依旧不能提供关于所测量事物的质性的知识。于是，一种新型的研究和分析——关于主体是什么以及其在真实世界中的复杂性的研究——是必要的基础，也与定量研究形成互补。

质性知识容易被视为理所当然。我们已经通过我们日常的生活经验熟知了"事情是怎么样的"。然而，重要的基本的质性工作已经在科学中得以体现：例如天文学绘制了行星和恒星，植物学为各类植物划分了类别，生物学描绘了器官系统的结构和功能及胚胎发展的阶段。或许人类的现象如学习、智力、情绪、家庭、教育、民主、"冷战"时代等与我们特别接近以至于我们能够理论化、测量、解释，有时甚至能够成功预测并控制它们，即便不对它们进行任何方法上的质性探究。然而，质性问题关注结构、过程及主体的意义，需要仔细的严谨的科学来克服没有批判性的经历和假设带来的偏见和局限，虽然这常常充斥着我们的日常生活。毕竟，质性问题关注的"学习"或"智力"等人类本身的本质的问题，继续成为冲突观点与持续辩争的问题。提出好的质性问题并运用仔细的、自我批判的、方法论上可靠的过程去回答问题是科学的关键。人类事务和精神生活的质性知识是人类科学的一部分，它在 19 世纪就形成了制度化的学科。然而，在这些学科中，研究方法用于制造质性知识的重要性直至最近才被广泛地接受，建立了详尽的过程，经过论证并逐渐可及。运用这些方法的重要发现进一步证明了它们的价值和实用性，以及它与公认的定量研究方法的互补。

　　尽管质性研究的设计、资料收集、过程还有很多需要进一步学习和研究之处，对于学生和实务工作者来说，最为紧迫的还是质性分析，它与定量分析非常不同，而且常不被包括在教育体系之中。极少数的研究者或方法论学者受过正式的训练进而熟练运用不同的质性研究范式，少数研究生院为学生提供机会让他们学习质性资料分析方法的范式的全面谱系。为了弥补这一空白，促进大家对代表性的资料分析方法的深入了解，这本书关注研究者的情境和实践，这些研究者沉浸于方法各异的、特点鲜明的质性分析。

二、质性研究方法的冒险

　　这一冒险始于我们，五个质性研究者，散居在各地，我们获得的训练、方法论和研究领域不尽相同，但我们共同决定接受这独一无二的挑战：从各自的视角去分析同一份转录的访谈资料。最初，我们都不知道这一项目要朝何处去。就像任何质性研究项目的开始，我们有的只是不确定性。我们要分析什么主题？我们要如何理解和掌握访谈或其他形式的质性资料？我们的方法和分析会呈现出什么样的相似性和差异性？我们的分析会导致类似的洞见或是不同的发现吗？我们会面临资料不可调和的诠释而且找不到共同的解决方案吗？我们要如何解释对方的作品，以及如何对比与自己作品的不同？我们能否找到一些不同质性分析方法中的基础性统一？作为个体和群体，关于我们的研究主题，关于我们使用的分析方法，关于质性资料分析的不同可能，关于彼此，关于自己，我们将学到什么？在这一冒险中，我们自己对质性研究方法的理解会不会改变？又会怎样改变？

4 　　我们代表了重要的、当代的科学知识的不同范式的一个谱系。因为质性资料分析方法的发展是彼此借鉴、相互影响的，我们选择相对有独立传统且有既定程序的分析方法。现象学（代表人物：弗雷德里克·沃茨，Frederick Wertz）是一始于哲学的方法，20 世纪被广泛运用于人文学科、社会科学和助人专业；自 20 世纪 60 年代以来，现象学学者已经运用清晰定义的方法去建构心理学中意义导向的、描述性的知识。扎根理论（代表人物：凯西·卡麦兹，Kathy Charmaz），20 世纪 60 年代末期在社会学中发展而来，关注理论建构，已经形成了一套精确的程序，在各类人文学科和职业中广泛使用。话语分析（代表人物：琳达·麦克马伦，Linda Mcmullen）是当代研究取向的一种，强调人类语言作为社会情境表演并为科学研究和人类生活带来社会批判的视角。叙事分析（代表人物：朱瑟琳·乔塞尔森，Ruthellen Josselson）从文学研究以及跨学科社会与文化运动中取材，包括从精神分析到女性主义，强调故事的诠释式力量进而揭示人类意义。直觉探询（代表人物：罗斯玛丽·安德森，Rose-marie Anderson）最近才成为质性研究的一种范式，起源于精神和转化经验的研究，对质性研究的传统发展做出贡献，是正式强调将研究者的直觉、情绪、个人能力整合起来的方法，为了实现心理学的抱负，促进个人和文化的转变。这五种质性方法可以用于分析各类主题，并用于各种类型的资料，如书面描述、访谈、焦点小组和其他人类表达等。它们可以合并使用于不同类型的研究项目，包括：基础科学、诠释学、启发法和民族志；行动的、参与式、解放的研究；临床、评估和个案研究。

我们聚焦在质性研究的分析阶段，因为不同范式的最大区别就在这里。质性分析不仅是技术程序的机械运用，也不仅是研究者工具包里的一个工具。当我们使用恰当的时候，这样的分析需要独特的质性立场和世界观。因此，本书的目的是为理解和运用五种特定范式的典型程序提供广泛的知识基础。为了促进更深入的理解，需要进一步的阅读，我们提供了关于质性研究方法和方法论的大量参考书目，尤其包括这五种分析范式的相关文献。当读者追随我们每一个人的分析实践进入质性研究时，我们旨在为读者提供具体的、细节的、亲密的经验。我们也希望能为理解这些不同的范式与历史上质性研究的典范，以及它们之间的关系提供自己的洞见，从而能够更好地理解对它们的共同特征以及独特目的和优势。为了实现这一目的，我们每个人都直面并探索当代质性研究者面临的广大的问题和挑战，从我们研究的哲学支撑、层面的效度问题以及在高度个人化研究过程中保护研究参与者的伦理困境。我们尤其重视个体研究者的角色、风格和主体性，并在分析过程中对我们自身的个体存在提供反思性的检视。相应地，我们的冒险也不仅是重走一条设计好的道路。我们也在开创性地推动质性运动的视域，从过去、现在走向未来。

我们五个人都想通过我们的研究来寻找一般性知识。这一项目对我们来说也不同寻常，因为分析的焦点只是一名参与者的资料。我们最初采取这种方法有示范的目的，旨在让读者看到我们的分析资料并感受到我们分析实践的具体细节。然而，出于伦理责任的考量，包括保护研究参与者的权利、维护她的福祉并观照她的兴趣，我们与主要的研究参与者建立了关系，并仔细倾听了她对这一项目的回应。尽管最初只是潜台词（subtext），后来这一关系却不可避免地成为该项目的重要部分，我们将其清晰地表达出来，因为它蕴含着伦理和方法论议题的重要考量。

关于个人隐私的规范在我们文化中改变，正如公众广泛使用的脸书（Facebook），展现了相当多的个人信息。在我们的科学研究中，关于研究参与者角色的规范也正在改变。研究对参与者的影响以及参与者与研究相关的经验都在激发伦理和科学的辩论。关于科学与非科学的边界正在动摇、问题化甚至被质疑。从物理科学中衍生出来的模式，认为研究者是主体，参与者是客体，已经被认为不再适合于人文学科。评论者、批判者和研究者自身都逐渐在号召研究者尊重参与者的人权，并通过科学的方法来赞许并认同他们的兴趣、理解方法、批判性的潜能以及结果。科学家们正逐渐对权力与特权的不平等带来的政治和伦理意涵变得敏感。因为研究中参与者的角色正在变成当代研究中的重要议题，并对依据高度个人化的资料做出的研究提出模棱两可和复杂的议题，我们探索并批判性地反思了研究参与者对我们的分析的反馈。我们发现，即便当研究者寻求一般性知识并寻求服务于不是研究参与者的他人时，他们的分析可能还会有重要的影响，尤其在号召科学家们的理解和伦理责任这方面。

三、研究道路

我们遇到的第一个困难就是为这个项目选一个可接受的案例。这个决定很困难，因为资料并不会凭空出现在家门口。每一质性研究的传统和每一位质性研究者都有自己定义研究议题的方式，批判性地与现有文献对话，辨别研究问题的重要意义，设计整个研究，并为最好地服务于研究目的来收集资料。资料分析并不是在真空中出现的，也不是每一种范式都有一个既定的设定，而是要考虑研究项目所处的特殊情境。也就是说，在这一项目中选择用于分析的共同资料多少有些人为设计的成分。如果是在自然情境下开展研究，我们可能用不同的方式来设计研究并运用不同的资料。我们讨论是否有符合示范和比较目的且我们可以共同使用的资料，在几个星期的讨论之后，我们决定放下各自保留的意见，同意寻找供我们分析的共同资料。

主要资料的收集是鼓舞人心的，这一深入的书写描述和访谈是在福特汉姆大学（Fordham University）的研究生质性研究方法课堂上收集到的。学生们在这门课程中决定研究"面对创伤后的人类抗逆力"（他们用的词语是"不幸"），每个学生都从个人生活经历中选取一个故事来进行书面描述，之后学生之间互相访谈。作为这一项目的主要资料，我们决定选择使用一位年轻女性书写的故事和另一学生对她的访谈，我们称她为"特蕾莎"（Teresa）。特蕾莎的"不幸"发生于 19 岁那年，她是一名音乐学院的学生，受训成为一名歌剧演员，她发现自己得了甲状腺癌，威胁到她的声音和职业。当癌症扩散到脑部时，她苦苦挣扎着生存，失去了对她最有价值的东西。她勇敢面对生活的挑战，尽全力去生活，她的生命延展了，生活发生了巨变。

我们研究者觉察到选择这一文本作为分析的局限性：访谈很简短；访谈者是一名新手；只有一名参与者的资料作为分析的基础。然而，我们接受这些局限性，因为这一资料的丰富性足以使我们可以示范真实的分析实践并允许有意义的结果和比较。为了使得研究者克服单一参与者资料的局限性并示范他们不同的分析过程，我们还选择了同一课堂的另一书面描述和访谈，我们称她为"盖尔"（Gale）。作为美国大学体育协会的第一梯队的前体操运动员，盖尔从高低杠摔下来后遭受了创伤性损伤。她的案例给研究者们提供一个机会去选择分析一个以上主题相近的

7

案例。尽管我们研究者通常不会在分析中将自己局限于一个或两个案例，我们很满意地看到这两个案例能够允许我们展示分析方法，实现我们的目标。

这一项目共历时 3 年。每个阶段都以在美国心理学会（APA）年会（全美心理学大会）上的报告作为总结，也常常在大会之后召开人本主义心理学分会的相关研讨会。在第一阶段，2007 年的大会上，5 名作者分析了共同的资料并报告了他们的分析范式，包括他们的背景、哲学、历史、分析的过程以及他们对特蕾莎（有些涉及盖尔）书面描述和访谈的分析发现。研究者和参会者都发现这些分析的相似与不同之处非常有趣，并对质性研究提出了很多之前没有深入讨论的问题。每个研究者都对别人的分析感到惊奇，这给我们每个人一个独特的机会去探索和理解不同范式之间的联系和差别。第二个阶段的任务是我们每一个研究者研究其他四个范式并用自己的分析和发现作为参照。

四、研究参与者的介入

2008 年，我们的对比研究的方法和发现在美国心理学会年会上激起了很多讨论和反响。当我们为五种分析方法的差异感到沾沾自喜的时候，一个听会者提议："你们有问过特蕾莎（参与者）对你们的分析的想法吗？"尽管我们把分析结果与两位研究参与者分享过，我们从未考虑过询问她们的反馈意见。作为质性研究者，我们习惯于让我们的参与者阅读、评估访谈资料的准确性，并在出版时删除任何他们不愿出版的个人内容。除了这些常规的操作，我们每个研究者没有特意去和研究对象就我们的研究结论进行深入的对话。我们意识到很多质性研究者在研究的不同阶段引入参与者，于是决定延伸这一项目的范围，邀请特蕾莎回应我们的分析，为本书写一章并成为第六个作者。特蕾莎还是一名心理学

8

研究生，她愉快地接受了邀请并成为我们的合作者，书写她参与这一研究项目的经验，并对我们的分析做出她的回应。

阅读了我们的资料和撰写她的章节之后，特蕾莎要求我们使用她的名字，但是，这样的话，图书的出版会暴露她的身份。我们担心，质性研究一直强调的保密原则会遭到破坏，她的隐私会失去保护。邀请研究参与者阅读我们对她自己的书写和话语的分析并回应，我们预想会遇到各种伦理挑战和复杂性。我们决定在 2009 年的美国心理学会年会上讨论与研究参与者的合作伙伴关系的伦理困境。为了将这一议题和观点进行深入探讨，我们与两位研究者和伦理学家组成团队，唐娜·梅顿（Donna Mertens）和琳达·斯尔卡（Linda Silka）教授。在准备阶段，最初的 5 位研究者讨论了一系列的伦理议题：聚焦于保密、匿名以及保护隐私。我们发现自己面临一系列的担忧，例如将参与者的医疗史公布于众的潜在风险，这有可能影响她的潜在就业和医疗保险。我们不仅担忧参与者的隐私，也担忧参与者在访谈中提到的其他人的隐私，例如她的配偶、父母、声乐老师以及一开始误诊她医疗状况的医生。我们将这些担忧与参与者本人分享，她评估了我们提出的所有情况，仍坚定不移地要求使用她的名字。经过长期深入的讨论，我们最终达成共同的意见。鉴于这一项目的特殊本质，尤其是参与者作为合作者的崭新角色，我们决定在资料、分析和对比中依旧使用化名——特蕾莎，而用她的真名艾米莉·麦克斯帕登（Emily McSpadden）作为本书的作者之一和第六章的作者之一。持续使用化名特蕾莎尊重了保密的重要原则与这一项目的开展和分析的最初情形。使用她的真名艾米莉·麦克斯帕登是为了认可她作为合作者的特别角色和这本书的作者之一。我们希望读者理解这一项目的独特情况以及我们为何要做这样特殊的安排。

我们工作的最后阶段涉及我们对艾米莉·麦克斯帕登的章节的回

应，在第十一章，她对每一种分析都表达了看法。我们聚焦讨论由于参与者的合作伙伴关系以及参与者对自身经验分析的回应带来的伦理困境和科学挑战。最初我们邀请参与者对我们的分析进行回应时，特意没有做出引导或限制，而是鼓励她自由回应。艾米莉·麦克斯帕登的回应丰富多变。她很感恩研究者从不同角度理解她的故事。她有时有些退缩，但又被这些使用的方法所吸引。她发现很多的分析和她的自我理解相一致，但有时她感到尴尬和困惑。她同时对一些分析的明显引申提出抗议，质疑它们的"准确性"。我们的分析有时与她对自己的看法一致，有的时候正好相反。研究者们感动于艾米莉·麦克斯帕登回应时候展现出来的正直、热情和坦诚。研究者们同样又有不同的反应，有的感到轻松和赞叹，有的感到不被理解和不被认可。这些反应提出了一系列问题：①第十一章存在的意义是什么，读者会如何理解这一章？②研究者与参与者的权力关系是怎样的，谁才是解释的权威，理由是什么？

　　研究者对如何继续进行有着不同的看法。一些人强烈认为艾米莉·麦克斯帕登的回应就应该按照原样一字不变登出。所有人都同意艾米莉·麦克斯帕登的回应应该被尊重、保护、发表，审查参与者对分析的回应是可恶的。然而，所有的研究者也很担心，作为一名学生以及她不是一位质性研究方法的专家，艾米莉·麦克斯帕登的回应可能包含着误解，甚至可能对读者理解某些分析方法产生误导。毕竟，她本人并没有受过质性研究方法的深入学习和训练，她也没有像我们那样经历过深入合作、彼此纠正、对彼此工作回应这样的过程。包含艾米莉·麦克斯帕登的章节会不会不经意地引导读者给予研究参与者诠释的特权和权威，即便五位研究者并不赞同？我们都不认为研究参与者拥有最终判决权来确立研究发现的程序和合理性的科学价值。通过对比和回应对方的分析，我们有的时候会放弃争论并根据其他研究者的回应来修正我们的论点，这基于对他们的专业信任。参与者的回应是否也应该得到这样的待遇并进行修改？对于相互之间的不一致，到底谁有最终的话语权呢？

面临这样的伦理和科学困境，我们选择了一条中间道路，即开放、透明和相互尊重的对话。我们列举出我们视角的不同，既包括研究者之间，也包括研究者和参与者之间的不同。我们原原本本地报告了艾米莉对我们的分析的最初的、自发的回应，然后我们又明确表达了，在合作伙伴关系中，当参与者被允许对研究者发表意见的时候，研究者可能遇到的一系列复杂的棘手的问题。研究者和参与者之间的交流使得我们更好地理解了人类科学研究中的权力、特权、所有权、解释的权威和效度 10
的复杂性。

五、本书结构和安排

本书是为学生、研究新手和成熟的专业质性研究者而写的。本书一共由三部分组成：第一部分（第一章至第三章）讲述了心理学中质性研究的故事，始于一些伟大开创性的杰作直至当代质性研究的运动及典型构成。第二部分（第四章至第九章）是整本书的核心部分，始于特蕾莎的书面描述以及随后的访谈，记录了她如何应对癌症的种种挣扎，随后运用5种质性资料的范式来分析特蕾莎的创伤性丧失。第三部分（第十章至第十二章）聚焦多元主义的当代问题。具体包括以下 5 部分内容：①详细比较 5 种分析范式；②参与者对分析的回应；③对研究伦理这一适时论题的考察；④参考者对分析回应的意义；⑤详细说明了 5 种质性传统的共同基础和特殊性质。

第一章通过检视心理学历史中的最为技艺高超、令人印象深刻的质性研究的实践而介绍了它们。介绍常常被忽视的心理学质性研究的重要宝藏之后，大师级的实践者如西格蒙德·弗洛伊德、威廉·詹姆斯、亚伯拉罕·马斯洛和劳伦斯·科尔伯格展示了一座"最佳实践的金矿"。这些先驱人物发展的方法和知识，解释了众多心理现象到底"是什么"，包括心理病理学、梦、宗教体验、健康人格、高峰体验、道德法则的发展等，这些成为这本书的榜样和参照。在这一章，我们也讨论了高尔顿·奥尔波特（Gordon Allport）的批判性倡导、建立质性研究的正式方法论和实践规范，这些预示了当代的质性运动。

第二章聚焦于方法论学者如何评估质性分析实践惯例并建立研究的不同传统，这些学者反思了它们的科学基础和规范并形成在人类科学中被研究者广泛使用的实践。

第三章回溯了近来质性分析的应用，以及知识的发展和应用，包括聚焦当代质性研究者最为关注的议题，总结典型质性研究项目的结构和目前遇到的困难。

第四章呈现了特蕾莎的逐字书面描述和访谈，让读者们可以接触到五位研究者用于分析的原始资料。

11　　　　附录部分包括了盖尔提供的书面描述和访谈，这一精英体操运动员如何面对和克服运动意外带来的严重受伤。盖尔的文本，后面的 5 个分析中有 3 个用到，为读者提供了额外的资料作为参考，读者可以继而运用本书详细介绍的不同分析方法自己进行完整的资料分析的尝试。

第五至第九章依次聚焦于 5 种资料分析的传统以及对特蕾莎文本的分析（包括一些对盖尔文本的分析）。每一章都提供了历史、哲学、概念基础、分析过程以及对特蕾莎文本的具体分析。

第十章通过 5 种传统的视角，开展了对 5 种质性分析范式的清晰比较。这些比较指出了每种方法的特点、优点、共同点、差异性特征、优势及其相关应用。

第十一章包括了艾米莉·麦克斯帕登对分析的回应。

最后一章，即第十二章总结并检视了这本书的重要主题：伦理、参与者的介入、质性研究基础的方法论洞见以及 5 个传统的鲜明特点。这里我们定义了多位实践者共享的质性分析的共同基础，包括这本书详尽介绍的 5 个传统以及大师实践工作带来的伟大影响。质性分析的通用基础可能为不熟悉任何单一传统的研究者提供有用的指南。我们也在当今质性人类科学的众多范式中进一步辨识 5 个方法论传统的观点、特点及优势。两个原始资料、多元方法、参与者的介入等特征被详细说明以便学生和研究者们能够更好地理解质性研究领域的拓展、成就及其挑战。

这本书旨在提供并激发研究人类经验的质性研究者的思考。它也承担了介绍质性研究基本特点和主要构成的使命，不仅聚焦为什么（why）和是什么（what），也关注怎么样（how）开展质性研究。我们希望通过分享这一历史、运动以及对生命经验（lived experience，指的是在人们生活中具体且自然而然发生的经验）[1]的深入分析的当代应用，能够引发读者对关注人类存在的其他学科的兴趣。这本书中仔细介绍的心理学研究和分析方法可以卓有成效地引入其他学科，如人类学、社会学、历史学、政治学和经济学，也可以应用于各种跨学科的专业领域，如健康、教育、社会服务、商业、咨询和妇女研究等。该书可以供独立研究者使用，可用于研究生或本科高年级学生的研究方法课程，或者用于人类科学领域的专门质性研究课程。它对现有的定量研究方法和质性研究方法都是很好的补充教材。这本书也可以用于将阅读文献与报告写作贯穿起来的质性研究方法课程，尤其强调资料收集的策略和报告写作。该书包括两位参与者全部的书面和访谈资料，这也给读者开展自己开创性分析的机会，读者可以使用本书系统讲述的方法，也可以运用其他方法，目的是学习、探索并比较质性分析的多样性。

（本章译者：王曦影）

12

注　释

[1] 生命经验(lived experience)这一术语，被质性研究者频繁使用，这是从欧洲的人文和社会科学的传统衍生而来的，作为德文词语 Erlebnis 的翻译。关于这一术语的详尽精彩的讲述，可以参考伽达默尔的著作(Gadamer, 1960/1985, 55～63)，这部著作讨论了它的历史起源、意义、使用和它的复杂的概念。Erlebnis 这个词语在 19 世纪 70 年代开始被广泛使用，它从更古老的词语 Erleben 中衍生出来; Erleben 在歌德时代被广泛使用。Erlebnis 一开始在自传写作中使用，被用来指代直接的(immediate)经验，与概念知识和诠释相对照，暗示经验的重要性、后果和时间性的意义。"生命经验"这一概念，与理论经验的抽象性(如感觉，sensation)和测量(例如，绝对阈限，absolute threshold)相比，包括了内在的目的性、生产性、相对性，最为重要的是，在个人更为广泛的生活中的意义。

参考文献

Denzin, N. K., & Lincoln, Y. S. (1994). Preface. In N. K. Denzin & Y. S. Lincoln (Eds.), *Handbook of qualitative research* (pp. ix-xii). Thousand Oaks, CA: Sage.

Gadamer, H.-G. (1985). *Truth and method*. New York: Crossroad Publishing. (Original work published 1960)

第一部分
心理学中质性研究的故事

第一章

从创新的实践到对方法论的号召

质性研究方法最初是研究者个体通过做研究来创造新知识。后来，这些实践才被反思，具体化，被发表和讲授，被其他研究者运用。研究方法论是把科学家个体的表现做理智的诠释。引导当代运动的质性研究方法论在质性方法出现之前并没有聚焦在心理学家的具体实践上。当代各个领域的研究者都可以从质性研究者的实践中得出有价值的策略、程序和原理，这些质性研究者对个体的生命经验做了标志性研究。如果熟悉了各种历史上最优的基于人的经验做的质性研究实践，就可以对相应的一般的研究方法提供观点和广度。对产生生命经验的重要知识的原初实践的研究也可以为质性研究方法的持续发展提供新的洞见。

在这一章中，我们首先对研究作一个历史回顾，这个研究对心理学知识的重要贡献是众所周知的，但其中的质性研究方法很大程度上还未被考察。这给各个领域和职业的质性研究学者提供尚未开发的资源。拿着这份地图，做质性研究的学者和学生可以识别、重温、研究和学习过去成功的实际质性研究的操作。然后我们再具体地探索四个先锋人物经历的多样的质性研究实践：西格蒙德·弗洛伊德、威廉·詹姆斯、亚伯拉罕·马斯洛和劳伦斯·科尔伯格。对他们的策略做近距离的学习可以为当代不同学科的学者们提供在他们自己的研究中成熟的、可供改造和运用的方法。这些多样化的做研究的方式也可以促进对方法论做更具体的理解。这些方法论更抽象地指定了实践。最后，在这一章，我们会转向高尔顿·奥尔波特对这些实践创新的批判性审视，和他对在这些实践基础之上建立正式研究方法的号召。作为 1942 年的一个跨领域的倡议，奥尔波特提议对主观意义的质性研究的建立和使用需要正式地去学习这些方法并把它们的科学性的规范合理化。本书突出质性研究历史性发展的延续性，和跨不同传统的学科和应用方法的统一和互补性。这一章中讨论的很多做质性研究的方法会在后面的关于 5 种方法论的传统的章节中展现出来，也运用在 5 个对特蕾莎的叙事和访谈分析中，可以被广泛运用到当代研究中。

第一节　质性研究在心理学中的历史

心理学史学家提醒我们，第一个被称为"心理学家"的人——科学心理学的创始人威廉·冯特（Wilhelm Wundt）——不仅于 1879 年建立了第一个心理学实验室，标志着这一独立学科的诞生，而且还开展了质性研究，发表在他的 10 卷本的《民族宗教心理学纲要》（*Volkerpsychalogie*）①（译为"文化心理学""社会心理学"和"民族心理学"；Wundt, 1900—1920, 1916）。最近的研究纠正了对冯特贡献的文化遗产的长期误解，包括他对心理学的学科身份和研究方法的视角（Wong, 2009）。冯特主张在心理学和哲学之间建立紧密联系。他将心理学定义为"Geisteswissenshaft"（人类科学，human science），物理学和生理学为其辅助。作为一门"解释性学科"（interpretive discipline），它是其他精神科学学科如历史和社会学的基础。他认为质性研究是心理学的核心，是对实验心理学的必要补充。在整个职业生涯中，冯特强调了质性研究对语言、表达性活动、想象力、艺术、神话、宗教和道德的重要性。在他的自传中，他将自己在

---

① 中文版本为：[德]威廉·冯特：《民族宗教心理学纲要——人类心理发展简史》，陆丽青、刘瑶译，宗教文化出版社 2000 年出版。——译者注

《民族宗教心理学纲要》中的研究描述为他最满意生平之作（Wong,
2009）。

第二次世界大战之前已经在心理学中使用的质性研究方法现在仍然
被忽视，有时在领域内被嘲笑。许多人使用过这样的方法，常常没有报 17
告其研究过程，另外一些人只是部分甚至带着歉意地承认使用了这一方
法。与其他学科相比，心理学中的方法论研究者专注于定量方法，而其
他学科则将这一领域的先驱者的质性研究实践归功于其特色。20 世纪
晚期，在质性方法在心理学中开始引起人们的兴奋和接受之前，那些心
理学中许多开创性的质性研究的方法很久未得到探索。尽管他们的理论
仍然经常被引用，但他们的研究方法却不为人知。因此，心理学大师的
方法并没有得到应有的重视和研究。

学术研究已开始发现一个研究宝库，涉及心理学质性方法的实践。
阿梅代奥·乔治（Amedco Giorgi）（Giorgi, 2009）在威廉·冯特、阿尔弗
雷德·贝纳特（Alfred Benet）、蒂切纳（E. B. Titchener）、维尔茨堡学派
（Würzberg school）、格式塔学派（Gestalt school）、约翰·沃森（John Wat-
son）、威廉·斯特恩（Wilhelm Stern）、让·皮亚杰和弗雷德里克·巴特
利特（Frederic Bartlett）的著作中追溯了描述性分析在心理学非临床领域
中的使用。两位获得诺贝尔奖的心理学家——赫伯特·西蒙和丹尼
尔·卡尼曼，都是使用质性方法作为获奖研究的基础的（Ericsson & Si-
mon, 1993; Kahneman, 2003）。乔治发现了蒂切纳出版的几乎不被知晓的
但内容丰富的质性实验手册，还回顾了魏玛共和国时期五个很少被引用
的整体心理学流派：柏林的格式塔心理学（Gestalt psychology）、莱比锡
（Leipzig）的威廉·斯特恩的个体心理学（personalistic psychology）、费利
兹·克鲁格（Feliz Krüger）的整体心理学（Ganzheit psychologie）、大卫·
卡兹（David Katz）的现象学学派和爱德华·斯普兰格（Edward Spranger）

的理解心理学(Verstehen psychologie)。这些研究在第二次世界大战时期没能幸免留存。沃茨(Wertz, 1983, 1987a, 1987b, 1993, 2001)记录了整个精神分析、人本主义和存在研究传统中的质性分析程序。

马雷赛克、法恩和基德尔(Marecek, Fine, & Kidder, 1997)揭示了社会心理学中广泛而有影响力的质性研究(p. 632)。他们都引用从20世纪30年代到20世纪70年代的连续几十年中约翰·多拉德(John Dollard)对种族和阶级的研究(Dollard, 1937)，库尔特·卢因(Kurt Lewin)对群体过程的研究(Lewin, 1948)，谢里夫夫妇[穆扎费尔·谢里夫(Muzafer Sherif)和卡罗琳·谢里夫(Carolyn Sherif)]对群体间冲突的研究(Sherif & Sherif, 1953)，利昂·费斯汀格(Leon Festinger)、亨利·里肯(Henry Riecken)和斯坦利·沙赫特(Stanley Schacter)对认知失调的研究(Festinger, Riecken, & Schachter, 1956)，菲利普·津巴多研究团队(Zimbardo, Haney, Banks, & Jaffe, 1975)对非个性化的研究。欧文·贾尼斯(Irving Janis)对"团体迷思"(groupthink)的发现和研究(Janis, 1972)是社会心理学质性研究的又一例证。马雷赛克等指出，社会心理学家经常模棱两可地承认使用质性方法(Marecek et al., 1997)，例如大卫·罗森汉恩(David Rosenhan)在精神病院中开展的经典的参与者观察研究(Rosenhan, 1973)。

对最为卓越的心理研究中使用的质性方法的详细和系统的研究才刚刚开始。如前所述，我们探讨了4个心理学界先驱者的工作：西格蒙德·弗洛伊德、威廉·詹姆斯、亚伯拉罕·马斯洛和劳伦斯·科尔伯格。他们不受任何方法手册或明确的程序步骤的约束，收集并分析了人类经验的资料。这些学者在解决重大的研究问题并针对人类主体量身定制方法时，提供了在今天仍然有用且有价值的实践模型。在描述他们的工作时，我们注意到，他们虽然谈及了采用的方法但讲得并不完整，虽然在

18

实践中得到演练但在他们的报告中没有详细阐明。在每个例子中，我们不仅专注于研究方法，而且还涉及引申的知识及其呈现方式，因为这里蕴含着研究的意义。尽管可以在不考虑特定研究问题和结果的情况下理解和运用标准的统计方法，但是质性研究方法受其研究主体的影响，并可以根据研究结果得到最佳理解。我们在本章中探索的研究方法，以及研究发现和报告策略，为我们理解后来研究的完善的分析范式提供相关的背景。

第二节 西格蒙德·弗洛伊德: 在症状、梦、错误和文化中揭示意义

尽管精神分析的创始人西格蒙德·弗洛伊德以其理论和心理疗法而闻名，但他首先将精神分析视为一种新型的科学研究方法（Freud, 1926/1978）。在弗洛伊德的新科学中，他使用了质性的资料和分析程序。他研究了一系列主题，包括心理病理学、梦、错误、情感、人格特质、创造力、团体行为、心理疗法、宗教、发明、文学和艺术。弗洛伊德预见了当代质性资料收集的广度，整合了自然主义的观察、第一人称经历的描述、熟人和陌生人书面提交的轶事以及与他人的访谈。他还使用了档案资料，例如信件、回忆录、自传、传记、发明、艺术品和文学作品。针对一系列主题，弗洛伊德的研究造就了具体的观察、比较分析、描述性概括、宏大的和聚焦的理论，甚至（有时被认为是荒谬的）推测。在这里，我们主要关注弗洛伊德对他自己的患者进行的心理病理学研究，尽管他本人也意识到他的研究方法的价值远远超出了临床心理学。弗洛伊德大胆地认为他的研究方法的科学价值可以在心理学的其他领域和其他社会科学中找到。弗洛伊德认为，如果所有人类科学领域的研究者"自

己同意着手这项为他们服务的新研究手段（精神分析），那么精神分析将做出最重要的贡献。将分析用于治疗神经官能症只是它的应用之一；未来也许会表明它不是最重要的一个"（Freud, 1926, p. 97.）。当代研究，例如文学研究、历史和批判理论，也许可以证明弗洛伊德的预言。

弗洛伊德以医生的身份开始他的职业实践，对歇斯底里症的患者采用当时的标准疗法。最初，弗洛伊德有段时间每天都去病人家中拜访，提供按摩、电疗和水疗等物理疗法。对他的研究方法的发展最有决定性的是催眠的心理学实践。弗洛伊德和能引导患者进入梦游式半清醒状态的领军专家利博特（Liébeault）、伯恩海姆（Bernheim）和法尔科（Charcot）学习，从而学习了这一程序。在这个状态下，病人会越来越多地接受医生的建议，随之他们的病理学症状会消失，并且恢复正常功能。例如，如果患者患有面颊疼痛和腿部麻痹，医生将引发他们进入催眠的半清醒状态，并暗示患者：疼痛将消失并且步行能力将恢复正常。患者接受催眠暗示，看似恢复了健康的状况也屡见不鲜。

弗洛伊德以创新的方式运用催眠，不仅使用暗示来消除症状，而且还鼓励情绪表达或"宣泄"（catharsis）（Strachey, 1957）。他的第一个科学突破来自对催眠术的更有创新的改变，斯特雷奇（J. Strachey）将其描述为弗洛伊德的"最重要的成就——他发明了对人类思维进行科学研究的第一种工具"（Strachey, 1957, p. xvi）。弗洛伊德在催眠状态下从医学患者那里收集生命历史描述的实践产生了新的洞见，这一科学意义被弗洛伊德和比他年长同事约瑟夫·布鲁尔（Joseph Breuer）所关注（Breuer & Freud, 1895/1957）。例如，他们称为安娜·欧（Anna O）的患者，寻求布鲁尔的帮助以解决她无法喝水的问题。这种奇怪的症状迫使安娜·欧通过吃水果和瓜类生存了6周。事实证明，这种症状可以接受催眠治疗。在催眠之下的一个晚上，她带着厌恶抱怨了一个不受欢迎的英国女仆。这个女仆的"可怕的小狗"从安娜·欧的杯子里喝了水。出于礼貌，安娜·欧当时什么也没说。直到后来在催眠的作用下，她才充满能量地表达出自己所忍受的愤怒。在这个宣泄的交谈以后，她要求喝点东西，并且没有任何困难地喝了很多水，她的症状再也没重现。对于弗洛伊德而言，比这种治疗的有效性更为重要的是，他认识到歇斯底里症状是有心理动力性的，并且与人的过往生活经历有关。

对弗洛伊德而言，最重要的是将催眠程序转变为一种发现这些现象的意义（meaning）的探究方法（method of investigating）。认识到布鲁尔早期的安娜·欧案例（1880 年至 1882 年接受治疗）中催眠的研究潜力，弗洛伊德开始定期让催眠的患者描述在他们的歇斯底里症状首次出现过程中的生活经历。弗洛伊德收集了数百种和产生症状相关的生活史情况和心理过程的描述。他将它们相互比较并分析了它们的共性。弗洛伊德从他收集的观察中发现的共同点之一就是他所说的患者的"抑制住的情感"（strangulated affect）。这些患者都有困扰的经历和消极情绪，这些情绪在有条不紊的努力中保持着适当的社会行为，没有被直接表达出来或是被隐蔽起来，并且通过躯体症状来掩盖或揭示。弗洛伊德的新的资料收集和分析方法为新型精神病理科学的质性研究奠定了基础，该科学即将指导治疗和理论，并为探索广泛的人类经验的研究提供模型。

弗洛伊德为研究而开发的程序并非来自教室、教科书，也不是来自他受训过的布吕克（Brucke）的生理实验室或者专家的演示，而是来自他的病人，他们越来越多地要求他去倾听他们（listen to them）。弗洛伊德确实在听和观察。他还反思、分析并报告了所学内容。他同时是这些新研究程序的助产士和发明者。随着弗洛伊德研究实践的发展，他越来越少地使用催眠术，而是依赖于他所谓的患者的"自由联想"。弗洛伊德使用患者的自发表达对症状、梦、错误、艺术和科学作品以及一系列的人类活动的起源和意义进行越来越广泛的研究。在这个过程中，他意识到在分析心理生活中理解和解释（interpretation）的重要性（Strachey, 1957, p. xviii）。

在弗洛伊德对艾美（Emmy Von N.）（Breuer & Freud, 1895/1957）的个案研究中，我们看到了与研究者建立信任关系（trusting relationship）的重要性、对自由联想最早的记录、对经历进行详细而诚实的描述的价值，分析师作为一个能接受和尊重对方的知己（confidant）的角色，患者作为真相讲述者和道德代理的角色，以及患者和研究者双方对叙事方式的必要使用。弗洛伊德系统地要求艾美专注于一种症状，并表达与之相关的所有想法。每一次，在坚持不懈地努力下，艾美都在清醒的意识下袒露了自己生命的历史背景和症状的意义。然后艾美本人开始自发地采取和使用这种方法。按照斯特雷奇（Strachey, 1957）的说法，这导致了弗洛伊德对"自由联想"的首次评论：

> 即使在催眠状态下没被提问，[艾美]仍可以发现那天她烦躁不安的原因。她的谈话也不是……看起来那么漫无目的。相反，这包含了自上次谈话以来对她有影响的记忆和新印象的相当完整的再现，而且它常常以一种十分出乎意料的方式达至对病因的回忆，在这个回忆中，她卸下了自己的负担。这似乎就像她采纳了我的方法，利用我们显然不受限制的谈话作为催眠的补充。（Breuer & Freud, 1895/1957, p. 56）

弗洛伊德观察到，对生活经历的充分情感披露比催眠建议对消除歇斯底里的症状更具治疗效果。安娜·欧将此活动称为"扫烟囱"（chimney sweeping），并将其结果称为"谈话疗法"（the talking cure）。为了缓解症状，患者不仅必须讲述其症状起源的整个故事，而且还必须以完全的诚实、细节和感受来讲述它。少了任何成分将导致治疗失败或不完全。务实的治疗目标促使弗洛伊德将传统的病因学研究创新地转化为诠释学和叙事探询。

也许比这种"谈话"的治疗效果更为重要的是新的与他人的关系、科学资料、解释性洞见和这一分析方法所带来的一般性知识。弗洛伊德的患者开始坚持要他听他们冗长的故事，而不让用催眠建议打断他们。"三天前，[艾美]第一次抱怨她对避难所的恐惧时，在她讲完第一个故事时，我不得不打断了她，我感到，病人似乎被绑在椅子上了。我现在看到，我因这次打断而没有任何收获，而我不能避免去听她的故事直到最后的每个细节"（Breuer &Freud，1895/1957，p. 61）。艾美甚至要求在她讲话时弗洛伊德不问任何问题。"她然后用一种绝对抱怨的语气说，我不要继续问她这个或那个到底是从哪里来的，而是要让她告诉我她要说什么。我就照她说的去做了……"（p. 69）作为对弗洛伊德的愿意倾听的回报，艾美继续表达了她所受干扰的最深层的生活历史核心。从那天起，她"对我（弗洛伊德）特别敬重"（p. 63），在没有催眠的情况下，她用自己的方式表达了生活经历，并揭示了她所有症状的意义。弗洛伊德发现，他可以在听取有关症状出现时的真实而详尽的对经历情境的叙述的基础上去理解所有患者。

"病人痛苦的故事和症状之间的亲密联系"（Breuer &Freud，1895/1957，p. 160）要求弗洛伊德不仅要敏感地解释其意义，而且要采用叙事性的感知和报告方式。弗洛伊德之所以愿意采用这种方法，是因为这门新科学的主体要求采用这些方法，去表达包括创伤、冲突、受挫、未实现的欲望、压抑的情感表达以及避免去面对困难情感的情况。弗洛伊德解释说：

22我并不总是从事心理治疗师的角色实践。像其他神经科医生一样，我受过运用局部诊断(local diagnoses)和电击疗法(electro-prognosis)的训练，但令我感到奇怪的是，我撰写的案例史读起来像短篇小说一样，而且就像有人说的那样，它们缺乏严肃的科学印记。我必须以这样一种反思来安慰自己：主体的性质显然要求采用这一文体，而不是我自己的任何偏爱。事实是，在歇斯底里的相关研究中，局部诊断和电击疗法对歇斯底里的研究无济于事，而我们惯常在富于想象力的作家的作品中找到的那种对心理过程的详细描述，使我能够……至少获得一些对那种痛苦过程的洞察力。(Breuer & Freud, 1895/1957, pp. 160-161)

弗洛伊德所说的精神分析治疗的"基本规则"也是一种原创的至关重要的且产生了大量资料的研究工具。患者在弗洛伊德在场时被指引着说出他们所经历的一切，不管它们是看上去多么无关紧要或不令人赞同的细节——这是限制完全披露的两个条件——都不要退缩。

因此请说出你脑海里浮现的任何内容(无论其重要性、明显的相关性等)，表现得就像你坐在火车窗前一样，向身后的人描述你在外面看到的不断变化的景致。最后，永远不要忘记你已经承诺绝对的诚实，也不要遗漏任何无论什么原因而说不出口的不愉快的内容。(Freud, 1913/1963, p. 147)

这种公开的表达要求分析师对患者言语的所有细节"保持持续盘旋式的关注"和不评判的态度。分析师应该是非指导性的，保持沉默和倾听，仅指出可能会限制患者对他/她的生活经历进行观察和描述的迹象。

最终,分析人员对这些抑制因素有了更深入的了解——患者的"阻抗"(resistance)植根于过去与重要他人的经历("移情",transference)。在回应分析师对患者言语的解释的过程中,患者变得越来越富有表现力,对心理过程的解释也变得更具启发性和完善性。通过交替收集资料并解释其意义,弗洛伊德加深了他对每一个体的理解。通过不断地将每一案例与其他案例进行比较并分析它们的异同,弗洛伊德生产了一个更具一般性的知识体系。

弗洛伊德觉得他最优秀的作品是《梦的解析》(*The Interpretation of Dreams*),其中介绍了他发明的研究梦的意义的步骤。弗洛伊德报告了许多对他自己的和别人的梦的分析和解释,他从做梦者中推断出对一般心理过程的解释,以及梦的一般性理论(Freud, 1900/1965)。这项工作的核心是弗洛伊德的仔细观察、资料收集、意义解释和比较分析的技巧。他从对实际的梦的描述性报告开始,尽量包括更多的细节。为了研究其含义,弗洛伊德精心区分了梦中的每个元素。然后,针对每个明显的梦境内容,他指示做梦者采取开放的态度去报告所有发生的思想、感觉、记忆等。通过这些费力收集的、在做梦者的相关生活环境中得以理解的资料,弗洛伊德参考了梦所在的重要体验模式来解释梦。为了获得关于梦的一般性知识,弗洛伊德系统地比较了对不同年龄和生活环境的做梦者的大量单个梦的分析。通过比较儿童和成年人的梦,弗洛伊德能够将许多梦与做梦者前一天未实现的愿望联系起来。弗洛伊德发现,在许多孩子的梦中,"实现愿望的目标"很明显,但在成年人的梦中,这种愿望常常不能立即体现出来,但可以通过扩展性的对成年做梦者过去经历以及他观察到的他们对情感满意度的缺乏的语境分析中分辨出来。

弗洛伊德发现,对人类经验的调查需要对人们的日常生活进行细致的调查,可以通过观察、口头报告和访谈来获取鲜活的资料。这样的调

23

查还不够，需要补充各种档案资料，包括个人信件、回忆录、自传、发明、艺术和文学创作，以及文化和象征意义的产品，如笑话、语言、宗教仪式和教义及以及社会制度。弗洛伊德在他的分析中利用了所有这些资料，反对美国医疗化的设置，并提倡对人类经验进行严格的研究需要广泛的跨学科教育和培训。弗洛伊德在《业余精神分析问题》（*The Question of Lay Analysis*）（Freud, 1926/1978）中坚持认为，对人类主体经验研究的特殊要求需要与自然科学和医学完全不同的背景知识。他得出结论，医学培训不仅没有用处，甚至南辕北辙。传统的医学培训会发展对精神分析有害且不合适的技能和知识。弗洛伊德断言，当自然科学家和医生嘲笑真正的心理学方法和知识，将其视为不科学的方法时，他们无法认识到源自精神生活的义务。他们"因此陷入了外行人对心理学研究的尊重的缺乏中"（Freud, 1926/1978, p. 73）。弗洛伊德认为，心理学家所需的知识和技能是在人文学科和其他社会科学（包括人类历史）研究中获得的，这包括文明史、社会学、宗教、神话以及对艺术和文学的研究（Freud, 1926/1978）。这样，弗洛伊德就预见了心理学质性研究所需要的丰富的跨学科广度。

24

　　尽管弗洛伊德没有为人类科学提供一个系统的研究方法，但他的研究策略预见了以后的工作，并且与当前的最佳实践保持一致。弗洛伊德认识到对研究主体的知识先于科学本身的知识。在他最后的某篇论文中，他承认研究涉及两个人，即被分析者和分析师，并且他并未专注于后者。"（让被分析者变得有意识的）这个动态过程的决定因素是如此有趣，以至将分析师那部分工作推到了后台。"（Freud, 1937, p. 258）弗洛伊德指出，例如，有必要更多地了解分析师在解释过程中"在观察中工作"的程序。很多前面所述的弗洛伊德在他工作中所用的过程，后来被质性分析研究方法的学者所强调。弗洛伊德收集的资料的多样性（包括第一人称描述、访谈对话、行为观察、档案、艺术作品、语言、社会实践和文化现象等)预测到了当前质性研究的实践和方法论。弗洛伊德强调了与研究参与者建立信任和不评判的关系的重要性,以克服习惯性的社会禁忌,去索求对生命经验的完整、诚实、详尽、情感的表达。他精心区分了经验报告的各个部分,并收集了有关个人生活中相关经验的更广泛的资料。弗洛伊德的主要任务是在资料基础上对意义的解读,同时他通过关注个体更大的生活故事中的经验的目的和背景来获得洞见。弗洛伊德与那些生活被他所诠释的人分享了他的诠释,并根据他们进一步的回答来确认或重塑他的理解。收集资料和在正在进行的对话中提供洞见交替进行。他不断比较对相同和不同人的分析,以便形成更为一般性的知识。最后,弗洛伊德坚持人类科学学科的独特性和统一性,与自然科学形成反差。

第三节 威廉·詹姆斯: 分析灵性体验的形式

威廉·詹姆斯受过医学教育,尽管他从未执业做医生。他的职业生涯从作为一位生理学家开始。尽管詹姆斯被认为是美国心理学之父,并被认为是美国最杰出和最有影响力的先驱之一,但他的作品却很少在心理学界被研习。《宗教经验种种》(*The Varieties of Religious Experience*)一书是詹姆斯心理研究的代表作,也是对人类经验的质性研究实践的展示范本。詹姆斯从哈佛大学心理学系转入到哲学系时写的这本书。尽管已有 100 多年的历史,但詹姆斯的研究是经典之作,并继续被所有关注人类灵性的人文和文化科学领域的学者采用。

詹姆斯的研究目的是回答一个质性的心理问题:宗教经验的性质和构成是什么?(James, 1902/1982, p. 9)像弗洛伊德一样,詹姆斯的研究

25

实践基于对经验研究的学科独特性的审视和对人类主体需求的关照。詹姆斯强调必须关注这些经验的"存在性条件"(p. 9)，就是说不以神学(超自然信念)、神经生物学(物理条件)和心理病理学(与规范有关的缺陷)作为他研究主体的视角。取而代之的是，宗教经验被理解为"'整体上'宗教生活的意义"(p. 485)。詹姆斯强调说，对研究主体的科学研究不能像物理科学一样去否认个人观点(personal point of view)。相反，心理学必须尊重主观经验对个人的意义。通过近乎诗意的表达，詹姆斯坚持认为心理学家应关注的是：

> 现象的恐怖和美丽，黎明和彩虹的"许诺"，雷鸣的"声音"，夏雨的"温柔"，星星的"崇高"，不是这些事物遵循的物理定律……一旦我们处理诸如此类的私密和个人现象，我们就在最完全地处理现实……经验的世界的范畴。(p. 498)

詹姆斯是在定义现在称为质性研究的立场(qualitative research stance)。

在研究之初，詹姆斯在概念上设定了他的主题，该主题设定在包括和排除标准上非常具体，但结论却是开放的。他将宗教经验(今天我们称为"灵性")与个人对宗教机构的参与，包括他们的有组织的仪式和教条的信仰区分开来，他把他的研究仅限于前者。詹姆斯有意避免采用僵化的定义和先前建立的宗教经验的相关概念，"以免落入对研究主题的片面看法"。(James, 1902/1982, p. 26)。他相信抽象概念"与其指引其实更具误导性"(pp. 26-27)，詹姆斯寻求获得"对细节的熟识"，包括"个人[人类]在孤独中的感觉、行为和经历的细节，因为他们认为自己与任何他们认为神圣的事物有关系"(p. 31，原文斜体)。詹姆斯的研究实践涉

26

及对很具体的人类生活的开放且不带偏见的关注。

詹姆斯的方法是去收集成百上千个宗教生活的例子，这些例子范围广泛且变化多端。"要正确地了解一个事物，我们需要……熟悉其变化的整个范围"（James, 1902/1982, p. 22）。他质询的计划是，运用那些能够充分表达这一主题的资料。这些资料又存在于那些充分体验这一主题的人的日常生活中，具体来说：

> 在宗教和自传作品中，主体现象被记录在善于表达和有完全自我意识的人（人类）的文学中……与我们最相关的资料是那些在宗教生活中最有成就，最能清楚地说明其思想和动机的人（人类）……我们觉得最有启发性的人类记录（documents humains）不需要在特别博学的地方寻找，它们就在破旧的公路上。

詹姆斯相信，那些经历过他所研究的现象并能表达他们经验的普通人更能产生"接近问题本质"的知识（p. 3）。从开始资料收集到最后撰写研究报告，詹姆斯都与和主题实际相关的实例进行了密切接触。"我坚信与特定人物的大量接触比拥有抽象公式——不管后者有多深厚——能让我们更充满智慧。我的课堂都是充满了'具体的例子'的"（p. XXXV）。詹姆斯的研究方法涉及概念化，它不是先入为主地衍生而来，而是在与个体的现实相遇中产生的。

詹姆斯观察到，宗教经验和非宗教经验无缝地融合在对前者经历最丰富的人的生活中。因此，收集不同宗教经验的实例以便从概念上区别于其他经历是非常困难的。出于这个原因，詹姆斯从最极端例子的宗教经验中选择了他的资料，例如那些根本性转变：无神论者皈依了正式宗教；在宗教启示的影响下放弃了酗酒、吸烟和暴力行为的人；神秘主义者，其启示和见解对个人和社会都有重大影响；圣人惯于选择慈善、贫穷和物质匮乏；殉难者甘于经历苦难，遭受酷刑，甚至甘愿为信仰而死。詹姆斯表达了看起来很深刻的质性方法原理："事物的夸张和变态总是可以更好地帮助人们理解事物的重要性。"（James, 1902/1982, p. 22）为了获得足够、多样且极端的真实生活实例，詹姆斯使用了档案资料，包含信件、观察记录、期刊、自传和对宗教经验有描述的传记，从西方到东方，从有神论到无神论，涉及犹太教、基督教、伊斯兰教、印度教、佛教、爱默生超验主义者（Emersonian transcendentalist），甚至包括心理病理和毒品诱发的宗教经历。詹姆斯资料的戏剧性和往往异常的特征，容易掩盖他在抽样中选择极端而不是常态的有洞察力的方法论的依据。

例如，在殉难者不容动摇的最为极端的案例中，詹姆斯能够抓住普通人价值观和幸福感的逆转，这种价值观和幸福感可能自相矛盾地包含了宗教经验中的苦难。世俗的身体安全感和舒适感在与天堂的连接中变换了新的意义。詹姆斯的研究直接从他的资料中以大量和广泛的引用生动地支持了他的见解。詹姆斯引用了布兰奇·加蒙德（Blanche Gamond）对路易十四（Louis ⅪⅤ）时期的宗教迫害的描述：

> 六个女人，每个女人都有一束手刚刚可以握住的那么粗的柳条……把我绑在厨房的横梁上。她们竭尽所能拉紧绳子，问我："你疼吗？"她们对我发泄了怒气，当打我时她们大叫："现在向你的上帝祈祷。"但在那一刻，我得到了最大的安慰……因为我很荣幸以基督的名义被鞭打……为什么我不能写下我难以想象的内心感受到的影响、安慰和安宁？……它们是如此之伟大，以至于我被惊呆了，因为在那里，苦难给予了极大的恩典。女人们徒劳地哭了：

"我们必须加倍地打；她没有感受到鞭打，因为她既不说话也不哭。"因为我内心充满幸福，我为什么要哭？（James, 1902/1982, pp. 288-289）

詹姆斯拥有大量资料，他的分析方法是详尽的、比较性的、主题化的和概括性的。他聚焦于确定，并描述性地阐述了宗教生活的典型体验模式和主题，例如"看不见的现实"、"健康宗教"、"不健康的宗教"、皈依、圣洁的生活方式和宗教经验的价值等。在试图理解更高层面的一般性时，詹姆斯比较了各种不同经历的相同特征，质性地区分了宗教经历的不同类型，以及所有人类经历的更为普遍的特征。为了在最高水平的一般性上达到概念精准，詹姆斯将宗教经历与非宗教经历在类似的行为和环境条件下进行了比较。例如，他发现基督圣徒在为病人服务时会得到一种特殊的幸福，但这个现象在斯多葛主义者工作中的道德顺从特征中并不存在。詹姆斯的比较分析确定了宗教经历中重要的质性特征，₂₈"以达到典型的差异"（James, 1902/1982, p. 48）。作为比较分析的结果，詹姆斯汇总了这样的见解：在现实世界的生命经验的流动性中，宗教性和斯多葛主义可能从一个人传到另一个人，可能彼此融合，并可能出现在中间阶段（pp. 46-47）。然而，在那些极端、相对纯粹的例子的基础上，詹姆斯能够敏锐地描绘出它们之间区别的质性知识。尤其在面对相同的疾病和死亡的客观情形下，圣人的快乐、轻松甚至狂喜的态度与道德主义者的肌肉紧张、呼吸不安和为实现世俗目标而付出的紧张的努力形成鲜明对比。

詹姆斯通过变化来辨别本质，概述并详细介绍了宗教经验在人们的认知、行为和情感生活中的最一般的特征，这些特征跨越了不同性别、不同文化、不同年龄和不同职业。詹姆斯在这些发现中着眼于最普遍的事物："我明确地试图将宗教降低到最低可接受的范围，将其降低到不受个体差异影响的最小限度。所有宗教都将其作为核心，而且希望所有宗教人士都在这个层面上可以达成共识。"（James, 1902/1982, p. 503）詹姆斯在宗教信仰中发现了以下不变性：①可见世界是更具灵性的世界的一部分，它从后者中汲取了意义；②与更高宇宙的联合或和谐是我们真正的终极目标；③在现象世界中，与灵性进行交汇会产生心理和物质上的实际效果。他在宗教情感和社会经历中发现了以下不变量：④一种新的热情，好似生命的礼物，表现为抒情的魅力、诚恳和英雄主义；⑤对安全的确保、和平的品性、对他人慈爱的体现。詹姆斯得出结论，有信仰的状态可能只拥有极少的知识内容；它可能涉及"一种纯粹的模糊的热情，一半的灵性，一半的生命力，一种勇气以及一种巨大而奇妙的飘浮在空中的感觉"（p. 505）。詹姆斯在圣人的慈善、奉献、信任、耐心和勇敢中发现了宗教经验的果实，例如圣弗朗西斯（St. Francis）和圣依纳爵（St. Ignatius）与乞丐换衣服，圣徒亲吻麻风病人，以及争执的酗酒者在宗教皈依后把脸颊转给虐待他们的人。圣徒爱敌人，照顾病人，并在灵性经验中以轻松和向上的态度忍受痛苦和折磨。面对失败、丧亲、疾病和死亡，普通信徒安静地从信仰中得到安慰。

詹姆斯意识到他的调查运用了一种新的态度和方法，一种与自然科学形成对比的新型科学。他认为自然科学的局限性将会得到更大的缓解。"有一天，严格的客观的科学观点似乎只是暂时有用的怪癖，而不是目前宗派科学家如此自信地宣布的肯定的胜利立场。"（James, 1902/1982, p. 501）詹姆斯对灵性体验的研究获取了一种具有诱发作用并且以智慧为基础的知识。它丰富了分享它的人们，并使一个人开放自己的身心来理解自己和他人的生活经验。这些知识包括对所研究的心理现实的严格调查，这种调查是分析性、系统性的，尤其是彻底经验性的。对于詹姆斯来说，这种研究就可以使科学坚定地面对人类的主体命题。

詹姆斯的研究实践，正如弗洛伊德的研究一样，预见了后来的质性研究的方法论。詹姆斯强调专注于主体经验的重要性，即采用"个人"和"存在"的观点，既与宗教信条，又与唯物主义的事实形成反差。他坚持整体主义，包括人一生的经验。他将主体的抽象概念放在一旁，取而代之的是，关注真实经历过的普通人能准确表达出的、高度详细的、具体的主体经验。詹姆斯留意到他选择主题相关的极端真实的案例的方法论价值，他也特意寻找了许多文化和历史的差异。他的分析工作包括对差异的持续比较，通过这种比较，他既发现了研究经历的高度普遍特征，也发现了典型的变异形式。詹姆斯在阐述自己的发现时使用并提倡戏剧性的、令人回味的语言。他认为这种语言适合个人主体经验的知识。他希望，这种新型的个人科学会变得更受尊重且得到更多实践，在今后的质性方法论者和研究者的工作中获得更多的合法性。

第四节　亚伯拉罕·马斯洛：识别健康人格的特质

亚伯拉罕·马斯洛在哈里·哈洛（Harry Harlow）的实验室中接受了实验心理学家的培训，研究灵长类动物的掌控（dominance）和性（sexuality）。他与安东尼·苏蒂奇（Anthony Sutich）共同创立了人本主义心理学和超个人心理学。马斯洛对 20 世纪上半叶的心理学的主要范式——动物实验研究和心理病理学临床研究——不满意，认为它们不能充分提供关于人类的知识。随后，他师从阿尔弗雷德·阿德勒（Alfred Adler），并向麦克斯·韦瑟默（Max Wertheimer）和鲁思·本尼迪克特（Ruth Benedict）学习，后两位都是质性研究的先驱。与冯特、弗洛伊德和詹姆斯明确主张质性方法的科学本质不同，马斯洛认为，它们在行为主义主导的学术领域是有所不足的。马斯洛认为他的研究不是"科学"，他关于自我实现（self-actualization）的著名研究［自我实现的概念是他从格式塔（Gestalt）神经学家库尔特·戈尔茨坦（Kurt Goldstein）（Goldstein, 1934/1995）那里借用的一个术语。戈尔茨坦在第一次世界大战后对脑部受伤的士兵进行质性研究时提出了这一概念。］最初"没有被计划作为一般性研究"。马斯洛的研究是一种私人的兴趣，是为了满足自己的好奇心的个人学习，探求解决"个人道德、伦理和科学问题"（Maslow, 1954/1987, p. 199）。马斯洛最初并不打算发表他的里程碑式的研究，但其对普通心理学出乎意料的启迪和令人兴奋的影响要求他"应该向他人进行报告，尽管存在方法上的缺陷"（p. 199）。

尽管马斯洛对自己研究的科学性持有矛盾的看法，但他相信健康人格作为研究主题的重要性，而且不可能通过传统的研究方法来解决这一问题也合理化了他对不寻常方法的采用。"我认为心理健康问题是如此紧迫，以至于任何建议，任何资料，无论有什么争议，都具有极高的启发价值……如果我们等待常规可靠的资料，我们应该会永远等待。"（Maslow, 1954/1987, p. 199）马斯洛认为，他必须克服对这片未知领域犯错误的恐惧，完全投入，尽力而为，从错误中吸取教训，并最终纠正他的调查的不足之处，以免他完全拒绝对问题进行研究。鉴于他的主题对心理学的重要性，马斯洛在作报告时"向那些坚持传统的信度、效度、抽样等概念的研究者们致以歉意"（p. 125）。

作为他非正式个人调查的开始，马斯洛对麦克斯·韦瑟默和鲁思·本尼迪克特的行为进行仔细的观察记录，他认为两者都是"出色的人"。随着他扩大研究参与者的范围，马斯洛利用了主流研究工具（诊断评估）和测量工具（人格和心理病理学测试），以便从其研究样本中排除患有精神疾病的人。然而，他认为对"心理健康"的正面描述需要质性步骤。马斯洛发展了一种他称为"迭代"（iteration）的技术，这是一种周期性实践，概念定义和实证研究相互交替，互相验证，并逐渐形成对其主题"心理健康"的更精确和适当的定义。

　　马斯洛的分析始于对心理健康特征的非技术性的、个人化的和文化性的表述，从中他总结出了他所称的"民间定义"（folk definition）。他首先整理了日常话语中现存的有关心理健康的表述（"词典学阶段"，lexicographical stage），并仔细地将它们综合，但仍然停留在日常语义的范围内。在修改了该定义以消除逻辑和事实上的矛盾并实现更高的内部一致性后，马斯洛制定了"矫正后的民间定义"。在此基础上，他选择并比较了两组参与者：一组似乎表现出经过校正的民间定义中指定的特征，另一组则没有表现出这些健康的人格特质。在使用"临床方法"（心理测 31 试和深度访谈）对这两个组收集资料之后，马斯洛对参与者进行了比较分析，得出了更清晰的"临床定义"（clinical definition）。此定义中的负向排除标准是没有神经症、变态人格、精神病或在此方向上的强烈倾向。正向筛选标准，虽然难以描述且尚未充分被表达，但是对天赋、能力和潜力的使用，使一个人发展出或正在发展出他/她的能力范围内的所有潜能。在研究的这个阶段，马斯洛将自我实现的个体概念化为处于放松的状态，满足了他们对安全、归属感、爱、尊重和自尊的基本情感需求；致力于满足他们对知识和理解的认知需求；并且已经发展了他们的哲学的、宗教的和价值论的方向。这种以经验为基础的临床定义引导马斯洛选择研究参与者去进行进一步研究：保留了一些人，放弃了其他人，并为"健康人格"组增加了新的参与者。马斯洛承认这种方法的普遍适用性和科学性，认为它是阐明心理建构的合理方式。"通过这种方式，一个本来模糊而又不科学的民间观念将变得越来越精确……［并且］因此更加科学。"（Maslow, 1954/1987, p. 127）

马斯洛之所以使用多个资料来源，是因为他与詹姆斯一样，旨在区分出其主题的各种具体示例之间的共同点。他确定了在朋友和熟人圈中的健康人格。他还仔细研究了描述诸如阿尔伯特·爱因斯坦（Albert Einstein）、埃莉诺·罗斯福（Eleanor Roosevelt）和道家创始人老子之类的公共和历史人物的生平的文本。进一步的观察、测试、访谈和阅读为马斯洛的比较分析提供了资料。马斯洛的抽样不是随机的，但却是有目的性并带有批判性的。他最初打算将大学生乃至文学作品中的虚构人物包括在他的健康人格样本中。然而，马斯洛通过一系列初步定义、参与者的选择、比较分析及日益完善的定义对"自我实现"的理解不断发展后，他意识到大学生和虚构人物没有达到他的新标准，因此他将其排除在进一步研究之外。尽管马斯洛清楚自己研究过程的基本特征像"自我校正的螺旋状过程"，他没有提供任何原始资料，也没有①指明分析个案资料的过程，②详细介绍其多个研究小组内部和之间的比较程序，③报告发生了多少次迭代系列，也没有④提供丰富的示例说明每个系列的资料收集和分析如何实现更精细的概念化，以及对个体的经验分组。马斯洛确实表明，随着他在这一领域知识的日益增长，认为最初的民间定义倾向于把健康的人格过于理想化甚至达到一种完美主义，"如此不切实际，没有活着的人可能符合这一定义"（Maslow, 1954/1987, p. 202）。这项研究的循证性质，包括对"健康人格"组中特定群体的资料和分析，都要求且提供了健康人格的定义，包括脆弱性、错误、愚蠢和各种不完善之处。

就像詹姆斯很难定义宗教经验一样，马斯洛显然费劲地将个人归类为"自我实现"。他将参加者分为："相当确定""极有可能""部分"和"朝那个方向发展"，并报告了每组的人数。有趣的是，随着马斯洛的研究长期地继续进行，自我实现的同时代人的数量从马斯洛的第一版（1954

年)中"相当确定"的有 3 个人增加到第三版(Maslow, 1954/1987)中"相当确定"的有 7 个人,但是报告的健康人格特质并没有改变。马斯洛最终请了 9 位同时代的人,9 位历史人物和公众人物,以及 5 个"部分案例"来接受访谈,虽然这些人没有达到全部标准,但仍对研究有所帮助。

在进行有关人格的基础理论研究时,马斯洛借鉴了临床心理学的方法。他经常将自己的方法描述为"临床",这意味着他的研究过程具有灵活性,去适应每个研究参与者,并旨在非常详细地了解每个人的自发生活。实际和伦理问题需要妥协,这使得马斯洛很难获得与最深入、最广泛的临床研究相对应的完整资料,这是他对方法论的理想。例如,年长的参与者在被告知这项研究的本质时,变得自觉、僵硬,或经常终止参与研究。因此,马斯洛"间接地,几乎是秘密地"观察和研究了一些人,把他们包括在研究之中但不进行正式访谈。由于无法透露参与者的姓名,因此无法实现通常的公开调查和可重复性调查。然而,马斯洛试图通过在其研究中纳入公众人物和历史人物来坚持他对公开验证自己的知识主张的理想。

马斯洛将在此资料收集基础上发展起来的理解比喻为"我们对朋友和熟人形成的一种全面和整体印象的缓慢发展"(Maslow, 1954/1987, p. 128)。不可能像实验那样设置情境或对某些参与者进行测试。马斯洛利用了在日常生活中出现的偶然机会,自发邀请人们参加他的研究,并在任何允许的情况下采访他们。因此,不可能进行标准化,并且资料通常不完整。马斯洛使用了一个叫"整体性分析"的程序,他通过将各种洞见整合到参与者的资料中,形成了对健康人格的整体综合的概念化。马斯洛通过描述表征这些最健康人的生活的相互关联的主题,在"自我实现"心理学的综合肖像(composite portrait)中阐述了他的发现。

尽管马斯洛在这种不寻常的经验方法中非常谨慎和严格,但考虑到

33

他在当代教育、培训和专业期刊中遇到的心理模型，他一定感到陌生。因此，马斯洛似乎对他的发现的科学有效性表示怀疑。在他的第一份出版物中，在对参加者人数少、资料不完整以及不可能进行定量分析表示遗憾后，他说："无论其价值如何，都只能提供综合肖像［当然，它们的价值比不上受控的客观观察（controlled objective observation），因为研究者从未完全确定什么是描述和什么是投射］。"（Maslow, 1954/1987, p. 203）有趣的是，在马斯洛经典著作的第三版（Maslow, 1954/1987）中，上文括号中的内容被删除了。我们只能猜想，他对自己研究发现的科学合法性的信心是否随着时间的流逝而增加了。

尽管马斯洛认为自己的发现是基于观察的且自己有所保留，但是，这些发现很丰富和有煽动性。从他的描述性资料出发，马斯洛的知识主张是对健康生活中的心理过程进行基于经验的、普遍的、多维度的概念化。他通过案例的经验细节对此进行了说明。马斯洛揭示并澄清的特征包括以下内容[1]：

- 对现实的有效感知和现实与舒适关系；

- 对自我持开放和接受的态度；

- 自发性（spontaneous style）；

- 以问题为中心和自我超越的认知；

- 舒适且享受孤独；

- 自主自我引领；

---

[1] 许金声根据马斯洛著作翻译的《动机与人格》，2012年由中国人民大学出版社出版，其中包括了如下特征：①对现实的感知；②接受性；③发性；④以问题为中心；⑤超然独处；⑥自主性；⑦清新的鉴赏力；⑧高峰体验；⑨人类亲情；⑩谦逊与尊重；⑪人际关系；⑫道德；⑬手段与目的；⑭幽默感；⑮创造性；⑯对文化适应性的抵抗；⑰不完美性；⑱价值；⑲二分法的消解。本书的翻译参考了许金声版本的翻译，但主要还是忠实于该书的英文原文。——译者注

- 对工作、他人和自然的新颖和普通的经历有新的感激；

- 频繁的高峰或"神秘"体验；

- 人类亲情（a sense of kinship with humanity）；

- 谦逊、尊重并倾向于向自己不同的其他人学习；

- 民主政治立场；

- 深度的和亲密的人际关系，虽然可能很少；

34

- 强大的道德标准；

- 高的内在价值取向；

- 有想法的（非敌对的）幽默感；

- 无处不在的创造力；

- 抵抗社会压力的能力；

- 承认不完美；

- 基于个体的价值体系；

- 典型人格二分法的消解。

关于这一有趣的最终特征，马斯洛详述了通常两极分化的心理特征，他强调"两者兼顾"（both-and），而不是"两者取一"（either-or）。例如：知识性—情绪化，自私—无私，灵性—感性，性的—爱心的，工作—玩耍，动物性—精致，善良—无情，乐于接受—叛逆，严肃—幽默，内向—外向，强烈—随意，循规蹈矩—非常规的，神秘的—现实的，自发的—节制的，阳刚的—女性化的和童趣—成熟。

在心理健康组合画像的结果所产生的信心的基础上，马斯洛显然对他的方法足够满意，这使得他开展了第二个质性研究项目，去调查被他称为"高峰体验"的特殊、欣快的时刻，他发现这种情况在具备健康人格特质的人们中出现频率最高。马斯洛收集了190名大学生的书面描述，并访谈了 80 多位研究参与者，让他们详细描述"一生中最美妙的经历……告诉我你是怎么感觉……世界看起来是如何不同的"（Maslow, 1968, p. 71）。此外，马斯洛分析了 50 封不请自来的信，这些信是针对他以前的出版物以及关于神秘主义、宗教、艺术、创造力和爱的档案资料。因为没有任何参与者或口头报告包含高峰体验的所有特征，他从众多参与者和资料来源提供的部分内容中构造了另一幅"高峰体验"的组合图景。马斯洛的经验资料包括像新母亲慈爱地注视着初生婴儿、生物学家看着显微镜、写诗、乘飞机、冥想、与大自然交往、性高潮、有才智的洞见、绘画和运动成就等实例和活动。

马斯洛发现并详细描述了高峰体验的以下认知特征，他再次将其表达为单一的组合。高峰时刻的载体被体验为：①一个整体，与有用性或工具性价值无关；②专心，全心全意地关注；③奇妙地独立于感知者；④内在丰富度增加；⑤自我超越；⑥本质上有价值；⑦对时空没有定向性；⑧是好的和令人渴望的；⑨绝对而非相对；⑩毫不费力；⑪被动和接受；⑫与参加者形成整体；⑬ 惊奇、敬畏和谦卑；⑭作为对矛盾的解决；⑮上帝般的接纳；⑯以图像表意且无分类；⑰没有恐惧、焦虑、禁止或克制。在这些经历中，世界变得更加统一，人们更能做自己，行为更加轻松自如。这些经历的特点是自发性、有效率、没有冲突的自由和技艺精湛："简单地说，［人］变得更加完整统一，更加独特和有特质，更加有活力和自发（放下了恐惧和疑虑），有更多自我超越和自我遗忘"（Maslow, 1959, p. 61）。马斯洛进而报告说，在这样的"高峰体验"中，普通人甚至精神病患者都以自我实现的方式暂时性地体验这个世界。他得出的结论是，对"自我实现"的理解应该较少地从统计学上考虑，它不是罕见的、全有或全无的成就，而是作为一个连续体存在于每个人的生活中的。自我实现的人更容易获得高峰体验，但是高峰体验的潜力是所有人都是具有的。马斯洛还分析了这些经验的后果，包括其可能的危险（如被动性、无效的幻觉、自我专注、不负责任、过分宽容、过度审美等），以及当它们是健康的心理成长过程的一部分时，它们对个人转变和自我认同形成的潜力。

马斯洛的研究被《心理学评论》（*Psychological Review*）、《美国心理学家》（*American Psychologist*）和《精神病学》（*Psychiatry*）拒绝发表（Hoffman, 1999, p. 206; Coon, 2006, p. 266）。作为 1956 年美国心理学会第 8 分会（人格与社会心理学分会）的新当选主席，马斯洛在大会的主题演讲中传递了他的发现，并最终于 1959 年在《遗传心理学》（*Journal of Genetic Psychology*）期刊上发表了他的报告，题为"处于高峰体验中的认知"（Cognition of Being in the Peak Experiences）。马斯洛（Maslow, 1959）写道："这是未来的积极心理学或正统心理学（positive or Ortho-Psychology）的一个篇章，因为它涉及功能全面且健康的人类。"（p. 45）挺有趣的是，马斯洛在 1959 年出版的文章中没有报道他的研究方法。在他的著作《迈向存在的心理学》（*Toward a Psychology of Being*）（Maslow, 1968）中，文章被编辑扩展为书中的章节，上述研究方法在此也得到了报道。

尽管马斯洛对自己研究的内在科学价值毫无疑问，但他并未将其视为普通科学["规范科学"，按照库恩（kuhn, 1962）的理解]，因为那时他所使用的研究程序还没有获得广泛的学科合法性。与他学科受训的背景的不一致以及出版的困难无疑加剧了马斯洛的不安全感。尽管他处的位置显然无法详细说明和论证他研究的科学性，他仍然对他的工作被科学界拒绝感到受挫。在他关于高峰体验的文章被拒稿之后，马斯洛再也没有将他的工作提交主流学术期刊（Coon, 2006）。在这些项目中，马斯洛的研究旨在以一种全面、严谨的方式揭示人类的独特之处。他的研究是仔细和批判性地开展的，充分利用了经验资料，提供了超出常识的系统

36

化、组织化的概念，透明地报告了所使用的方法，并为随后的学术研究的研究方法和发现提供了批评和挑战的机会。

马斯洛的研究实践包括一些新颖的特点，还有一些弗洛伊德和詹姆斯的研究都具备的特征。马斯洛的研究主题源于高度的个人兴趣，并为创造人类美好未来的愿景服务。他的科学也是对启蒙和智慧的追求。马斯洛使用主流的定量研究工具（如人格测量）来严格识别参与者，并指导其行为观察和访谈资料的收集。考虑到他当时所研究的生活经历的高度个人性和私密性，他根据个体参与者来调整自己的方法，并对他们的回答保持了伦理敏感性。马斯洛开发了一种循环的、迭代的程序。他从民间对他研究主题的共同理解开始，通过连续的资料收集和分析周期，获得了概念上的清晰化，新的科学精度超越了先前的知识。他强调了此类知识的适度性（corrigibility）以及对这种知识通过自我矫正过程不断完善的信心。与弗洛伊德和詹姆斯一样，马斯洛不断地比较各种参与者的经历，他对健康人格的一般性知识和高峰体验是用整体的、综合的肖像来表达的，在概念上阐明了许多相互关联的成分。

第五节　劳伦斯·科尔伯格：
在人类发展中发现道德推理的类型

劳伦斯·科尔伯格是认知革命的领袖，与人本主义运动一起，替代了行为主义在心理学的统治趋势，重新引入了精神生活作为学科主题，并为质性研究方法的合法化做出了贡献。在他杰出的博士论文中，科尔伯格（Kohlberg, 1958/1994）研究了道德推理（这一人类主要的适应性）的发展，从而用常识和心理学理论处理这一议题。科尔伯格的调研一部分是对皮亚杰（Piaget, 1932）所提出的道德思维进行质性研究的回应，后者曾对自己的三个孩子进行观察和访谈。科尔伯格的博士论文研究使用了现在所谓的"混合方法"（质性和定量方法的结合），塑造了道德发展的心理学。这一心理学的突破在芝加哥大学的跨学科环境下成为可能，该校 37 的人类学家和社会学家向科尔伯格引荐了这些学科中丰富的质性研究方法论传统。科尔伯格从马克斯·韦伯（Max Weber）关于新教伦理的开创性工作中锻造了他的研究程序，并跟从论文委员会成员安塞尔姆·斯特劳斯（Anselm Straus）学习质性分析方法，后者后来成为扎根理论的创始人之一。"我要感谢安塞尔姆·斯特劳斯先生的理解和启发。在得到的所有帮助中，我在此必须要感谢他以非常有见地和启发性的方式陪伴我处理原始资料，他所提供的帮助是非同寻常的。"（Kohlberg, 1958/1994, p. 3）

　　科尔伯格的主要研究对象是芝加哥地区的 72 个男孩，年龄为 10、13 和 16 岁，72 个男孩分别来自上层中产阶级或中下层中产阶级家庭。他们中有一半人受到社会欢迎，一半人遭受社会孤立。除此之外，还有 24 名少年犯，24 名 6 岁儿童和 50 名住在波士顿周边的男孩和女孩（13 岁）也参与到这一研究。他向每个孩子展示了 10 种假设情况，在这些情况下，服从权威或规则/法律与满足人类需求相冲突。以皮亚杰（Piaget, 1932）的研究程序为模型，他向参与者展示了这些假设的道德困境，并就他们的思维和选择过程询问了探索性问题。科尔伯格在 2 小时之内，对每个参与者进行了开放式访谈，录音并收集了孩子们的口头反应。在这些情形中，最著名的就是"海因茨困境"（Heinz dilemma），即一个名叫海因茨的人偷了一种非常昂贵的、买不起的药，以挽救他患病配偶的生命。在另一个假设的困境中，例如：

　　　　乔伊（Joe）的父亲答应，如果乔伊赚了 50 美元就可以去露营，后来父亲改变了主意，要求乔伊把所赚的钱给自己。乔伊撒谎说，自己只赚了 10 美元，并用他赚的另外 40 美元去露营。在乔伊去之前，他告诉弟弟艾力克斯（Alex），自己对父亲说了谎。艾力克斯应该告诉他们的父亲吗？（Kohlberg, 1963/2008, p. 9）

科尔伯格还组织了由三名参与者组成的焦点小组，他让参与者讨论他们对这 10 种情况的不同看法，并试图就道德解决方式达成一致。

在完成所有录音的逐字稿后，科尔伯格使用韦伯（Weber, 1904/1949）提出的理想型进行分析，经验性地区分不同的道德思维方式。韦伯已经意识到这种方法对发展分析的潜力，因为他本人用此方法研究了从"新教"演变为"资本主义"的过程。对科尔伯格来说，这方法对选择、总结和理解年龄趋势"几乎是必要"的选择，因为发展阶段的概念化与对心理生活类型的遗传系列进行分析性描述相关。理想的类型学方法使科尔伯格能够理解并连贯地从大量的口头资料中解释道德推理的成分之间的一致和复杂的关系，以及独特的质性认知结构。"它（质性分析程序）涉及同时愿意选择和强调可以连贯解释的经验一致性，以及随着新的经验模式出现而修改和革新观察和解释原理的意愿"（Kohlberg, 1958/1994, p. 88）。该研究程序使科尔伯格能够发现他研究主题的一般重要维度并对其进行定义，同时通过比较各个年龄段儿童的思维实例，以及对每个新发现的道德思维成分的日益融合追踪其发展轨迹。科尔伯格的目的是阐明阶段/类型，这些阶段/类型不是纯粹的从外部特征化人类的理论架构，而是根据经验资料描述个人思维方式和他们实际持有的价值观的心理结构。

科尔伯格通过仔细考虑孩子提到的每个行动选择，他们对冲突的思考方式以及他们对造成每个选择"好"或"坏"的原因的推理来分析资料。

在分析资料时，科尔伯格注意到许多惊人的反应，这些反应聚集在多个个体（不同阶层和年龄）的人群中，他们不是表达社会惯例而是表达他们的内部推理模式和原则。例如，来自工人阶级家庭的 10 岁的丹尼（Danny）回答了艾力克斯的两难境地："一方面他告他哥哥是对的，否则他的父亲可能会生他的气并打他。但另一个方面，他保持安静也是对的，否则他的哥哥可能会打他。"（Kohlberg, 1963/2008, p. 9）科尔伯格从丹尼提出的选择和考虑中看到了一种思维方式，在被视为"错误"的行为中，惩罚起着关键作用。科尔伯格还从很多其他案例中发现，道德思考的形式也被具体的权力和惩罚原则（concrete power and punishment）所主导，这在 6～7 岁的儿童中特别明显。在各种思维方式中，构建原则的数量是有限的，它们构成了初步的"类型"（types）。通过比较儿童针对所面临的道德困境而给出的这些原则的具体说明，每种类型的内在连贯性及这些类型的重要特征之间的差异变得更加清晰，科尔伯格基于此修改了上述内容，以改进他的研究发现。一旦确定了基本类型，每个孩子的访谈就被全面分析，以进一步支持和修改这些类型的特质，也更准确地反映与这些类型最接近的访谈问题。

　　科尔伯格与 4 岁、5 岁和 7 岁的孩子们一起探索了一些故事，在这些故事中，不服从命令和违反规则后会受到奖励或惩罚。例如，在一个故事中，一个男孩被要求在他母亲离开家后坐在沙发上照看一个婴儿。 39 母亲一离开，男孩就跑到院子里玩耍。研究参与者被要求完成故事，然后被告知当母亲回家时，她给了这个不听话的男孩一些糖果，或者在故事的另一个版本中，她让一个听话的男孩回自己的房间。4 岁的孩子根据奖励或惩罚而不是根据男孩是否遵循成人命令来决定男孩行为的好坏，而年龄较大的孩子表现出冲突。一些 7 岁的孩子说，母亲奖励不听话的男孩是错的，他们根据母亲之前的命令来定义是非。他们表示，奖励不服从命令的男孩和惩罚遵守规则的男孩都是"不公正"的行为。这些年龄较大的孩子并没有根据行动的相应奖励和惩罚来确定"好"和"坏"的含义。取而代之的是，他们遵循命令和规则的原则，解释了"对"和"错"的含义，以及奖惩本身(公平或不公平)的含义。这在年幼儿童的思考中是欠缺的(Kohlberg, 1963/2008, p. 14)。

通过这种分析，科尔伯格(Kohlberg, 1958/1994)发现了三个主要阶段/类型，每个阶段/类型又分为两个亚类型。在阐述这六种类型的推理时，科尔伯格使用了三个标准：它们必须表达道德，具有遗传学含义，并且与各种道德理论相关。这些类型不仅来自抽象、先验的思想，还源自资料的一致性。在质性分析中，科尔伯格认为，并非所有资料都具有相同的价值。科尔伯格报告道，他最能在前后一致、可以理解并且会参与思考的研究参与者中识别出不同的类型。在一个特定类型上表现最频繁的孩子，他们的思维也倾向于提供最极端的例子，从而最清楚地说明构建"原理"。如詹姆斯一样，科尔伯格发现，这些道德推理的极端的原型实例在确定可以应用于所有参与者的类型时具有最大的方法论价值，即使它们并不一定很频繁地出现。罕见的案例对于总体解释发展尤其有用。科尔伯格将这种策略和弗洛伊德通过仔细研究统计罕见的歇斯底里类型来识别精神病理学的高度普遍原则的方法相联系。"'最具启发性'和'最具引用价值'的回答通常是最不寻常或有特质的。我们认为，寻求到类型相同的思维原理，通常表现为孩子们对一个问题给予一定的答案，对另一个问题又给出另一种答案。"(Kohlberg, 1958/1994, p. 102)于是重复出现的模式被进行了系统的解释和分类。

在对 10～16 岁儿童的访谈中，科尔伯格发现了 6 种非常不同的一般道德推理类型，它们构成了一个发展序列。

- 第一级：前道德　　　　　　　　　　　　　　　　　　　　40

    类型 1: 惩罚和服从取向，基于外部后果

    类型 2: 天真的工具享乐主义，基于需求
- 第二级：常规角色——顺从

    类型 3: 保持良好关系的好孩子道德，他人的认可，刻板的美德

    类型 4: 权威、规则、法律和维持道德的社会
- 第三级：自我接受的道德准则的道德

    类型 5: 契约的道德和民主地接受的法律

    类型 6: 个人良心原则的道德

　　一旦建立了这些阶段/类型，科尔伯格便返回所有资料，并将每个道德思维陈述放入其中一种类型。在资料中表达道德判断的每一个思想内容都被分配了一种类型。参与者共有 43～117 个被编码的表达。在仔细分析这些资料时，科尔伯格辨别出道德推理的 30 个一般方面或维度，其中一些是皮亚杰和其他理论家先前报告和强调的。这些包括权利的概念、惩罚性正义的态度、对意图与行动后果的考虑、动机与行动关系及对等性等。这些一般性维度的发现对于 6 种道德思维中的每一种都有独特的意义。这些类型中的每一种都被视为由动机和认知的特征模式连贯地构造而成，科尔伯格能够分辨出这些特征。道德推理的 6 种类型被用来代表连续出现的"正确"和"错误"含义的重构。

　　在每个孩子的访谈中，50～150 个道德观点或陈述可以单独放入由 6 个层级和 30 个维度构成的分类系统中，形成一个由 180 个单元组成的网格。无论是在同一个还是不同的道德困境中，人类参与者的道德推理都不局限于一个层级。研究人员对每名参与者的陈述分别属于 6 种道德

思维类型的比例进行了评估，并且根据他们占比最高的回答对参与者进行分类。例如，在 72 个男孩中有 15 个占比最高的思维类型在第一层级，这意味着他们至少有 45% 的道德陈述属于第一层级。

也许科尔伯格最困难的问题是从实证角度支持他的结论，即思维类型形成一个发展序列。古特曼（Guttman, 1950）的技术被用于定量分析各类型的年龄一致趋势，从而互证了发展序列。相关性矩阵证实了思维类型的序列性本质：在假设中发展阶段差距较大的思维类型，彼此间的相关性更低。定量研究结果还表明，道德推理的早期类型从 10～16 岁开始下降，而更高级的道德推理随着年龄增长而增加。然而，科尔伯格意识到发展序列的更优越的证据是质性的。"比起定量数据，我们更相信在阶段描述中的质性资料和解释使道德思维中发展转变的概念变得更加合理和有意义。"（Kohlberg, 1963/2008, p. 19）换句话说，这些"类型"以有序的顺序逐渐包含彼此，其中一个阶段中的对与错的含义被包含在内，并在后续类型的有序序列中被超越，在更复杂的思维方式中也整合了较简单的方式。前面提及的 7 岁儿童在考虑母亲对不听话的孩子的奖赏时，理解到奖赏和惩罚涉及行为的好坏。但是他们的观点不止于此，还包括另一个标准 —— 孩子是否遵循了命令，这一额外的考虑导致对奖励和惩罚本身是否公正的评估。因此，这些类型形成了一个从较小到复杂的整体序列，并且新的类型变得优先于并包含较旧的考虑因素。因此，这些经验的结构和价值证明了它们的等级结构和顺序的复杂性。质性的差异表明，发展不仅是对知识的更多吸收或对文化的更大顺应。

科尔伯格竭尽全力地提出他的复杂而广泛的发现并提出其许多理论应用。他在书里的章节（超过 200 页）中对这些类型进行了长篇幅的讨论，这些论述涉及三个总体阶段中的每个阶段并讨论了这些发现的理论意义。为了说明每种思维方式对一般道德问题的处理，例如惩罚、纪律、权利、义务、法律、尊重权威、责任、良心、美德和正义，书里引用了大量孩子们的话语。

科尔伯格的研究于 1963 年作为短文发表在《人类发展》(*Vita Humana*)上，并于 2008 年在《人类发展》(*Human Development*)[①]上重新发表。关于他的资料分析方法的描述很少。科尔伯格的论文，包括他质性方法的全部论述，直至 1994 年才发表，那是在他的研究已经塑造了这个领域之后。科尔伯格的工作导致了大量的后续研究，即使在受到批评和争议的情况下，还得到心理学教科书的重点介绍，并且仍然作为道德心理学的一个基本参考点。尽管人们对这一经典研究给予了极大的关注，但对其复杂且高度完善的质性方法的关注却很少。大多数心理学家都熟悉科尔伯格的理论，但对韦伯的"理想型"的方法并不熟悉，也不清楚科尔伯格如何将其用于发展心理学研究。　　42

科尔伯格的做法包括精心挑选不同年龄、社会经济水平、社会化程度以及（在某种程度上)不同性别的参与者。通过精心设计的假设情境，科尔伯格邀请他的参与者去体验那些他即时研究的研究情境。他通过对个人和焦点小组进行的互动式苏格拉底式对话的录音来收集资料，这让他能够在真实的社会环境中去研究他的现象。科尔伯格对资料的处理和分析做了明确说明。他细致地区分了他的大量资料，并在与其他选择进行比较的过程中分析了每个行为的选择，寻找在参与者自身的表现中或跨参与者的表现中的模式。科尔伯格发现，对于质性的洞见，并非所有资料都具有同等价值。最好不通过平均的模态响应来识别典型模式及其原理，而是从最一致、可理解和参与的不同寻常的参与者的资料中识别。矛盾的是，罕见和特质的思维在实现一般理解中提供了最大的方法论价值。在比较道德推理最极端例子的迭代过程中，科尔伯格随着新模

---

① 期刊 *Vita Humana* 于 1965 年更名为 *Human Development*。——译者注

式的出现修订了概念化。这些比较展示了在中层的一般性下相对较少的典型结构，每个结构都通过可理解的原理而被统一。一旦清楚了这些，科尔伯格就返回资料，并在参与者的每个陈述中找到其中一种模式。通过质性分析，科尔伯格描述了一系列复杂的心理结构的发展过程，每个结构均由多个成分组成，其意义遵循整体渗透的原理。科尔伯格使用质性和定量分析来独立地确认质性类型之间的发展关系。他仔细记录了他的研究的每个步骤，并通过典型的道德推理形式，用现实生活中的例子和对参与者的直接引用，说明了这些发展。

第六节　高尔顿·奥尔波特对方法论的呼吁：社会科学研究理事会的倡议

20 世纪 30 年代，人们将越来越多的注意力转向质性研究在整个社会科学中的广泛使用。社会科学研究理事会（The Social Science Research Council）下属的研究评估委员会（The Committee on Appraisal of Research）呼吁对使用"个人文档"（personal documents）的研究进行批判性审视，该"个人文档"被定义为"个人经验的描述，揭示了个体作为有能动性的个体和社会生活参与者的行为"（Blumer，引自 Allport，1942，p. 21）。这些"文档"包括自传、访谈和其他录音、日记、信件、表达性和投射性创作以及问卷等。1940 年，委员会要求哈佛大学的高尔顿·奥尔波特推荐一名学者进行心理学方面的评论。奥尔波特本人主动请缨。奥尔波特 1942 年出版的著作已经绝版且 40 多年没有重印，这部著作对使用第一人称资料的所有心理学研究进行了清点和评估。奥尔波特在研究生助理杰罗姆·布鲁纳的帮助下研究了使用过的各种类型的个人文档、收集的资料和分析方法以及这些文档的价值。布鲁纳后来成为质性研究中的叙事方

43

法的领导者。在专著中，奥尔波特热情洋溢地、充满批判精神地、勇敢地主张质性研究具有最高科学合法性。直到今天，这本书仍然是质性研究方法的详尽而有说服力的论据。

奥尔波特的结论之一是，尽管个人文档在产生心理知识方面具有巨大潜力，但这种方法经常以不加批判的方式进行。尽管在 20 世纪 20 年代，一些心理学家开始关注研究中涉及的方法论问题——信度、效度、分类和预测，但对于如何选择、组织和分析高度个人化的材料，尚无明确的记载。因此，研究者对保证可靠科学的方法论规范和质量标准知之甚少。奥尔波特指出，第一人称文档在临床心理学中的使用日益增加，令人遗憾的是，对所涉及程序的复杂的方法论缺乏相应的讨论。他呼吁建立一个专门发表案例研究的新期刊，不仅要介绍研究结果，还要侧重于所用的研究程序及其基本原理。让奥尔波特印象深刻的是，质性方法可以用来研究各种主题，价值在于获取新的经验知识、理论发展中的引领、实用性以及对跨学科研究的贡献。奥尔波特报告了此类心理学主题、实际用途、归纳出的理论、跨学科研究、科学报告的形式以及它们与定量研究的关系（如问卷和测试结构）。他坚持认为"表意"（ideographic）（个人、个案研究）和"理性的"（nomothetic）（人口频率和叠加分析）知识在心理学中都非常重要，并表明个人文档对这两个分析都是必不可少的。

根据奥尔波特的说法，使用个人文档的一个优点是通过提供"现实的试金石"（touch stone of reality）来防止科学变得人为（artificial）、缺乏生命力（Allport, 1942, p. 184）。他断言，这种研究对于认识主体意义是必要的，这在心理学中是必不可少的。奥尔波特认为，对个人文档的仔细分析，不应局限于运用定量方法进行假设的验证，也不应局限于通过行为观察和测量来确定原则的说明。他认为质性方法本身就是有价值　44

的，并且在对意义（meaning）和许多重要的人类现象的调查中优于其他方法，如爱、对美的感知、宗教信仰、痛苦的感受、野心、恐惧、嫉妒、沮丧、记忆、幻想和友谊。他总结说，这种研究有能力以其自身的形式进行一般化和验证（generalization and validation）。奥尔波特有趣的观点之一是，在使用个人文档时，效度可能会超过信度。因此，他质疑了传统方法论标准中把效度视为信度的前提的观点。奥尔波特并没有要求将一致性（consistency）作为真正知识的前提，而是主张在研究个人经验时使用许多不同的视角，并指出多种不同的知识主张可能会实现更大的真理。奥尔波特坚持认为，这些方法是科学的，并在恰当地使用时能满足理解、预测、控制和一般化的关键标准。

奥尔波特列举了对质性方法的批评，并指出许多常见批评的不相关性、琐碎性、误解和彻头彻尾的不真实性。他没有低估使用个人文档所涉及的方法论问题的难度。然而，他认为所有研究方法都存在问题，使用个人文档的困难不比定量和实验方法的问题的成功解决的困难更大。

奥尔波特得出结论，运用个人文档进行"大胆且激进的"研究创新应该在心理学领域被鼓励和推崇。应鼓励和采用其他新方法来组织文档、分析资料、验证知识主张、预测和解释以及编写报告。应明确说明所使用的方法，并进行复杂的方法论批判，以建立适用于这些方法的独特科学规范。"对那些以微弱的赞誉来谴责个人文档的理论家的强烈的反对是有依据的。他们说，其唯一的优点在于产生预感或提出假设的能力……他们没有认识到个人文档在社会科学中的价值。"（Allport, 1942, p. 191）。

在这份强有力的、富有远见的专著中，奥尔波特预测了20世纪下半叶将要发生的事件。在20世纪50年代到70年代的几十年中，各种新的研究方法传统得以建立。所有这些都涉及弗洛伊德、詹姆斯、马斯洛和科尔伯格工作中所采用的对实践的正式推进，也有许多其他研究者缺乏正规培训，相对孤立地进行研究，他们并没有强调对采用的研究方法的一般应用，即使他们成功回答了有关人类经验的重要研究问题。直到 20 世纪 70 年代，学术界才对质性研究的基本原理和程序进行了广泛的学术研究和大规模发展。新的传统是由个人建立的，如奥尔波特所建议的，他们进行了大胆而激进的试验，仔细考虑了所采用的研究方法，为运用研究方法提供了令人信服的科学依据，描述了可以大规模地教授和实施的严谨程序，并确定在教育机构、专业组织、期刊和书籍等出版物中使用质性方法。仅在最近的几十年中，各种质性方法论传统才得到了广泛的关注和使用。最近，期刊、教科书、研究生课程和专业组织的激增在社会科学中被称为"质性研究的革命"（the qualitative revolution）（Denzin & Lincoln, 1994, p. ix），并且已成为心理学的主要历史"力量"（Ponterotto, 2002）。在下一章中，我们将回顾一些学者开展的具体工作，并将他们的研究与本章主要介绍的研究做一个相关的对比。

（本章译者：李沛薇）

参考文献

Allport, G. W. (1942). *The use of personal documents in psychological science* (prepared for the Committee on the Appraisal of Research; Bulletin # 49). New York: Social Science Research Council.

Breuer, J., & Freud, S. (1957). *Studies on hysteria.* New York: Basic Books. (Original work published 1895)

Coon, D. J. (2006). Abraham H. Maslow: Reconnaissance for eupsychia. In D. A. Dewsbury, L. T. Benjamin, & M. Wertheimer(Eds.), *Portraits of pioneers in psychology* (Vol. VI, pp. 255-272). New York: Psychology Press.

Denzin, N. K., & Lincoln, Y. S. (1994). *Handbook of qualitative research.* Thousand

Oaks, CA: Sage.

Dollard, J. (1937). *Caste and class in a Southern town.* Garden City, NY: Doubleday Books.

Ericsson K. A., & Simon, H. A. (1993). *Protocol analysis: Verbal reports as data.* Cambridge, MA: MIT Press.

Festinger, L., Riecken, H., & Schachter, S. (1956). *When prophesy fails.* Minneapolis: University of Minnesota Press.

Freud, S. (1959). Psycho-analysis. In J. Strachey (Ed. and Trans.), *The standard edition of the complete works of Sigmund Freud* (Vol. 20, pp. 259-270). London: Hogarth Press. (Original work published 1926)

Freud, S. (1963). *Therapy and technique.* New York: Collier Books. (Original work published 1913)

Freud, S. (1964). Constructions in psychoanalysis. In J. Strachey (Ed. and Trans.), *The standard edition of the complete works of Sigmund Freud* (Vol. 23, pp. 255-269). London: Hogarth Press. (Original work published 1937)

Freud, S. (1965). *The interpretation of dreams.* New York: Basic Books. (Original work published 1900)

Freud, S. (1978). *The question of lay analysis.* New York: Norton. (Original work published 1926)

Giorgi, A. (2009). *The descriptive phenomenological method in psychology: A modified Husserlian approach.* Pittsburgh: Duquesne University Press.

Goldstein, K. (1995). *The organism: A holistic approach to biology derived from pathological data in man.* New York: Zone Books. (Original work published 1934)

Guttman, L. (1950). The basis for scalogram analysis. In S. A. Stouffer, L. Guttman, E. A. Suchman, P. F. Lazerfeld, S. A. Star, & J. A. Clausen (Eds.), *Measurement and prediction* (pp. 60-90). Princeton, NJ: Princeton University Press.

James, W. (1982). *The varieties of religious experience.* New York: Penguin Books. (Original work published 1902)

Janis, I. L. (1972). *Victims of groupthink.* Boston: Houghton Mifflin.

Kahneman, D. (2003). Experiences of collaborative research. *American Psychologist,* 58(9), 723-730.

46

Kohlberg, L. (1963). The development of children's orientation toward a moralorder: Sequence in the development of moral thought. *Vita Humana*, 6, 11-33.(Reprinted in 2008, *Human Development*, 51, 8-20.)

Kohlberg, L. (1994). *Moral development: A compendium* (Vol. 3, B. Puka, Ed.). New York: Garland. (Reprint of Kohlberg, L. [1958]. *The development of moral thinking and choice in the years 10 through 16.* Unpublished doctoral dissertation, University of Chicago, Chicago, IL.)

Kuhn, T. (1962). *The structure of scientific revolutions.* Chicago: University of Chicago Press.

Lewin, K. (1948). *Resolving social conflict: Selected papers on group dynamics.* New York:Harper & Row.

Marecek, J., Fine, M., & Kidder, L. (1997). Working between worlds: Qualitative methodsand social psychology. *Journal of Social Issues*, 53(4), 631-644.

Maslow, A. H. (1959). Cognition of being in the peak experiences. *Journal of Genetic Psychology*, 94, 43-66.

Maslow, A. H. (1968). *Toward a psychology of being.* New York: Van Nostrand Reinhold.

Maslow, A. H. (1987). *Motivation and personality.* New York: HarperCollins. (Original work published 1954)

Piaget, J. (1932). *The moral judgment of the child.* Glencoe, IL: Free Press.

Ponterotto, J. (2002). Qualitative research methods: The fifth force in psychology.*Counseling Psychologist*, 30(3), 394-406.

Rosenhan, D. (1973). On being sane in insane places. Science, 179, 250-258.

Sherif, M., & Sherif, C. W. (1953). *Groups in harmony and tension: An integration of studies on intergroup relations.* New York: Harper & Brothers.

Strachey, J. (1957). Editor's introductions. In J. Breuer & S. Freud, *Studies on hysteria* (pp. ix-xxviii).New York: Basic Books.

Weber, M. (1949). *Methodology of the social sciences* (E. A. Shils & H. A. Finch, Trans.).Glencoe, IL: Free Press. (Original work published 1904)

Wertz, F. J. (1983). Some components of descriptive psychological reflection. *Human Studies*, 6(1), 35-51.

Wertz, F. J. (1987a). Common methodological fundaments of the analytic procedures in phenomenological and psychoanalytic research. *Psychoanalysis and Contemporary Thought*, 9 (4), 563-603.

Wertz, F. J. (1987b). Meaning and research methodology: Psychoanalysis as a human science. *Methods: A Journal for Human Science*, 1(2), 91-135.

47　　Wertz, F. J. (1993). The phenomenology of Sigmund Freud. *Journal of Phenomenological Psychology*, 24(2), 101-129.

Wertz, F. J. (2001). Humanistic psychology and the qualitative research tradition. In K. J. Schneider, J. F. T. Bugental, & J. F. Pierson (Eds.), *The handbook of humanistic psychology: Leading edges in theory, research and practice* (pp. 231-246). Thousand Oaks, CA: Sage.

Wong, W. (2009). Retracing the footsteps of Wilhelm Wundt: Explorations in the disciplinary frontiers of psychology and in *Völkerpsychologie. History of Psychology*, 12 (4), 229-265.

Wundt, W. (1900-1920). *Völkerpsychologie* (Vols. 1-10). Leipzig, Germany: Engelmann.

Wundt, W. (1916). *Elements of folk psychology: Outlines of a psychological history of the development of mankind* (E. L. Schaub, Trans.). New York: Macmillan.

Zimbardo, P., Haney, C., Banks, W. C., & Jaffe, D. (1975). The psychology of imprisonment: Privation, power, and pathology. In D. Rosenhan & P. London (Eds.), *Theory and research in abnormal psychology* (pp. 271-287). New York: Holt, Rinehart & Winston.

第二章

方法论传统的建立

在 20 世纪后半叶，心理学中的一系列方法论作品明确列出了质性分析的正式程序。很多程序被实务工作者使用，但却并没有系统地陈述总结并供大众使用。从 20 世纪 70 年代开始，本书重点介绍的 5 个模式分别开始独立发展，后来逐渐成为更大的运动的一部分。在目前方法论多元主义的背景下，它们持续地相对独立发展但有时也被综合使用。这些方法的出现，特别在期刊论文、教科书、专业会议和其他教育场合中，常常引发它们彼此之间的关系的一系列问题。这些分析方法到底有何相似之处？它们又有什么区别？它们是否有共同的基础？它们又有什么特殊之处？它们彼此之间互补吗？这一章，我们从 20 世纪后半叶追溯每一种方法的起源，尤其关注那些建立方法传统的个人与专业发展的情境。下一章里，我们聚焦于他们推动过的多面向的运动。目前方法论多元主义的问题以及质性研究都面临的问题，也是那些在心理学传统中流传深远的问题。

第一节　关键事件法：詹姆斯·弗拉纳根

据我们所知，詹姆斯·弗拉纳根（Flanagan, 1954）的关键事件法（critical incident technique, CIT）是最早的质性研究方法，为心理学研究者清晰地设定了一套关于研究目的、设计、资料收集、分析、写作的特定程序。尽管这一方法不是本书重点推荐的方法，但它有历史性的重要意义，它极其灵活，因此至今仍有很大价值，对于我们其他更注重资料分析的方法而言是个有益的补充。弗拉纳根的工作被现今质性运动中的学者所忽略，也许是因为弗拉纳根对心理学研究深层的实证主义哲学缺乏批判。然而，弗拉纳根对研究方法的贡献是完全实用的和模块化的，以至于他的方法的组成部分（例如他用于收集资料的有效程序）可以被其他方法所运用，包括我们后面着重介绍的后实证主义的质性分析方法。就像所有好的科学方法一样，弗拉纳根的关键事件法一方面从研究问题的重要意义中衍生出来，另一方面也是对研究事务现实的真诚的尊重。

　　在第二次世界大战期间，弗拉纳根在美国陆军航空队的航空心理学项目中发展了关键事件法。他的任务是为空军机组人员设定选择和分类的程序，尤其要区分成功的和不成功的飞行员参训者。之前那些被飞行培训学校开除的候选人，常常由飞行教官填写问卷，关于他们失败原因的填写常常充满简单、刻板、套路、空洞的话语，例如"进步慢""气质不符""判断力差"（Flanagan, 1954, p. 328）。弗拉纳根没有让教官表达他们对成功和不成功的参训者特点的一般性知识，而是询问教官们对特别的关键事件（critical incident）的观察，他们目睹了参训者在飞行过程中的成功和失败。关键事件法的最重要特点，也是质性研究方法的最大优点，是资料的具体性。在随后"飞行中的迷失"的研究中，弗拉纳根让飞行员自己以第一人称讲述他们在经历迷失和眩晕中的真实事件——他们看到什么、听到什么、感受是什么、在那种情形下做了什么。对这些事件的分析使得他给出方案：通过对座舱和仪表盘的改变来避免飞行中的眩晕。

　　要成为"关键事件"，这一事件必须发生在人类行为的目的和作用非常明晰的情形下。例如，弗拉纳根收集飞行员关于成功和不成功起飞、仪表设置、着陆和使用控制手柄的具体访谈资料。对关键事件的描绘也被收集，用来分析 1943—1944 年导弹发射的失败以及 1944 年战争中的领导力。这一新方法，与验证假设非常不同（虽然也是基于专家的直觉），它超越了简单的问卷，允许研究者在现实情境中分析有效和无效行为——作为现实的试金石。例如，几千个士兵接受询问，被要求描述一些关键事件：在完成任务的过程中，指挥官的行动是"尤其有效"或"不太有效"的。弗拉纳根和他的团队发展出一个程序去分析这一过程以便生产出有效的战争领导力的知识，即"领导力的关键要素"。

　　这一质性方法的过程写入了 1946 年美国陆军航空队的文件。关键事件法有两个目的：去解决实际的问题，并发展出更广泛的心理学原则。弗拉纳根提供了提出问题、收集资料和分析并合成观察的一整套过程。他认为这个方法对于很多伟大的作家并不是新鲜的，作家们是人类生活的热切观察者，他们观察了很多重大事件，仔细描绘，并从中获取洞见。弗拉纳根的开创性贡献是运用细节回忆、报告和归纳的方法，为科学心理学研究系统发展了这一实践。

　　第二次世界大战后，弗拉纳根和美国陆军航空队航空心理学项目的其他研究者成立了美国科学研究协会，一个非营利的科学和教育机构，期望进一步发展关键事件法。第一个公开发表的相关运用是关于工作分析——是什么造成了按小时付费的工人工作绩效的成败。在这一研究中，研究者访谈了 2500 名工厂领班，让他们描述工人们让人满意和失望的表现。其他的早期研究关注态度和才能（Flanagan, 1954）。匹兹堡大学的学生写论文，研究不同职业中的人类行为，例如牙医。运用牙科患者、牙医和牙科学校教员对关键事件的详细描述来说明好的牙医实践的原则、有效的牙医指南，甚至包括匹兹堡大学牙科医学学院的一系列选择。关键事件法也被用于分析教育的最佳实践。运用教授和学生描述的关键事件来研究心理学教学，在他们相当不同的观点中发现有趣的差

50

别。关键事件法也被扩展至超出实际问题的应用，将其作为方法，生产出不同领域心理现象的基本质性知识。例如，在人格的研究中，对"情感不成熟"(emotional immaturity)这一现象进行分析，从心理学家、精神科医生、社工和护士提供的资料中发展出具有诊断标准的分类系统。

　　在他 1954 年的里程碑式的著作中，弗拉纳根详细描绘了关键事件法研究的五个阶段的关键步骤：①研究的目的；②设计参与者指南；③资料收集；④分析（总结与描述）；⑤诠释和报告。在关键事件法研究中，对于资料收集没有固定刻板的规定。关键事件法是一整套灵活的原则，并根据不同的研究问题和情形做调整。选择和收集事件的关键原则是要与研究主题和问题相关。弗拉纳根强调包含"极端行为"(extreme behavior)的关键事件的重要性，无论它们极其有效或无效，对研究都非常重要(Flanagan, 1954, p. 138)。这回应了詹姆斯和科尔伯格的观点，在弗洛伊德和马斯洛的研究中也得到使用。选择观察者也很重要：他们必须是与研究现象直接相关的。资料可以在观察后或记忆中收集。弗拉纳根列举出向参与者解释研究和提出问题的步骤。他强调选择正确用语给予参与者指导的重要性，用语要让参与者容易理解，并清晰指出调查的活动或主题。指导说明可以给个人，也可以给团体，可以书面，也可以口头，用来促进与研究者的交谈。资料分析过程用归纳方法来辨识不同关键事件的共同特征。额外的事件也用来分析，直至没有新的知识产生。用归纳方法得出发现之后，下一步就是辨明实际的用途。弗拉纳根讨论了研究者的参考框架、分析类型的构成、主题的结构组织、意义的命名、结果的一般性、研究发现的解释以及研究报告的写作。关键事件法能用于各种应用性领域，包括测量工具的开发、工作描述、培训项目设计、选择和区分的过程以及心理治疗和咨询的实践（例如，确定改变的领域和方式）。关键事件法不仅局限于实践问题，还可以用于澄清基础心理学建构并查明关于动机、领导力、态度和人格的心理学原则，该方法通过使用真实情境的记录去实施，而这些真实情境涉及研究中的心理现象。这一方法的主要优点在于超越仅凭观点、感觉、猜想和假设的方式来建构的知识。

　　关键事件法被广泛应用于工厂组织心理学。尽管这个方法在 20 世纪 50 年代有所衰退，80 年代，随着质性研究的价值逐渐被重新认识，人们对它的兴趣又重新燃起（Norman, Redfern, Tomalin, & Oliver, 1992）。它已经被用于应用心理学的各个领域，以及很多其他领域，例如卫生保健（如护理）、商业和教育。它有潜力被应用于所有的社会科学与人文科学中。值得一提且不为人知的是，关键事件法曾被用来发展心理学家的伦理原则和标准。1948 年，它被用来研究发展心理学家的第一个伦理原则的时候，美国心理学会向约 7500 名成员发出指示，邀请心理学家描述出需要做与伦理困境相关的决定的实际情形。成员们提交了 1000 多份类似的事件，这些成为心理学家的第一部伦理守则的基础（Adkins, 1952）。关键事件法也被用于完成和持续修订现行的美国心理学会伦理守则（American Psychological Association, 2002），在美国心理学会的网站上目前还在持续收集违背伦理的争议性案例。

52

第二节　现象学心理学：阿梅代奥·乔治

　　在心理学领域中，阿梅代奥·乔治（Amedeo Giorgi）发展了许多研究方法，它们来源于跨学科的现象学运动。现象学以古希腊的思想和人文主义传统为根基，由埃德蒙德·胡塞尔（Edmund Husserl）于 20 世纪初创立（Husserl, 1900-1901/1970, 1913/1962），起初是一种探究知觉与意识的哲学方法。胡塞尔师从佛朗兹·布伦塔诺（Franz Brentano）（Brentano, 1874/

1973)，认为人类因其所拥有的知觉和意识而与物质性的自然有根本区别，所以，必须要有不同于物理学的方法才能对人类加以科学的探究。胡塞尔致力于发展一套合适的方法来对意识经验做研究，这将使科学能够克服客观主义（objectivism）的局限，即广泛运用自然科学的物质主义概念和方法的局限。他关于科学的哲学与认识论方面的著述在哲学与人文学科的其他领域中开枝散叶，对多个方向上的好几代学者产生了影响。需要注意的是，现象学这个词的运用并不总是与胡塞尔开创的欧洲哲学传统相关联的。在心理学领域中，这个词常用于泛指任何强调第一人称经验的理论和实践研究。在精神病学中，这个词也是指关于精神失调症状的描述性知识。在本书中，这个词仅仅指胡塞尔及其追随者们所发展的或是主要受他们影响的那些获取知识的方法。

　　胡塞尔在日常生活和科学这两个领域中一丝不苟地对意识加以考察，灵活运用多种方法，致力于阐明哲学以及科学的基础。胡塞尔追随布伦塔诺，强调意识中的意向性（intentionality），它指的是一种自我超越的方式，也就是意识会关联到其他物体，这可以是普通的东西，如一只画眉鸟，也可以是想象的创造物，如小说，还可以是科学理论、数学公式等。胡塞尔的工作使现象学崛起而成为 20 世纪的运动，它在哲学领域中持续壮大，影响遍及人文学科、人类科学以及美术研究。胡塞尔的工作最令人瞩目之处也许在于受其启发的学术流派很多，极大地扩展了现象学的传统。据统计，全世界现在有超过 180 个研究现象学的组织，有 3500 个学者自我标识为现象学学者，他们分布于 50 个国家的约 40 个学科领域中（Embree, 2010）。

　　胡塞尔（Husserl, 1900-1901/1970）严格遵循"科学始于无偏见"的格言，用他的启灵式召唤确定了现象学的基础导向："朝向事情本身"（Zu den Sachen selbst，to the things themselves），意思是知识的基础在于触及对象的独有特征。胡塞尔的著述广泛涉及科学知识的基础，特别是心理学的基础。他阐明了人类的活生生的经验的根本特征，以及与这方面研究相应的反思性方法（reflective methods），因此阐明了心理科学的基础。他的后继者还有马丁·海德格尔（Martin Heidegger）、让-保罗·萨特（Jean-Paul Sartre）、莫里斯·梅洛-庞蒂（Maurice Merleau-Ponty）、阿尔弗雷德·舒茨（Alfred Schutz）、阿伦·古尔维奇（Aron Gurwitsch），保罗·利科（Paul Ricoeur）和伊曼纽尔·列维纳斯（Emanuel Levinas）等人，他们在存在主义、诠释学、社会建构论以及叙事学等方向上，也对心理学做出了贡献。在哲学之外，最早采用现象学的科学是精神病学，开端的标志是卡尔·雅斯贝尔斯(Karl Jaspers)的著作，其后的发展贯穿 20 世纪，代表人物有路德维希·宾斯旺格（Ludwig Binswanger）、梅达特·鲍斯（Medard Boss）、尤金·闵可夫斯基（Eugene Minkowski）、欧文·斯特劳斯(Erwin Straus)、范登伯格（J. H. van den Berg），以及罗纳德·莱恩（Ronald Laing），这些学者在美国颇有影响力。

在心理学的实证研究中，阿梅代奥·乔治带头采纳并系统化地运用了现象学的方法。在费城的圣约瑟夫学院（St. Joseph's College）读大学时，乔治读了威廉·詹姆斯的书，便从原来的英文专业转去读心理学专业。1953 年，在福特汉姆大学实验心理物理学专业读研究生时，乔治如饥似渴地阅读有关历史和系统的文本，同时协助他的导师理查德·塞赫尔斯（Richard Zegers）教授做研究并管理他的实验室。遵循所在学系对基础学科研究的承诺，乔治在硕士阶段对单目运动视差阈值（monocular movement parallax thresholds）进行研究，并以临界闪现频率（critical flicker frequency）为硕士论文主题。乔治从心理物理学中学习到，相对少的研究主体（他的硕士论文研究了两个主体，博士论文研究了三个主体）可以产生大量资料，只要仔细加以分析，将能够产生具有高度一般性的科学结论。然而在研究生期间，乔治对于实验方法是否适合心理学日益产生怀疑。

毕业后，乔治接受了在邓洛普市（Dunlap）的一份助理工作，职责是为鹰式导弹系统（Hawk missile system）做操作研究。虽然他学会了将自己的方法论理想用来解决人为因素的实际问题，但是他仍然怀疑实验方法能否解决人类问题。1960年，乔治在曼哈顿学院任教，他从前的同学埃德·霍根（Ed Hogan）告诉他，自己的一位同事阿德里安·范·卡姆（Adrian Van Kaam），曾于第二次世界大战期间作为神父为荷兰地下反抗组织服务，此人跟乔治一样对心理学持有很多批评。乔治与范·卡姆见了面，得知欧洲现象学在非临床的、实验的、社会心理学领域中的研究，其代表人物有拜腾迪克（Buytendijk）、格劳曼（Graumann）以及林斯霍滕（Linschoten）等。其后，乔治在新学院（The New School）旁听了阿伦·古尔维奇、罗洛·梅（Rollo May）以及保罗·蒂利希（Paul Tillich）等学者的课程，并于1962年进入杜肯大学（Duquesne University）任教，那年范·卡姆开设了新的现象学心理学的博士课程。作为研究方法的专家，乔治开发了一门课程，讲心理学的现象学基础，其内容就构成了他的第一本著作，即《作为人类科学的心理学》（*Psychology as a Human Science*）。在这本著作中，乔治（Giorgi, 1970）详列了长期以来持续存在的对心理学的批评，例如，它难以定义研究主体，理论碎片化，难以克服纯理论与应用领域之间的鸿沟，等等。他声称，心理学中所有这些长期存在的问题，共同的根源在于错误地沿着自然科学的范式来处理研究主体。乔治主张，对于心理学学科的理解不仅要关注学科的主旨与方法，而且要考虑他所谓的心理学的"范式"（approach），他用这个词指学科中暗含的假设和底层哲学。他呼吁对长期统治心理学发展史的自然主义的假定做批判性的评价，并以人类科学的范式重新定位，据此才能够容纳

54

专门设计用于研究人类主体(human subject matter)的方法。

为了发展现象学的研究方法，乔治于 20 世纪 60 年代遍访西欧和斯堪的纳维亚诸国。他发现，现象学心理学家从哲学和理论的角度，对心理学提出了非常精彩的批评，却没有从研究方法论上提供积极的替代模型。在杜肯大学任教期间，乔治在哲学系教授们的帮助下学习现象学哲学，同时在心理学系和博士生一起开发基于资料的实证研究方法。他最早的学生之一保罗·科拉伊齐(Paul Colaizzi)在连续学习中重复做实验，并收集了参与者对实验经历的第一人称描述，据此分析对无意义音节的感知的"基础性心理结构"(fundamental psychological structure)(Colaizzi, 1967)。乔治与学生们一道，开始灵活精细地设计质性资料收集和描述性分析的各种模型，以满足各种研究问题的需求，并能涵盖广泛的人类现象。

1970 年，乔治讲授现象学研究方法课程，每周有一次讨论课，课程有博士研究生及其导师参加，他们一起设计研究方法，涵盖心理学研究的很多主题。有一些学生重做传统的假说—检验实验并用现象学分析加以补充，另一些学生则研究现实生活世界的场景，将其作为实验场景的类似物，例如麦康维尔(McConville, 1974)对高尔夫球课程中关于"视域感知"的研究。在这个所谓的杜肯学术圈中，乔治在心理学的各个领域积累了研究方法方面的专业知识。其他众多研究者，如罗尔夫·冯·埃卡特斯堡(Rolf Von Eckartsberg)、威廉·费希尔(William Fischer)、安东尼·巴顿(Anthony Barton)、爱德华·默里(Edward Murray)、康斯坦茨·费希尔(Constance Fischer)、弗兰克·巴克利(Frank Buckley)、大卫·史密斯(David Smith)、查尔斯·梅斯(Charles Maes)、理查德·诺尔斯(Richard Knowles)、保罗·科拉伊齐以及保罗·利科等，则贡献了许多实证研究和理论，范围遍及传统和新兴的心理学研究主题。博士生的研究对于将基于现象学的方法应用于心理现象的全领域，起了关键作用。这包括了定量心理学从未涉足的领域，如"天生的运动员"(the natural athlete)（Alapack, 1972）、"超验、瑜伽、伊格纳斯式(Ignatian)冥想"（Barnes, 1980）及"勇气心理学"（Asarian, 1981）等。常见的是，研究者收集人类在经历各种情况之后的描述（例如，通过写作、访谈和录音讲话）。

乔治将源于现象学哲学家的方法，如意义的意向性分析和现象的本质分析等，应用于心理学的实证研究。所有这些实践以及他专为心理学而积累的知识，构成了他的方法论著述以及杜肯大学研究方法课程的基础。在其方法论著作中，乔治阐明并证明了开展描述性心理学研究的一套关键程序。杜肯学术圈的代表性研究以及方法论进展分为四卷本的《杜肯现象学心理学研究》(*Duquesne Studies in Phenomenological Psychology*)出版（Giorgi, Von Eckartsberg, & Fischer, 1971; Giorgi, Fisher, & Murray, 1975; Giorgi, Smith, & Knowles, 1979; Giorgi, Barton, & Maes, 1983 ）。乔治后来在蒙特利尔的魁北克大学以及塞布鲁克研究所①工作，期间仍继续其方法论著作的撰写。在《现象学与心理学研究》(*Phenomenology and Psychological Research*, 1985)和《心理学中的描述性现象学方法：一个修正的胡塞尔路径》(*The Descriptive Phenomenological Method in Psychology: A Modified Husserlian Approach*, 2009)这两本著作中，可以看到乔治观点的全貌，以及他对哲学与心理学相互关系的潜心关注。

由于主流阵地如《实验心理学期刊》(*Journal of Experimental Psychology*)不发表描述性研究的作品，乔治于 1970 年创办了《现象学心理学期刊》(*Journal of Phenomenological Psychology*)。有了现象学的范式，特别是有了刊物，推动了质性研究在心理学领域的发表。一项研究探究了

① 原文可能有误，应该是 Saybrook Institute，而不是 Saybook Institute。——译者注

1980 年以前心理学中质性研究的兴起（Rennie, Watson, & Monteiro, 2002），从事这项研究的人发现"现象学的"（以及存在主义的现象学心理学）这个词在心理学期刊中出现了 126 次。相比之下，质性研究（qualitative research）、扎根理论（grounded theory）、话语分析（discourse analysis）这些词则完全没有出现，在其他学科的期刊中，这些词总共才出现了 9 次。使用以上词语作为检索关键词的文章，过去 30 年间主要发表在《现象学心理学期刊》上（195 次）。

为了减少现象学心理学家的孤立感，增加他们在志同道合的学者中 56 的影响力，乔治建立了一个同盟，联络那些在人类科学方面有独特视野的专业人士；这包括了哲学心理学家、人本主义心理学家以及那些在人类科学和专业服务的所有领域中使用各种范式和方法的质性研究者。例如，乔治在 1981 年创建了跨学科组织——国际人类科学研究协会（International Human Science Research Association），并在其中发挥领导作用，协会每年轮流在北美、日本、斯堪的纳维亚、西欧以及南非等地召开年会。乔治避开了他最初所在的美国心理学会下设的实验心理学分会，而把现象学心理学带入美国心理学会下设的理论与哲学心理学学会，以及人本主义心理学学会。作为这两个学会的执行委员会成员和主席，乔治向北美心理学家们介绍了现象学哲学和质性研究方法，并支持广泛的质性研究运动。

第三节　扎根理论：巴尼·格拉泽，安塞尔姆·斯特劳斯

扎根理论的具体起源是社会学家巴尼·格拉泽（Barney Glaser）与安塞尔姆·斯特劳斯（Anselm Strauss）的前沿著作《扎根理论的发现》（*The Discovery of Grounded Theory*）（Glaser & Strauss, 1967）。作者们认为扎根

理论是一个系统的、归纳的、迭代的、对比的资料分析方法，目的是进行社会学理论建构。格拉泽和安塞尔姆·斯特劳斯的著作回应了 20 世纪 60 年代的学科争论。那时候，复杂定量方法的发展使得之前在社会学中稳健繁盛的质性研究传统日益削弱和边缘化。定量研究学者们对质性研究的价值抱着怀疑的态度，认为质性研究是主观的、凭印象的，总是追寻奇闻逸事，不像定量研究那样客观、系统、具有一般性（generalizable）。定量研究一时统领了各学系、期刊及研究资助。同时，社会学中的质性研究也愈加成为少数重要学者和他们的学生的权限，建立理论似乎成为那些精英空谈理论家（elite armchair theorists）[①]不用进行实际调查，只管构建理论的特权。格拉泽和安塞尔姆·斯特劳斯正是为社会学学者们挑战这种趋势而写下了《扎根理论的发现》这本书。然而，他们两人都没有预见到，扎根理论会被不同学科和专业所采用。

格拉泽和安塞尔姆·斯特劳斯的著作为质性研究的逻辑与合法性提供了有力依据，也证明了它有创造新理论和使理论建构民主化的潜力。他们认为，扎根理论由于自身的严谨细致、明确的研究策略及一般性等特点，回应了对质性研究的批判。当然，定量研究的学者们未必能就此被说服，但很多胸怀抱负的质性研究者们却感受到了动力。《扎根理论的发现》一书点燃了"质性研究革命"的火花（Denzin & Lincoln, 1994, p. ix），在 20 世纪最后的十多年里燃遍了整个社会科学和不同专业（Charmaz, 2000, 2006）。

《扎根理论的发现》是对分析质性资料，并将其转化成明确的理论观点这一个本不甚清晰的方法过程进行系统整理的首次重要尝试。格拉泽和安塞尔姆·斯特劳斯（Glaser & Strauss, 1967）其实还发展了用于分析和解释社会及社会心理过程的扎根理论，当然这可能比不上他们在理论建

---

① elite armchair theorists 指坐在摇椅上，只会空谈，不去实践的理论家。——译者注

构方面的广为人知。一些芝加哥大学的民族志学者和生命史学者研究了
这些过程，也许早就使用了类似于格拉泽和安塞尔姆·斯特劳斯在《扎
根理论的发现》一书里进行过详细阐述并命名的分析策略。但是，这些
社会学者们并未阐明他们的分析策略，或许他们中的大多数使用的还是
模糊不清的资料分析方法。在格拉泽和安塞尔姆·斯特劳斯的著作出版
之前，社会学者们学做质性研究时采用的仍然是田野调查和师徒式方法
的结合。

扎根理论的知识基础是微妙而带有争议性的。虽然格拉泽和安塞尔
姆·斯特劳斯共同建立了新的分析方法，但两人所援引的知识基础分别
代表了他们读博士所在院系的特点。哥伦比亚大学是巴尼·格拉泽的母
校，格拉泽开始读博士的 20 世纪 50 年代，正值传统社会学占据上风。
哥伦比亚大学的社会学家们致力于将社会学发展成一个拥有统一的科学
方法的"科学的"学科，包括 20 世纪中期对经验主义、客观性、定量的
设想。彼时哥伦比亚大学社会学系的博士课程重视：①严谨的定量方
法；②"结构-功能"理论化过程，聚焦于社会的结构功能及其制度；
③发展解释特定社会现象的可检验的理论。

格拉泽师从保罗·拉扎斯菲尔德(Paul Lazarsfeld)，拉扎斯菲尔德将
定量研究系统化；格拉泽亦师从罗伯特·默顿(Robert K. Merton)(Mer-
ton, 1957)；默顿倡导建立中层理论。此时，默顿认为理论既要能解释
特定的社会制度的结构与功能，也要能回应经验问题。默顿要将社会学
理论化的过程从 20 世纪中期重视宏观、全面、猜测性的理论，以抽象
分析解释社会行动与系统的传统中拉回来(Parsons, 1937, 1951)。默顿转
向中层理论的经典例子就是，他尝试将越轨、偏差行为解释为个体期望
与社会结构提供的、个人所能获得的机会之间严重不平衡的结果(Mer-
ton, 1938)。

定量研究的逻辑影响了格拉泽的扎根理论的范式。他所受的严格的定量训练反映在他将扎根理论视为一种变量分析，并在阐述扎根理论方法分类时使用编码和抽样的语言。他借用定量术语来描述扎根理论策略（Glaser & Strauss, 1967; Glaser, 1978），在一定程度上造成了一些混乱。比如，在扎根理论中代码实际上是归纳的、开放的，而不是像定量研究那样是预想的和演绎的。

拉扎斯菲尔德对格拉泽的影响尤其显现在他对质性研究系统化的尝试里。同样，格拉泽对发展中层理论的强调（Glaser, 1978; Glaser & Strauss, 1967），恰恰回到了默顿（Merton, 1957）号召建立中层理论以回应可测量的经验问题的点子上；只是，格拉泽认为建立中层理论的工作是可以通过归纳性的质性分析进行的。在格拉泽的论著中，我们可以看到很多默顿学说中"结构-功能主义"的影子。

但要说早期对格拉泽有着最深远影响的，莫过于安塞尔姆·斯特劳斯了。在纪念斯特劳斯的文集中，格拉泽这样表达对其的谢意："你曾教我，'社会学的话语'甚少产生于'高处'，它们都是从资料中被发现的。"（Glaser, 1991, p. 16）格拉泽是旧金山人，博士毕业后回到了北加州；他在加利福尼亚大学旧金山分校认识了斯特劳斯，后来和珍妮·昆特［Jeanne Quint，后改姓贝诺利尔（Benoliel）］一道参与了斯特劳斯关于死亡的社会组织的研究。昆特进行了大量的田野调查，写就了《护士和临终病人》(*The Nurse and the Dying Patient*)（Quint, 1967）一书，这本书成为护理学领域的经典著作，甚至改变了护士对待临终病患的方式（Quint, 1967）。格拉泽（Glaser, 1991）感谢安塞尔姆·斯特劳斯教会了他如何自主研究，如何以诚恳的态度与资料打交道。他们的合作给予了格拉泽发展自己的观点及方法论的自由。

格拉泽的职业道路使其逐渐远离了哥伦比亚大学，但哥伦比亚大学的影响却一直持续在其建构扎根理论范式的过程中。安塞尔姆·斯特劳斯在芝加哥大学社会学系接受博士教育，芝加哥大学的同事们也在他的事业发展道路中起到了同样重要，甚至是更明显的影响。安塞尔姆·斯特劳斯跟随着社会学"芝加哥学派"（Chicago school）的学者和研究者们，他们重视田野调查，将城市视作调查的自然场景。就像约翰·杜威（John Dewey）（Dewey, 1920, 1922, 1925; Dewey & Bentley, 1949）和乔治·赫伯特·米德（George Herbert Mead）（Mead, 1932, 1934）指出的，许多这个学派的追随者们秉持着一种实用主义的哲学基础，尽管芝加哥大学社会学系和芝加哥学派都不是像人们通常认为的那样整齐划一。那些曾经秉持实用主义的芝加哥学派学者们采纳了新的社会学视角：符号互动论。这个理论视角将自我、情境与社会视作人们通过行动和互动进行的社会建构。符号互动论的基础是语言和符号的运用。实用主义者和符号 59 互动论者都认为：①人是积极能动主体，他们会对其所在的情境进行解读并在此基础上行动；②语言和解读都非常重要；③将事件看作是开放的和逐步浮现的；④研究个体和集体行为；⑤承认时间性（temporality）的重要性。符号互动论也挑战了 20 世纪 60 年代占主导的社会"科学化"设想，即认为存在一个大一统的社会科学方法，单一的外在的现实、客观和可靠的世界，崇尚一致性，同时将定量视为优越于质性的方法。

　　能动的行动者（agentic actor）的概念，包含了选择和行动的意涵，是芝加哥学派区别于其他秉持各种决定论的社会科学家的一个特点。乔治·赫伯特·米德（Mead, 1934）指出了语言对自我发展和开展社会生活的重要作用。在他看来，主体意义来自经验，它通过语言形式表达出来，会随着经验改变而改变。因此，诠释和行动蕴含了动态、相互的关系。人们对正在发生的事进行诠释与解读，透过他们的行动，将不同的行为契合在一起。米德的社会心理学对研究方法的启示在于（帮助研究者认识到）研究参与者如何诠释自己所处的情境并获得同理心的理解方面的价值。

安塞尔姆·斯特劳斯的芝加哥学派之根其实早在他于弗吉尼亚大学修读生物学本科的时候就播下了种子。那时他偶然选修了一门由芝加哥大学毕业的弗洛伊德·豪斯（Floyd House）开设的社会学课程，接触了威廉·艾萨克·托马斯和弗洛里安·兹纳涅茨基（Thomas & Znaniecki, 1918），以及约翰·杜威（Dewey, 1920）的著作并深深为之着迷。他们的思想成为他理论视角的基础。在豪斯的鼓励下，安塞尔姆·斯特劳斯到芝加哥大学深造，在那里，罗伯特·帕克（Robert E. Park）和欧内斯特·伯吉斯（Ernest W. Burgess）的研究（参见 Park, Burgess, & MacKenzie, 1925/1967）点燃了安塞尔姆·斯特劳斯对城市和质性研究终生兴趣的火花。埃弗里特·休斯关于工作的研究（Hughes, 1958）对安塞尔姆·斯特劳斯的影响明显地展现在他与费格豪（Fagerhaugh & Strauss, 1977）关于疼痛管理中病患和家庭的角色的研究，以及与朱丽叶·科尔宾（Juliet M. Corbin）（Corbin & Strauss, 1988）关于照护的合作研究中。受布鲁默（Blumer, 1969）的影响，安塞尔姆·斯特劳斯逐渐形成了对符号互动论的认知，也学习了米德关于自我发展的理论。大多数社会心理学家关注的是米德对自我研究的贡献，但安塞尔姆·斯特劳斯还关注到了米德的时间性概念，这又可以追溯到亨利·柏格森（Bergson, 1922/1965）关于绵延（duration）的洞见。

安塞尔姆·斯特劳斯的行动理论（Strauss, 1993）借鉴了米德和杜威行动与过程的概念。安塞尔姆·斯特劳斯看起来似乎是米德的直系弟子，但杜威对他的影响却也反复出现，贯穿在他的整个学术生涯中，从最早期的论著到最后的著作《行动的持续重组》（*Continual Permutation of Action*）（Strauss, 1993）。他的理论文章充满了各种敏化概念，研究者们可以从这些概念入手进行探究。敏化概念包括一些一般性的概念如自我、身份、表演、工作等，以及一些情境性定义，这类定义只是揭示了研究发源或开始时的情境，并不是决定性的。比如，在《镜子和面具》(*Mirrors and Masks*)(Strauss, 1969/1959)一书中，安塞尔姆·斯特劳斯借用了杜威和本特利(Dewey & Bentley, 1949)的理念来阐述命名和认知之间的关系。对于安塞尔姆·斯特劳斯来说，命名就意味着认知，比如确认一种类型，或通过阐述客体、事件、个人或者群体与其他类型间的关系来进行定义(Charmaz, 2008)。命名就意味着设立界限，就意味着被命名之物与他人之间的关系，那么，为一个现象命名与对其进行评价之间的界限也变模糊了。两者都深植于经验之中，重新命名就意味着这个现象与人之间的关系改变了。因此，作为对格拉泽与安塞尔姆·斯特劳斯经典理论的 21 世纪重修版本的建构主义扎根理论，不仅带来了更新的意义，也改变了我们与其的关系。

第一代芝加哥学派的理念影响着安塞尔姆·斯特劳斯，使其成了芝加哥学派的一员，尤其是在建立芝加哥学派第二代中发挥了重要作用(Fine, 1995)。安塞尔姆·斯特劳斯是芝加哥学派联结起来的学术共同体中的一分子，他的国际网络与关系又将这种联结不断扩散出去。他的同事与后辈在他的学术生涯中与他有着深入的合作，例如，早期他与阿尔弗雷德·林德史密斯(Alfred Lindesmith)(Lindesmith & Strauss, 1949)合著了社会心理学教材，后来也持续参与团队研究。

扎根理论与格拉泽和安塞尔姆·斯特劳斯有非常紧密的联系，因为两人都为此理论方法撰写了主要的著作，同时又各自将扎根理论引向了不同的方向。建构主义扎根理论将过去 40 年间的方法论发展都融合起来，一方面吸收了安塞尔姆·斯特劳斯早期社会心理学方法流动和开放的特性，一方面又糅合了巴尼·格拉泽分析资料的特定策略。

60

第四节　话语分析：乔纳森·波特，玛格丽特·韦斯雷尔

话语分析方法的理论和实践，被社会科学家广泛用于诸多问题和议题，受到了众多学者及其著作的影响。路德维希·维特根斯坦（Ludwig Wittgenstein）、约翰·奥斯汀（John Austin）、罗兰·巴特（Roland Barthes）、米歇尔·福柯（Michel Foucault）和雅克·德里达（Jacques Derrida）等哲学家在语言方面做出了杰出贡献。肯尼斯·格根（Kenneth Gergen）、约翰·肖特（John Shotter）、罗姆·哈雷（Rom Harré）等对诸如认知、自我和情感等传统心理学概念进行了理论批判。以上学者及其研究，不仅为以新视角来看待语言及人们对语言的应用提供了丰富的思想来源，而且为提出实证研究的新分析工具奠定了思想基础。

话语分析的发展依赖于多方面的学术研究，在社会心理学的领域，两位心理学家——乔纳森·波特（Jonathan Potter）和玛格丽特·韦斯雷尔（Margaret Wetherell）代表了这一领域理论、方法论和实证研究方面的最前沿。尽管两人都在20世纪70年代接受了主流心理学的培训，但他们都受到当时主流（美国）心理学之外的思想和发展的影响。波特在约克大学（University of York）师从迈克尔·穆尔凯（Michael Mulkay），并受到哲学、文学理论和科学社会学著作的影响。韦斯雷尔在布里斯托大学（University of Bristol）读博士，在那里亨利·塔伊费尔（Henri Tajfel）、霍华德·吉尔斯（Howard Giles）和约翰·特纳（John Turner）等学者，构建了截然不同的（欧洲）心理学范式；也是在那里，迈克尔·比利格（Michael Billig）在团体间关系（intergroup relations）和法西斯主义者（Fascist）方面的工作引起了极大的震动（Potter & Wetherell, 2006a）。

主流心理学走进了将社会心理学的中心概念理论化，并且仅仅使用

实验设计和问卷研究方法的死胡同。这一情形促使波特和韦斯雷尔以新的思维方式和新的心理学研究方式参与其中。当时，波特和韦斯雷尔在苏格兰圣安德鲁斯大学（The University of St. Andrews）心理学系担任讲师，该系专门研究神经科学和动物行为，并欣赏深入的描述性工作。在此期间，他们写下了最有影响力的著作《话语和社会心理学：超越态度与行为》(Discourse and Social Psychology: Beyond Attitudes and Behaviour)（Potter & Wetherell, 2006a）。该书于 1987 年出版，其理论基础包括三个方面：①聚焦于语言的表演层面，这由奥斯汀的言语行为理论发展而来；②聚焦于哈罗德·加芬克尔（Harold Garfinkel）的常人方法论（ethno-methodology，对普通人进行研究的方法）；③聚焦于费迪南·德·索绪尔（Ferdinand de Saussure）的符号学（semiotics）。在此基础上，波特和韦斯雷尔沿着话语的路径，重新界定了社会心理学中诸如态度、责任心、自我和类别的传统概念。例如，他们并没有将态度视为固定在人体内的东西，而是强调了"态度的"陈述的功能（或用当代的话说，是行动或行动取向）和建构，即这种陈述是如何产生的及这些陈述实现了什么。

除了重新构建社会心理学中的一些中心概念之外，波特和韦斯雷尔进一步发展了吉尔伯特和穆尔凯（Gibert & Mulkay, 1984）的诠释性语汇，即"用于表征和评估行为、事件和其他现象的重复使用的术语系统"（Potter & Wetherell, 1987, p. 149），这也是此后被广泛使用的一套概念。波特和韦斯雷尔还提出了进行话语分析的模型。他们在关于方法论的章节中强调了以下几点：①研究者应处理"参与者的话语或社会文本本身，而不是将它们视作处理如态度、事件、认知过程等超越文本的内容的次要路径"（p. 160）；②研究问题主要集中在结构和功能上；③资料应来自多种来源，分析要关注情境；④访谈必须理解为"对话的相遇"（conversational encounters）（p. 165），要求对研究者和参与者的贡献进行分析； 62

⑤分析涉及对模式（pattern）的搜索，即对可变性的搜索，以及对功能和结果的关注（p.168）；⑥转录后的文字或文档的引文不是资料的说明，而是资料分析本身的实例；⑦话语分析者有义务应用他们的研究。

《话语和社会心理学：超越态度与行为》的出版促使人们从非客观层面重新思考心理学概念。它还推动了大量的话语研究，激发了对于话语方法论以及资料收集、生成和分析方法的进一步阐明，并总体上提高了社会科学中质性研究的合法性（尽管其最大的影响主要在美国心理学之外）（Potter & Wetherell, 2006b）。随之而来展现出这些贡献的几个著名例子包括：①韦斯雷尔和波特的作品关注新西兰白人用解释和论证的普遍模式来维持种族主义和对毛利人的剥削（Wetherell & Potter, 1992）；②爱德华兹和波特重新归因，将对现实世界刺激和行动者认知的优先关注，转变为聚焦于行动者的活动，即人们如何制造了特定版本的因果关系（例如，Edwards & Potter, 1992）；③爱德华兹重新将情感视为用于实现特定效果的展示和话语类别。情感是共同管理和建构的事物，而不是一种生理和认知体验（Edwards, 1999）；④波特和赫本对将研究访谈作为资料生成的首选方法进行了批评，并呼吁扩大使用所谓自然主义的资料来源（Potter & Hepburn, 2005）。⑤伍德和克罗格详细介绍了可用于进行话语分析的资源和策略（Wood & Kroger, 2000）。

波特和韦斯雷尔对话语分析和话语心理学（discursive psychology）的贡献路径虽然不同，但其贡献一直都是开创性的。在 20 世纪 80 年代后期，波特在拉夫堡大学（Loughborough University）社会科学系任职。在那里，他致力于重建建构主义（Potter, 1996），关注话语和认知之间的关系，尤其是认知状态应在互动分析中发挥的作用（Molder & Potter, 2005），以及将话语分析应用于各种互动中，包括家庭进餐时间和致电儿童保护热线中的互动。在他的实证研究工作中，他更全面地接受了对话分析的视角，并正在开发一种对记录自然互动的音频和视频采取话语性分析的心理学方法（请参阅 potter. socialpsychology. org）。

20 世纪 80 年代中期，玛格丽特·韦斯雷尔进入开放大学（The Open University）社会科学系，并于 2003 年至 2008 年担任英国经济与社会研究理事会的"身份与社会行动项目"主任。她目前的理论工作集中于将精神分析和话语理论之间的互动作为一种思考、分析主体性和社会心理领域的新方式，而她关于身份的实证研究侧重于种族、种族主义和性别（Wetherell, 2009a, 2009b），尤其是男性气质和男性身份的研究，并已扩展到对构成民主审议和公民参与的话语实践的分析（Davies, Wetherell, & Barnett, 2006）。韦斯雷尔关注社会行为，为话语分析的应用提供了一个模型。

波特和韦斯雷尔除了对思考和推动社会心理学产生了重大影响外，他们的工作还促成一种氛围，在这种氛围下，诸如《话语与社会》（Discourse and Society）、《女性主义与心理学》（Feminism and Psychology）、《理论与心理学》（Theory and Psychology）等新期刊蓬勃发展，心理学和社会学、文学理论、人类学和哲学等学科之间的传统界限正在消除（Potter & Wetherell，2006a）。

第五节　叙事心理学：杰罗姆·布鲁纳，西奥多·萨宾，唐纳德·波金霍尔

谁也无法将心理学的叙事研究传统归于某个人。当然，相关研究者们可以追溯到过去曾从事叙事研究工作的弗洛伊德、皮亚杰、奥尔波特和埃里克森（Erikson），尽管他们并没有将自己的工作定义为发展叙事研究。许多当代叙事研究者认为其学说源自心理学家杰罗姆·布鲁纳（Je-

rome Brunner)、西奥多·萨宾（Theodore Sarbin）和唐纳德·波金霍尔
(Donald Polkinghorne)提出的思想，但他们反对这样一种论述，即存在
一种可以引出或分析叙事的可定义"方法"。相反，叙事研究者们将其研
究模式建立在诸如俄罗斯哲学人类学家米哈伊尔·巴赫金（Mikhail Ba-
khtin)或法国哲学家利科等学者的论述上。他们认为自己的工作植根于
诠释学传统，并把认知论传统追溯到狄尔泰、胡塞尔和海德格尔等学
者。许多人借鉴了民族志方法，特别是人类学家克利福德·格尔茨
(Clifford Geertz)的研究。许多学科的女性主义学者为了研究卡罗尔·吉
利根(Carol Gilligan)阐释的"声音"这一概念，转向并发展了叙事研究模
式(Gilligan, 1982)。卡罗尔·吉利根与哈佛大学的同事和学生一起创造
了一个"倾听指南"(listening guide)，以了解叙事中所表达的经验声音
(Brown & Gilligan, 1992)。叙事研究对生命史研究者们有特别的吸引
力，因为人们通过撰写故事来理解自己的生活。叙事研究衔接并借鉴了
人类学、历史学和文学理论的学术研究和方法论。在当代，丹·麦克亚
当斯(Dan McAdams)和杰斐逊·辛格(Jefferson Singer)通过提出人格和
身份是叙事性建构的思想，进一步推动了心理学的叙事研究。心理学家
朱瑟琳·乔塞尔森和艾米娅·利布里奇(Amia Lieblich)合编了 SAGE 出
版公司出版的《生命叙事研究》(*The Narrative Study of Lives*)的六卷，并
与丹·麦克亚当斯合编了美国心理学会 2003 年出版的另外五卷。(此处
引用的书目，详情请见本书第八章的参考文献。)自 1998 年以来，迈克
尔·班伯格(Michael Bamberg)编撰了一部名为《叙事探询》(*Narrative In-
quiry*)的期刊。心理学界最著名的叙事研究者们都在此发表了他们的作
品，包括伯特·科勒(Bert Cohler)、米歇尔·法恩(Michelle Fine)、马
克·弗里曼(Mark Freeman)、肯尼斯·格根和玛丽·格根(Kenneth &
Mary Gergen)、加里·格雷格(Gary Gregg)、苏珊·欧莱特(Suzanne

64

Ouellette)和威廉·麦金利·鲁尼恩(William McKinley Runyan)等人。

杰罗姆·布鲁纳生于 1915 年,是哈佛大学高尔顿·奥尔波特教授的学生,他先后在哈佛大学、牛津大学和新学院(The New School)任教。作为心理学史上的重要人物,布鲁纳领导了该领域的几次"革命"。他的第一次革命,即 20 世纪 40 年代心理学的"新视野"(New Look),从功能取向出发探索感知,并考量了需求、动机和期望(或"心理定式")如何影响感知。布鲁纳认为感知是一种信息处理形式,涉及解释和选择,并主张心理学必须关注人们如何解释世界,以及人们如何对感知刺激做出反应。后来,受维果茨基(L. Vygotsky)、鲁利亚(A. R. Luria)和皮亚杰等学者的著作的影响,他在 20 世纪 60 年代领导了"认知革命"(Cognitive Revolution),并发展了认知主义和建构主义心理学方法。他与杰奎琳·古德诺(Jacqueline Goodnow)和乔治·奥斯丁(George Austin)合撰的《思维研究》(*A Study of Thinking*, 1956)常被视为认知科学的先驱之作。布鲁纳深受语言哲学与文化人类学的吸引,他认为前者能洞察人类语言能力,后者能洞察人类思维如何受文化影响。他最感兴趣的是人类获取、储存和整合知识的独特形式,其研究工作对教育产生了深远的影响。当他对认知革命走向更具体、更零散的方向感到幻灭时,他开始为 20 世纪 90 年代心理学的"叙事转向"撰写基础性著作。在这一阶段,他重新强调了人类认知反应的基本文化和环境因素,并将叙事概念作为一种组织原则。在他职业生涯的末期,他在纽约大学法学院任教,在那里他试图将叙事理论与法律程序结合起来。在他漫长而高产的职业生涯中,布鲁纳把他的兴趣集中在了感知、语言、交流和文化上,最终将这些现象整合到他所谓的"叙事范式"中。

相比高尔顿·奥尔波特提到的"方法论崇拜"(methodolatry),布鲁纳致力于解决更大的问题:关于思想的本质,关于人们如何创造意义和构造现实以及人们如何受到文化和历史影响的问题。他认为，所有这些问题都需要通过思考人们讲述自己经历的故事来解决。布鲁纳认为，人们具有对自己的经历进行叙事性解释的"先天"倾向，而文化则提供了诉说和解释的形式，使叙事对于自我和他人都是可理解的（Bruner, 1990）。

布鲁纳早期在认知心理学方面的研究主要集中在语言和人类思想的其他表征上。他从文学理论中汲取了许多思想，并认为，叙事是随着时间的推移而发生的，并受特定事件的影响。他认识到，故事是人类经验的基本组成部分，并认为故事代表了大脑对个人经历过的事件的某种处理和赋意，而不是对某些未经解释的现实的反映。生命故事将故事和生命联系起来，因为我们创造了自己的生命故事，并活出了我们的故事。

也许最重要的是，布鲁纳区分了叙事性认知模式和范式性认知模式。范式性认知模式建立在分类和归类的基础上，而叙事性认知模式旨在创造一种具有丰富而多层次含义的历史性和个人性事件的解释性描述（Bruner, 1986）。对真相的追寻是在他们的特殊性中寻求独特性，扎根于亲身经历，以便扩展和增强概念化。因此，叙事被视为构建现实和意义的基石。"我们具有的叙事天分赋予我们力量，让我们能够去理解那些不能自证其意义的事情。"（Bruner, 2002, p. 28）

布鲁纳不断地把叙事和文化联结起来。文化创造了可接纳的故事领域，定义了预期生活与人类可能性之间的张力。分享共同的故事可以创造一个共同体，并促进文化凝聚力。布鲁纳在对法律和文学的反思中阐述了他的信念，即借助叙事的解释是人类的核心，也是我们给生活赋予意义和秩序的方式。

西奥多·萨宾是加利福尼亚大学圣克鲁兹分校的心理学和犯罪学教授，也是伯克利分校的心理学教授。他深受美国哲学家斯蒂芬·佩珀（Stephen Pepper）和社会理论家乔治·赫伯特·米德的影响。1986 年，他编撰了《叙事心理学：人类行为的故事性》(*Narrative Psychology: The Storied Nature of Human Conduct*)一书，在这本书中，他为心理学的转型提出了自己的观点。他认为，"人是机器"的隐喻是心理学的基础。相应地，他提出叙事是心理学的"根隐喻"。"在叙述我们自己或他人时，我们受到叙事情节的引导。无论是正式的传记还是自传，无论是心理治疗，还是自我表露，抑或是娱乐，我们所做的绝不仅仅是罗列一系列事件。相反，我们把这些事件变成一个故事。"(Sarbin, 1986, p. 23)本书中有几个章节就是由一些心理学家撰写的，这些心理学家正在研究人们叙述生活事件的方式。

　　几年后，唐纳德·波金霍尔的《叙事认知与人文科学》(*Narrative* 　66
Knowing and the Human Sciences, 1988)促使心理学界关注法国哲学家保罗·利科的著作，利科的大量著作详细阐述了叙事对于意义创造的中心作用。结合布鲁纳和萨宾两位学者的论述，波金霍尔指出："我们通过使用叙事结构来实现我们的个人身份和自我概念，并通过将其理解为一个不断呈现和发展的故事的表达，从而使我们的存在成为一个整体。"(Polkinghorne, 1988, p. 150)波金霍尔还强调了自我作为故事(self-as-a-story)的动态方面。因为我们正身处自己的生命故事的情节当中，无法知晓故事将如何演变和终结。所以，我们必须根据当前的新经验或生活发展状况，以及对未来变化的期望，不断地修改我们的故事，重新整理过去的记忆，对事件和人物进行新的抉择。

　　自 20 世纪 90 年代以来，叙事研究在上述基础上迅速发展，研究者们使用叙事分析方法来了解各式各类的人——包括被假设-演绎心理学方法边缘化的人——如何生活。叙事研究本质上是归纳的，需要从反身性的立场进行。它着重于参与者故事的整体，并利用有意义的方式将观察和理论融合在一起。叙事研究是在后现代框架内进行的。在该框架中，知识是被建构而不是被发现的。因此，叙事研究被认为是局部的和前瞻性的，存在于参与者和读者的互动关系中。因此，"方法"不再是一套技术和程序，而是探究思维和探究问题的方式以及向学术界提供构建结果的创造性途径。这种研究面临着不确定因素。在缺乏通往"真相"的惯常道路时，我们的研究工作面临着艰辛和复杂性。

第六节　直觉探询：罗斯玛丽·安德森

直觉探询将欧洲诠释学的元素应用于质性资料分析。遵循弗里德里希·施莱尔马赫（Fredrick Schleiermacher, 1768—1834）和汉斯-格奥尔格·伽达默尔（Hans-Georg Gadamer, 1900—2002）的著作所确立的诠释学传统，诠释学（hermeneutics）很广泛地应用于宗教、哲学和文学中的神学文本和文学文本，最近还被用来解释质性研究中的文本资料。尽管诠释学的实践相差很大，但解释通常被理解为解释者在认识到自身的前理解（fore-understanding）会对结果产生影响的情况下不断自我反省，反复和持续进行的过程。诠释学家认识到，解释不可避免地是在具有隐含价值和符号的文化语境中产生的，因而常常在解释行为中运用人类的想象力和审美敏感性。直觉探询就是其中的一个方法，这一传统还扩展到了质性研究中。

心理学家罗斯玛丽·安德森在 20 世纪 90 年代中期发展了直觉探询方法，将学术和美学元素融入了她的个人和职业生活中。安德森生于1947 年，是斯堪的纳维亚家庭中的长女，父母对激进左翼持有强烈的政治认同，并对艺术尤其是音乐和戏剧有深刻的理解。青少年时期，她是一名体操运动员，专长是自由体操和舞蹈。安德森的家位于纽约的曼哈顿区，因此经常参观大都会艺术博物馆（Metropolitan Museum of Art）、古根海姆美术馆（Guggenheim Art Museum）、林肯中心（Lincoln Center）和百老汇剧院区（Broad way theater）等，这些文化活动构成了她的早期教育。

安德森的本科和研究生的心理学训练受到克拉克·赫尔（Clark Hull）的学习理论和斯金纳（B. F. Skinner）的实验方法和统计分析的强烈影响。在 20 世纪 70 年代初，她在以理论和实验研究的创新而闻名的内布拉斯加-林肯大学（University of Nebraska-Lincoln）里接受实验社会心理学博士训练。在她自己的研究和分析中，安德森开始将定量多元分析理解为模式识别的一种复杂形式，需要直观的洞察力才能"解开"嵌入统计数组中的模式，这种理解对她随后的研究形成了影响，并在近 30 年后影响了她对直觉探询的发展。

博士毕业后，安德森继续在维克森林大学（Wake Forest University）进行实验社会心理学的研究，但随着时间的流逝，实验方法在心理学研究中的局限性变得越来越突出。20 世纪 70 年代，在东方灵性传统涌入美国文化的背景下，她的精神生活也在加速变化。安德森辞去了维克森林大学的职位，并接受了马里兰大学亚洲分部的职位，在日本、韩国和澳大利亚的美国军事基地教授心理学课程。对她来说幸运的是，在意识形态和文化上，20 世纪 70 年代后期的亚洲仍然是远离欧洲或美洲的东方国家。她所参观的亚洲文化艺术和寺院给 30 出头的她留下了强烈的精神和美学印象，要求她重新审视自己的个人和职业生活方向。

1979 年返回美国后，安德森在坦帕（Tampa）的佛罗里达精神健康中心（Florida Mental Health）接受了一个为期 1 年的研究职位。她对灵性的兴趣仍然浓厚，并寻求将自己有兴趣的心理学和灵性整合起来，因此安德森决定寻求神学教育，以探索在自己的灵性传统下生命存在的重大问题。她参加了加利福尼亚州伯克利市的神学研究生联盟，并于 1983 年 68

在太平洋宗教学校完成了神学硕士学位。在许多优秀教师的指导下，安德森接受了古希伯来语、新约希腊语、圣经诠释学和哲学的古典教育。接受了哲学尤其是诠释学的正式训练，使她拥有在 20 年后发展直觉探询的知识背景。

在完成神学院学习之后，安德森再次加入了马里兰大学，但这一次是在欧洲分部任教。在意大利任教几个月后，她担任院长一职，负责监督马里兰大学在德国的本科和研究生课程。

1987 年，安德森在新教圣公会中被任命为牧师时，她回到美国，在加利福尼亚州圣地亚哥担任教区牧师，并在加利福尼亚大学圣克鲁兹分校担任大学牧师。作为教区牧师，安德森开始将她对圣经诠释学的知识运用到布道准备中。正如圣经诠释学所要求的那样，每周她都会研究所选的经文，包括经文的历史背景、体裁、作者的可能目的以及这些经文可能对最初的听众意味着什么。此后，她诠释了文本中所隐藏的含义，这与公众在讲道中的希望和需求有关。

1991 年，安德森开始在超个人心理学研究所（Institute of Transpersonal Psychology, ITP）兼职任教，一年后，她转为 ITP 的专职人员，这一职位鼓励安德森将自己在心理学研究和灵性研究方面的兴趣结合起来。超个人心理学的创始人之一亚伯拉罕·马斯洛（Maslow, 1971）将这一新领域描述为致力于研究"人性的更深远的范围"。超个人心理学的历史根源在 20 世纪 60 年代美国的政治和社会运动中，它探索了全方位的人类体验，包括主流心理学研究中经常忽略的话题，如高峰体验、另类意识状态和非二元性的经验。

安德森在 ITP 的教授同事基本能代表全世界的各类灵性传统，他们邀请她参加有关心灵发育（psychospiritual development）、长青哲学（perennial philosophy）和适合研究超个人现象的研究方法的新对话。威廉·

布劳德（William Braud）也于 1992 年加入 ITP，成为专职人员。不久，安德森和布劳德都认识到，研究生培养的实验方法不适合对超个人和精神现象的全面探索。随后，在 1995 年，一系列意料之外的原因致使他们将定量和质性研究方法结合起来教学，并共同开设了一门课程，这门课程成为"实验室"，在其中可以扩展已建立的定量和质性研究方法，以满足超个人主题的需求。安德森和布劳德与博士生和同事之间不断对话和互动，促使他们合著了《社会科学的超个人研究方法》（*Transpersonal Research Methods for the Social Sciences*），该书自 1998 年出版以来就为超个人研究设定了标准。

在 20 世纪 90 年代中期，安德森还通过整合对人类的理解和对欧洲诠释学的直觉本质的认识，开始发展直觉探询。她意识到研究分析通常需要直观的洞察力来加深解释，因此她开始制定结构化的过程以促进质性研究中的直观洞察力。受迈克尔·波兰妮（Michael Polanyi）、卡尔·荣格（Carl Jung）和克拉克·穆斯塔卡斯（Clark Moustakas）的著作的鼓舞，以及对直觉及其与左右脑过程的关系的研究，安德森发展了作为质性研究方法的直觉探询，并开始邀请其博士生在论文研究中来"测试"这种方法。在 21 世纪初，她对诠释学循环（hermeneutic circle）的结构进行了直观的探究，这是一个反复的过程，将前理解和直觉融入资料收集、分析和解释以及结果的呈现中。在诠释学结构内整合直觉的方法被证明是卓有成效的，因为它能为那些并不认为自己是直觉型的研究者们提供一种兼具结构性和灵活性的质性研究。对于直觉探询的发展，安德森期待其他研究者会提出更多直觉探询的不同形式。

第七节　从质性实践到方法论传统

这一领域的组织者（systematizers）的天赋在于他们对体现良好科学

方法基本原则的一般研究实践的清晰辨别和明确描述。他们的工作已经超越了孤立的顶尖实务工作者的工作范围，他们规定了质性方法和实践原则，以供研究者大规模学习和采用。在本章介绍的方法中，我们发现了许多在质性传统建立之前被孤立的从业人员使用的程序。在某些情况下，质性先驱者会先确定基本原则，然后再对其进行系统化以进行广泛使用。例如，弗洛伊德利用了梦、神经症和截瘫的极端例子，这些都是自发地呈现给他的。马斯洛故意收集了一些健康人格的极端例子，并且像弗洛伊德一样，并不承认这些例子具有普遍价值。詹姆斯也广泛使用极端案例，他明确提请人们注意这种做法及其巨大价值，并以作为主体的灵性的具体要求为基础证明了这一点，但他并不建议将其作为质性研究方法论的一般原则。科尔伯格并未着手收集道德推理的极端例子，但他也偏爱它们并对它们特别加以利用，以便在海量资料中整理出最重要的东西。科尔伯格反思了这种做法，评论了它的一般价值，甚至呼吁关注弗洛伊德对这一方法的使用。但是，他没有为研究共同体提供一套通用的程序，以使这种良好的做法可以更大规模地供研究者们使用。只有在弗拉纳根将极端例子的收集提高到一般实践体系中的方法论地位之后，它的应用才得以普及，并在人类科学中结出硕果。

类似地，在乔治的案例中，许多人实践了意义的意向性分析和现象本质的本质分析的现象学程序。弗洛伊德、詹姆斯（明确使用"本质"一词）、马斯洛和科尔伯格都采用了这些做法，而且整个精神分析和存在研究的研究者都使用了这些方法，但没有明确地将它们提升至方法论地位（Wertz, 1983, 1987a, 1987b, 1993）。各行各业的心理学家和人类科学家都专注于其现象的本质含义。乔治的创造性贡献是为收集和分析生活经验提供了通用的实用程序，这些经验可以被研究者无限制地用于各种人类主题。

格拉泽和安塞尔姆·斯特劳斯探索了开发与具体现实紧密联系的理论的程序，随后安塞尔姆·斯特劳斯可能通过师生关系将这些实践传达给诸如科尔伯格这样的学生，然后他们阐明了该方法的基本原理以供更广泛地使用。这些实践很可能已被许多理论家非正式地或偶然地采用了。格拉泽和施特劳斯为研究界提供了对理论发展和实践所依据的原理的清晰理解，从而可以广泛地进行研究。

波特和韦斯雷尔对自然语言分析程序的发展所作的贡献，无疑对人类科学具有最深远的意义，是建立在基本原则和理由的基础之上的，根源于不同的学科传统。然而，正是他们对分析概念和策略的阐述和表达，以及对传统社会心理学的批判，促成了心理学和其他人文科学中广泛的话语研究运动，并进一步发展和规范了如何分析人类话语。

当弗洛伊德认识到他的研究报告有时听起来像故事而不是科学报告时，他感到震惊。值得称赞的是，他认识到自己作品的这一特点并不是由个人喜好所驱使，而是由研究主题所决定的，他确实认为自己的实践是科学的。布鲁纳在职业生涯后期对叙事心理学的贡献扩展了他在 20世纪 40 年代初作为奥尔波特（Allport, 1942）助手时所做的工作。他最初是通过心理学的个人文档来研究方法论工作的重要性的。但是，只有借助布鲁纳、萨宾和波金霍尔等方法论者的工作，叙事研究的原则和一般做法才能为广大研究界所接受，并开始产生大量的人类科学研究。 71

直觉在历史上一直被用来帮助科学研究。弗洛伊德和詹姆斯无疑是直觉洞察的大师，马斯洛对健康人格的研究则深深植根于他的个人关注中，而这些关注与人性疗愈转变的神秘历史视野相关。然而，这些做法和愿望直到安德森那里才得到了详细描述，并上升到方法论上的合法性。

现在，对质性研究感兴趣的人类科学研究者不仅可以使用各种各样丰富的理论和概念性原理，还可以使用一系列互补而多样的概念分析、策略和实践。现在，我们转向人类科学的广泛运动，以及解释和传播这些研究方法所产生的当代问题。

〔本章译者：王曦影、钟晓慧、丁瑜、张文琪、郑静、连宏萍

本章审校：朱志勇（原书第 60～63 页）〕

参考文献

Adkins, D. C. (1952). Proceedings of the sixteenth annual business meeting of the American Psychological Association, Inc., Washington, DC. *American Psychologist*, 7, 645-670.

Alapack, R. J. (1972). *The phenomenology of the natural athlete.* Unpublished doctoral dissertation, Duquesne University, Pittsburgh, PA.

Allport, G. W. (1942). *The use of personal documents in psychological science* (Prepared for the Committee on the Appraisal of Research; Bulletin # 49). New York: Social Science Research Council.

American Psychological Association Ethics Committee. (2002). Report of the Ethics Committee, 2001. *American Psychologist*, 57, 650-657.

Anderson, R., & Braud, W. (1998). *Transpersonal research methods for the social sciences.* Thousand Oaks, CA: Sage.

Asarian, R. D. (1981). *The psychology of courage: A human scientific investigation.* Unpublished doctoral dissertation, Duquesne University, Pittsburgh, PA.

Barnes, R. M. (1980). *A study of the psychological structures of transcendental, yoga, and Ignatian meditation.* Unpublished doctoral dissertation, Duquesne University, Pittsburgh, PA.

Benoliel, J. Q. (1967). *The nurse and the dying patient.* New York: Macmillan.

Bergson, H. (1965). *Duration and simultaneity, with reference to Einstein's theory.* Indianapolis, IN: Bobbs-Merrill.(Original work published 1922)

Blumer, H. (1969). *Symbolic interactionism.* Englewood Cliffs, NJ: Prentice-Hall.

Brentano, F. (1973). *Psychology from an empirical standpoint* (A. C. Rancurello, D. B.

Terrell, & L. L. McAlister, Trans.). New York: Humanities Press. (Original work published 1874)

Brown, L. M., & Gilligan, C. (1992). *Meeting at the crossroads: Women's psychology and girls' development.* Cambridge, MA: Harvard University Press.

Bruner, J. S. (1986). *Actual minds, possible worlds.* Cambridge, MA: Harvard University Press.

Bruner, J. S. (1990). *Acts of meaning.* Cambridge, MA: Harvard University Press.

Bruner, J. S. (2002). *Making stories: Law, literature, life.* Cambridge, MA: Harvard University Press.

Bruner, J. S., Goodnow, J. J., & Austin, G. A. (1956). *A study of thinking.* New York: Wiley.

Charmaz, K. (2000). Constructivist and objectivist grounded theory. In N. K. Denzin & Y. Lincoln (Eds.), *Handbook of qualitative research* (2nd ed., pp. 509-535). Thousand Oaks, CA: Sage.

Charmaz, K. (2006). *Constructing grounded theory: A practical guide through qualitative analysis.* London: Sage.

Charmaz, K. (2008). The legacy of Anselm Strauss for constructivist grounded theory. In N. K. Denzin (Ed.), *Studies in symbolic interaction* (pp. 127-141). Bingley, UK: Emerald Publishing Group.

Colaizzi, P. F. (1967). An analysis of the learner's perception of the learning material at various stages of the learning process. *Review of Existential Psychology and Psychiatry, 7,* 95-105.

Corbin, J. M., & Strauss, A. (1988). *Unending care and work.* San Francisco: Jossey-Bass.

Davies, C., Wetherell, M., & Barnett, E. (2006). *Citizens at the centre: Deliberative participation in healthcare decisions.* Bristol, UK: Policy Press.

Denzin, N. K., & Lincoln, Y. S. (1994). *Handbook of qualitative research.* Thousand Oaks, CA: Sage.

Dewey, J. (1920). *Reconstruction in philosophy.* New York: Henry Holt.

Dewey, J. (1922). *Human nature and conduct.* New York: Henry Holt.

Dewey, J. (1925). *Experience and nature.* Chicago: Open Court.

72

Dewey, J., & Bentley, A. F. (1949). *Knowing and the known.* Boston: Beacon Press.

Edwards, D. (1999). Emotion discourse. *Culture and Psychology*, 5, 271-291.

Edwards, D., & Potter, J. (1992). *Discursive psychology.* London: Sage.

Embree, L. (2010). Interdisciplinarity within phenomenology. *Indo-Pacific Journal of Phenomenology*, 10(1), 1-7.

Fagerhaugh, S. Y., & Strauss, A. (1977). *The politics of pain management: Staff-patient interaction.* Reading, MA: Addison-Wesley.

Fine, G. A. (Ed.). (1995). *A second Chicago School?: The development of a postwar American sociology,* Chicago: University of Chicago Press.

Flanagan, J. C. (1954). The critical incident technique. *Psychological Bulletin,* 51(4),327-358.

Gilbert, G. N., & Mulkay, M. (1984). *Opening Pandora's box: A sociological analysis of scientists' discourse.* Cambridge, UK: Cambridge University Press.

Gilligan, C. (1982). *In a different voice.* Cambridge, MA: Harvard University Press.

Giorgi, A. (1970). *Psychology as a human science.* New York: Harper.

Giorgi, A. (1985). *Phenomenology and psychological research.* Pittsburgh, PA: Duquesne University Press.

Giorgi, A. (2009). *The descriptive phenomenological method in psychology: A modified Husserlian approach.* Pittsburgh, PA: Duquesne University Press.

Giorgi, A., Barton, A., & Maes, C. (Vol. Eds.). (1983). *Duquesne studies in phenomenological psychology: Volume IV.* Pittsburgh, PA: Duquesne University Press.

Giorgi, A., Fischer, C. T., & Murray, E. L. (Vol. Eds.). (1975). *Duquesne studies in phenomenological psychology: Volume II.* Pittsburgh, PA: Duquesne University Press.

Giorgi, A., Smith, D., & Knowles, R. (Vol. Eds.). (1979). *Duquesne studies in phenomenological psychology: Volume III.* Pittsburgh, PA: Duquesne University Press.

Giorgi, A., Von Eckartsberg, R., & Fischer, W. F. (Vol. Eds.). (1971). *Duquesne studies in phenomenological psychology: Volume I.* Pittsburgh, PA: Duquesne University Press.

Glaser, B. G. (1978). *Theoretical sensitivity: Advances in the methodology of grounded theory.* Mill Valley, CA: Sociology Press.

Glaser, B. G. (1991). In honor of Anselm Strauss: Collaboration. In D.R. Maines (Ed.), *Social organization and social process: Essays in honor of Anselm Strauss* (pp. 11-16).Haw-

73

thorne, NY: Walter de Gruyter.

Glaser, B. G., & Strauss, A. L. (1967). *The discovery of grounded theory.* Chicago: Aldine.

Hughes, E. C. (1958). *Men and their work.* Glencoe, IL: Free Press.

Husserl, E. (1962). *Ideas: General introduction to pure phenomenology* (W. R. B. Gibson, Trans.). New York: Collier Books. (Original work published 1913)

Husserl, E. (1970). *Logical investigations.* (L. Findlay, Trans.). London: Routledge & Kegan Paul. (Originally published in 1900-1901)

Josselson, R., Leiblich, A., & McAdams, D. (Eds.). (2003). *Up close and personal: The teaching and learning of narrative research.* Washington, DC: American Psychological Association.

Leech, N. L., & Onwuegbuzie, A. J. (2008). Qualitative data analysis: A compendium of techniques and a framework for selection for school psychology research and beyond. *School Psychology Quarterly,* 23(4), 587-604.

Lindesmith, A., & Strauss, A. L. (1949). *Social psychology.* New York: Dryden.

Maslow, A. H. (1971). *The farther reaches of human nature.* New York: Viking.

McConville, M. (1974). *Perception of the horizontal dimension of space: A phenomenological study.* Unpublished doctoral dissertation, Duquesne University, Pittsburgh, PA.

Mead, G. H. (1932). *Philosophy of the present.* LaSalle, IL: Open Court Press.

Mead, G. H. (1934). *Mind, self and society.* Chicago: University of Chicago Press.

Merton, R. K. (1938). Social structure and anomie. *American Sociological Review, 3,* 672-682.

Merton, R. K. (1957). *Social theory and social structure.* Glencoe, IL: Free Press.

Miller, R. B., & Flanagan, J. C. (1950). The performance record: An objective meritrating procedure for industry. *American Psychologist,* 5, 331-332.

Molder, H., & Potter, J. (2005). *Conversation and cognition.* Cambridge, UK: Cambridge University Press.

Norman, I. J., Redfern, S. J., Tomalin, D. A., & Oliver, S. (1992). Developing Flanagan's critical incident technique to elicit indicators of high and low quality nursing care from patients and their nurses. *Journal of Advanced Nursing,* 17, 590-600.

Park, R. E., Burgess, E. W., & McKenzie, R. D. (1967). *The city.* Chicago: University of

Chicago Press. (Original work published 1925)

Parsons, T. (1937). *The structure of social action.* Glencoe, IL: Free Press.

Parsons, T. (1951). *The social system.* Glencoe, IL: Free Press.

Polkinghorne, D. E. (1988). *Narrative knowing and the human sciences.* Albany, NY: State University of New York Press.

Potter, J. (1996). *Representing reality: Discourse, rhetoric and social construction.* London: Sage.

Potter, J., & Hepburn, A. (2005). Qualitative interviews in psychology: Problems and possibilities. *Qualitative Research in Psychology, 2,* 281-307.

Potter, J., & Wetherell, M. (1987). *Discourse and social psychology: Beyond attitudes and behaviour.* London: Sage.

Potter, J., & Wetherell, M. (2006a). Preface to Chinese edition of *Discourse and social psychology.* Beijing: China: Renmin University Press. （［英］波特、韦斯雷尔：《前言》，见《话语和社会心理学——超越态度与行为》，肖文明、吴新利、张擘译，31～46 页，北京：中国人民大学出版社，2006。）

Potter, J., & Wetherell, M. (2006b). Preface to Chinese edition of *Discourse and social psychology.* Beijing: China: Renmin University Press.（［英］波特、韦斯雷尔：《中文版跋：〈话语和社会心理学〉之后的进展》，见《话语和社会心理学——超越态度与行为》，肖文明、吴新利、张擘译，270～294 页，北京：中国人民大学出版社，2006。）

Quint, J. C. (1967). *The nurse and the dying patient.* New York: Macmillan.

Rennie, D. L., Watson, K. D., & Monteiro, A. M. (2002). The rise of qualitative research in psychology. *Canadian Psychology, 43*(3), 179-189.

Sarbin, T. R. (Ed.). (1986). *Narrative psychology: The storied nature of human conduct.* New York: Praeger.

Stoppard, J. M. (2003). Navigating the hazards of orthodoxy: Introducing a graduate course on qualitative methods into the psychology curriculum. *Canadian Psychology, 43*(3), 143-153.

Strauss, A. L. (1961). *Images of the American city.* New York: Free Press.

Strauss, A. L. (1969). *Mirrors and masks.* Mill Valley, CA: Sociology Press. (Original work published 1959)

Strauss, A. L. (1993). *Continual permutations of action.* New York: Aldine de Gruyter.

74

Thomas, W. I., & Znaniecki, F. (1918). *The Polish peasant in Poland and America.* New York: Knopf.

Wertz, F. J. (1983). Some components of descriptive psychological reflection. *Human Studies,* 6(1), 35-51.

Wertz, F.J. (1987a). Common methodological fundaments of the analytic procedures in phenomenological and psychoanalytic research. *Psychoanalysis and Contemporary Thought,* 9 (4), 563-603.

Wertz, F.J. (1987b). Meaning and research methodology: Psychoanalysis as a human science. *Methods: A Journal for Human Science,* 1(2), 91-135.

Wertz, F. J. (1993). The phenomenology of Sigmund Freud. *Journal of Phenomenological Psychology,* 24(2), 101-129.

Wetherell, M. (Ed.). (2009a). *Identity in the 21st century: New trends in changing times.* Basingstoke, UK: Palgrave.

Wetherell, M. (Ed.). (2009b). *Theorizing identities and social action.* Basingstoke, UK: Palgrave.

Wetherell, M., & Potter, J. (1992). *Mapping the language of racism: Discourse and the legitimization of exploitation.* New York: Columbia University Press.

Wood, L. A., & Kroger, R. O. (2000). *Doing discourse analysis: Methods for studying action in talk and text.* Thousand Oaks, CA: Sage.

第三章

当代运动、方法论多元主义及其挑战

前面章节主要聚焦于质性研究方法的开创者和已建立传统的奠基者们。在过去 20 年，质性研究成为一种运动（movement），几乎遍及心理学的各个领域，包括了诸多领域的研究者、教授和学生们。这种兴奋之情在论述中处处可见，这些论述将这一运动定性为一场"革命"（Denzin & Lincoln, 1994, 2000, pp. 923-936），一股"力量"（Ponterotto, 2002），一种"结构的改变"（tectonic change）（O'Neill, 2002）、一种"范式的转型"（O'Neill, 2002; Ponterotto, 2002）。在这场运动中，心理学是后来者。这一运动先前已经改造了其他社会科学且影响深远。质性和定量研究的辩争在心理学内外都在发生。这场辩论以前所未有的哲学、政治学、伦理学和科学考量，对研究方法论提出了历史性批判。随着一些专门发表质性研究的期刊的出现，主流期刊也逐渐刊登质性研究，质性研究形成了一些科学的、专业的论坛，形成了新的课程体系，更多的博士生采用这一方法，心理学家们也正逐渐接纳方法论多元主义并正在学习如何整合多元的方法。学术期刊编辑、知名研究者、方法论专家、教育者、基金会、实务工作者以及不同层级的学生们都在逐渐熟悉质性研究的价值、技能和标准。在这一章中，我们讨论近期的历史发展、当今质性运动讨论的议题，以及当代质性研究项目遇到的典型问题和结构组成。最后我们总结质性运动对心理学的贡献。

第一节　成为规范科学：质性方法的制度化　76

心理学的质性运动在最近 20 年得到广泛的关注。在邓津和林肯（Denzin & Lincholn, 2000）编撰《质性研究手册》（*Handbook of Qualitative Research*[①]）的时候，心理学家作者明显很少，这本手册目前已经出了第 3 版[②]。马雷塞克、法恩、科德报告了质性研究的蓬勃发展，它已经在英国、欧洲大陆、澳大利亚、新西兰、加拿大发生并终于在美国孕育发展（Marecek, Fine, & Kiddle, 1997）。美国心理学会 2003 年出版了由卡米克、罗德和亚德利主编的《心理学质性研究：方法和设计的扩展视角》（*Qualitative research in psychology: Expanding perspectives in methodology and design*）（Camic, Rhodes, & Yardley, 2003）。除了方法论的编著之外，还有很多其他的编著包括了心理学的经典经验研究（如 Ficher, 2005）。

一、学术期刊

2002 年，一系列术语如质性研究、扎根理论、话语分析、经验现象学以及现象学心理学都录入了心理学数据库 PsycINFO 和论文摘要（Dissertation abstracts）（Rennie, Watson, & Monteriro, 2002）。有趣的是，在 1980 年以前，如果在搜索引擎输入"质性研究"，不会出现任何资料。在 1980 年以前，只有用关键词"现象学"能搜出一些文献，在 20 世纪 90 年代，用质性研究作为关键词，会出现很多文献。克拉恩、霍恩和克姆 1995 年的文章中留意到美国心理学会主席弗兰克·法利（Frank Farley）1993 年的预测，即远离定量研究方法的运动正在形成（Krahn, Holn, &

[①]　该书的中文版由本书的译者之一朱志勇领衔翻译，2019 年由重庆出版社出版。——译者注
[②]　截至 2017 年，该书已经出了第 5 版。——译者注

Kime, 1995)。他们发现，从 1993 年至 1997 年，主流心理学学术期刊仅发表了 30 篇质性研究的论文，之后有迅猛的增长。波林留意到，在 20 世纪 90 年代初，在心理学领域，缺乏质性研究方法的教育机会，这一情况至今仍待处理（Poulin, 2007）。基德报告了主流学术期刊的主编们对质性研究的兴趣逐渐增长，他们对质性研究文章的征求更多了，虽然这并不是普遍现象（Kidd, 2002）。尚克和维勒拉 2004 年对 20 世纪 90 年代的学术期刊的分析也发现了同样的转变（Shank & Villella, 2004）。

　　质性研究（qualitative research）变成了常用术语，在美国的大学里人们也纷纷表现出对这一方法的兴趣。例如，圣路易斯大学（St. Louis University）研究生院的质性研究委员会，为了推进质性研究的跨学科发展，设立网站交流质性研究的相关信息（www. slu. edu/organizations/qrc），并罗列了一系列相关组织和会议的链接（www. slu. edu/organizations/qrc/QRCweblinks. html），以及对质性研究的出版持"友好"态度的期刊清单（www. slu. edu/organizations/qrc/QRjournals. html）。这个还在不断增长中的清单目前包括 135 本学术期刊，很多都是跨学科的期刊，其中有 10 本期刊标题中有心理学（psychology）。根据克拉恩、霍恩、克姆（Krahan, Holn, & Kime, 1995）的观点，基于资料的，对于情境意义、整体性和过程的强调，将这一多样的、异质性的运动整合起来。这些情境、意义、整体性和过程在现象学的范式和"理解"（Verstehan）这一欧洲大陆传统方面有着共同的根源。

二、专业组织和会议

　　过去 40 年里，心理学的专业组织和会议逐渐欢迎质性研究者、质性研究以及关注研究方法的作品。美国心理学会中的两个分会——人本主义心理学分会（第 32 分会）与理论和哲学心理学分会（第 24 分会），引领了这一方向。人本主义心理学分会是一个人类科学研究兴趣小组,主要关注质性研究。人本主义心理学分会每年都在美国心理学会年会上组织关于质性研究方法的论坛、主题报告和海报报告,此外,每年至少出一期《人本主义心理学家》(*Humanistic Psychologist*)讨论质性研究方法。两个分会都鼓励不同阶段的质性心理学家的职业发展,还专门设立了一些奖项。例如,人本主义心理学分会设立了西尼·朱拉德(Sidney Journard)优秀学生论文奖,理论和哲学心理学分会设立了西奥多·萨宾(Theodore Sarbin)杰出学者奖。

2008 年,在质性研究者肯尼斯·格根(Kenneth Gergen)、朱瑟琳·乔塞尔森和马克·弗里曼的领导下,收集了 863 个签名,要求成立一个新的分会——质性研究分会,但因为没有获得委员会代表足够的投票,最后没有成功。然而,这一努力获得来自很多分会的大力支持:包括心理咨询分会(17)、理论和哲学心理学分会(24)、人本主义心理学分会(32)、妇女心理学分会(35)、精神分析分会(39)、LGBT 心理学研究分会(44)、工厂与组织心理学分会(14)、心理治疗分会(29)、宗教心理学分会(36)、健康心理学分会(38)、家庭心理学分会(43)、少数族裔研究分会(45)、媒体心理学分会(46)、团体心理学与团体心理辅导分会(49)、男性与男性气质研究分会(51)。现在这一团体的成员已经增长到1200 人,美国心理学会第 5 分会——评估、测量和统计分会——执行委员会非常热情和支持,讨论邀请这一团体加入并形成一个更大的研究方法分会。如果将质性研究者们纳入,美国心理学会第 5 分会就会有两倍的成员,而且定量和质性方法并重。这一扩大后的组织会拥有一个更有包含性的名字,如研究方法和实践分会。其中的质性团体会成立子分会(起名为心理学质性研究分会[society for qualitative inquiry in psychology (SQUIP)],设立了自己的学术期刊并在美国心理学会年会上有专门的

78

会场。心理学质性研究分会准备创办学术期刊，做网站，建立电子邮件组，并设立成员指南。另一些正在讨论中的倡议包括：建立特别行动组促进质性研究方法在本科和研究生课程中的教学；推动确保美国心理学会期刊开放并接受质性研究的发表；开始质性研究的暑假教学项目。

英国心理学会有质性研究方法分会，有超过 1000 名成员。为了提升质性研究方法的形象，提供合作与交流的机会，这一分会有年度会议、简报、论坛以及脸书团体（facebook group）。

许多吸引、支持、激发心理学质性研究者的专业组织和会议已经涉及了多门学科。例如，自 1982 年起，国际人类科学研究会议（International Human Science Research Conference, IHSRC）明确提出在人类科学中促进和运用质性研究方法。在这个团体成立时，没有其他会议被允许，更不要说鼓励了，会议报告只运用质性方法。在该会议上，定量方法的报告也被接受，只要和质性研究方法相结合就可以。这一组织可以追溯到 20 世纪 70 年代末密歇根大学的现象学讲座和会议。该组织在 10 个国家举办过会议，在过去 28 年里，每次会议都由 7 个不同学科来举办（Giorgi, 2010）。自 2005 年以来，国际质性研究协会（International Association for Qualitative Inquiry）每年都在伊利诺伊大学举办一次质性研究的国际年会。去年[①]有来自 55 个国家的 900 多名参会人员，120 多个场次，报告了 800 多篇论文。其他一年或半年一次的会议组织者包括北美现象学学者的跨学科联盟（Interdisciplinary Coalition for North American Phenomenologists）、心理健康质性研究会（Qualitative Research on Mental Health）、阿尔伯塔大学质性研究方法国际研究院（The International Institute for Qualitative Methodology at the University of Alberta）、圣托马斯大

---

① 如果按照该书在美国出版第一版的时间是 2011 年来算，这里的"去年"指的是 2010 年。——译者注

学跨学科叙事研究中心［The Center for Interdisciplinary Research on Narra-
tive at St. Thomas University，每半年组织一次"叙事问题会议"（Narrative
Matters Conference）］，以及澳大利亚质性研究协会（Association for Quali-
tative Research in Australia）。

第二节 质性研究子领域的扩展

质性研究在心理学领域的发表在过去十年出现在社会心理学（Mare-
cek, Fine, & Kidder, 1997）、工业与组织心理学（Cassell & Symon, 2006）、
教育心理学（Shank & Villella, 2004）、学校心理学（Leech & Onwuegbbuz- 79
ie, 2008; Michell, 2004）、健康心理学（Dickson-Swift, James, Kippen, &
Liamputtong, 2007; Russell-Mayhew, 2007; Yardley, 2000）、咨询心理学
（Hoyt & Bhati, 2007），临床儿童心理学（Krahn, Holn, & Kime, 1995）、
文化和多元文化心理学（Ratner, 2008; Kral & Burkhardt, 2002; Ponterotto,
2002）、评估（Mark, 2001）、运动心理学（Weinberg & Gould, 2007）、职业
心理学（Goldman, 1993）和卫生保健系统（Hodges, Hernandez, pinto, &
Uzzell, 2007）中。在社会与社区心理学领域[1]、咨询心理学[2]和评估研
究[3]领域，顶尖学术期刊开始出版质性研究的专刊［*American Journal of
Evaluation*（Mark, 2001）］。这一趋势导致康复心理学家认为他们的子领
域"落后于潮流"（Chwalisz, Shah, & Hand, 2008），表明他们认识到了设
立新标准的趋势，这一趋势对专业领域的发展提出新的要求。

---

[1] 例如：*Journal of Community and Applied Social Psychology*（Henwood & Parker, 1994）；*American Jour-
nal of Community Psychology*（Banyard & Miller, 1998）

[2] 例如：*The Journal of Counseling Psychology*（Havercamp, Morrow, & Ponterotto, 2005; Polkinghorne,
1994）

[3] *American Journal of Evaluation*（Mark, 2001）

质性方法正逐渐变得主流，或用库恩（Kuhn, 1962）的话来说，被认可为规范科学（Normal Science）。然而，这种规范不同于传统意义上的"规范"。传统意义上的规范是，科学采纳一系列的范式，包括采用标准方法，这些方法在不被质疑它们的假设或不对反常现象做出调整的情况下就被采用。质性研究发生在一场运动当中，这场运动的特色是多元的、自我质疑的、不断改变的、适应反常的，就好像我们在安德森的直觉探询中的创新那样。就像奥尔波特（Allport, 1942）呼吁运用个人文档进行"大胆实验"（bold experimentation）研究，50年后的这一运动中，我们仍在回应这一呼吁。从论坛组织者到本科生，无论是收集资料还是课堂讨论，基础层面上的批判性质疑、创新思考、各种形式的革新受到欢迎并正在发生。随着研究主流心理学的方法不再单一，方法的选择也不再理所当然，而是在不同假设的基础上进行批判性的选择。

第三节　质性研究的关键议题

一、哲学与人类科学

质性运动最令人兴奋和最有挑战性的是关于哲学的重要共识：①哲学很重要；②哲学与人类实证研究相关。许多质性研究者，从冯特、詹姆斯到本书5个模式的创始人，都认为一些科学家试图与哲学割裂是不可能且非常天真的，因为所有的研究都对存在（本体论）、知识（认识论）、价值（价值论）和善（伦理学）有基本的哲学假设。尽管这些持续且困难的议题在不同文化和历史时期已进行了深入的讨论，然而很多心理学家和社会科学家——即便那些写作研究方法的著作的作者——却缺少正式的哲学教育。质性研究者努力理解、反思并试图研究背后的哲学根

80

源和启示。开展质性研究的重要部分就在于拥有研究背后的哲学假设的
相关知识。

　　哲学的强大传统证明了基于人类特征的质性研究的重要性甚至优先
性。为了介绍在现代科学语境中发展起来的这一思考脉络，我们需要追
溯到威廉·狄尔泰，他力排众议，坚持质性研究在人类科学中的优越
性。狄尔泰因区分自然科学（Naturwissenschaften）和人文科学（Geisten-
wisssenschaften）而闻名，并且他大力倡导在人类科学中使用理解（Verste-
hen）的方法，"我们解释（explain）自然，但我们理解精神世界"（Dilthey,
1894/1977, p. 27）。

　　狄尔泰（Dilthey, 1894/1977）承认"理论演绎和假设归纳验证"（theory-
deducted hypothesis-inductive test）的方法已经在自然科学里获得巨大的
成功，因为它的研究主题在经验之外，而且每个部分都互相独立。因为
自然变量的本质和功能关系超越了直接的主体经验，它们必须用假设来
推断并用定量数据验证来证实。狄尔泰认为，这种对自然科学的理解方
式对于理解心理学和人类科学来说既不必须也不适合，因为它们的研究
主题主要是基于经验的，而人类经验的组成是经由意义而内在相互关联
的，这是它们独特且最重要的特征。狄尔泰认为，在心理学这一人类科
学领域，与在自然科学领域相比，描述必然扮演更加重要的角色。描述
的方法提供了"没有偏见和没有割裂的"心理世界，这一世界是完整的、
复杂的。诠释性分析用来区分心理世界的组成部分，并领会整体语境中
有意义的相互关系。根据狄尔泰的说法，心理世界的结构整体必须被所
有的人类科学学科纳入考量，需要目的论发展的如下特质：学习和暂时
性语境的角色、动机和感受的核心性、与外在世界相互且有效的关系，
以及对物质世界不能简化的基本组成（如认知、感受和彼此间的行为）
等。基于本体论的特征，尤其是意义性（meaningfulness），狄尔泰总结：　81

研究生命经验的主要方法是描述（description）、诠释（interpretation）和理解（understanding）——质性过程——其次才是在方法的基础上，人类科学创建理论、提出假设并用量表和定量方法来验证它们。狄尔泰的认识论扭转了人类科学的方法论层级，将诠释方法作为黄金准则，将假设方法作为辅助的程序。

与狄尔泰的本体论和认识论相一致，欧洲大陆哲学 20 世纪的发展基于这一信念：自然和心理现实不同，它们需要不同的学习方式。遵循这一哲学立场，很多质性方法论学者确信他们的方法在研究人类科学上的优先性，他们认为在人类科学中推论性方法被降为次要角色，这些想法与主流心理学研究者不一致，主流心理学研发者优先运用定量分析进行假设验证。哲学立场的不同导致了质性研究者和定量研究者之间激烈的辩争。

二、质性—定量研究辩争

自 20 世纪 70 年代末以来，随着质性研究方法被提倡和推广，在社会科学领域掀起了质性研究和定量研究的相对价值和角色的讨论。质性- 定量的辩争多发生于心理学之外的应用科学领域，例如教育、公共卫生、评估研究等跨学科领域，但也在心理学的边缘和主流领域爆发（Rabinowitz & Weseen, 1997）。在这一辩争中，有些人拥护自己的方法甚至到完全摈弃对方方法的程度。还有一些人认为，每种研究方法都有自己的位置。前者认为，辩争的起点在于不同人类科学研究方法背后的不同哲学假设和体系，这些不同被认为是不可协调的、相互对立的。后者认为，不同的研究问题和研究目标会自然地驱使研究者采取不同的方法，在这一情况下，人类科学中不存在哪个方法比另一个方法更加优越的说法，为了多样的目标采用多样的方法也是合理的。在这一多元语境下，研究者已经做了大量工作，探讨如何结合或"混合"质性和定量的方法。有些人据理力争，在同一研究项目中，将质性和定量研究方法结合起来的话对研究有益，例如在社区心理学（Griffin & Phoenix, 1994）和教育心理学（Yin, 2006）领域。

辩争带来的好处在于唤起心理学家们对认识论和科学哲学问题的关注，以及表达出运用不同的探索方法来丰富这一学科。关于"科学"的定义的重大区别为人所知，且更广泛的学科辩争一直持续。跟随其他领域学者的脚步（Smith & Heshusius, 1986），越来越多的心理学家认为这一辩争充满没有必要的"争议性和相互攻讦"（Greene, 2007）。他们倡导多元方法和混合方法（在一个研究中混合定量和质性研究方法）以及多元混合的哲学观（Griffin & Phoenix, 1994; Michell, 2004; Powell, Mihalas, Onwuegbuzie, Suldo & Daley, 2008; Yin, 2006）。尽管在实践和原则的层面，研究者正在做出整合多元方法的努力，来自不同阵营的循规守旧者仍持续坚持自己的立场。尽管这些议题看似不能很快解决，我们认为这一辩争是健康且有生产能力的。想要解决新产生的、已建立的方法的角色、价值和融合性问题，拥有哲学的知识，以及质性和定量研究的传统与过程的知识必然是先决条件。

三、多元主义的生产性张力

当代质性研究的文献包括了对多元研究方法论意涵的积极关注，而这些方法论源于不同的哲学取向，例如实证主义、新实证主义、现象学、存在主义、诠释学、实用主义、建构主义、结构主义、后结构主义、后现代主义等。这些哲学取向相互依存，相互呼应。尽管这些取向看似截然不同，但如果仔细观察和思考，可能会发现意料之外的相似及相互包容之处。哲学与经验研究的关系不是那么简单的事。例如，我们经常发现，弗洛伊德的著作隐含了大相径庭的取向，如实证主义、自然主义、现象学、诠释学。虽然很多人认为哲学一致性是研究的优点，在一个研究者的方法中出现明显的哲学矛盾是缺陷，但是也有讨论认为自由选择相悖的哲学传统是个优点。正如弗洛伊德的著作那样，这种虽不纯粹、但充满创意的结合丰富了人类科学（Ricoeur, 1970）。科尔伯格的著作理论上受到新康德主义结构主义哲学和混合研究方法论的指引，具体而言，包括韦伯的理解（Verstehen）方式和采用定量程序的主流实证主义，尽管这些指引在哲学立场上并不一致。科尔伯格的著作生产了卓越的知识，对心理学产生了深远的影响。

围绕质性研究的哲学问题仍未解决，但研究者们对哲学的理解更加成熟且能更好地理解多元的方法，这为推进人类科学营造了令人兴奋的挑战和机遇。目前，关于"描述""诠释""解释"和"理论"及其关系的本质，仍然存在问题和辩争。有一些关于意义和关系的精彩讨论也在发生，这些关系存在于理想主义和现实主义、客观主义和主观主义、基础主义和相对主义、语言和真实、现代主义和后现代主义之间。

与哲学的议题一样重要的是，质性研究者常常被要求致力于人类问题的实际解决方案。人类科学有着强大的经验传统，研究也常常是由实际问题激发的。人类科学的这些方面使得它令人耳目一新地摆脱意识形态的包袱，并使得它创造性地回应研究主题的具体需要。有创造力且富有成效的方法，并不需要过多关注复杂的哲学议题和辩争，就能发展出来。我们从弗洛伊德、詹姆斯、马斯洛、科尔伯格和其他人类科学的先驱者学到的重要经验之一是：突破是由深入研究经验事实，而非运用既定的意识形态来实现的。弗拉纳根的关键事件法提供了绝佳的工具，至今还被质性研究者使用，即便有些学者对其方法的整体实证主义假设并不认同。马斯洛关于健康人格的研究在一个重要的领域推动了心理学理论，这一领域没有哲学的关注和复杂性。质性研究的主要优点是致力于研究人，而非思想，它回应象牙塔外人类生活的具体需求——正如奥尔波特（Allport, 1942）所说，质性研究赋予科学"真实的试金石"（touchstone of reality）。

对于人类科学来说，虽然重要且必要的是获得哲学的复杂性并实现方法论的一致性和整体性，但是我们不甘愿用简单的方式总结质性研究的哲学层面和正在出现的各种方法。过于简单化、扭曲、开出误导性处方，风险过大。我们受惠于哲学学习，运用反思来澄清并引导我们的研究。通过呈现和比较基于多元方法和哲学背景的质性研究方法，我们试图推进哲学多元主义的对峙及其对峙带来的挑战。在本书中，我们记录了我们的哲学取向，比较了我们的方式、方法和发现。在这一过程中，我们共享了对哲学议题、问题和知识的敏感性，这一敏感性与质性研究是相适应的。我们很感恩，当今人们对基本哲学议题和围绕目前经验研究的方法论的辩论日渐关注。我们鼓励质性研究者们，包括学生、新手和成熟研究者，发展哲学的敏感性，反思他们选择的方法的哲学假设，并公开讨论他们所理解的哲学对于他们研究的影响。

四、反思性和立场

84

质性方法的运动已经发展并日渐成熟，在这一阶段，科学哲学家已经排除科学可以抛却人类利益、社会立场（social positioning）和主体性的迷思（Habermas, 1971; Kuhn, 1962）。人类在科学中的存在，包括价值观、实践目标、理论取向、社会关系，已经在哲学、自然科学和社会科学中都得到认可。心理学实证主义取向的重构是通过新实证主义实现的，这一重构认可了在科学中存在人类主体性和价值观（Polkinghorne, 1983），定量心理学家正是如此做的（Messick, 1975）。当代质性方法运动的一个公认原则是，研究本质上是相互关联的。尽管研究的主题聚焦在研究对象上，目标是知识，但研究不可避免地包括并表达研究者的取向、方法、价值观、传统和个人特质。因此，质性研究的严谨之处部分来源于研究者的自我暴露和反思。研究的这一面向被发展成质性研究的一种单独的类型，称为"自我民族志"（autoethnography），作为研究的一部分，在这一过程中，研究者关注且坦陈他们自己的经验（Chang，2008）。心理学中的质性研究者常常强调，在研究的各个阶段，将下列事物整合进规范科学实践的重要性：研究者的兴趣、传统、前见（pre-conception）、与研究议题的个人关系。认可科学作为人类事业并且呼吁反思性并不是在以怀疑主义破坏科学的合法性和有效性，反而是通过囊括前所未有的透明度（transparency）、自我批评和社会责任感拓宽了科学研究。

五、伦理、权力与政治

质性研究不仅介绍了新的科学视角，也介绍了新的研究伦理。政治和权力如何与研究相关联，在当代引起关注。跨学科的学术研究（如批判理论家和女性主义者的研究），显示每一研究方法不仅包括了知识假设，也包括了通常被视为理所当然的社会立场。基于参与、合作伙伴关系和解放研究的跨学科领域和心理学传统，质性研究者提出一些议题，这些议题超越了知情同意、匿名和保密的常见原则（Watkin & Schulman，2008）。在传统科学中，研究者占据了权力的核心，与此相对的是，质性研究开始放弃单向度的控制，倾向于与研究参与者和普通大众分享权力并建立对话式、合作式的关系（Watkin & Schulman, 2008, p. 300）。为自然科学方法发展的伦理准则包括研究者和参与者之间居高临下的距离，批判且参与的方式反思了这些隐含的权力关系并提出一系列问题：

85

谁定义了研究主题？什么样的方法被认为是合适且合法的？谁拥有资料？谁的诠释有效？谁有权力挑战发现？谁书写报告并向谁报告？（Mertens & Ginsberg, 2009）一些质性研究者质疑传统研究中的权力不平等，倡导将研究者的特权地位转让给参与者并与参与者寻求一种新的关系。因此，参与者被邀请扮演重要的角色，包括定义研究问题、开展研究设计、收集并拥有材料、开展研究并传播研究成果。在有些情形下，他们甚至变成了合作研究者（Silka, 2009）。

随着质性研究者密切关注研究参与者的经验和兴趣，人们开始关注个体参与者和团体的保护（Marecek, Fine, & Kidder, 1997; Silka, 2009）。迈尔斯和胡贝尔曼（Miles & Huberman, 1994）记录了研究者对于伦理困境的滞后意识。持续的合作和对话伦理模式被倡导。现在逐渐认为不可预料的伦理问题将会在研究中出现，最好的方法就是在进行过程中合作解决，而不是由研究者在开展研究之前，基于抽象的原则独自预测、处理和解决。保罗·弗莱雷（Freire, 1968/1992）敦促研究者们自省：我们的工作体现的是研究者的梦想还是团体的梦想？沃特金和舒尔曼（Watkin & Schulman, 2008）建议与他人一起开展"动态提问和回答"（p. 302）。即便匿名，作为对参与者的保护也被重新考量，考量的依据在于这一做法对于参与者的意义。沃特金和舒尔曼（Watkin & Schulman, 2008）这样写道：

> 对于一些人来说……匿名的安排进一步加深了研究关系中权力的不对称，在这一关系中，著作权归研究者，参与者只是匿名而已。应让你的参与者知道他们在这一事务上有选择，和他们一起思考任何可能的风险……他们可能还是愿意要求他们的话语和观点归他们自己。（p. 306）

一些质性研究者强调伦理实践，即与他人一起而非独立处理所有的困境与挑战。同时，他们坚持从始至终将他们的参与者和团体中的其他成员囊括在研究过程之中。另一些质性研究者恳求研究者让参与者能够跟他们"顶嘴"（talk back）。"在这一［解放］传统中，对研究者而言，最深刻的洞察在于确认我们的见证人想从我们这里得到什么。"（Watkin & Schulman, 2008）尽管并不总是有清晰的答案，一些研究者正试图对研究视角、研究参与者的角色、研究利益相关者的全部谱系进行更激进的考量。通过对话辨明最好地服务于人类利益的谱系正逐渐被视为伦理上的义务。

六、研究方法与实践的教育

在这一阶段，开发质性研究方法的课程获得了很多关注（Churchill, 1990; Hoshmand, 1989; Josselson, Leiblich, & McAdams, 2003; Poulin, 2007; Stabb, 1999; Wertz & van Zuuren, 1987）。斯托帕德（Stoppard, 2003）留意到，需要对导师发展及其对大学教师和学生们的影响进行研究。通过描述自己研究生阶段所学的课程，斯托帕德为那些在研究生院进行质性研究的学生提供了生存策略的建议。沃尔什-鲍尔斯（Walsh-Bowers, 2002）访谈学生和教授，讨论将质性研究方法和多元方法论情境整合进课堂教学、研究和职业发展中的挑战。奥韦格布兹和利奇（On-wuegbuzie & Leech, 2005）认为，质性研究和定量研究倡导者之间的辩争是分裂的、适得其反的，导致研究者、导师和学生之间不必要的分裂。他们回应麦克马伦（McMullen, 2002），认为所有的研究生都应该学习两种方法，在课程中，方法不应该被割裂，而应该运用整合的研究框架来教授。一项质性研究访谈了 30 名卫生领域的质性研究者并探讨开展这一类研究的个人挑战（Dickson-Swift, James, Kipper, & Liamputtong,

86

2007）。有研究观察到，在心理学领域教授质性研究的文献仍然有限（Poulin, 2007），该研究者认为，接触质性研究的多元传统对学生学习是必需的。

七、最佳实践的标准和指南

随着质性研究方法因各种不同的目的被学习和创造性地运用，人们开始担忧教学、督导和发表的标准，同时提出一些应对方法。斯泰尔斯（Stiles, 1993）是最早提供关于质量控制的需求和方法的详述的研究者之一。艾略特、康斯坦茨·费希尔和伦尼（Elliott, Ficher, & Rennie, 1999）为各位研究相关的学术期刊编辑和审稿人撰写了 7 条指南，还额外撰写 7 条原则用于判断质性研究的文章是否适合发表。后 7 条原则包括：①要求研究者明确指出他们的哲学、理论和个人视角；②描述参与者的样本及其研究情形；③提供具体资料的例子说明所用的分析程序并说明概念发现；④通过多名分析者并采用多元视角为参与者提供可信度检查；⑤说明发现的一致性与整体性；⑥使用的研究方法和研究的发现要能达到研究最初所期望的一般性的层级；⑦提供让读者能产生共鸣的资料。他们也举例说明什么是好的实践、什么是坏的实践。亚德利（Yardley, 2000）强调需要有语境的敏感性、严谨性、透明性、一致性、影响力及其重要性。尚克和维莱拉（Shank & Villella, 2004），以及莫罗（Morrow, 2005）重新审视了从不同的认识论框架萌生的可信度（trustworthiness）的标准，并添加了额外的标准。帕克尔（Parker, 2004）为研究项目的督导们提供了指南。关于训练和质量保证不足的抱怨持续出现。例如，霍奇等（Hodges, Hernandez, Pinto, & Uzzell, 2007）哀叹说，质性研究者常常不汇报自己具体运用了什么方法去分析资料。

虽然我们认识到反思这些优秀质性研究的重要性，但我们也有所保

87

留，觉得这些标准有可能带来负面效果。我们留意到，学生们常常对描述这些标准的晦涩术语感到不知所措。我们也很担心，这些外来强加的术语可能会不经意地阻碍研究者的创造力，并给他们带来过多的负担。外在的担忧可能会削弱有价值的贡献，仅仅因为这些贡献不符合标准或者违背了指南。我们希望期刊编辑们能够欢迎大胆、创新且非传统的作品，正如奥尔波特所鼓励的那样。我们也希望这些规范的日渐系统化不会导致僵化或形成排除异己的思维模式。若有这样的思维，弗洛伊德、詹姆斯、马斯洛、科尔伯格等人的创新性质性研究巨著就不会诞生。

第四节　质性研究项目的典型架构

一、研究问题的提出

好的科学研究不仅包括重要主题也包括研究问题。研究方法紧密跟随研究目标以及研究问题的处理方式。在当代质性研究中，有很多起点和方式去定义研究问题。这一连续体（continuum）从前科学（prescientific）的常识跨越到科学世界。现实世界的事件——前科学的人类困苦和人类利益——可能会给研究提供动机。研究问题的衍生有如下路径：从其他学者已经认可的理论或学术议题中；从研究者对现有知识缺陷的批判性反思中；从全新的、开放式的资料收集和分析中。一个交叉的谱系关系到研究的目的是寻求知识（理论）本身，还是只为了实践的改变而寻求知识。不论在哪种情况下，研究总是处理着科学家与科学以外世界之间的空白（gap）。

对文献的批判性审视，使得研究者能够发现这样的空白，这一空白存在于我们已知的和超越我们知识的现实之间。发现这一空白之后，我们能够据此确定目标以及组织研究的结构。扎根理论学者展示，研究问题如何在处理资料的过程中浮现出来；后来，只有在这一基础上，现有文献和研究主题之间的空白才被发现。传统上，科学家定义研究问题，但质性研究者却在工作的最初阶段就开始强调研究者和研究参与者之间的合作伙伴关系（Silka，2009）。科学家开始将非科学家纳入确定题目、批判性文献综述、形成研究问题过程之中，尤其是当研究有着实践或解放的目标时。

质性研究问题通常是在确定研究主题"是什么"和"怎么样"。弗洛伊德询问的问题是关于心理病态症状和梦的意义（精神持续的目标、目的和角色）的。詹姆斯着手确认宗教经验的本质、类型变化以及人类生活的价值。马斯洛则定义健康人格和人类高峰体验的特征。科尔伯格寻求构成道德推理（moral reasoning）发展的基本原则的知识。弗拉纳根着手探索作战领导力和教授心理学的最佳实践。一个研究者可能运用质性研究去获取关于研究主体的知识，以此来整合，至少是联结破碎的或矛盾的理论，或以此来说明并引起对那些被视为理所当然的理解和实践的关注。一些质性研究的另一目标是区分研究主体的基本类型，以此来为基础研究或应用研究建立测量工具。

在目前的项目中，我们较为随意地选择了被广泛研究的话题——创伤（不幸）——进行示范。我们的目标主要是方法论的，即去发现我们的分析方法之间的相似性与差异性。在我们尝试模拟自己的典型实践时，每一位研究者都发展了与他们所选择的研究方法相吻合的研究目标。在草拟和设计分析方法的过程中，每位研究者都对研究主体、文献的使用、分析的目标、理论的重点和个体敏感性有着自己的概念化（conceptualization）过程。

二、参与者、情境和资料

89

质性运动的最伟大的贡献之一就是将心理学和其他人类科学的经验

资料库扩展为全面的个体人类经验表达。书写、绘画、艺术、音像、运动、口头表达揭示生命经验的能力是巨大的。我们在弗洛伊德、詹姆斯、马斯洛、科尔伯格的作品中都能够发现资料的丰富多样性。这一多样性被当代的关键事件研究者、现象学学者、扎根理论学者、话语分析学者、叙事分析学者、直觉探询学者扩大和系统性地延伸了。这些经验资料，通过恰当的理解，提供了与外部事件的测量非常不同的信息，包含了多种人们用来表达他们个人生活的方式（口头和非口头的）。

与定量研究者一样，质性研究者首先定义主题、问题的本质，以及研究的目的和范围。在此基础上，研究者们提出如下问题：哪些资源最能帮助研究者接触到这一主题？什么标准定义了这些资源？什么资料是已有的？研究者怎样才能最好地收集到新的资料？生态效度（ecological validity）很重要，其原因在于质性研究的目的是真实地捕捉人类生活，即捕捉研究情境之外的生命样态。虽然研究主题和问题提供了研究焦点，但是质性研究常常需要资料的多样化和不变性。通常，研究者选择有内在关联但又各不相同的参与者，他们有着相关主题的经验，有助于实现研究目标，且对研究的读者而言具有可信度。样本可以包括活着的人和逝去的人，可以寻求新的表达或者使用档案材料。

质性资料的首要标准就是与研究问题的相关性以及忠实于人类生活。最理想的质性资料可能包括"深厚"（thick）、"丰富"（rich）的描写。例如，与这一话题直接相关的生命经验的具体的个人描绘。然而，正如我们从话语分析中所学到的，深入访谈只是一种有局限性的（在一些情况下是人为的）谈话形式；如果在自然情境下的话，一个人可能会说得更多，也会有其他形式的表达。质性资料没有唯一的标准，因为资料必须服务于研究的特定目的，正如研究要直面它的研究主题。

鉴于质性研究者对于细致研究生命经验和人类实践的复杂性的共同

兴趣，他们对于资料的收集和刻画是追求深描（thick description）。资料收集的方法有：一是收集个人生活事件、故事、传记和其他形式的书面表达；二是运用访谈和焦点小组的方法收集一手资料，如果质性研究者选择从个体或群体中收集访谈资料。目前质性运动中已经存在了各种各样的访谈方法和程序。有一些访谈方法和程序是结构化的、正式的，其中一些使用事先设定的问题；另一些则运用有敏感度的访谈提纲（sensitizing guide）来触发和探索相关的描述。其他的访谈过程或多或少是开放的、非正式的，允许访谈者和被访者更自发地探索这一话题。在这些选项中做什么样的选择，取决于研究的主题和研究的目的。

　　人们往往把访谈资料等同于质性研究。尽管访谈资料对于质性研究很有价值，但访谈绝不是唯一的资料来源，也不一定是最合适的方法。对其他人和他们的处境的描绘，以及自然情境下的接触，可能是第一人称讲述的相关性资料，或替代性资料。质性研究者不应不加批判地假设质性研究项目需要某种形式的资料，而不去思考研究主题以及研究问题的范围和本质。质性研究可以包含来自当代大众媒体和历史记录中的档案资料、日记节选、个人收藏、照片、音/影像媒体，以及其他创造性的作品。这些资料可以单独使用，也可以与其他形式的资料结合使用。尽管质性研究者倾向于依赖口头的和描述性的记录，图像的和艺术性的媒体也可能有巨大的价值，这些媒体包括照片、录音录像、电影、艺术、舞蹈和戏剧。

　　弗洛伊德在心理病态学的研究中，使用非常开放的访谈和密切的行为观察，而且他发展出了更为有结构的访谈方法去研究梦境。在研究这两个主题的过程中，他从不同的参与者那里收集了资料，收集了各种不同的症状和梦境。他使用书面材料，如日记、信件甚至购物清单。在他对笑话的研究中，他使用了档案资料。弗洛伊德在所有研究中使用大量

90

117

的文学和艺术作品，并在研究不同主题的时候尽可能包括各种资料。詹姆斯特意在宗教经验研究中使用档案资料，他收集了来自不同文化的、在不同的历史时期、包括不同类型的人物的个人报告，从圣徒、殉道者到煤矿工人和酗酒者。他们的祈祷使得自己不再那么暴力。酗酒者的皈依使得他们实现了戒酒。马斯洛关于健康人格的研究开始于观察他的导师，他使用更加精密的方法，包括心理病理学的检测来选择和排除参与者。当他发现参与者的表情因意识到研究主题而变得僵硬时，马斯洛采用了非常灵活的、特别谨慎的资料收集的方法，包括行为观察和访谈。质性资料收集的创造性同样在科尔伯格的研究中凸显出来，他从不同年龄的儿童那里收集到关于各种假想情境的想法。他用焦点小组访谈中收集到的资料来补充上述资料，在焦点小组中，他能够观察旨在达成一致的互动的社会情境的道德推理。这些先驱者都意识到参与者对研究的价值并不相同；某些情境参与者和人类表达的形式为分析和普遍的洞察提供了特殊的机会。

　　在这一项目中，参与者得到了指示，要求写一个关于个人不幸事件（misfortune）以及如何度过不幸的描述。类似这样的书面描述，也被詹姆斯、弗拉纳根和马斯洛使用，可以非常丰富且发人深省。在这一示范中，访谈被用来阐明个人经历中与特定知识兴趣相关的部分，这些知识和兴趣包括社会支持的角色和抗逆力的灵性。这一过程也被弗洛伊德、马斯洛、科尔伯格和弗拉纳根使用，历史上还被很多其他人使用（Kvale & Brinkmann, 2009）。

　　三、分析方法

　　质性分析包括很多种，包括类属法、主题法、结构法、诠释、叙事和本质形式（eidetic form）。这些分析方法能将研究项目中的情境与现实生活整合起来。我们被告知科学的起点是描述研究对象本身，描述是质性研究中的一项重要分析活动。关于描述的本质及其在分析中和人类知识中的角色有一些讨论和争议。一些质性研究者相信所有的描述都是诠释，他们质疑那种宣称描述可以忠实于所观察的事物（广义上的客观）的说法。质性研究的其他传统认为描述性构想不仅可能而且必要、充分，甚至在人类科学中占据优先地位。"纯粹"现象学涉及描述现象的本质〔通过"本质分析"（eidetic analysis），"本质分析"涉及将一个现象中所有可以想象的例子中的不变因素概念化〕。现象学家宣称，本质描述提供了忠实反映生命经验的知识。

扎根于现象学的质性分析同样运用反思，反思过程转而关注过往的生命经验，以试图聚焦于它们的过程（经验是"如何"产生的）与意义（经历了"什么"）。其他分析方法寻求运用事先决定的分类或确定新的分类。根据研究者的兴趣，这些类别可能是多种多样的。为了更全面领会它的意义，诠释分析的过程运用了部分与整体、整体与情境之间的循环往复的运动（称为诠释学循环）。思想家们，如施莱尔马赫、海德格尔、伽达默尔和德里达，清晰地讲述了诠释学方法的变体。为了辨别资料中的意义，诠释分析也明确使用框架或那些既定的、起初相对独立于资料的意义。这些框架可能有各种不同的类型，包括理论取向（如精神分析、行为主义、家庭系统、生态学、批判理论）或者社会运动（如女性主义、马克思主义、人本主义和解放）。质性分析方法可能也涉及推断，例如归纳的、溯因的、演绎的推断。归纳是一个用来建立经验一般化的过程，这些一般化由研究项目中多元的资料，甚至超越研究者所收集的资料来支撑。溯因是一个分析过程，它超越了收集的资料，以此产生新的理论；也就是说，建立一些模式，这些模式能够产生解释、预测，或者与自然（神经科学、进化生物学）、文化（人类学和历史）或形式科学（数学、

92

计算机)的跨学科联系。通过使用演绎推理，质性研究者可以通过具体特定的资料来探索一般性理论或原则的有效性。分析可能是基于直觉的，来自研究者最私人、最亲密和最神秘的经历。质性分析通过深入分析一个案例就能产生惊人的普遍洞见和知识。质性运动意义最重大的贡献之一在于重新唤醒对单一个案分析的兴趣并将该分析合法化（Fishman, 1999; Stake, 1995; Yin, 1994）。比较分析在先驱者的实践中非常明显，并贯穿近乎所有质性研究的系统，这些系统引导着当代的研究者。即便对单一个案的分析也隐含着比较，系统地使用比较方法对于产生一般性的质性知识是不可或缺的。弗洛伊德、詹姆斯、马斯洛、科尔伯格和弗拉纳根对主题内容大相径庭的案例间的相似性和差异性进行了识别，以此作为一般性知识生产中的核心分析程序。系统论者，例如弗拉纳根和其他学者，描绘了对普遍趋势开展分析的特定步骤。上文简要提及的分析方法也不是完全不同的，它们是能够相互结合的。

现今，关于这些分析模式的本质和它们彼此之间关系的讨论和辩争正在进行。本书的核心是对这些过程的详细关注和具体探索。本书接下来的章节对此类分析过程的示例进行了细致的探讨，这些示例是深入的、比较的、主题的、结构的、诠释的，并运用了归纳、溯因、演绎，以及其他类型的推理（eidetic varieties of reasoning），我们的主要兴趣之一在于确认这些不同的过程是如何具体开展的，它们都得出了什么类型的结论，它们之间是如何进行比较和联系的，也包括它们潜在的相容性和整合性。

93　　**四、研究发现的呈现**

研究者对分析发现的报告及其呈现的方式也是重要的议题。用来表达质性知识的语言也不尽相同，从研究者本身的特定表达——无论是采纳的还是创造的术语——到日常语言中的特定语汇，包括参与者自己的特定语汇。研究发现遵循分析的模式；研究者的话语可能是描述性的、诠释性的、结构化的、类属性的、预测性的、解释性的，或令人遐想的，甚至是富有诗意的。引导报告形式的价值观与下列内容相关：一是研究问题的相关性；二是忠于分析中揭示的研究主题。

质性研究者常常努力去展示非常复杂的发现；若要促进对这些发现的理解，研究者就需要运用一致的、内在分化且全面的方式，对具象的生活进行持续的参照。（这些）发现不像定量研究的结果那样容易总结，因此，取得精准和丰富之间的平衡对质性研究写作者来说是巨大的挑战。根据（不同的）读者群体，研究发现也可能会以不同形式呈现出来。弗洛伊德、詹姆斯、马斯洛的杰作令人称奇：他们的报告丰富并挑战了心理科学家、研究者和跨越人文和社会科学谱系的理论家的认识，同时，对受过教育的外行读者也起到教化和启迪的作用。因为质性研究的发现关注重要问题，精确刻画了我们每天居住和观察的日常生活，对于那些对人类事务有兴趣的人们来说，这些发现提供了启发性的新知识并增强了他们的敏感性。所有上述这些原因使得产生共鸣成为可能。

好的质性研究发现是深刻的、基于资料的，因此，对分析发现的报告几乎总是基于大量具体的生活情境，无论它们的一般性的层级如何。一般而言，在诸如弗洛伊德、詹姆斯、马斯洛和科尔伯格等先驱们的质性研究报告中，发现和主张有非常详尽的说明，并且通常广泛引用参与者的直接话语或从档案材料中摘录出片段。因为焦点在于心理生活中的意义、主题和结构组织，所以具体案例的情境便是重要的，且有时必须在发现的质性知识中给予仔细的说明。引文常常需要背景作为介绍。多个案例与对他们的相似性和差异性的讨论常常是必需的，以此来传达研究主题的重要的一般性特点和变体。这些报告质性研究发现的必要策略常常需要很长的文稿，这通常超出了传统发表定量研究论文期刊的字数限制。

一些质性研究发表的平台，例如《现象学心理学期刊》，由于这一原因不设置文稿的字数限制。一些新的期刊，例如《心理学质性研究》（*Qualitative Research in Psychology*）在给作者的投稿指南中没有列页数限制。编著和书可能为质性研究发现深入具体的本质提供了更适宜和必要的平台。随着质性运动与新型传播方式（如线上学术期刊）的共同发展，更为恰当和灵活的研究发表方式可能变得更为普及，这些研究需要长篇详述和来自不同形式资料的例证。

五、说明研究的启示

研究者的最终任务是回到文献和更大的世界，以此在相应的情境中明确研究成果。质性研究的讨论部分和定量研究非常相似，因为它们始于提醒读者：研究目标、研究问题，以及研究发现是如何解决这些问题的。讨论部分通常涉及将研究发现与研究项目之外的世界相关联，包括文献中呈现的先前的既定知识、研究发现中可能处理的实际问题，以及在更大生态中发现的议题。

新的质性知识的重要启示在于：新的发现与之前这一主题的相关知识有何关联；新的发现与复杂文献资料的问题有何关联。解释研究发现与其他研究者和学者的发现之间的相似性和差异性，使得研究者可以对知识体系有一个系统的贡献。研究者提出如下问题：与日常生活和其他科学工作中展现的研究主题相比，这一研究发现是如何回应、延续、反驳或全新地揭示研究主题的新特点的？根据最初的研究目标，对于理论、研究和实践的启示变得清晰。

最终，研究者需要采用自我批判的视角以便发现研究的局限性、未

知事物的视域以及留存在知识(包括现有研究)和研究之外的世界之间的
空白。在这一情境下，考虑到未来研究的可能性，研究者需考量额外的
和其他的参与者、资料来源、情境、分析方法等，还需要考量如何填补
未来研究的空白，并关注具体的研究方法。

第五节　质性研究方法对心理学的贡献

　　正如我们所见，质性运动不局限于只为学科增加新的研究工具，它
给这一学科带来很大影响。质性研究包括了心理学中的特别的态度、方 95
法和新世界观。随着在大范围内对质性研究方法论的规范化和改造，以
及对于方法论多元主义的接受，心理学家们获得了更为深刻的哲学理
解、概念化人类行为的新方式、更强的反思性及更广泛的科学责任感。
质性研究方法的贡献可以总结如下：

- 让科学的概念变得更有包容性；
- 科学哲学，包括认识论和本体论，发展起来；
- 意义、能动性、语言和价值观等人类独有事件是关键的；
- 方法论多元主义被接受和提倡；
- 经验资料基础得到扩展，循证研究被拓宽；
- 新的分析方法和知识形式被使用；
- 研究中的批判性反思被推崇；
- 科学家的立场得到认同；
- 对于本土、具体的人类生活的更大关注得以实现；
- 关于一个议题的整体性发现整合了分散的知识形式；
- 研究和实践之间的鸿沟得以消弭；
- 引入了知识的新标准；

· 人文和社会科学的学科边界被打开。

第六节 项目：一个案例，五种方法

下面我们会展示如何用五种质性分析的方法来分析一份资料。在下一章，我们提供一份书面描述和一份访谈资料，该资料来自质性研究课堂上的课程项目，项目的主题是度过不幸或创伤。我们使用了参与者的化名，将这份关于不幸事件的书面描述和访谈资料称为"特蕾莎文本"。另一份书面描述，由另一位研究参与者"盖尔"提供，放在附录中。随后的五章(第五章至第九章)，研究者们讲述了质性研究的五个传统，辨别来源、典型运用、关键分析步骤，并展示如何运用特蕾莎文本进行分析。这五个例证表明了当代研究者如何运用第二章中展示的研究传统。这些分析作为比较不同方法的基础，试图回答方法论多元主义提出的各种议题，方法论多元主义组成了心理学质性研究的特征。

96

(本章译者：王曦影)

参考文献

Allport, G. W. (1942). *The use of personal documents in psychological science* (Prepared for the Committee on the Appraisal of Research; Bulletin # 49). New York: Social Science Research Council.

Banyard, V. L., & Milller, K. E. (1998). The powerful potential of qualitative research in community psychology. *American Journal of Community Psychology,* 26(4), 485-505.

Camic, P. M., Rhodes, J. E., & Yardley, L. (Eds.) (2003). *Qualitative research in psychology: Expanding perspectives in methodology and design.* Washington, DC: American Psychological Association.

Cassell, C., & Symon, G. (2006). Qualitative methods in industrial organizational psychology. *International Review of Industrial Organizational Psychology*, 21, 339-380.

Chang, H. V. (2008). *Autoethnography as method.* Walnut Creek, CA: Left Coast Press.

Churchill, S. D. (1990). Considerations for teaching a phenomenological approach to psychological research. *Journal of Phenomenological Psychology*, 21(1), 46-67.

Chwalisz, K., Shah, S. R., & Hand, K. M. (2008). Facilitating rigorous qualitative research in rehabilitation psychology. *Rehabilitation Psychology,* 53(3), 387-399.

Denzin, N. K., & Lincoln, Y. S. (Eds.) (1994). *Handbook of qualitative research.* Thousand Oaks, CA: Sage.

Denzin, N. K., & Lincoln, Y. S. (Eds.). (2000). *Handbook of qualitative research* (2nd ed.).Thousand Oaks, CA: Sage.

Dickson-Swift, V., James, E. L., Kippen, S., & Liamputtong, P. (2007). Doing sensitive research: What challenges do qualitative researchers face? *Qualitative Research,* 7 (3), 327-353.

Dilthey, W. (1977). Ideas concerning a descriptive and analytical psychology (1894). In *Descriptive psychology and historical understanding* (R. M. Zaner & K. L. Heiges, Trans.). The Hague: Martinus Nijhoff.

Elliott, R., Fischer, C. T., & Rennie, D. (1999). Evolving guidelines for conducting qualitative research studies in psychology and related fields. *British Journal of Clinical Psychology,* 38(3), 215-229.

Fischer, C. T. (Ed.). (2005). *Qualitative research methods for psychologists: Introduction through empirical studies.* New York: Academic Press.

Fishman, D. B. (1999). *The case for a pragmatic psychology.* New York: New York University Press.

Freire, P. (1992). *Pedagogy of the oppressed.* New York: Continuum. (Original work published 1968)

Giorgi, A. (2010). A history of the International Human Science Research Conference on the occasion of its 25th annual meeting. *Humanistic Psychologist,* 38(1),57-66.

Goldman, L. (1993). Reaction: A broader scientific base for professional psychology. *Professional Psychology: Research and Practice,* 24(3), 252-253.

Greene, J. (2007). *Mixed methods in social inquiry.* San Francisco: Jossey-Bass.   97

Griffin, C., & Phoenix, A. (1994). The relationship between quantitative and qualitative research: Lessons from feminist psychology. *Journal of Community and Applied Social Psychology*, 4, 287-298.

Habermas, J. (1971) . *Knowledge and human interests.* Boston: Beacon Press.

Havercamp, B. E., Morrow, S. L., & Ponterotto, J. G. (Eds.). (2005). Special issue on qualitative and mixed methods research. *Journal of Counseling Psychology,* 50(20).

Henwood, K., & Parker, I. (1994). Qualitative social psychology. *Journal of Community and Applied Social Psychology,* 4, 219-223.

Hodges, S., Hernandez, M., Pinto, A., & Uzzell, C. (2007). The use of qualitative methods in systems of care research. *Journal of Behavioral Health Services and Research,* 34(4), 361-368.

Hoshmand, L. (1989). Alternative research paradigms: A review and a teaching proposal. *Counseling Psychologist,* 17, 3-79.

Hoyt, W. T., & Bhati, K. S. (2007). Principles and practices: An empirical examination of qualitative research in the *Journal of Counseling Psychology. Journal of Counseling Psychology,* 54(2), 201-210.

Josselson, R., Leiblich, A., & McAdams, D. P. (Eds.). (2003). *Up close and personal: The teaching and learning of narrative research.* Washington, DC: APA Books.

Kidd, S. A. (2002). The role of qualitative research in psychological journals. *Psychological Methods,* 7(1), 126-138.

Krahn, G. L., Holn, M. F., & Kime, C. (1995). Incorporating qualitative approaches into clinical child psychology research. *Journal of Clinical Child Psychology,* 24(2),204-213.

Kral, M. J., & Burkhardt, K. J. (2002). The new research agenda for a cultural psychology. *Canadian Psychology,* 43(3), 154-162.

Kuhn, T. (1962). *The structure of scientific revolutions.* Chicago: University of Chicago Press.

Kvale, S., & Brinkmann, S. (2009). *InterViews: Learning the craft of qualitative research interviewing* (2nd ed.). Thousand Oaks, CA: Sage.

Leech, N. L., & Onwuegbuzie, A. J. (2008). Qualitative data analysis: A compendium of techniques and a framework for selection for school psychology research and beyond. *School Psychology Quarterly,* 23(4), 587-604.

Marecek, J., Fine, M., & Kidder, L. (1997). Working between worlds: Qualitative methods and social psychology. *Journal of Social Issues,* 53(4), 631-644.

Mark, M. (2001). Evaluation's future: Furor, futile, or fertile? *American Journal of Evaluation.*

McMullen, L. (2002). Learning the languages of research: Transcending illiteracy and indifference. *Canadian Psychology*, 43, 195-204.

Mertens, D. M., & Ginsberg, P. E. (2009). *The handbook of social research ethics*. Thousand Oaks, CA: Sage.

Messick, S. (1975). The standard problem: Meaning and values in measurement and evaluation. *American Psychologist*, 30, 955-966.

Michell, J. (2004). The place of qualitative research in psychology. *Qualitative Research in Psychology*, 1, 307-319.

Miles, M. B., & Huberman, A. M. (1994). *Qualitative data analysis* (2nd ed.). Thousand Oaks, CA: Sage.

Morrow, S. L. (2005). Quality and trustworthiness in qualitative research in counseling psychology. *Journal of Counseling Psychology*, 52, 250-260.

Oakley, A. (1981). *Subject women*. Oxford, UK: Martin Robertson.

O'Neill, P. (2002). Tectonic change: The qualitative paradigm in psychology. *Canadian Psychology*, 43(3), 191-194.

Onwuegbuzie, A. J., & Leech, N. L. (2005). Taking the "Q" out of research: Teaching research methodology courses without the divide between quantitative and qualitative paradigms. *Quantity and Quality*, 39, 267-296.

Parker, I. (2004). Criteria for qualitative research in psychology. *Qualitative Research in Psychology*, 1, 95-106.

Polkinghorne, D. E. (1983). *Methodology for the human sciences: Systems of inquiry*. Albany, NY: State University of New York Press.

Polkinghorne, D. E. (1994). Reaction to special section on qualitative research in counseling process and outcome. *Journal of Counseling Psychology*, 41, 510-512.

Ponterotto, J. G. (2002). Qualitative research methods: The fifth force in psychology. *Counseling Psychologist*, 30, 394-406.

Ponterotto, J. G. (2005). Qualitative research training in counseling psychology: A survey of directors of training. *Teaching of Psychology*, 32, 60-62.

Poulin, K. L. (2007). Teaching qualitative research: Lessons from practice. *Counseling Psychologist*, 35, 431-458.

Powell, H., Mihalas, S., Onwuegbuzie, A. J., Suldo, S., & Daley, C. E. (2008). Mixed methods research in school psychology: A mixed methods investigation of trends in the literature. *Psychology in the Schools*, 45(4), 291-309.

Rabinowitz, V. C., & Weseen, S. (1997). Elu(ci)d(at)ing epistemological impasses: Re-

98

viewing the qualitative/quantitative debates in psychology. *Journal of Social Issues,* 53(4), 605-630.

Ratner, C. (2008). Cultural psychology and qualitative methodology: Scientific and political considerations. *Culture and Psychology,* 14(3), 259-288.

Rennie, D. L., Watson, K. D., & Monteiro, A. M. (2001). The rise of qualitative research in psychology. *Canadian Psychology,* 43(3), 179-189.

Ricoeur, P. (1970). *Freud and philosophy: An essay on interpretation*(Denis Savage, Trans.). New Haven, CT: Yale University Press.

Russell-Mayhew, S. (2007). Key concepts from health promotion evaluations: What psychology needs to know. *International Journal for the Advancement of Counseling,* 28(2), 167-182.

Shank, G., & Villella, O. (2004). Building on new foundations: Core principles and new directions for qualitative research. *Journal of Educational Research,* 98(1), 46-55.

Silka, L. (2009). Partnership ethics. In D. M. Mertens & P. E. Ginsberg (Eds.), *The handbook of social research ethics* (pp. 337-352). Thousand Oaks, CA: Sage.

Smith, J. K., & Heshusius, L. (1986). Closing down the conversation: The end of the quantitative-qualitative debate among educational inquirers. *Educational Researcher,* 15(1), 4-12.

Stabb, S. D. (1999). Teaching qualitative research in psychology. In M. Kopala & L. Suzuki (Eds.), *Using qualitative methods in psychology* (pp. 89-104). Thousand Oaks, CA: Sage.

Stake, R. E. (1995). *The art of case study research.* Thousand Oaks, CA: Sage.

Stiles, W. B. (1993). Quality control in qualitative research. *Clinical Psychology Review,* 13, 593-618.

Stoppard, J. M. (2003). Navigating the hazards of orthodoxy: Introducing a graduate course on qualitative methods into the psychology curriculum. *Canadian Psychology* [*Psychologie canadienne*], 43(3), 143-153.

Walsh-Bowers, R. (2002). Constructing qualitative knowledge in psychology: Students and faculty negotiate the social context of inquiry. *Canadian Psychology,* 43(3), 164-178.

Watkins, M., & Schulman, H. (2008). *Toward psychologies of liberation.* New York: Palgrave Macmillan.

Weinberg, R. S., & Gould, D. (2007). *Foundations of sport and exercise psychology* (4th ed.). Champaign, IL: Human Kinetics.

Wertz, F. J., & van Zuuren, F. J. (1987). Qualitative research: Educational considerations.

99

In F. J. van Zuuren, F. J. Wertz & B. Mook (Eds.), *Advances in qualitative psychology: Themes and variations*(pp. 3-24). Lisse, The Netherlands/Berwyn, PA: Swets & Zeitlinger/ Swets North America.

Yardley, L. (2000). Dilemmas in qualitative health research. *Psychology and Health, 15,* 215-228.

Yin, R. K. (1994). *Case study research.* Thousand Oaks, CA: Sage.

Yin, R. K. (2006). Mixed methods research: Are the methods genuinely integrated or merely parallel? *Research in the Schools,* 13(1), 41-47.

第二部分

质性分析的五种方法

第四章

特蕾莎文本：不幸经历的深描

资料收集利用了研究生的心理学质性研究方法课的机会。这一课程采取了小组项目的方式，学生们决定主题。每个人都用第一人称书写与这一主题相关的故事。然后学生们两两分组，互相访谈，聚焦于他们撰写的生命事件。

在讨论了可能的研究主题之后，班级决定聚焦在"创伤与抗逆力"上。为了避免技术性的术语，学生们决定将这一主题定义为"在某种不幸发生的情形下人们如何应对"。班级制定了书面描述的指南（见下面斜体部分）。每位同学书写一个描述并匿名提交。在阅读了所有12份书面描述之后，班级讨论了进一步研究的主题，决定了两个相关的可能会引导访谈资料收集的研究兴趣："社会支持"和"灵性"的角色。学生们根据个人的兴趣自由选择其他的主题，包括书面描述中的特定话题。访谈者被要求写一个简短的介绍来描绘访谈情境和使用的方法。

参与者，我们称之为特蕾莎，26岁，发展心理学专业的博士生，父亲是委内瑞拉裔，母亲是菲律宾裔。尽管研究者没将这一信息包括在他们的分析里，特蕾莎随后告知我们的读者，她是菲律宾、中国、委内瑞拉、苏格兰混血。访谈者是一位28岁的男生，心理测量学专业博士生，这是他第一次开展访谈。

指导语：用书面的形式描述：某种非常不幸的事情发生在
你身上的情形。请从不幸事件发生之前开始你的描写。分享发

生的细节、你的感受、你做了什么、之后又发生了什么、你如
何应对以及你的生活发生了怎样的改变。

一、书面描述

　　我担心"不幸之前"的时间设定有点太长，但在保证有用的情形
下，我会尽量简洁。在不幸事件发生两周前，我是一名声乐系的学
生，大三即将开始。我刚演了第一场舞台歌剧，完成了作为主角的
独幕歌剧，正在为大三的汇报演出做准备，也在排演一场音乐剧。
我甚至还安排了一系列面试，在那个年纪，一切看起来都充满希
望。那是 7 月初，那年我 19 岁。

　　那天下午，我开车去参加音乐剧排练，遇到红灯，我停了下
来。我放下遮阳板，照了照镜子，想抹一点口红。这时，我发现，
脖子左侧有一个很大的、2 英寸左右的肿块。

　　我很肯定前一天没有。我摸了摸，一点不疼。我戳了戳，嘭嘭
作响……它像石头一样硬，我却没有一点感觉。我去排练，当天晚
上发现唱的时候我有一点困难，就好像有东西阻碍我发声。我自然
很担心，所以第二天就去找一位当地的医生。他告诉我是甲状腺肿
块，尽管他觉得我的情况很奇怪。我感到不太满意，两天后又去看
了第二位医生，这次是在我家乡，我希望获得不同的看法。第二位
医生给了我一样的诊断……甲状腺肿块。他介绍我去看一名喉科专
家，据说在这一领域很有名，很多超级明星从全世界来找他看病。
我约到三天后的门诊，我再一次得到了同样的诊断，同时医生建议
我去看内分泌科，说能够处理我的奇怪的甲状腺肿块问题。当我见

到内分泌科医生时，他扫描了我的颈部，结果出来是"冷态"①。他看起来不担心，他跟我说："明天你再来，我们做一个快速的活检，进一步看看这是什么。"活检很吓人……他们用的注射器是一个铁的大家伙，通常只能在恐怖电影里看到（我现在明白为什么了），针头也很粗大。当然，最恐怖的经验是这一巨型的注射器要戳进我的脖子，于是我深呼吸，努力保持平静，提醒自己局部麻醉会产生奇迹。确实，当发生的时候，麻醉起了作用。

　　第二天，我接到内分泌科医生的电话，活检结果是"性质待定"。然而，不管它是什么，我都需要做手术把这个"肿块"去掉，所以，医生让我尽快收拾包裹，手术两天后就做。电话后的第二天，我在外科医生的办公室，准备了解一下明天的手术安排。我从来没有做过任何手术，没有摔断过骨头也没有缝过针。然而，我确信，这不是什么大不了的。毕竟，这只是甲状腺切除手术，而且只影响一片甲状腺叶……甲状腺切除是个很平常的小手术。突然快要手术了，我实际上有种很奇怪的感觉。我在想："哇，我的第一次手术……很奇怪。"

　　外科医生问我，谁发现了"肿块"，那时我几乎笑了，我把头发撸到一边，让他看我脖子上很大的肿块。他就事论事地说："哦……我猜是你自己发现的。"接着他问我，内分泌科医生都告诉了我什么。我就尽我所能给了他一个详细报告……扫描出来是冷结节，解剖的结果是性质待定，但必须得把肿块拿掉。这时，外科医生看起来好像对我说的话感到很愤怒。"可恶，"他抱怨着，"我讨厌他们这样做，我讨厌他们让我成为手术前要告诉你真相的人。"这时，

105

---

① 甲状腺扫描显示囊肿、肿瘤或邻近自主性结节的压抑区组织是冷态，冷态时结节有 15%～20% 的概率成为恶性肿瘤，因此绝大部分需要摘除。——译者注

我感到震惊和困惑。一时间，我不知道说什么好，所以我什么也没有说。接着，外科医生在他的桌子前坐下，面对着我说："要不要让你的母亲进来？"我立刻拒绝。他又问了我一遍，他看起来有点迷惑。这一次，我还是说不。于是，他把椅子拉一拉，身体前倾，将他的胳膊肘放在桌子上，专心地看着我说："我不知道你的内分泌医生为什么不告诉你。你的活检不是性质待定。你得了未分化癌，是一种甲状腺癌。我们得尽快把它拿掉。"

然后他沉默了，只是坐在那里，看着我，不知道在等待什么。我靠向椅背，呼出一口长气，盯着他。"好的，"我说，"我们下面该怎么办？"一时间，他在桌子上一阵翻腾，找出一支笔和一个本子，在杂乱无章的桌子上清出了一块地方。他画了一个图，是两片甲状腺叶（看起来像很奇怪的领结），又画了切口，并解释了种种可能的风险。我有条不紊地接受了这一切，似乎我们在谈论他明天要替其他人做的手术。这之后，他靠回椅背，问我还有什么问题，我说没有。于是，也许是想随便聊聊，他问："你是大学生呀……什么专业呀？"我告诉他我是声乐系的，他的脸色变得苍白。他现在看起来比我们交谈的任何时候都严肃。"听着，"他声音很轻柔，"因为那东西的位置和我们将要做的事情，会有可能让你连讲话都不能像先前一样了。手术后你有可能再也不能唱歌了。"

我僵住了，不能呼吸，不能移动，甚至不能眨眼。我觉得，我好像被枪击中了。我的勇气一下子没了，我被击败了。我的嘴巴很干，我的手指刚才还一直在转笔，突然变得冰凉麻木。外科医生显然看出了我的震惊，他笑了笑说："但是，我们要拯救你的生命。这才是最重要的。还有，你知道吗？另一位和我一起做手术的外科医生的专长是嗓音。我们会尽我们的一切力量不让手术有更大破坏。"我开始呼吸，一点点呼吸，我感到自己浑身发抖。我试着想说些什么，说一些有意义的，有表达力的……最后我只能说："哦……我还好。"

接着，我就崩溃了。我在哭，但是没有声音，只是一串串的眼泪，我张着的嘴巴发出嘶嘶的哭泣声，颈上的肿块更是感到了压力。外科医生急忙来到我的身边，拿着纸巾，用他坚实的、安稳的手拍拍我的肩膀。在默默地抽泣中，我听到他温柔的声音："你会击败它的。你很年轻，你一定会击败它的。你会找回你的嗓音，你会在大都会演唱。我要买票哦，所以别忘了我。"慢慢地，我平复了，开始呼吸，倾听外科医生解释，他准备尽量选择最细小的呼吸管道，尽可能做干净利落的切入。看完医生后，我精疲力竭，像从前自我的一个鬼魂。我感到似乎很大一部分最好的自我已经在那个办公室里死亡了。癌症的可怕程度远不及以后再也不能唱歌。唱歌从我记事起就一直是我生活的一部分，是唯一一件我擅长的事情，唯一一件我会的事情。在我失望的时候，它带给我安慰，陪伴我度过困难……这是我面临的最大的困难，然而我却不能靠唱歌渡过难关。更难过的是，我还得告诉我的母亲。

外科医生办公室的会面，对我而言，是至今为止我的人生遇到的最大不幸。第二天，我去做手术，一切很顺利。手术花得比预想的时间要长，因为这个肿块，是个很大并增长很快的肿瘤，已经扩展到了我左颈的肌肉组织和淋巴管。当我手术后醒来，我不再有甲状腺，还失去了左颈的一些肌肉组织以及两片甲状旁腺。我的声音确实改变了，有好几个星期我说话都非常困难。后来，我说话的声音回来了，但是我唱歌的声音不能很快恢复。我没有选择，只能离开音乐学院，放弃我的所有唱歌项目。我曾是三个地区教堂的领唱，自那以后我再也不能去教堂……如果我不能唱歌的话，去教堂太折磨了。我的所有朋友都是演唱者，我知道他们受不了在这种情形下和我在一起的不适；我的声乐老师，他就像我的另一个父亲，我出事后每次见到我，打个招呼他也会淌眼泪……我手术的时候他陪在我身边，在麻醉剂起作用的时候，他是我看到的最后一个人。目睹我们一起建构的梦想被现实挤得粉碎对我们都是件过于残忍的事情，之后我们便很少交谈。

107

很多人建议我暂时休学，没有人因为这件事瞧不起我，但我下定决心生活下去，仿佛这件事情没有发生。当我遇到新朋友，我不再介绍自己是个歌唱者，这对我来说非常奇怪。现在，我转到了心理学专业，我告诉别人这一点，仿佛我一直就是心理学的学生。我突然有了许多不是音乐家的朋友，这很奇怪，但也令人耳目一新。我拥有了一些我以前从未有机会拥有的交谈；我的朋友有哲学家、科学家、诗人、历史学家；我了解了犹如神圣的地下墓穴的排练室、音响室和演奏厅之外的人生。除此之外，我开始学习击剑、骑摩托车、攀岩和戏剧表演，似乎也都做得不错。坦率地说，我想尽我所能去生活，做一切我能想到的事情。与此同时，我开始熟悉了癌症治疗的错综复杂的过程，经历了一系列的放疗，独自待在病房，这样在接受放射治疗的时候就不会影响他人。每当我以为我痊愈的时候，又得回到医院。

因为转了专业，我推迟了一年毕业，在此期间，遇到了我的丈夫并结了婚，他是一个没有音乐细胞、非常有学术取向的人。手术后三年，我开始思考要用我的心理学的学位做什么。恰逢此时，我的歌唱声音又恢复了。荒谬的时间节点！在保住我朝九晚五工作的同时，我开始努力缓慢恢复我的嗓音，最终拥有了有60个学生的自己的音乐工作室，自己成为好声音技巧的形象代言人。我参加两部歌剧的合唱，开始在婚礼和教堂唱歌，重新找我原来的声乐老师上一些声乐课。但是，我热爱我新发现的学术生活，也不愿意放弃这一切，回到专业古典歌唱的全职生活。此外，我发现，我的嗓子常常出各种状况（至今如是），但我仍然可以很好地演唱其他类型的音乐，如摇滚和蓝调。我开始尝试写自己的音乐，并最终在夜总会和现场音乐表演场合有自己的定期表演。我像现在一样继续从事心理学工作，因为我很热爱它，特别是因为它让我发现了我从没认识到的那个自己，这个自己似乎可以在知识分子人群中占有一席之地。紧张的歌剧合唱工作使得我依旧是一个歌剧演唱者，但这对我而言不再那么重要。我可以唱自己的音乐，我成了完全不同的歌唱者。我的病现在已经超过一年没有复发，但是，我得的这类癌症是凶险的，我一年要去医院做两次扫描检查。我想，如果我能够度过在外科医生办公室的那一天（顺便说一句，我非常想请那个外科医生去参加我的第一次大型表演，不管我现在唱的是哪类音乐），那我可以面对任何事情。

二、访谈指南

下面这几段是访谈者的反思笔记，他报告了情境、目标、计划以及他开展访谈以后的一些想法。

"这一面对面访谈是在助教办公室开展的。我的目标是探索故事的细节并聚焦于抗逆力。在访谈之后，我意识到我是怎样'概念化'抗逆力这一观念的。我的问题旨在寻找支持的来源，因为我相信没有支持的来源，就不可能有抗逆力。"

"另一个我想探讨的主题是背叛。在整个故事中，我认为有些人并不支持这个参与者，或者他们显得不是很支持。既然我认为抗逆力是支持带来的功能，那么我认为这也是相关的主题。这些个体包括朋友、医生和上帝。"

"我还想看看，抗逆力在什么领域发生了。参与者最初需要从她需要紧急手术的消息中恢复过来。手术后的身体恢复是一部分，但手术对她的生活的影响是全方位的。因为手术带走了她的声音，这是她生活的中心，手术几乎将她生活中的一切带走了。后来，她不得不从社会、学术以及生活的各个方面来逐渐恢复。"

"这一访谈使我更深刻地了解了这次不幸以及参与者本人。参与者显然很聪明，强大并充满勇气。开展这一访谈是我的荣幸。"

三、访谈转录

访谈者：我想问的第一件事情就是，为什么在你的故事里，你没有提到你的父亲。你与父亲有联系吗？如果有的话，关系怎么样？

参与者：这是一个很有趣的问题。我和父亲关系不太好。嗯……我的父母还在一起，我也一直和他们住在一起，但我和父亲关系一直就是不太好。于是当这件事情发生的时候，在我脑海里，他可能是我最不想寻求支持的人。有趣的是，在手术前一天，当他得知手术，还不清楚到底发生了什么，他有点……有点……情绪失控。他就跑到我面前开始哭，然后拥抱我……我觉得有点奇怪，一

109

点都不舒服……一点都不。因为这太不像他的性格了。他从来不是情感外露的父亲，然后，嗯……你知道……就好像我说的，他和我关系一直都很僵，从我记事开始就是。这也是为什么他的表现让我觉得有点奇怪。

访谈者：你说他不太爱表露自己的感情。是因为，也许，他性格比较冷漠，也许他不太擅长表达感情，或许他就是典型的这种人；或者你觉得更多的是因为个人的特点呢，还是因为你们的关系？

参与者：哦，我认为这一定是因为我和他关系不太好。嗯……他其实是个很热血、很激情的人。我们只是不喜欢对方。所以，说到表演性，他是很有表演性，好吧，从另外一个角度来说，至少也是表现他的关爱吧。他总是有点针对我……这太不幸了。我想，随着时间流逝，他老了，我也老了，那种很强的敌对也慢慢软化了，关系会变得比以前好了。还有，他有心脏病，自从他心脏病突发之后，他对我像糖浆一样甜……我的意思是，相对而言如此。我总是很努力和他相处，但是……他很有趣。他可能是有点孩子气……脾气大，什么都得听他的……我认为如果他需要通过撒谎或欺骗来得到他想要的，他会去做。在我成长过程中，他太强硬了。但自从心脏病突发之后，他和以前相比，简直就像一只温顺的宠物狗。

访谈者：我不想离题太远，但关于这一点我还有一个问题。你觉得你知道你与父亲关系不好的缘由吗？是由于一次交恶关系就再没有缓和，还是因为"我是我，你是你，你们只是不能合拍"？

参与者：我认为更多是"我是我，你是你"。造成这种情形是因为他是拉美裔，在委内瑞拉家庭长大的独生子。更不用说，他是一个成长在委内瑞拉的白人男性。所以他自视甚高，在男女关系中总是有点大男子主义。我的母亲，正相反，非常顺从，总是说"是，先生""不，先生"。当我来到这个关系中，我想，我不是一个非常顺从的人，我确信，这一点更像父亲而不像母亲。我也不是专门想找他的茬……只是看法不同。他认为，当我十一二岁的时候，我应该干更多的家务活，之前我在家从来没干过什么。就这次特殊的事件以及我们的关系而言……我父亲他有点戏剧性……当然，从某种角度而言，我也是，只不过我认为我的脾气比他好一些。手术过后，在我第一阶段化疗期间，他很大方，买很多礼物给我……买很多东西。我得到新的电视，新的家具……我得到新的公寓。我的意思是，我得到很多东西。这是他处理事情的方式。他想通过买东西来表现他的关心和爱，当然……一个19岁的大学生肯定会趁机沾光，不用怀疑。然后，过一阵子……我认为，当癌症成为旧消息后……一切又故态重萌，他又变成了原来的那个好斗的自己。但是，有一小段时间，可能有一个月吧，你知道的……我就好像是那个在糖果店的小孩子。

访谈者：让我看看，你提到，你告诉了你母亲……不，你在告诉你母亲之前先告诉你的声乐老师了吗？

参与者：我没有在告诉母亲之前先告诉我的声乐老师，但是，出于各种原因，告诉他更难。声乐老师似乎填补了我父亲的缺失的位置。他非常支持我，他也和我父亲年龄差不多……他是，嗯……他理解我对歌唱的激情，相信我；但我父亲，坦白说，认为那是空想，认为我不应该花费时间和金钱到大学去学声乐，对他而言这很荒谬。我的声乐老师认为这是一种高贵的艺术形式，我觉得这一想法让我非常舒适。我告诉他了……在手术前一天告诉他的，几乎是

110

告诉母亲的同一时间……就是在告诉母亲之后一点点而已。

访谈者：也就是说，在你告诉你母亲之后？

参与者：是，但几乎同时。我并没有特别多的时间将这个消息去告诉他人。我发现我得了癌症。第二天我做了手术……我不得不告诉别人。自然地，他第二天开车去看我，在医院，握着我的手，把该做的都做了。但对我来说，想要告诉他是更困难的，因为我们的关系完全建立在我是一个歌唱者的基础上。我母亲不管怎样都会支持我。但声乐老师呢？如果我不能唱歌了，我就会失去他。就我而言，不能唱歌这件事不仅会毁坏我们过去两年半所做的一切，也会破坏我们的关系……专业的，个人的，凡是你想得到的方面。我真的不能面对这一切。

访谈者：一般而言，你会怎么样描述你和老师之间的关系？

参与者：什么？……现在吗？

访谈者：不，那时候。

参与者：哦，那时候。我那时一有时间就去他的声乐室。老师教给我的是宝藏。即便今天，我对他仍极其信赖。他的技巧有一些特别的地方。声乐学生这样评价老师是非常典型的。声乐人常在他们的声乐室建立一种类似拜物教的文化，在本科生中特别典型。这位特别的老师确实有自己的一套。证据非常明显：他的学生表现突出；他的技巧非常有科学基础……这个领域不仅是你有艺术直觉就可以的。当然，你需要成为艺术家，但是，除此之外，你有好的身体和嗓音，这些是艺术表演的身体条件……这对他非常重要。我亲身经历和感受到，他的音乐工作室，就是我想去的地方。我渴望成为歌剧演唱家，表现出众，实现我的潜能……要实现这一目标就要

111

每周 7 天 24 小时围着老师转。一切都在他掌握之中，他非常好。但是，当谈及我的人生目标，我从来都只认准一条道路，这也是我总是在声乐室以及和老师关系那么紧密的原因……所以当那件事发生的时候，破坏性是巨大的。

访谈者：你说你的老师有点填补了你父亲的角色。除了支持你的歌唱生涯……有没有在其他方面，他也填补了这一角色？

参与者：怎么说呢，我猜你应该想到我那时才 17 岁，刚上大学，第一次靠自己去闯世界，我就遇到了他。他是智慧的化身，我想，每个像我那么大的孩子都会寻找这样一个偶像。他对于校园、人、各种政治有着非常宝贵的经验……音乐学院也有政治。在任何一个项目中都有政治，但在音乐学院，你要面对各种各样不同的人。音乐学院也有表演系，有不同的工作室和派系……更不用说试唱、排练以及各种层面的演出了。心中有很紧迫的感觉，"我需要成为一个团队的一部分，要不然我就会飘来飘去，一事无成"。就在那时我遇到了他，他给我提供了一个基石。他为很多人做这些。而且我不认为他想成为类似大家的父亲这样的角色。我甚至认为，他发现我称他为父亲后不会太高兴，但我也没办法……实际上他就是。

访谈者：当你得知情况并不是像之前的医生说得那么好，发现是癌症，还要尽快做手术，你非常非常淡定。为什么会那样？

参与者：我……也不知道。我的意思是，我……我觉得恐慌也没什么用。我记得那时觉得最好的办法就是尽可能像医生那样客观、专业，就好像把自己从肉体的自我中抽离出来，就好像……自己作为医生的团队成员之一在试图分析这个问题……试图在即将开

112

始的癌症抗击战中找到自己的角色。这是我那时所能做的最好的事情。一是为了保持冷静，因为这事本来就有点沉重；二是为了迅速解决这事。我的意思是，这看起来不合理……那时候我的思维就完全被逻辑占据了。我就是这样做的。无论是压力、焦虑、紧张、悲痛……我都会这样。嗯……我不是否认情绪，但我会试图缓和……至少保持一些实际的理性和逻辑作为思考和行动的基础，这样我就不会完全失常，看起来像个白痴。我想，某种程度上，这与我的父亲有很大关系，他从来不能自我控制。嗯，我想这是为什么我刚听到这个消息的时候很奇怪地淡定。

访谈者：从某种角度而言，这种逻辑与你的艺术气质有冲突吗？

参与者：非常奇怪……没有。尽管那时候我可能也会这样想。我在声乐工作室中有很有趣的事情。我以前从来没有声乐老师。没有人愿意教我，因为很多声乐老师都说，只要你不停地做，就很好，一般而言，他们会让你根据你自己方法去做。那时候，我真的很棒，他们就让我自由发展。我确实是凭着感觉唱，而且我很情绪化……当然，生长在一个很情绪化的家庭使我的表演情绪化。我上了大学，加入了声乐工作室，我就被要求限制情绪，被要求更多聚焦在表演的热情洋溢和释放紧张情绪上。当你很情绪化时，你的身体会很紧张。你身体紧张，就会给你的声音带来麻烦……这就是我的问题。所以，不要情绪化，并且提醒自己想起为什么会如此……当然，这需要逻辑……长期来看，这是非常工具化的，不是说消除我的情绪……我依然会倾听自己的情绪……但要理解，它们并不需要完全表现出来，这样才能帮助我在特定场合更好地表现。

访谈者：你还记得你对之前的医生的感受吗，对没有告诉你情况到底多严重的那个医生。

参与者：之后吗？还是……

访谈者：之后，嗯，或者，在那个过程中？

参与者：好的。在那个过程中，我只是想："哦，我猜还有更好的医生。"我不会对他们不满，我也不会对他们有敌对情绪。我的意思是，他们怎么会知道呢？没有人可能知道这些。这一切都很奇怪。我的意思是，他们把它割除之后，做了很长时间的病理实验，因为他们也不能搞清楚。这还是那种情况，所有人都退后一步，思考道："好……但是……这太奇怪了。"我意识到我可能被……嗯……几个医生误导了，尤其是前两个……但我并没有记恨他们。我对他们中的任何一个都没有意见。第三个医生，这个医生给那么多有名的人看病……好的。他是轻率的。他是自大的。同时我信任他也因为他的轻率和自大。整个治疗只有 5 分钟。他看了一眼就说："哦，这是一个肿块。"我相信他……为什么不相信他呢？他那么有资历……我的意思是，他的候诊室里挂着歌星雪儿（Cher）和丈夫波诺（S. Bono）的照片，我的老天爷！是的，我的意思是，我没有想过。

之后，我发现①后，我想我对他有很多敌对情绪。我不能理解他炫耀卖弄，却还被允许继续行医……这在我看来非常错误。哪怕他多做一点就能搞清楚，我们或许就可以避免肿块迅速扩大。它真的蔓延到了我脖子的另一边……已经长在我的淋巴管里。如果这个医生不是那么混蛋，而是做了他该做的事情，仔细观察一下，我或

---

① 发现误诊。——译者注

许能提早一个星期发现。这使得我很生气。直到今天，对我很多唱歌的朋友而言，他还是众人尊敬的喉科专家。我一次又一次告诉他们："警惕这个人。"但他们都不听。他们说："哦，但他是最好的。他是把你搞砸了……但只是个例。"那我能做什么呢？或许他是不错，但他对我做的事情，我不能原谅。至于那个内分泌科医生，他也欺骗我，告诉我结论并不明确……我能理解他为什么这么说，我对他倒没有太多的反感。我不觉得，你知道……被这一欺骗愚弄了，也许是因为他比另一个医生好多了。事实上这个内分泌医生采取了其他人都没有采取的行动，自从他发现问题就采取行动，我认为他也做了很多弥补工作。后期的治疗和扫描我还是找他，所以，我对他倒是没有什么意见。另一个医生，嗯？就算了吧。

访谈者：你能不能谈谈实际在身体恢复的过程中，哪些是容易的……或许……哪些是困难的？　114

参与者：太可怕了。我记得我从手术中醒来的时刻。手术本来预计三个小时……结果花了六七个小时，因为他们也没有预料到肿瘤扩展得很快。我醒来……麻醉剂对人有非常有趣的效果。我曾看过人们从麻醉中醒来，说来也好笑……有的人会号啕大哭或者胡说八道。自然地，我醒来以后一直在哭。但我最先意识到的是，我的嗓子比手术前好多了，于是我想："这太好了！"随后的几周，我时常感到疼痛，主要是因为这一手术的性质。从医学的角度而言，这当然是治愈的阶段，但是我的手术很难，因为必须进入颈部的另一边，因为肿瘤已经在扩散了。结果就是，我不能行走，基本上不能动。我整整在床上躺了3周。我不习惯一直躺着。我太难受了，更不幸的是，我得和父母在一起。我母亲还好……毫不意外，她关照我的一切需求。如果我父亲不在那里就还好，但他常常在那里。因为我的情形，我们并不能吵架，那只会使得我的嗓子变得更糟糕。手术之后，有那么一个月，我非常明显话都说不好，我的发音肯定受很大影响。慢慢地，声音一点一点回来了，但有些东西绝对是改变了的。我做了彻底的检查，但是没有人能告诉我，什么改变了。理论上来说，手术肯定是改变了一些事情，所以自那以后有些东西就变得不一样了。这很困难……身体的恢复，还要接受一个事实，那就是，从今以后，一些东西会变得非常不同。我也不再是那个曾经的我了。我的声音没有了，我也随之而去。没有了声音，我什么也不是。是的，这确实非常困难。

访谈者： 你一直唱歌，也在教堂唱，这对你和上帝的关系有何影响？

参与者： 这是个有趣的问题。

访谈者： 我的意思是，你之前一直在教堂的合唱团，后来你再也不能……

参与者： 嗯。这是个很有趣的问题。自从记事开始，我就是天主教教堂的领唱，所以我对弥撒的过程很清楚，因为我总是站在最前面引导着教徒，所有人都看着我，在想"她一定是虔诚的天主教徒"之类的，一切都很棒。诚实说来，如果不是为了唱歌，我可能不会去教堂。那时我和上帝的关系是……嗯……随意的、交流性的。就好像"嗨，上帝，你好吗……我很好……你最近怎么样……"，这样的关系对我很合适。我对所有的事情都很感恩，我在祷告的时候也很感恩。当这一切发生后，我不能唱歌……显然，我一开始也很感恩……感恩我还活着，感恩病被及时发现了，但依旧

115

惊魂未定，因为医生不停告诉我，他们不能完全清除干净，所以我还得反反复复，除非完全根除。而且我不是万事大吉了，我总得扫描，做各种检查，我可能到死都得一直使用激素。所以总是有一大堆的"万一"，而且会一直有。癌症是不会走的。所以你总是在想……就是，如果它再复发怎么办，或者如果它从来都没离开怎么办，或者如果那时根本没检查出来怎么办。我的意思是，当那么多医生告诉你，只是一个肿块，其实你的颈部长了一个异常凶险的肿瘤，你开始怀疑医生到底明不明白。

最有趣的是，没有一个我唱歌的教堂是我的教堂。他们只是付钱的工作而已。我唱歌的地方包括天主教教堂、犹太教教堂、圣公会教堂和浸礼会教堂。手术之后我试图去教堂，只是去，但每次圣歌一响起，我不得不离开，因为我应付不了。于是我开始提出问题……不是质疑上帝……而是质疑一般意义上的宗教。我开始学习东亚哲学，我开始学习各种不同的宗教系统的信仰……我得出结论：我和上帝的关系，自始至终，一直与我的嗓音和唱歌能力紧密相连。而且这对我最为真实。唱歌就是我的祈祷，就是我的联结。这是我最大的天赋。我小时候很胖，没有什么朋友，但我会唱歌！这是我的天赋。当我失去它，我就失去了和上帝的联系，失去了朋友，失去了生活的目标，失去了我的王牌……能带我走出胖小孩和压迫性的父亲的阴影的王牌……这是我离开的车票。我失去了车票！于是我失去了与上帝的联系。失去了。

我开始用一种非常合乎逻辑和哲学的方式理解事物，选择逻辑是因为激情会造成太多的痛苦，因为音乐是我的激情。如果我生活中遇到困难……真的……我就唱歌，这是我解决困难的方式，一直都是。现在我还是有问题。嗯……因为人总会遇到问题。即便困难还是会发生，我却不能唱歌。比如，假设我和一个男生约会……也不是说我真的要和男生约会。我可能与一个会虐待我的男生约会，可能就是那样。如果能唱歌，这些就不算什么。嗯。不能唱歌。太糟了。最后，当我的嗓音终于开始恢复，我意识到……我并不对上帝感到愤怒……我只是不愿意相信那里有一个上帝帮助我处理各种事情。我对宗教没有敌意，也不会评判有宗教信仰的人。我尊重灵魂，我相信我有自己的精神追求……但我不能说我现在就坚持某一种信仰。你或许可以说，我是合格的不可知论者。我很开放的……如果神选择打击我，带给我一个顿悟的时刻，我也可以接受。但据我所知，至今还没有发生。无论如何我都在等待。在这期间，我一直在阅读《老子》《薄伽梵歌》《古兰经》《摩尔门经》。我家里有个有趣的收藏。我持续汲取这些思想，并经常有一些思考。我确实觉得精神追求是自己的一个重要部分，就好像我的写作、我的音乐……嗯。巨大的一部分。我宁愿思考我怎么生活，我有多少钱，而不是去思考到底有没有更高的存在。是否有一个我愿意奉献一切给他的上帝？不，我不那样觉得。我觉得，说老实话，如果上帝存在，我最后去了天堂，我可能听到的第一句话就是："好的，你错了……我存在。但没问题。"我在想，如果有上帝，他会完全理解我的立场。我想他没有问题。

访谈者：你提到你的朋友不能忍受在你身边，因为他们知道你的痛苦有多深。能不能根据他们的行为以及和你的关系，讲讲他们是怎么表现的？

参与者：他们从我的生活中消失了。我认为对于我们彼此来说皆是如此。特别特别好的朋友，我还保持着一个……我认为我们关系是那么亲密，没有任何事情会让我们疏远。但是你有必要记住，我曾在声乐工作室和音乐学院，周围的一切都很有竞争力，每个人都互相知道别人是谁以及别人有多大能耐，声部之间很敌对……总有一个"大姐大"(queen bee)。我是音乐学院那个奇怪的女中音神童(wunder kind)，得到很多试演、独唱的机会，以及指挥的青睐。我并不想事情是那样，因为这很讨厌。默认的情况是，大家开始讨厌我。有一个研究生在走廊堵住我，威胁我……很奇怪，但那是我的使命……那是我不得不做的。让那个研究生见鬼去吧。那就是我，我是谁……所有人都觉得我有一天会成为一个人物。所以当这事发生在我身上之后，把所有人都吓得要死……所有人都吓得要死。甚至好几个人过来跟我说，这太悲剧了……就好像是我已经死了，他们这样跟我说。非常奇怪。但本质上，我是死了，对他们而言。我的意思是，如果我不再是一个成功的音乐上的威胁，那么，了解我有什么意义呢？听说我……认识我……因为我在他们生活中存在的唯一原因就是我是一名主唱。当我淡出之后，我想他们就忘记了我，因为当这发生在某个人身上，我会……我会很害怕。我想我换位思考过很多次……我并不怪他们。我认为，如果这发生在别人身上，我也就是一个旁观者，我也可能做同样的事情。

访谈者：为什么？

参与者：很可怕！

访谈者：为什么很可怕？

参与者：因为演唱者都不太有安全感。因为我不是唯一那样想的人，歌唱者都那样想："这是我的嗓音，没有嗓音，我什么都没有。"对于歌唱者而言，若是想，"呃……或许我该考虑换一个职业了"，那将是巨大的改变。这事太大了。就好像信仰那么大，甚至更大。因为音乐家将自己完全投身于艺术中去，从未想过要偏离这条道路，一秒钟都没想过……这一时刻对于歌唱者来说是至关重要的。不管什么时候，你听到获得音乐学位的人，却从事完全不同的工作……那一定有个重大的选择。以我的例子来说，一切都是被迫的。但是如果我面对这样的情形，我认识的一个人非常有才华，背负着很高的期望，但突然因为疾病而不能再唱歌……我不认为我能继续留在她的身边。不仅如此，他们觉得谈论学校发生的事情，谈论这一领域发生的事情，会感到不自在……因为这是我们一直以来谈论的！而且我什么也做不了，他们要跟我说什么呢？这对他们也很困难。我的意思是，这对我很难，但换位思考对我来说是容易的。

访谈者：我想下一个该问的问题就是，现在回想一下，你觉得他们是你的朋友吗？

参与者：不是……但，换句话说，大多数大学里的朋友都不是真正的朋友，但你在那个时候并不知道。他们只是你在系里认识的人，一起消磨时间的人，有共同兴趣的人……帮助你进入特定的社会圈子。最重要的是，当你遇到危机的时候，他们可能并不总是你可以求助的人。但他们就是我所拥有的。当我下个学期第一天出现的时候，我好像进入了一场疯狂的混战……消息传得很快。特别是因为我曾参加了歌剧的排练……他们得重新排练。我得重新安排我的排演，因为那时候我还在音乐学院试图找回我的嗓音。但找不回来。

访谈者：你真的试图回到原来的位置？

参与者：当然……当然。整个一学期。

访谈者：情况怎么样？

参与者：太痛苦了……痛苦。我被音乐学院的每个教授和指挥叫到办公室，坐在那里……只是反思一下人生，为什么那么悲惨，一个 19 岁的那么有潜力的孩子就要被癌症夺去了。我的意思是……再一次，我好像被人说得自己已经死了似的。这是一些我认为从来没有真正喜欢过我的教授。有人甚至跟我说："我这里也长了个肿块。"我真的想说："这关我什么事！"一切都太奇怪、太不正常了……所有人看着我，好像我已濒临死亡。即便现在，人们得知我的病史后，我还会看到那种表情。但当时在音乐学院，颈上有个巨大的刀疤？简直是巨大的笑话！不仅如此……我的声乐老师在我面前放声痛哭。我真的应付不了，你知道吗？我的意思是，我真的很在乎这个人，我觉得自己让他失望透了。然后有一天，我靠在工作室的钢琴上，他坐在琴键前，我们上了一节很悲伤的课……然后他突然看着我说："你为什么就不能干脆别来了？"我说："你说得对。"那是我最后一次去工作室。就像那样。就像那样。此外，我参加过学校的每一个顶级合唱团……这所学校有实力很强的合唱项目的……录音、国际巡演、作品。我是一个精英室内合唱团的成员，最年轻的成员，这也是件很了不起的事情。这件事情就像闪电击中了我。于是我变得像最怪异的鬼魂，就好像贱民……一个被所有人谈论的被遗弃的人。

访谈者：你怨恨你的老师吗？

参与者：不……好吧，也有一点，有一点。因为，即便我预计我们是因为这而分道扬镳，但我心里也暗暗希望我们的关系不仅仅止于唱歌……我们能够作为普通人来相互理解。我以为我们会这样。也许我们以前是这样，但这真的是太痛苦了，我们不能够跨越这个痛苦。现在我能够理解了。我的意思是，他拥有这个工作室，有很多事情要处理，当我不在工作室的时候，别人总是谈论我的事情，他总是要去应对这些。但从那以后，我们也交流过……他对我现在做的事情也都很支持。他实际上刚刚退休，他的所有学生都聚到一起搞了个大聚会。人们看到我在那里，就问"××，你现在在干什么呢？"我就告诉他们："嗯……我正在读心理学博士学位。""天呀，你那么聪明？我们都不知道。"我只好说："我知道。我也不知道！"这也是真的……我也不知道我聪明。我怎么会知道呢？我知道自己是个很有天赋的歌手，但除此之外，真不知道自己还有什么其他天赋。看周围有几个歌唱家……讲很多关于女高音的笑话，但我们并没有谈论那些。我的意思是，我没有机会将声乐表演作为我的专业来拓展自己。一旦我的嗓音没有了，我必须找一些事做，要不然我真的会死。我真觉得我会死的，或者会自杀……屏住呼吸直至死亡。这是唯一的感受。真是太悲惨、太痛苦、太可怕了。我不能用语言来形容到底有多可怕。我想，我了解过飓风之后人们的一些感受，以我的方式。他们失去了所有东西。我失去我的身份。我失去了自己。现在我好像不能顶天立地面对父亲了，因为我一直在和他斗争，我要成为一个优秀的歌唱家，养活我自己。好吧，现在他赢了。感觉真的太糟糕了。

我花了……哇……花了很久。我想，即便现在，我还是很挣扎。但是我还在抗争……竭尽全力抗争。因为我还是一个歌唱者，

119

见鬼。你们不能阻止我。我有一种奇怪的激情去抗击困难……我很骄傲，因为……我不知道为什么。我不知道我是那么骄傲的人。我为我自己做的事情感到自豪，有点，有点美国人的方式。不是那么随波逐流，有点自大的混蛋那种感觉。感觉像"好的，作为一名癌症患者，我做得还真不错"。我还能做事情。一旦我一开始做什么事情，我就会做更多的事情。我学击剑，去攀岩，读博士。我只是不停地在做，好像着了迷一样。有空闲时间吗？我会学习……我会创作歌曲。我只是需要不停地做。因为万一那东西复发了呢？如果它今天就复发了，我还有什么重要的事都没来得及做呢，那就麻烦了。我还是继续吧。是的，我花了很长时间来接受我将不能成为一名歌剧演员……至少有两年都很难过。然后，我本科要毕业的时候，我的声音开始恢复了。那太可怕了。因为我总是在说，"如果我的声音能回来的话，我愿意付出一切"。而且我是真的这样想的。我想，哪怕需要我去杀人也行。当嗓音真的回来的时候，我说："哦……太好了！"然而我很快就在心理学专业毕业了，我想："哦……这真的是开玩笑。"我很生气，没有生气的对象……但非常生气。我的意思是，你不是开玩笑吧？概率有多大？

我去找我的声乐老师，他告诉我一个秘密，我唱歌并不需要有声乐的学位。那时我开始去试镜，参加专业歌剧合唱表演……但是，我发现，我已经适应了我不是一个歌剧演员的这个想法……这也并不坏。而且我还挺聪明的……我的那些非音乐家朋友们也挺有趣的。当然，并不是所有的音乐家都乏味，但很多人是的。而且我还有几个朋友，一直陪伴我……我们关系非常亲密。我不知道没有他们我会怎么办。哦，那个时候，我已经结婚了，对方不知道我以前是个歌唱者。他在我发现癌症一个星期之前认识我，那时我的嗓子已经很不行了。所以，他从来没听我唱过歌。但他最终看到我表演……因为他，我开始学习击剑。他非常学术……现在也是。我的意思是，他肯定是我认识的最聪明的人。所以，他只是了解我的某个方面。重新成为音乐家，换一种全新的方式……也是一个崭新的旅程。

访谈者：我还有几个问题。描述一下妈妈在这个过程中的作用。

参与者：哇。我妈妈的情况很糟。她总是在担心。她总是很小心谨慎。我认为，我的父亲是个暴君，这使得她总是很紧张。我记得她做错事情总是会有麻烦。就像咖啡太烫或太凉了……一些莫名其妙的事情，所以我总是觉得她是一个畏畏缩缩的人。尽管她实际上个性很强……但我整个童年都觉得她是一个畏缩于父亲权威阴影下的人。她总是将这归因于她的族裔背景，作为菲律宾人，生长于教条的、天主教的家庭，认为妻子的职责就是为丈夫服务……做一名贤良、顺从的妻子。妻子的职责就是丈夫第一，孩子第二……她跟我说了很多那样的话。所以，不用说，无论我对父亲的敌对，还是我的宗教信仰，她都不是那么满意。这也许是我对天主教会最不满的地方……女性的地位。而且我试图去和蒙席和红衣主教去讨论这件事，当然什么也不会改变……我并不在乎是跟谁说话……不胆怯。但我母亲在这情形下的角色……她变得更加紧张、更加担心、更加忧虑。那太可怕了。当我告诉她，我们正开车从医生办公室离开，那时我刚得知这个消息。我们要开一个小时车才能到家，直到快到家了我才告诉她。我并不想告诉她。

访谈者： 你觉得她会怎么反应？事实上她又是怎么反应的？

参与者： 我就知道会发生什么。我知道这个女人会吓得六神无主。她准备靠边停车，开始哭，开始担心，打了一通电话，让别人也跟她一起担心。我想："糟了……我还不如直接去做手术，不要告诉她。"其实，某种程度上，我也这样做了。我告诉她一些事情……但没有告诉她全部。我没有告诉她这是什么类型的癌症，但她是做医疗技术的，她知道很多。我告诉她，他们也许要做整个甲状腺的切除手术，但那个肿块……我基本上重复了那个医生的套路……那个肿块有可能是癌。但他们还不知道到底是什么。我就说了那么多，但已经足够了……她已经失去理智了。她太紧张了，害怕极了。我理解，但我想等手术结束后，再告诉她全部细节。我觉得，既然我要做手术，那我现在不能处理这些事。我关心……我的意思是，她是圣人，我珍爱她超过这星球上所有的其他人……在那个时间点，我做了个决定，向她隐瞒了要做的信息。她的反应并不好。但她确实做了一切帮我恢复的事情。她负责送我去治疗，给我药，准备好护肤霜、食物，带我进行血液检查，为我办保险，带我做扫描，送我去参加各种不平常的日程安排和会面。她简直是一个中心枢纽。在这个意义上，我认为我们有一个共同点，让事情符合逻辑，并做需要做的事情，而不是在情绪的重压下变得非常可悲。她发挥了作用，帮助我渡过难关。但，你能看到。她那时是崩溃的。

即便现在，每次打电话她都会说："你吃药了吗？你的药还有吗？你今天已经吃药了吗？你确定你今天吃药了吗？你有好好照顾自己吗？照顾好自己。别忘了吃药！"我想她有她的理由。自从诊断

121

之后遇到很多困难。我不时需要住院。我大学最后一年，他们发现了另一个肿瘤，这一次是个垂体肿瘤……这一次，是个可怕的脑部肿瘤，而且不能手术，我们什么也做不了，只能观察。它没耍什么诡计……只是长在那里。我的意思是，它一时长大，一时又萎缩了，但它没有做什么令人惊叹的破坏。你又能做什么呢？真糟糕。"又来了"，就是这样。它比上次更令人害怕，因为是在脑部，但那又怎样。你又能做什么呢？我，转向了逻辑。我的本科毕业论文写的是垂体肿瘤造成的心理影响。我琢磨着，如果我必须经历这件事，至少让我在其中有所获得吧。

访谈者：谈谈你那时的未婚夫，现在的丈夫的角色。谈谈在那两年里，他在你的恢复过程中的角色。

参与者：有趣的角色。我们订婚、结婚，搬去加州一年，然后又搬回德克萨斯，我完成本科学习。在那两年里……结婚的人都会跟你说，第一年就是情人眼中出西施。但是我还是得放疗……幸亏我不需要化疗，但依旧很难受。我只失去一小块头发，我可以用其他头发把它盖起来。但我觉得这一切还是让他有点难应对。我的意思是，我们一直都有交流。但他有多动症，就好像10岁小孩一样精力旺盛。癌症不是像他这样的男生在婚姻第一年可以应付的，我认为。

我们的关系一直很平等……我们都坚信我们的关系是平等的合作伙伴关系。他总是从各个角度都致力于将我视为平等的，我非常喜欢他这一点。但当我生病的时候，这就有可能成为一个问题。我的意思是，我们有我们的不同。虽然有不同但我们还是平等的。他是非宗派的基督徒，我是不可知论者，我们可以谈论这一点，还有

122

很好的交流……这是一个例子。但对于癌症和放疗……他没有相关的经验。我认为他很努力地去认为我很坚强……我也很想被人看来很坚强。但是，我因为放疗一蹶不振时，他不知道应该怎么办。他只是看着我说："好了，起床吧。"但我起不来。于是他认为我是在试图获取他的关注。他并不认为有那么严重，我猜想，因为我倾向于对事情轻描淡写。直到最近他才开始意识到，尽管我很有耐力，这还好，但基于事情的本质，我虚弱的时候也真的很严重。每当我生病，我都有一些报复心理。现在，我想，他理解了。我们已经结婚7年了，他花了，我想想，6年?! 这真的是一个很长的过程。前两年，他几乎一点用都没有。但我们肯定都从中成长了。我的意思是，从逆境中获取力量。肯定的。我想，这也和年龄有关……年龄和经验。我们俩都成长很多。况且，当你经历这样的事情，是非常孤独、孤立的，不管你怎么做。我的意思是，即便是其他癌症病人也不知道这经历是怎样的，因为我得的癌症太怪异了。未分化癌症是一种很奇怪的癌症，可能在几周内就能夺走你的性命。还有我的大脑中的肿瘤……对于新夫妇而言，这确实太难了。所以我肯定不会责怪他……但他确实是有点冷漠了。这个暑假他的母亲因为结肠癌去世了。那时候事情有点变化。因为他看到我真的和他母亲有联结，并且他母亲愿意对我敞开心扉。我给和他母亲写了首歌，她真的敞开了心扉，而且很喜欢。于是，我们之间的交流也改变了。我想他看到了，看到了我可能会面对的结果。他目睹母亲去世，在最后的那些日子里，他母亲所经历的事非常可怕。我想他最终意识到我可能面临同样的事情……同样的事有可能发生在我身上……可能依然会再发生在我身上。我想这也许会帮助他理解这事到底有多严重，尽管我总是尝试将事情轻描淡写，仿佛事情并没有什么不对。

访谈者： 到底什么是甲状腺肿？

参与者： 甲状腺肿是甲状腺发炎。其中一个叶片，或许两个叶片，都可能变得很大很可怕。典型的原因，是因为缺碘，所以说年轻美国女性很少得甲状腺肿。我的意思是，我们吸收很多碘。盐里面就有碘呀，真是的。在我们的饮食中从不缺碘。那个肿块在我的脖子上凸起有 1 英寸，从一个角度来看，肿块真的非常大。而且像石头一样硬。我的意思是，太奇怪了。但是……还能是什么，你说呢？从未想到过会得这种奇怪的癌症。这是最可怕的地方。事实是，我的甲状腺功能良好……但一个叶片顶端上有一个巨大的、肥厚的肿瘤。

访谈者： 所以，他们得出结论，它真的是那么快就发炎了，还是慢慢地长，一开始并没有那么大？

参与者： 有很多种甲状腺癌，我得的是最快的那种。如果非得患癌症的话，甲状腺癌还算好了。它还好，因为可以切除……存活率很高……当然，美国大法官伦奎斯特（W. Rehnquist）就是死于甲状腺癌，但总体而言……我的甲状腺癌的类型——未分化癌症，是极度快速成长的类型。细胞分裂得太快，一晚上就能长出来……我的肿瘤就是一夜长出来的，不到一个星期就扩散开了。这是甲状腺癌中长得最快的类型，在前两个月有 15%～20% 的存活率。得了这一癌症的人几乎都去世了。我的案例非常不同，有以下几个原因：首先，我没有死；其次，我只有 19 岁……通常得这一癌症都是四五十岁的人；最后，细胞结构有一点奇怪……不用说，我父亲和母亲的家族都没有癌症史。哦，我有一个远亲得了甲状腺功能减退，她有点超重，但那和癌症一点关系都没有。但是，确实，这个东西真的一夜就长了出来，当我在睡觉，嘣……肿瘤，就像那样。

访谈者：有没有可能是因为前些天你太忙，或者你没有注意到……

参与者：不可能……我们每天都要化妆排练，我每天都在镜子前面化妆。我肯定会看见。况且，这是在演《修女也疯狂》（*Nunsense*），这意味着我每天都得穿修女服装，还要围领口，我肯定会看见，会感受到。但事实就是这样。它可能在任何时间发生在任何人身上。我想他们记录了得了奇怪肿瘤的女孩的奇怪案例。不到两个星期，就发展得……真是让人毛骨悚然。

（本章译者：王曦影）

第五章

研究创伤与抗逆力:现象学心理学的方法

弗雷德里克・沃茨(Frederick J. Wertz)

在本章,我将探讨心理学研究中的现象学方法。我将简要介绍现象学研究的路径、历史、方法与应用,并将重点放在心理学领域。我会描述在本书给出的示范性研究中我所使用的实践方法。我对特蕾莎关于创伤与抗逆力(以及社会支持和灵性的主题)做了分析,但分析太长这里无法全部囊括。因此,我将选取一些我的反思和从分析中得出的知识,以此来说明我的发现。我会重点说明用来寻求一般性发现的程序,包括与第二位参与者盖尔(Gail)的实验做比较分析。最后,我会提及有代表性的研究报告的一些特征。我尽量少用技术名词,但还是会介绍和使用一些现象学中的基本词语,目的是在心理学研究者中增进理解和普及这些词。

第一节 现象学方法

现象学的研究来自埃德蒙德・胡塞尔 20 世纪初的著作。胡塞尔(Husserl, 1913/1962)创造了一种用于哲学和人类科学的研究方法,称其为"现象学"。在心理学中,它就是一种关于人类经验的描述性的、质性的研究方法。其目标在于,严格如实地以概念化方式描绘精神生活(mental life)的过程与结构,怎样有意义地经历身处的情境,要做到"无任何添加、无任何缩减"(Giorgi, 2009)。现象学将各种关于生物学的、环境的理论、假设和解释都摆到一边，专注于经历了什么和怎样经历。

一、现象学的态度：专注于生命经验

胡塞尔（Husserl, 1936/1954）采用两项基础性的程序，视其为经验研究的必须：一是悬置（epoché）自然科学，二是悬置自然态度。Epoché（来自希腊语 ἐποχή）意为弃权、禁绝、放弃。这两种悬置将现象学与主流的方法区分开来并鲜明对立。

第一种悬置，要求将自然科学和其他知识，包括理论、假设、测量工具、先前对此的研究等，都搁置一边。也就是胡塞尔（Husserl, 1900-1901/1970, p. 252）的名言所说的，"我们必须回到'事情本身'"（zurück zu den Sachen selbst）。摒弃关于主体的先验知识，或将这些知识"加括号"，研究者才能关注胡塞尔所说的"生活世界"（lebenswelt），并全新地反思所要探究之现象的具体案例。

第二种悬置，即悬置自然态度，有时候也称为"现象学还原"（Husserl, 1936/1954）。研究者要悬置意识的自然倾向，悬置不假思索地提出自己的观点，悬置对那些独立于经验之外的对象的关注。这个程序使研究者能够仔细地考察各种情境是如何通过经验来呈现的。心理学意义上的现象学还原（与哲学研究中使用的先验的还原不同）是一种对自然态度的部分还原，就是说，心理学家仍然假定作为研究对象的那些人、那些经验是存在的，但不去断定这些经验的对象是否存在（Husserl, 1925/1977, 1936/1954）。举例来说，当研究车祸的经验时，心理学家只关注驾驶员通过什么方式将故障归因为他们自己或他人。包括在驾驶员的经验中这些错误的全部意义和后果，但是并不调查或判断这些错误是否客观存在，那是法官和保险理赔员的关注点。现象学的态度是反思性的。它选择性地不看对象的存在，而看过程与意义中主观上所给予的那一面。

虽然这种态度的关注点叫作"还原"，但研究的领域并不狭窄，反而更加开放和扩展，以便包括所考察的心理活动的全部复杂性和纷繁难懂之处。

在理解中有一点很重要，这些悬置并不涉及要怀疑或者不信任自然科学（或其他）的理论和研究，更不会怀疑我们周边世界的对象存在。这是一种方法论程序，目的是将科学扩展到主体性领域。上述的这些悬置类似于自然科学家（如方法论行为主义者）所使用的"加括号"，以此他们将个人的意义和价值观念放在一边，只研究纯粹的物理。胡塞尔（Husserl, 1936/1954）本人是一名数学家，赞赏自然科学和技术的成功，他认为，从物理科学中借用过来的这一套方法并不能够回答所有的重要的科学问题。胡塞尔批评物理科学方法的普遍性（称为"科学主义"），主张用另外一种方法，但也是同样严谨的方法，来研究主体性和人的问题。在他看来，科学使人类能够以理性的、无偏见的、对任何主体都真实的知识作为手段，自由地塑造自己的命运。研究主体性、人类意义、价值观以及文化也需要特定而合适的方法。对胡塞尔来说，人类科学的繁荣依赖于在我们的科学中有方法论多元主义。

二、现象学方法：意向性分析与本质分析

胡塞尔还发展了两种程序，他称为意向性分析（intentional analysis）和本质分析（eidetic analysis）。意向性分析旨在反映、洞悉、描述经验中的"怎么样"和"是什么"，即经验性的过程怎样（How）发生，通过这个过程体验到了什么（What）。意向性这个词专指意识中的超越性质，意识总是（超越自身的）某物（something）的意识。心理活动过程是不可还原的最小单位，它们用意义照亮个人的世界（the person's world），包括体验到的此人自身的或他人的精神生活。例如，我看见一只画眉鸟，我转动把

手推开一扇沉重的门，我想象一种半人半马的怪物，我深深怀念儿时的家，我记得那次大笑时的感觉，我期待与朋友享用午餐的美味，我被邻居听到坏消息时的可怕表情吓了一跳，诸如此类。在本质上，经验是相关联的，因为个人作为被动性、主动性、可能性和习性的中心，通过感知、行为、想象、预期等与世界相关联。现象学研究个人"在世存在"（being-in-the-world）的方式，做法是描述性地详列作为第一人称的"我"（ego 或 self）的结构，各种类型的意向性（经验的方式），以及得以去经验世界的有意义的方式。现象学的反思也即所谓"意向性分析"告诉我们，人类经验是具身的（embodied）、实践的、情感的、空间的、社会的、语言的、当下的。

现象学背负着科学性的承诺，寻求基于证据的一般性知识（general knowledge）。它的推理形式以质性为主而非以数学为主，它利用一种一般性的人类能力，胡塞尔称之为本质直观（intuition of essences，Wesen-schauung），并由此发展出一种科学方法，即所谓本质分析（Giorgi, 2009; Husserl, 1913/1962; Wertz, 2010）。我们都很熟悉并在日常生活中持续地体验到本质（这些东西是什么）。当我看见一只猫，我就是体验到了一般性概念"猫"的一个样本。本质上，"猫"是根据单个猫的直观经验（伴随直接的证据）给出的。一个具体的样本是一般类型的一个例举，它包含了这个类型的所有本质。质性方法的最基础性的问题是：我们怎么知道这些本质的？现象学因此使用本质分析的程序。

本质分析从需要调查的那一种经验类型或对象类型的一个样本开始。研究者对这个样本使用胡塞尔说的自由想象变异（free imaginative variation）方法，目的是概念化地澄清它的本质（eidos, 希腊文为 ειδος，英文意为 form）。如果样本中的某个特征被想象性地移除之后，这一例举仍然是该现象的具体例证，成为该类型现象之具体例子，那么被移除

127

的东西就不是该类型的本质。通过在想象中对变化的样本做比较，研究者可以对该类型下所有样本的不可变化的性状加以概念化。如果没有某种特征就不能将它想象为一种类型的样本，该特征即为本质。把握本质就是要在几乎无限多样的可能样本中，从概念上澄清那些显而易见的不变特征与结构。运用自由想象变异以理解特定类型下各种样本的共同本质，使得本质分析与归纳法区别开来，后者是指在有限数量的实际观察案例基础上所做的经验性的一般化。

有时候，澄清现象本质的一般化程序也叫作"本质还原"（eidetic reduction）。本质性心理分析不会缩小或简化研究对象，而是打开和强调对象的巨大的丰富性和复杂性。这种程序旨在概念化地澄清人类在特定类型的心理现象中的生活经历的所有方面，所包括的不仅是这种心理现象的基本的过程与含义，还包括了它们的特殊的整体结构，又包括具身的、实践的、情感的、空间的、社会的、语言的、当下的等方面。人的心智生活蕴含了许多层级和许多类型的一般性本质（many levels and kinds of eidetic generality），需要用研究来加以澄清和阐发。研究者可以提供不同程度的一般性本质的知识，包括特定的上下文参数——在非常高的层级，在典型的中层，以及/或者在更受情境约束的底层（如"意识""情绪""失望""非法的、墨西哥的、青少年的移民在纽约市的失望情绪"）。心理学寻求关于真实人类的一般性知识，就此而言，研究者必须在所要研究的现象的真实案例中澄清那些不变的因素。因此，心理学的本质分析运用的自由想象变异的方法，是由研究对象的无数案例所提示和导航的。对象的无数真实案例可以想象性地按现实方式变化，通过比较其丰富的细节可以获得一般性知识。在足量且合适的案例、想象变异和概念化洞悉的基础上，随着探询眼光从相对的阶段性延伸至全程，从局部扩展至全局，从模糊处理出脉络，本质性的知识也将不断完善。与

128

所有的科学相似，本质分析不会一次成型，它还要继续做补充研究，以描述现象结构中的相似性与差异性。

关于"创伤"的现象学研究起始于类似特蕾莎这样的案例，以及在其个人经验中识别创伤的本质：创伤是什么？特蕾莎的创伤涉及甲状腺癌对她的生命威胁，但通过想象地变换其情境，显然可知许多其他不幸事件也可以构成创伤，如其他病症或一场自然灾害。甲状腺癌不是创伤经验的一般性的本质。我们着手澄清什么是创伤的本质时，先通过想象移除找出某些性质所导出的经验案例不是创伤性的。由此会发现，若非苦于一个人生命中很重要的东西被摧毁，就没有什么创伤经验。可能对于创伤来说，不变或本质性的东西就是某种东西被摧毁的经验，这种东西决定了人之所以为人。研究从特蕾莎的案例分析开始，但是本质分析并不止步于此，还需要分析创伤的各种真实的案例或自由想象的案例，以便澄清"创伤是什么"；也就是说，若没有这种东西，所谓创伤的生命经验便是难以想象或不可思议的。在研究上可以讨论最高层级的一般性，即所有创伤经验中不变的特征，但心理学研究者更感兴趣的是类型较为特殊的、与场景相连的创伤表达。也许，诸如"疾病""意外伤害""暴力犯罪""家庭暴力""战争"或"自然灾害"会带来不同类型的创伤，且区分显著，这一点研究者要去搞清楚。一个现象可以在一般性的各个层级上被清晰地获知和描述，这些层级包括了个体经验，也就是类似特蕾莎个案那种特定的个人创伤经验，也包括许多类型或典型的创伤经验，直至涵括一切类型的创伤经验的最高的一般性的特征。

第二节　现象学运动

一、哲学与跨学科导向

胡塞尔所做的工作非常彻底和全面，他研究意识的所有类型的过程、意义和目的。他最初的兴趣在于认识论和科学哲学，由此导向一系列研究，包括心身关系、语言、时间、主体间性、人、文化、历史。他出版的著作主要讨论认识论和科学哲学，但这仅占他一生所写下的45000页手稿中的一小部分。胡塞尔著作中的大部分内容主要是为现象学作纲领性的领域圈定，同时也有一些精辟的、细致专注的具体分析，例如对知觉和时间意识的分析。胡塞尔把自己看作永远的起步者，终其一生都在不断地回头修改自己的分析。他的助手、学生和追随者们将其哲学工作扩展至一系列领域：本体论、伦理学、语言与符号分析、社会科学以及环境研究。他们的工作有好多个序列，包括存在主义[海德格尔（Heidegger, 1927/1962）、梅洛-庞蒂（Merleau-Ponty, 1942/1963, 1945/1962）、萨特（Sartre, 1943/1956, 1936/1948b, 1939/1948a）]，诠释学[伽达默尔（Gadamer, 1960/1989）、利科（Ricoeur, 1974）]、社会建构论[伯格和卢克曼（Berger & Luckmann, 1967）、舒茨和卢克曼（Schutz & Luckmann, 1983/1989; Schutz, 1932/1967）]、叙事学[利科（Ricoeur, 1981）]，以及伦理学[列维纳斯（Levinas, 1961/1969）]。其他还有一些人如马塞尔（Marcel, 1965）和巴什拉（Bachelard, 1938/1964a, 1958/1964b）等对此亦有贡献。现象学运动实际上扩展到了所有与意识相关的领域，包括社会科学、人文学科以及美术研究的整个谱系。以这样宽广的跨学科性，现象学还促进了一些特定的职业，如教育、卫生、社会服务以及商业。

129

二、现象学心理学

相比于其他学科，心理学最靠近现象学哲学，受现象学运动的影响也最大。胡塞尔关于心理学所写的东西从他关于现象学的首部作品开始（Husserl, 1900-1901/1970），直到最后一部作品（Husserl, 1936/1954）。他一丝不苟地分析了知觉、言语、思考、时间意识、想象、情感生活、社会经验（如同理心、自我、习惯等），以及其他多种意向性过程。许多现象学哲学家都处理过心理学的学科问题，也演示过心理学分析。举例来说，包括情感、想象、个性、行为、心理生理学、人类发展以及社会互动等方面的研究，参与其中的就包括：萨特（Sartre, 1939/1948a）、梅洛-庞蒂（Merleau-Ponty, 1942/1963, 1945/1962）、古尔维奇（Gurwitsch, 1964）、舒茨（Schutz, 1932/1967）、尤金·简德林（Eugene Gendlin）（Gendlin, 1962）。这场运动还极大地影响了欧洲的心理学派和精神病学（Giorgi, 2009；Halling & Dearborn Nill, 1995; Spiegelberg, 1972; Wertz, 2006）。始于雅斯贝尔斯（Jasper, 1913/1963）和舍勒（Scheler, 1913/1954）等现象学精神病学家的研究工作，因为一本流行出版物《存在》（*Existence*）（May, Angel, & Ellenberger, 1958）为美国所知。其他重要的精神病学研究则有下列学者的贡献：宾斯旺格（Binswanger, 1963）、闵可夫斯基（Minkowski, 1933/1970）、鲍斯（Boss, 1963）、欧文·斯特劳斯（Straus, 1966）、范登伯格（van den Berg, 1972）和莱恩（Laing, 1962; Laing & Esterson, 1963）。现象学是一个广阔且包容性强的运动，它能容纳研究者有不同的主题兴趣、才华、敏感域以及独特风格。在这当中，可以看到对于方法论立场和上述分析程序的富有创造性的修正（Spiegelberg, 1972, 1982; Valle, 1998）。

130

三、学习现象学

对于心理学研究者来说，现象学多面宽广的历史影响既是教育的机会，也是教育的挑战。虽然说，在哲学、社会学、传播学、神学、文学批评、艺术史等学科中拥有现象学的学术造诣是非常宝贵的，但从事心理学研究并不一定要深入研究整个现象学运动。现象学的文献大部分都涉及心理学，为研究者提供了与实证主义、建构主义等完全不同的另一种科学哲学，并有助于打下坚实的基础，用以专门研究人类经验的本质特征。这些文献非常详细地说明了方法论的原则与程序，还提供了丰富的描述性概念工具和术语，均有助于严格的人类经验研究。所有这类著作都很敏锐地触及人类经验的熟悉现象，常常能够获得即时的反响与认可，如梅洛-庞蒂曾注意到，特别对一部分读者是如此，他们接触了现象学后觉得"这正是他们所期待的"（Merleau-Ponty, 1945/1962, p. viii）。梅洛-庞蒂认为，根本上说现象学是一门正式学科之前的"思维方式或风格"，因此它对不同风格和兴趣的研究者是完全开放的、能够进入的。

　　现象学的程序并非由胡塞尔发明出来，但是是他在实践中发现的。胡塞尔（Husserl, 1925/1977）高度肯定布伦塔诺和狄尔泰的贡献，前者定义了精神生活中的意向性，后者才华横溢地列举了精神生活的许多本质特征，他们都在正式说明方法论之前实现了现象学洞察，由此可见，最基本的程序如悬置和本质的意向性分析等，即便没有受过正式训练，也是可以运用起来的。还有其他人虽然不把自己称为"现象学家"，但为了更加科学地研究意识，实际上也在这么做。胡塞尔及其追随者的工作，就是严谨地将研究意识和经验所需要的那些程序加以阐释、系统化以及合法化。现象学既不是教条，也不是人为制造的方法，而是多样化的、有活力的运动，并且一直在变化发展中。现象学的研究要动用研究者全部的感觉、知识和力量以达到整体的领悟与理解，因此是非常个人化的。梅洛-庞蒂（Merleau-Ponty, 1945/1962）曾说，一个人通过成为他自己（by making it one's own）而学习到现象学。方法上的灵活性则能够创造性地容纳研究者多种多样的课题、研究问题与风格。

第三节 运用生活世界描述的心理学研究方法　131

自从 20 世纪 60 年代以来，专门用于现象学心理学研究的正规程序已成为研究者的使用指南，并成为科学可靠性的框架（Giorgi, 2009；Wertz, 2005）。乔治先是展示了现象学有相当多样的路径，可以为心理学提供基础（Giorgi, 1970），随后他发展、整合、论证了现象学的多种研究方法，使其可应用于心理学研究的全部领域（Cloonan, 1995; Wertz, 1995）。乔治（Giorgi, 1975, 2009；Giorgi & Giorgi, 2003）最有影响力的工作可能是他描述了一套程序，用于收集心理现象中具体的、生活世界的样本，并分析它们的过程、意义与结构。乔治（Giorgi, 1985, 2009）详列了现象学心理学研究的各个阶段，包括设想题目与研究问题、研究场景的构成、描述的各种来源、分析的步骤，以及结论的提炼。

一、一般性的分析程序

乔治让现象学心理学的分析程序变得清晰、系统和可靠，不再像早期在哲学、精神病学和其他学科的先锋者们那样，将现象学研究用于心理学时那么不成型。乔治（Giorgi, 1975, 1985, 2009）为原案分析（protocol analysis）提出了四个关键步骤：①阅读以获取一种整体的感觉；②将描述拆解出意义单元（meaning units）；③对每一个意义单元思考其心理学上的含义；④清晰勾勒现象的心理学结构。在第一个步骤即开放阅读（open reading）时，研究者跟随参与者的表达，不带任何议程、目标，甚至不关注研究现象。这样的整体阅读类似于弗洛伊德说的"均匀悬浮注意"（evenly hovering attention），在其中没有判断，没有选择，对所有细节保持开放性，这些细节构成下一个步骤的基础。第二个步骤要区分意义单元，研究者挑出跟研究兴趣有关的描述片段，其长度和内容适合做出富于成效的分析性反思，以回答研究问题。面对一句话或很长一段叙述，不存在标准化的长度和意义单元。一个人是依靠心理学家对意义的敏感性而决定单元的，那些意义要与研究相关，也取决于研究者的敏锐性。所以在这个步骤上没有什么单一的正确的行事方式，到下一个步骤（第二个步骤）作反思时，研究者可能要对已经确定的意义单元再做拆分或重组，以便进行有成效的分析。第三个步骤即心理学的反思（psychological reflection）是特别困难的。研究者要注意每一个意义单元的表达所揭示出来的，需要加以研究的心理过程。如果一项研究涉及多重问题，那么这些问题要系统性地、依次地与每一个意义单元形成对应关系，而研究者则要依据意义单元逐个回答所有问题。研究者借助于自由想象变异对每一个意义单元揭示了什么样的现象的个体样本做出说明，并开始形成一般性知识。第四个步骤是结构性的理解和描述（structural understanding and description），也就是要把对于意义单元的各种反思中所获得的洞见加以综合并陈述出来。最后这一步需要在结构整体上揭示出所研究的心理现象的意义组织。

下列的态度性构成和活跃的操作性程序已经在现象学的反思实践中得到认可（Wertz, 1983a, 1985）。

基本态度的构成：

(1)共情式沉浸于所描述的情形中；

(2)慢进并驻留于经验中的每一时刻；

(3)放大和扩增仿如亲历的相关情形；

(4)悬置信念并在经验的细节中追寻强烈明显的兴趣；

(5)从客观性转向研究对象个人的和关系的重要意义。

对研究主题的个体样本进行反思的程序：

(1)辨认经验的"存在线"或当下的基本背景；

(2)反思经验中每一时刻是否有意义，揭示了现象中的什么东西；

(3)对于与主题关联不甚清晰的东西要解释其暗含的意义；

(4)区分构成整体经验的各个组成部分；

(5)理解各个部分之间的关系，以及他们对构成整体经验的角色或作用；

(6)将重复出现的经验模式、意义和动机加以主题化；

(7)对模糊性作质询——明确并承认理解的限度；

(8)想象变换的构成部分，以求辨认出部件相互间的含义以及　133
本质性的、不变的结构；

(9)提出适用于心理学知识的描述性语言(使用日常的说法，普遍接受的科学术语或哲学话语)；

(10)重新回到资料，验证、调整和再次表述发现；

(11)使用可接受的概念作为启发，指引描述性的反思。

实现一般性发现的程序：

(1)在个体结构中辨认潜在的一般性的洞见；

(2)比较经验的各个样本，寻求一般化的不变的特征，哪怕只是暗含的；

（3）想象性地变换单个样本，以求识别一般性的不变的特征与组织；

（4）清楚地详述一般性的心理结构。

由乔治正式提出的一般程序已在现象学心理学研究中使用，哪怕还不够清晰，它同时也在精神病学、精神分析等传统的研究中使用。我认为，乔治所正式总结出来的这些基本实践对于所有描述性的心理分析都非常重要（Wertz, 1983b, 1987a）。研究者从研究对象那里收集了日常语言中的原生态表述，研究对象的生活情境与研究课题相关。然后，研究者反思对象个人的情境体验，解释生活的意义，包括每个人的具身的自我性、情绪性、能动性、社会关系、语言以及时间性等，这些都可作为研究对象之个案样本的证据。只要有条有理地开展研究，坚持做到一丝不苟而周全的描述，就可以通过厘清其过程、含义和一般性（本质的）结构而尽可能真实地抵近心理生活。

现象学为发展多种心理学研究方法提供了资源。在过去 20 年中，出现了好几种源自现象学的研究方法，包括哈林和莱费尔（Halling & Leifer, 1991）、范梅南（van Manen, 1990）、穆斯塔卡斯（Moustakas, 1994）以及乔纳森·史密斯（Jonathan A. Smith）（Smith, 1996）等人的研究。他们都选择性地汲取了现象学传统。例如，诠释现象学分析就来自现象学，同时也来自相关的学术传统，如诠释学（hermeneutics）和意符系统研究（idiography）（Smith, Flowers, & Larkin, 2009）。虽然本章的篇幅有限，不能过多作比较，但我还是鼓励读者去比较这些方法各自的重点和程序，它们会带来进一步的应用。

二、应用和示例研究

现象学心理学研究者涉猎心理学的多个领域。本书列举一些很好的按分析程序做研究的例子，包括：安斯托思（Aanstoos, 1984）关于思维的研究；布雷默、达尔伯格和桑德曼（Bremer, Dahlberg, & Sandman, 2009）研究面对爱人心脏骤停的经验；邱吉尔（Churchill, 2006）关于临床印象形成的研究；达尔伯格（Dahlberg, 2007）研究孤独；戴维森等（Davidson, Stayner, Lambert, Smith, &Sledge, 1997）研究精神分裂症人群的复原；威廉·费希尔（Fischer, 1978, 1985）研究焦虑和自我欺骗；慕鲁克（Mruk, 2006）关于自尊心的研究；沃茨（Wertz, 1983a, 1985, 1987b, 1997）研究知觉、犯罪侵害、异常行为以及消费者行为；哈林和莱费尔（Halling & Leifer, 1991）发展出一种"对话"的研究方法；罗韦等（Rowe, Halling, Davies, Leifer, Powers, & van Bronkhorst, 1989）在关于宽恕的研究中很好地展示了这种方法。第三章曾提到四卷本的"杜肯研究"（Duesquesne Studies）系列丛书，其中由波利奥、亨利和汤普森（Pollio, Henley, & Thompson, 1997），瓦尔（Valle, 1998），瓦尔和哈林（Valle& Halling, 1989），以及瓦尔和金（Valle & King, 1978）编著的部分可以找到示例的研究。

三、局限性和批判性评价

心理学中的现象学方法既宽广又狭窄。其宽广一面在于它所适用的研究问题要求理解和描述生命经验的本质。同时，它也有严格的限制。现象学心理学的方法对下列问题不适合：研究自然（环境的、生物学的、进化的）现象和过程，构建抽象的理论和模型，验证因果假设，计算实证层面上的大小、频率和发生率，评估变量之间的数量关系。主流心理学家认为基于这些方面的兴趣和目标是重要的，因而对现象学方法提出批评。虽然现象学心理学能够提示和补充新实证主义的研究，却不能够回答上述问题，也不能实现上述目标。

以下列出的问题，适用于评估现象学心理学的研究项目和研究报告。研究是否关注了一个重要的主题和研究问题，而回应该问题是否需要日常经验的质性知识？资料收集是否提供了真实而充足的路径，获取了现象中多种多样生命世界的样本？所有的相关资料是否连同概念一起逼真地反映了事件参与者的经验的过程与含义？这些发现是否从概念上已澄清了研究现象的本质，包括所有要素和主题彼此之间的整体性的、结构性的关系？所有的知识性的主张是否都有具体的证据支持和说明？一般性的各个层级类型是否实现？研究的情境局限性，以及遗留下来待回答的议题和问题，所有这些是否都得到了公开透明的表达？在文献中，在生活世界里，在读者的经验和自由想象变异中，本质性的描述是否清晰明了和真实地说明了研究对象的各种例证？最后，现象学研究的发现在理论上和实践上对于文献的贡献是否足够清晰？

四、对个人的吸引力

我个人被现象学的复兴运动所吸引，从抽象理论、结构、实验、操作的定义、计算，转向具体地描述个人在现实生活情形下的日常经验。我深爱心理学的知识，它揭示了以前未被反思过的人类经验的意义。好的现象学知识有一种朝向生活的真诚与精确性，这是我在其他方法中找不到的。面对人类存在的复杂、多维、精细、深度以及矛盾，我持有一种探索惊奇同时追求精确理解的态度，这使得我被现象学吸引。当我将自己沉浸于他人的生活中时，我感受到研究是一种爱的形式（a form of love）。在分析原案时，我经常感到惊讶，而越是仔细反思，就越是深刻地理解和感觉到与人类的亲近。我对存在的黑暗一面有共鸣，并为真实个体的珍贵价值和尊严所吸引。我觉得我个人的反思风格和分析贡献的主要特征是令人着迷和一丝不苟。我对经验中的微小细节很感兴趣，并且乐于把它们相互连接而置于经验的不断变化的总体性中，以获得更好的理解。相比其他现象学界的同行，我对原案的反思更长、更扩展，当然我很欣赏他们的简洁。对我而言，如何在短短的研究报告中展示我的发现，真是很严峻的挑战。

我欣赏现象学的许多面向，这使得我走向非常不同的方向。因为研究问题和主题不同，我的描述风格和从研究中获取的知识也有变化。我对于戏剧性的特蕾莎文本的分析可能看上去近乎诗。我相信，要懂得高度含蓄的含义，需要创造性的语言，要运用令人回味的散文最好地传递人类经验中某些非常重要的部分，这些表达方式也是真正的、科学的话语。我把精确描述人类经验的诗性表达看作是客观的。然而，我不是诗人。我的目标是一般性知识。我寻求系统的、进步的贡献来回答从科学上对人类经验提出的问题。我的研究项目依据研究问题和主题而有不同。当前的项目与我关于知觉的研究形成鲜明对比（Wertz, 1982），它要回答知觉理论和质性研究的问题，需要系统性地区分日常知觉过程中的成分和结构，列举各种不同的知觉类型，并对知觉过程与包括记忆、预期、思考等在内的非知觉过程之间的关系做细化研究。在这样的工作中，我运用语言、表格和图表来展示我的发现，采用研究设计推动传统的知觉理论和研究发展。在关于创伤与抗逆力的研究项目中，我的分析和发现是相当震动人心的，因为它们反映了人类在生命与死亡之间的斗争。

136

第四节　研究方法与发现摘选：特蕾莎的创伤与抗逆力经验

像以往的工作那样（Wertz, 1982, 1985, 1987b, 1997），我运用乔治发展出来的方法（Giorgi, 1975, 1985）进入特蕾莎的经验。在工作中，我的基本态度是首先放下我从科学理论和从创伤与抗逆力研究中得到的知识，集中关注特蕾莎生活的具体案例。同时我也放下（加括号）对于客观现实的关注，包括她的癌症、她的双亲、她的同伴、她的与自我感知相分离的身体等，我也坚持不参照诸如她的大脑、遗传、环境等任何外部因素来解释她的经验。通过她的描述，我排他性地集中关注在何种情形下她以何种方式有意义地度过了创伤，实现了抗逆力。这就是一种"意向性分析"，我借此反思她的心理过程，同时关注特蕾莎与世界接触共存时的关系意涵。这种重在忠实准确阐述的尝试只是一种开端；我并不宣称我的知识没有错误，它是欢迎批评和改进的。只要更严格地运用现象学的方法，我分析中的缺点是可以改正的。

一、组织资料：个体现象描述——意义单元

首先，我通读了几次书面描述和访谈资料。然后，为了组织好资料以供分析，我将特蕾莎的书面描述与访谈资料整合成一份第一人称叙事的原始资料。带着创伤与抗逆力的视角，我将原始版叙事分段，每一个意义单元最多包含 15 个句子，能够内在统一地描述特蕾莎经验中随时间展开的某一特定时刻。这个叙事可称为个体现象描述（individual phenomenal description），它包含 55 个意义单元，总长约 15 页单倍行距的文本。我做出这样一份个体现象描述，目的是将特蕾莎的原始经验尽可能转换为对于开展创伤和抗逆力的反思的可用文本。类似家庭与文化之类的背景资料，初看似乎远离主题，但还是被包括进来，因为它们可能对心理的创伤与抗逆力有重大的关联。整个描述开始于从访谈中提取的时间背景（过去）。

137

意义单元 1：

　　我妈妈的情况很糟。她总是在担心。她总是很小心谨慎。我认为，我的父亲是个暴君，这使得她总是很紧张。我记得她做错事情总是会有麻烦。就像咖啡太烫或太凉了……一些莫名其妙的事情，所以我总是觉得她是一个畏畏缩缩的人。尽管她实际上个性很强……但我整个童年都觉得她是一个畏缩于父亲权威阴影下的人。她总是将这归因于她的族裔背景，作为菲律宾人，生长于教条的、天主教的家庭，认为妻子的职责就是为丈夫服务……做一名贤良、顺从的妻子。妻子的职责就是丈夫第一，孩子第二……她跟我说了很多那样的话。所以，不用说，无论我对父亲的敌对，还是我的宗教信仰，她都不是那么满意。这也许是我对天主教会最不满的地方……女性的地位。

下面是两段较为靠后的意义单元。它们摘自特蕾莎最初的书面描述，描绘了她被医生告知患上了甲状腺癌的情形。

意义单元 16：

　　我僵住了，不能呼吸，不能移动，甚至不能眨眼。我觉得，我好像被枪击中了。我的勇气一下子没了，我被击败了。我的嘴巴很干，我的手指刚才还一直在转笔，突然变得冰凉麻木。外科医生显然看出了我的震惊，他笑了笑说："但是，我们要拯救你的生命。这才是最重要的。还有，你知道吗？另一位和我一起做手术的外科医生的专长是嗓音。我们会尽我们的一切力量不让手术有更大破坏。"我开始呼吸，一点点呼吸，我感到自己浑身发抖。我试着想说些什么，说一些有意义的，有表达力的……最后我只能说：

"哦……我还好。"

意义单元 17：

接着，我就崩溃了。我在哭，但是没有声音；只是一串串的眼泪，我张着的嘴巴发出嘶嘶的哭泣声，颈上的肿块更是感到了压力。外科医生急忙来到我的身边，拿着纸巾，用他坚实的、安稳的手拍拍我的肩膀。在默默地抽泣中，我听到他温柔的声音："你会击败它的。你很年轻，你一定会击败它的。你会找回你的嗓音，你会在大都会演唱。我要买票哦，所以别忘了我。"

二、对意义单元的心理学反思

我的分析的第一步是对 55 个意义单元中的个体现象描述逐一作反思，目的是从中理解特蕾莎的心理活动。然后我特别关注它对特蕾莎的创伤与抗逆力复原的揭示，包括预先选定的社会支持和精神状态的主题。在这样的反思中，我旨在把握语境中每个意义单元的心理意义，它们与其他意义单元的关系以及与整体经验的关系。我尝试将每一个意义单元揭示的内涵和所扮演的独特角色加以概念化，也将这些意义单元对特蕾莎所经历的整体性的心理过程有什么贡献加以概念化。每读完个体现象描述中的一段或一个单元，我立即写下我当时的反思，这是一种初始、自发、即时的记录，包括我的问题与不确定的地方。这样的反思还包括随进程展开后的自我批评以及修改。有一些反思长达原始描述的四倍篇幅，但其他一些则相对比较简略，这取决于单元的相关性，以及它会延伸到哪些需要思考的意义层面和多重含义。

下面是我对前引的意义单元 1 所做的反思，包括特蕾莎的过去、她的童年、家庭以及文化背景。在第一段，我对描述的整体状况的意义作反

思。在第二段，我反思的是它对我们了解特蕾莎的创伤与复原的特别
意义。

对意义单元 1 的反思：

身为家庭中的孩子，特蕾莎体验到她父亲像个暴君，他不公正
地贬低母亲的地位，控制她，也将特蕾莎置于最低的社会地位上。
特蕾莎感觉她妈妈是个焦虑的、顺从的、自信心很低的人，她低估
自己的力量和能力，因为在她丈夫的文化和宗教价值观中，男强女
弱是合理的。尽管很难去追溯特蕾莎对其父母的态度是如何发展起
来的，她显然既反对父亲的压迫性权威（以及教会对此的合法化），
又反对她母亲的惧怕和屈服。这里至少有一点点暗示，特蕾莎对父
亲对待母亲的方式感到愤怒，这一方式破坏了母亲原本是个强大的
人的事实，导致母亲错误地卑躬屈膝顺从于父亲的掌控。按照她的
经验，这仿佛是："我的童年状况全都是错的：我父亲专制的权力
是不公平的，我母亲并不是像她日常行为那样的软弱，而我反对这
些不公正，包括我被置于家庭秩序的底层。"

这些意义在后来的创伤与抗逆力中变得重要，在这个过程中，
特蕾莎通过她的职业生涯、婚姻与家庭，在世界上建立起她的独立
秩序。她在这个过程中自我扶正和修复，并创造出一种关系构架（a
relational configuration）对自己赋权，其中的性别角色是公平的（平
等的）。癌症带来的威胁（对于她这个成长中的歌唱者来说）就像是
她父亲在家庭中强加于她的去权（disempowerment）。父亲与癌症，
双双阻挡她的歌唱生涯。创伤将特蕾莎抛回到从前那种无力而受苦
的状况，又召唤回童年时期在父亲掌控之下的家庭创伤。复原就是
要从这种"去权"状况中找到自己的出路，向上向外，通向她自己的

139

坚实的生活。特蕾莎成年期的创伤复原重复了一次早期的创伤复原，那时她努力从童年期的家庭的不公正干预中摆脱出来，要成为职业歌唱者。她的疾病把她推回童年时的无法自主的状态，那时，父亲残酷，母亲过度紧张但又在身体上给予她充分的照料。童年背景是特蕾莎生活中的原初意外（contingency）事件，虽然她已经开始了超越的进程，但创伤性的疾病是第二次意外事件，又将她推回父母的掌控之中，从而要求第二次向上超越。此时，抗逆力不仅意味着要战胜甲状腺癌，它还意味着：当特蕾莎努力尝试建立平等地位，并成为有能量、有活力、能选择自己方向的成年人时，她还必须克服围绕着她的那些压迫性的社会结构。

下面是对于意义单元 16 的反思，在这个单元中，特蕾莎描述了她听到医生告知癌症时的最初反应。

对意义单元 16 的反思：

当特蕾莎不能呼吸时，她的生活仿佛戛然而止、突然中断，就像死亡一样。她变得瘫软、发冷、麻木。她原来强烈感觉到自己在前进和超越，凯歌行进般的歌唱事业，以及近来解决医疗问题的实际努力都停止了。她感觉受到了袭击，生活的基本元素——她的水分、活动和感觉——都停止了。在这生不如死（death-in-life）的情况下，特蕾莎体验到，医生面对她的"生命终结"给出一个充满希望的反向保证，即特蕾莎不会死：他会拯救她的生命。医生用一种戏剧性且有感染力的口吻，首先关注的是死亡的可能性，其次才会关注对她的嗓音的可能伤害，还强有力地声明他会致力于保住她的生命，也保护她的嗓音。他的目的是要说服特蕾莎，邀请她，也敦促她一起参与这项救护生命的计划。他告诉她，他将拯救她的生命，并尽一切可能保全她的嗓音，确保她的专业技能和成功的能力。这是对特蕾莎的恳求，希望她重建与此前理性的、实践的、胜任的医学实践之间的联系，摆脱瘫痪状态。医生恳求特蕾莎时，不仅是作为一个专业医师，而且是一位能理解她这个人（歌唱者）的人，特别是能保护人类声音的专业照料者，这就肯定了特蕾莎作为人的核心的、最高的价值，即她作为歌剧演员的潜能。这是一个美好的、感人的、强大的、对等的相互交换。 140

　　医生对她的生命发出求告，答应要救助她的生命和声音，作为对此的回应，特蕾莎开始活了过来，再次能够呼吸，最开始是短暂的，还带有因为害怕而来的颤抖。这是非常原初而基本的状态，特蕾莎无法用语言表达出其中的含义，她用微小而英雄般的努力去表达。她说出来的"哦……"(man)，很难解释。这似乎不仅仅是表达震惊和恐惧，也表达了很大的惊喜和敬畏，因为她经历死亡而又生存，在接近死亡边缘那一刻又活了下来。我不确定"我还好"这个表达是回溯性的评价，还是反映她在当时那个时刻的感觉，也许两者都有；但"哦"这个表达确实反映了肯定自我价值的一种深层时刻(a deep moment)，当时她正从朝向死亡的坠落中又拉升回来，与不久前还是陌生人的医生建立了联盟，后者提供了一种亲近而有效的、拯救生命的关系。特蕾莎觉得"还好"是因为她现在面对了真相（医生给出了诊断），吸收了它的破坏性的情感冲击，使自己不畏惧向现实的各种含义和各种可能充分开放。总结来说，创伤性的不幸意味着她的死亡，而抗逆力意味着穿越死亡的生命。社会支持所要做的是，理解迫在眉睫的死亡，帮助被死亡困身的人，让他们按自己最重要的价值和愿望重新过好生活。

接下来是我对在单一现象描述之中的意义单元 17 的反思。在这里，特蕾莎啜泣并体验了医生给予她的安抚。反思的第二段主要关注特殊主题，即社会支持（social support）。

对意义单元 17 的反思：

作为对特蕾莎的极度脆弱的回应，她的医生站在她的一边，热情地对确保她的安好做出承诺。特蕾莎在哭泣中让情感流淌出来，那是一种生命的整体韵律，难以用语言来做说明。我感觉出某种双重性：一方面是强壮的生命力量，是对于生命的肯定；另一方面生命又缩减为无方向的、间歇性的哭泣。特蕾莎是如此孤独，如此个体化，她因为痛苦和失望，因为面对死亡而哭泣，但她的哭泣也是用身体表现了回归生命的运动。这样的哭泣毫无疑问也有其社会面向，这是对她的医生提出要求，是一种召唤（call）。这是对愿意拯救她生命的那个人不加掩饰地给予的回应。特蕾莎怀着信任向他开放，愿意与他分享她最基本的生命律动和需要。在一个充满戏剧张力的微观小宇宙中，特蕾莎的生命力通过哭泣具身表现出来，迎面对抗"该死的肿块"，即威胁她生命的甲状腺癌。这种有力量的哭泣，医生能够理解，能够感同身受，并迅速地站在她的一边。他与特蕾莎的基本生命力完美合拍，这种生命力起初被束缚在体内，几乎从未能够从嘴里说出。当她的身体随着这种力量而起伏波动时，她的医生亲密地呼应她，靠近她的身旁，给她坚强的复苏力量。他的"装备"是纸巾，他有力量和必要的方法能够帮助她消除眼泪、难受和痛苦，并且做得让她安心。他用他的手和他的能量触及她，她感觉到在自己肩上的是他坚定的、明确的安慰（帮助她"肩负起"癌症的重负），传递出安慰的正是他的手，那将帮她去除可恶的肿块。他手部的动作柔软，正是这样的柔软带来了确信，他将可以小心地切除威胁生命的肿瘤。这位外科医生说话时，特蕾莎沉默着，因此他是为她说话，但也超越于她，这就像一个联盟，不仅要拯救她的至关重要的生命，同时还要让她能够自由地实现她个人的最高愿望。以这样非常肯定的方式确认他会帮助她在歌剧生涯中取得成功，他也表示了有求于特蕾莎，让特蕾莎帮助实现他的愿望，即他想分享她的成功。这是一次高度的生命肯定与个人支持的相互交会，也是人类相互依存的非常深刻的证据和约定："我想要门票，所以别忘了我。"

关于社会支持的主题反思：

我们从这里可以学习到，面对创伤时，以及在抗逆力进程中他人的作用是什么。这位医生的行为，对于他的病人的非常特定的情形来说，是超常的友好与肯定，而特蕾莎情感层面的表达也超出了教条式的、理性的、解决问题为导向的模式，以前医生和特蕾莎在这样的模式下也相处舒适（这也是特蕾莎从她与母亲的相处中学到的）。总的来说，在这样的时刻，这一对医患都敞开心扉，去感受更加充实、深刻的个人情感分享和有抱负的生活。我对医生在不同模式中转换的能力印象深刻——他从职业性地告知真相和承担责任，转向技术上解决问题的理性，再转向个人对话，再转向情感抚慰的能力，再转向真实的个人情感表达，再转向将温暖与技术胜任相结合，再转向清晰的、有表达性的、肯定生命和创造性的伦理言谈，并转向得体地承认相互依存的关系（医生-病人）——所有这些都同步地回应了他的病人特蕾莎那种动态表达的需求和情感诉求。在这里，她感受到"会得到很好的照顾"（being in good hands）——既是创伤的困境，又是复原的预告。

142

第五节　对研究发现的总结：个体的心理结构

按照上面的方式，对长达15页的第一人称个人陈述的全部55个意义单元做了反思之后，我尝试将我的发现做出整合性的总结，形成"个体的心理结构"。并不是所有的现象学心理学研究者都会去做这一个步骤的(Giorgi, 2009)。但我发现这个程序是有用的，可以使我们聚焦在个体样本中表达出来的心理主题，这些样本很可能给我们展示出在结构之中的现象的一般性特征。在撰写这份文稿时，我给特蕾莎的创伤与抗逆力的经验临时起了一个标题："直面死亡走向更丰满的人生"。我的目的是，把我从她创伤与复原的整体经验中获得的知识表达出来，她的经验包含了相互关联的而又组成整体的各种构件——有些是暂时的，有些则很持久。我用一个概要性的、介绍性的框架给这份总结开头，目的是凸显总体性特征和结构的统一性。这份经验极为复杂和多变，它在时间中延伸，并有一系列动态性的重新建构。我将特蕾莎在创伤中的抗逆力划分出11个时段(次结构)。这份单倍行距16页的结构性描述是未定型的，采用叙事形式，并运用11个小标题说明次级结构。

(1)童年时期/远端背景(Distal Background)：来自家庭创伤；

(2)少年时期/近端背景(Proximal Background)：歌唱作为原初抗逆力；

(3)青年时期创伤的开端：发现未知的疾病；

(4)创伤的实在化：被威胁性的癌症击倒；

(5)对不幸的初始回应：与一个支持她的盟友一起对抗死亡；

(6)独自而孤立地面对创伤：认知、实践和社会意向性；

（7）作为重生条件的身体的屈服和垮塌：在手术中；

（8）身体受苦、受限并开始复原：医院中的病床生活；

（9）失败、丧失和放弃以前的生活：不能在音乐学院唱歌的"贱民"；

（10）在死亡面前重新定位：通过拓宽自我与世界的关系发现新的可能性；

（11）维持生活，应对持续的挑战，发展全新的、宽广的自我：面对持续的不幸，整合各种矛盾。

受篇幅所限，这里不能写下完整的个体心理结构。然而，我节选出一 143 些来展示这个研究步骤以及知识的形式。导言部分包含两个段落，对特蕾莎的经验给出一种框架性的概览，特蕾莎的经验则在随后的部分具体展开。

结构概览：

特蕾莎的创伤性疾病意味着摧毁她雄心勃勃的人生轨迹中的所有可能性，象征着存在性的死亡。她对学院生活和社会关系的热情（但关注点较狭窄），她对歌唱生涯的极高期望，都一一崩溃（collapse）。经过一段时间的无力、认命、恐惧，以及为失去的生活和世界悲痛之后，特蕾莎接受了这种"死亡"，这使她得以涅槃重生。面对持续的创伤（癌症的复发和扩散）及其可能终结生命的含义，特蕾莎找出新的可能性，重建并拓宽了她的世界。在这个过程中，一个更加宽广、多彩的自我和世界变成了现实的、熟悉的、可以栖居的。随着创伤性的疾病不断地挑战她，特蕾莎努力地将自我照看的原动力与在死亡面前对更充实、更完整生活的追求相结合。特蕾莎极力要将几个深刻的、悖论性的矛盾连接起来，这包括：情感的屈服与实践的行动；依赖他人与个体能动性；脆弱性与力量；命运与责任；生活的不连续与连续性。

特蕾莎所经历的不幸生活，其结构或本质涉及并超越她正走向成年的年龄。她的创伤经历是生活中的历史事件，危及生命的癌症作为一种创伤事件，在从童年转向成年的关键点上，打断了她的连续向上的轨迹。在这个向上的进程中，特蕾莎本来想要营造自己的生活，也就是培养她最宝贵的天赋与价值，凭自己的声音，在歌剧界中成为歌唱明星。癌症打击了她存在的核心，即喉咙，破坏了她的发展轨迹，使她和她的世界近乎完全垮塌。面临歌唱生涯的终结，甚至可能是生命的终结，特蕾莎在医生、妈妈以及后来的未婚夫/丈夫的帮助下，从重压下站起，用复仇的姿态重新抓住生活。尽管困难重重，她仍然要将个人的可能性拓展到最宽。特蕾莎开发新的潜能——才华、友谊、娱乐、学术以及爱情。在这样一个扩展的世界中，工作、欢愉和社会关系有了新的形式。特蕾莎的新生活不再像以前那样依赖于上天赋予的却狭窄的才能，即声音，她曾想靠这个去超越创伤性的童年和青年所带来的苦难。她现在面向成年的抗逆力——她对癌症后创伤的超越——是她自己亲手打造（own making）的生活，是一种自由而迫切的努力，要争取更加开阔、完整性被仔细保护的生活，哪怕面对着仍然存在的自身消失的可能性。特蕾莎的抗逆力有一种精神层面的生机勃勃，即强烈的信念基础（感恩、仁慈、宽容，尽管在认知上有怀疑），在面对包括持续病痛在内的威胁与痛苦时，仍然拥抱广阔的生活前景。她因经历创伤而有抗逆力的结果是带来一个开朗扩张的过程，由此，她将在一个更宽的世界中成为更加完整的个人。在这个过程中，特蕾莎有目的性地开始将有效的务实-理性行动与情感上的软弱和深度相结合，

144

将歌唱与大量的其他活动相结合，将她的苦难化为充满情感的表达，同时努力追求快乐。热爱并欢庆生活的同时，特蕾莎开展了多样而涵盖广泛的项目，由此在持续存在的死亡可能性中，将她自己的特殊印记铭刻于世界。

在描述个体心理结构的 11 个部分中，每个部分都有一个经验中的当下时刻（结构）被详细阐明。为了说明这些细节，下面给出一个小型样本，只有一段，它取自更大的、最后一个（第 11 个）经验的次级结构，即"维持生活，应对持续的挑战，发展全新的、宽广的自我：面对连续的不幸，整合各种矛盾"。这个部分提供了关于特蕾莎勇于开拓宽广生活的心理学知识，特蕾莎开拓的努力包括各种活动，例如学习一门新的学科，建立新的友谊，在国内各地旅行、登山，以及订婚和结婚。建立在特蕾莎生活的显著变化的基础上，心理学结构已开始阐明本质的（一般）质性知识，虽然其一般性的范围尚未充分厘清，还需要进一步作比较分析。这个部分还详细阐述了特蕾莎一生中的几种心理悖论，在她开展一系列独特的活动时，她都为整合这些矛盾而挣扎。下面的样本段落（在这个部分中的第 4 个和最后一个）主要集中于她的婚姻关系。

特蕾莎与创伤斗争，其中一个方面就是作为配偶，她要努力表现得能力胜任从而与丈夫平等，同时由于她接受他的照料，又是脆弱和依赖的伴侣。因此，在特蕾莎的婚姻关系中，有很多意义重大的发展。她最初靠自我照料来与癌症战斗（不想做个拖累丈夫的、病恹恹的妻子），后来变得愿意分享自己的病况，接受丈夫的照顾。这种转变的背景大约是夫妇俩经历了她婆婆的疾病、痛苦和死亡。尽管在此之前，特蕾莎的丈夫也不怎么在意特蕾莎的痛苦和斗争，

145 　　但是她成功地传达了(就像她在医生的办公室里哭泣)事情的含义：
她有可能会死，如同他妈妈遇到的命运一样。特蕾莎分担了丈夫遇
到的个人悲剧，这是一个转折点，这对夫妇转向共同处理特蕾莎的
痛苦，这潜在地带来了婚姻关系的结构性转型。或许通过她自身的
努力，逐渐成功地把逻辑的实践性和情感的脆弱性整合起来，特蕾
莎理解婆婆的情形，并用诗歌形式与婆婆和丈夫分享。把失去至亲
的生命的意义带回给丈夫之后，特蕾莎察觉到他变得在情感上大为
开放，对她更有回应，逐渐承认她的病痛、软弱和潜在可能的死
亡。特蕾莎开始体验到她丈夫愿意分享她的死亡的可能性，回应她
在痛苦时需要有所依赖、有所照顾，同时却不需要她放弃在这段关
系中彼此权力平等和价值平等的重要的相互约定。特蕾莎开始明显
地将"重的"感情，例如无助时的需求和情感上的依赖性等，整合到
婚姻关系中，使之与以前的关系状态大为不同。在特蕾莎的体验
中，她的丈夫越来越充分而深入地理解她，包括理解她害怕潜在的
死亡，甚至连她自己也总是通过孤立的、务实-理性的解决方式来
否认和回避这种恐惧。在超过 6 年的时间中，特蕾莎和丈夫已经越
来越能够看到她的两面性，既强大又软弱/生病，并能够分享宽阔
范围的情感，包括痛苦、恐惧和气愤。

个体主题性的发现

　　由于在原计划的两个主题(社会支持和精神状态)之外，还出现了一
些有趣的主题，所以我在结构之内给它们增加了一些总结。为了报告这
些发现，我整理了一些意义单元反思，分别回应 5 个主题，并依次对每
一个主题做出总结，共有 7 页，单倍行距。

（1）创伤的含义；

（2）社会支持的各种类型；

（3）抗逆力和超越的实践意向性；

（4）悖论：生命和死亡，接受和创造，依赖和自足；

（5）在创伤和复原中灵性（spirituality）的作用。

为了说明这些主题性的发现，我选取下面这个段落，其中，我总结了特蕾莎抗逆力的一种表现形式，即务实-理性处理模式。

创伤出现之后，很快就显现出对特蕾莎的两面含义（暗含着对未来的预期）：情感的垮塌和逻辑的实践行动。在创伤过程中，情绪的自发出现是不可思议的，焦虑、恐怖、惊惧等情绪，使行动变得不可能。在被动的受难中，情绪很低沉，包含强烈的脆弱感，强化了特蕾莎靠近死亡的感受。就在这样的情绪以及濒临崩溃的感受基础上，特蕾莎采用一种实践的意向性来扭转恶化的病情，避免疾病加重和生命崩溃（最终为死亡）。特蕾莎体验到的可怕的、令人战栗的情形可以当作一系列问题，来接受理性的评估，并通过计划好的、有效的行动加以解决，从而确保她的生命。她将自己挂上"逻辑的超速挡"，飞速地解决对她生命的威胁。对特蕾莎来说，如果她不能投入有效的行动中，她将成为"一具情感的残骸"。运用理性积极应对压倒性的情感，是特蕾莎一以贯之的风格，根源于她从过去持续至今的生活。特蕾莎曾在她母亲那里观察到情绪崩溃和有效的理性处理这两者的并存，她在自己当下的创伤情境中也保持了这样的做法。对特蕾莎来说，她母亲一直是情感上的一种威胁，同时又是实践上的资源。再一次地，特蕾莎将她妈妈列为同盟，并且能

146

够和妈妈一起去防范和限制健康威胁所带来的情感恐慌。通过情感的引领，投入她已能领会且熟悉的理性的、解决问题的路径中，特蕾莎同时保护和宽慰了自己和妈妈，她与妈妈相伴同行，但又保持独立。特蕾莎尽可能地学习关于癌症及其治疗的一切；她找那些最能帮助她从疾病中复原并且生存的专家们作咨询；她投入治疗与自我照顾过程中以求尽快康复。在手术与康复过程中，这种动态的波动变化是富有含义的。特蕾莎屈从和陷入崩溃状态时，其他人（她的医生和妈妈）作为解决问题的行动者，为她阻挡了恐惧，带给她情感上的镇定和安慰，即便有时有些不适（如父亲的礼物）。在特蕾莎这种既屈从又独立实践的方式之中，值得探究的是，是否已经有另外一种深层次的功能性的情感，即某种希望或信念：面临可能的死亡时的一种肯定生命的情感。

为了展现现象学研究如何处理经验中那些微妙而难懂的方面，我把主题 5 中的一些个体的发现作为最后的例子，这一部分处理的是指定的主题：灵性。这个样本包含我的分析中最出人意料的发现，也表明分析远不只是对访谈资料做被动的总结。这当中的反思相当于探寻或临时的
147 远足，深入与主题相关的隐秘含义中，而那些主题对于研究来说是重要的。这样的探索要探究"灵性"的角色，方法是将所有对意义单元的反思，以及那些仍然缺乏更多深描的资料、有风险的初步结论都摆出来加以综合。

宗教和灵性在特蕾莎创伤与复原经验中的作用是复杂的、难于理解的，并对分析构成了挑战。虽然特蕾莎没有像其他正式入教的信众那样参与宗教活动，也很难以明确的信念接受神（她认为自己

是个不可知论者），但特蕾莎将自己看作是"有灵性"的人，而她经验中的这个精神维度是值得被挖掘的。尽管特蕾莎的灵性看似没有认知确定性（信奉上帝）或正式的社会性介入（参加教堂活动），但在面对事关生命的极其艰难的威胁和挑战时，她用身体展现出多种情感的意向性，包括希望、信念、仁慈、谦卑、感激、救赎、幸福等。她是一个追寻者，她将自己向那些文本和情境开放，由此通向神圣（sacred）。

就像其他的特征一样，抗逆力的模式也植根于她的童年和过往生活，早于她现在的厄运。特蕾莎说，她曾穿梭于许多不同的教堂去唱歌，那就是她生病之前的"宗教"。然而，特蕾莎的"灵性"显然并不局限于她的声音，因为在目前失去嗓音的情况下，在面对苦难的过程中，甚至面对死亡降临的悲剧可能性，特蕾莎持续探索不同的灵性经验。特蕾莎拥抱希望和信念，最终接受自己失去声音的现实，看到了同伴关系的局限性，并在直接现实与可见的范围之外寻求实现更大的成就。特蕾莎具身化了一种生命力量，一种确定的情感幸福，使得她度过创伤，不再依赖其他人或世界上的任何特定事物。她宽容地理解别人，也接受很多容易出错而搞砸的可能性。以上这种表现，可能是特蕾莎经历创伤的方式中最核心的部分。

特蕾莎经验中有许多时刻彰显了她的灵性。这些时刻的典型结构包含一种扩展的意向性。首先是凭借着信念而接纳，在某些情境下，困境也被体验为一种慷慨的恩赐。例如，特蕾莎体验到癌症本身拥有超凡脱俗的种种性质。尽管癌症是威胁性的、摧毁性的、衰减性的，但在不那么明显的意义上，癌症也是一份神圣礼物（a divine gift）。癌症是一位他者（Other），这位他者有着自己生机勃勃的生命——一种特定的"凶险的"（近乎超自然的）癌症，它既是来自未知世界的敌人，也是朋友。随着特蕾莎了解癌症越多，它越是显得不可定形、不可了知以及足够神秘——这太像"上帝"之于她——她在对其令人惊惧的愤怒中产生了某种程度的敬意。她以一种奇怪而又自相矛盾的方式，接受了这种癌症，不要求确定地知道它或者控制它，她也适应了这样一种"伴随着复仇"色彩的生活方式。

特蕾莎的灵性根植于她的童年生活，就像她习惯用于处理创伤的其他方式一样。由于感觉到她的家庭劣势，并且在学校里被取笑为"胖妞"，特蕾莎的嗓音成为她自己的慰藉，成为一种获取优势、拯救、超越和圆满的工具。如她自己所说，她的嗓音是她的"宗教"。她用嗓音使她的灵性意向性具身化，能够克服世界的敌意、遗弃和童年的孤独悲凉。特蕾莎灵性的中心点是她的嗓音。通过歌唱，特蕾莎与美好的世界发生关联。她因为拥有这样的才华而在问题面前得以救赎，在世俗不幸的乱石箭矢中得以超越。

作为年轻人，特蕾莎在宗教中寻求慰藉，她的思考和探索给她带来某些洞见，但是，由于失去了嗓音，她也失去了与本来比生命受到的威胁更加强大有力的幸福之源的中心的联系。所以，失去嗓音就是失去希望，失去自我——失去丰富生活本身。当特蕾莎失去嗓音时，她的灵性开始迷失，并陷入精神危机，甚至可以说是精神上的死亡，她存在和价值的终极源泉都失去了。创伤的一个后果正是这样的信念危机。因此可以理解，特蕾莎如此明确地强调上帝在她的经验中缺席，也一再确认她的不可知论。然而，她这种非常强烈的"迷失"（lostness）也是信念的基础条件，由此有可能成为重生之地。在失去嗓音这样的创伤中生活，特蕾莎体验到在她高歌的嗓音之外仍然有美好生活的可能，她也能够在那里找到慰藉。特蕾莎明白，她的嗓音是一份世俗的才能，但不足以带来生活的完整，也不

148

足以保护她免于生死之间的大惊惧。由此来看，她失去嗓音，连带失去以嗓音为基础的有限的信念，达成了一个机遇，从中可以涌现出更大的慰藉，以及更加深刻的、能够拥抱更加宽广的世界的信念。

　　她对癌症的灵性经验还包含着对于曾经错诊她的医生们的一份冷静。特蕾莎原谅了他们，部分原因在于这确实是非常奇怪的疾病，其影响至今仍然像最初一样可怕。她理解了他们，也接受了他们犯下的错误，因此她采用了一种终极的，超越这个世界的视角，也就是满怀激情地（也可以说"神圣地"）去把握生活，即便这生活是危险的、脆弱的、丑陋的甚至是神秘的、不允许去判断和加以控制的。同样地，特蕾莎还原谅了她生活中许多有某些缺陷的人——她的母亲、她的医生们（不包括轻率的、自大的、"明星追捧的"那位，他的毫不作为导致她的癌症扩散）、她的同学、她的老师甚至是她的父亲。用与他人相处的习惯方式，特蕾莎将自己置于他人的处境中，用热情拥抱他们，这是一种带有尊敬的接受——爱。这种态度超越自我，与她的理性-工具化的模式完全对立，那种模式会去看他人为她做了什么或能做什么。而在她的许多创伤经历之后，理性一工具化模式已什么也不是（nothing）了。这一灵性是重要的一环，它解释了她为什么能与他人和睦相处，为什么她能超越地看待他们的无能、冷漠以及支持的缺乏。特蕾莎对于他人之无能为力状况的接受是一个重要的基础，以此她培育出在创伤面前的能动性，同时又保持着与他人的接触和关联。

　　与可能的死亡遽然相遇而又挣脱出来，特蕾莎的灵性与对生活馈赠的感恩紧密相连。她提到自己的术后经验中，有一个重要部分就是对活着的感恩。她的感恩并不总是完全的或外露的，因为总是

149

跌宕起伏，伴随着愤怒、孤独和苦楚。绝望是她感恩生活的前提条件，正如癌症和他人的破坏性特征是他们被接受和被体验到有价值的前提条件。特蕾莎的感恩不是连续性的，它会被动摇，甚至被打断，但这不能否定我们的认知，即这种感恩涉及她的整个生命，而不仅仅是其中一部分。她的感恩趋向于全覆盖的包容性，有一种终极的、超越的性质，而在其不连续、脆弱、与非感恩行为相联系的时候，我们反倒能把这一点看得更清楚。

特蕾莎的灵性似乎主要来自她的被抛弃感——与获得生活馈赠的感觉相反——生活从她这里被拿走了，使她变得一无所有。特蕾莎从她的生活情境中体味到了终极含义。随着癌症的威胁日益笼罩着她的生命，她朝反方向奋起。她的生活不由分说地充满了不确定性，正因为如此，特蕾莎要为肯定生活的价值而战斗和工作。特蕾莎拥抱生活，把它作为一份祝福和赐予。特蕾莎与终极（the ulti-mate）的关系因此是模糊的，同时体现出否定和肯定这两面。最初被癌症所打击的时候，她已经对活着本身怀有感谢。当她开始感觉到周遭的背叛、妥协、犯错时，她要以战斗赢回生活的救赎。毫无疑问，她在不确定性和持续威胁面前所表现出来的焦虑使她失去优雅。但是，即便他人辜负她之后，特蕾莎仍怀着希望一再拥抱自己对他人的依赖。

特蕾莎与上帝的关系，等同于她与自己嗓音的关系，以及她与嗓音为她开启的救赎世界的关系。在命运攸关的失落中，特蕾莎更多的不是对上帝生气，而是感觉被上帝抛弃，因此，一个可以信托的上帝的缺席贯穿于她的整个经验中。如果说特蕾莎毕竟还是体验到上帝，那么她体验到的模式是上帝的放弃，一种动态性的缺席。她并没有体验到一个人格化的上帝一定会在某处帮助她。由于上帝

信念的悬置，特蕾莎保持着一种开放性，仍然等待上帝显现，重新   150
召唤她，引领她前行。她遍寻各种经文和传统，想要找到一种潜在
的、先于主题的上帝出现，这迄今仍未靠近并出现在她的生活。然
而，特蕾莎所说的灵性，发生在个人神灵的任何信仰之下，并且贯
穿于她的生活。这一灵性是关于面对痛苦和可能的死亡时，她应该
如何去生活与爱，要达到什么程度。特蕾莎所说的灵性，应该就是
她生命中最深刻的肯定的力量。作为追求完整性的超越力量，它表
现为与癌症的斗争，表现为对那些不能帮助她的人表示善意，表现
为她的击剑、攀岩、新的研究、婚姻以及她重新歌唱。这种隐藏而
神秘的过程并不表现为一种上帝的观念。因此可以说，尽管特蕾莎
不确定上帝是否存在，她仍然是有信念的，在她的想象中，末日审
判就是上帝理解她并接纳她，包括接纳她相当地缺乏信仰。在她的
生命经验中，在她的意向性的最隐而不现的深层次中，特蕾莎始终
与神性合拍，尽管上帝只是想象地存在于假设的、最后的对话中。
但我们要注意不应太过度地说特蕾莎的心理生活中有神性的显现，
毕竟她的心理生活的中心点是创伤与复原。

第六节　朝向创伤与抗逆力的普通心理学

一、一般性分析的方法

尽管本章的核心关注点是分析特蕾莎的个人经验，但现象学研究的
目的是要从这种个体样本中得出一般性的知识。通过"本质观察"（eidetic
seeing），研究者要辨别出选取为样本的原因也适用于其他许多甚至全部
样本。加强这种分析的程序就是对个体特征进行自由想象变异，同时保

持对不变因素的关注。特蕾莎的经验已经做过很多变换因素的分析，将来可以在想象中适当修正，而这份经验事实上已经创造了近乎无限的系列，从中可以对"创伤是什么"和"抗逆力是什么"获得一般性的理解。还有很多案例，来自其他人的生活，来自研究者的个人经验，来自科学文献，来自创造性的作品，等等，它们都应当被收集起来，做想象中的变化，并加以研究，以便进一步阐明关于现象的一般性的过程、含义和结构。我这里不能提供在创伤与抗逆力这个题目下的确定的一般性的发现，因为我在这方面的分析工作还不够完整。为了转向更加一般性的知识，我将我使用的方法、程序做一些举例与描述。

151

首先，在一般性知识方面的第一个工作涉及对现象的单个样本做研究处理。特蕾莎的经验在总体上可以作为"从创伤中的抗逆力复原"这个一般现象的一个例子。原则上说，用这个例子可以定义出此种经验的一般特征。然而，此种经验的案例所包含的广泛而普遍的特征并不一定仅在这个案例中足够清晰地展现给我们，因为我们进入特蕾莎经验的路径是有局限性的，包括要通过她的描述、访谈的情境，以及研究者的理解能力等。然而，即便有这一类的局限，特别是即便经过了自由想象变异的帮助，这一经验中的一般特征还是能够在这一案例中被识别出来。我在上面对特蕾莎经验的反思和结构性描述已经提出关于"创伤和抗逆力是什么"的一种看法了。

重要的是，要理解到，尽管特蕾莎是单个人面对甲状腺癌，但是她描述了在她生命中有关创伤和抗逆力的很多层面的个人经验，这就为我们所要研究的现象提供了一系列丰富而有变化的样本。例如，她对创伤的经验就有：最初听到诊断时，看到她妈妈对癌症消息的反应时，手术之后在医院病床时，无法在声乐课上唱歌时，在音乐学院成为"贱民"时。而她的抗逆力经验则包括：受到妈妈的照料时，安排有效的癌症治疗时，改变专业时，外出登山时，结婚成家时。表面意义上，这的确是一个单一案例，但是，运用想象的变化，它实际上为所研究的现象提供了数百个样本。经由特蕾莎的深描，我对这些样本做了比较分析，已经做到了对心理过程、含义和结构的广泛且本质性的阐明。

作为明确概括的第一个程序，我通读了特蕾莎经验中的个人心理结构，以便阐明已经获得的一般性洞见。通过这样的程序我强化了自己的"本质的看"（seeing of essences），并伴之以不停地在想象中变化单个的结构和构件，从而识别那些心理过程和结构，它们稳定不变地表现在有关创伤与抗逆力的各种一般类型乃至所有可能的样本中。目前，我能够辨认和描述 40 种潜在的一般洞见，当然其中某些不确定性和存在的问题还有待进一步调查研究。

其次，正如现象学研究者通常会做的那样，我还看其他人写下的书面描述，将其作为补充性的样本。研究者经常会使用至少三种不同来源的实证样本，有时候会采用更多材料（Giorgi, 2009），包括个人的经验和观察，以及大量文献——科学的、个人的、创意的，它们描述了在研究主题下的生活世界的样本。所有这些实际的和想象的变化构成了完整的全套资料，现象学研究的一般性主张即建基于其上。为了提供一个示范，我使用了从同一个班级收集的第二份原案。参与者的名字叫盖尔，她描述了自己的经历：作为一名大学竞技体操运动员，她在一次训练中从高低杠上摔了下来，胳膊脱臼并骨折（见附录）。通常来说，大量的原案在更深入的一般性分析之前，已经被初步地广泛分析过了。在这个研究中，我使用一个新的程序，以便更加简明地回应一般性问题。首先，对于盖尔受伤和复原的心理过程和含义，我共情式阅读，熟悉其内容，并开始反思（一种非正式的分析）。接着，我通读盖尔的原案，参照此前对特蕾莎经验作初步的本质分析得出的 40 个可能的一般洞见，我做了

152

如下记录：①盖尔经验中的某些时刻，可以证明基于分析特蕾莎经验而得出的一般性；②盖尔经验中那些能够证明过程与含义的构件，在此前特蕾莎的经验中并不显现，是暗含的；③特蕾莎和盖尔的经历中的不同部分，要么是不同寻常的，要么是典型的，就是说，它们出现在现象的多个样本中，但不是出现在全部样本中，因此在最高级别上不是一般性。所有心理学研究中最具挑战性的部分就是要决定，什么是能够获得最大成果产出的知识的一般性层级，它能够涵盖的范围从最高级别到通常的类型，到稀有类型，到相对来说个别的状况。令我惊讶的是，我从特蕾莎案例中收集得来的 40 条初步的、假设性的一般洞见，在盖尔的案例中也全部得到印证。在盖尔的案例中包含 4 个新的构件，之前在特蕾莎的案例中没有发现，但是只要对照盖尔的案例加以厘清，它们都是明显存在的。最后，在盖尔和特蕾莎的案例之间，也发现了不少不同之处，它们表明了不同水平、不同类型的一般性和异质性。

二、特蕾莎案例中的一般特征

特蕾莎的生命经验可以被看作是"最一般意义上创伤是什么"（what trauma most generally is）这个问题的一个案例。在她这个样本中，甲状腺癌终结了她即将拥有的歌唱演员的生涯，并威胁她的生命，但是很显然，她经验中的这个特殊细节并不都出现在所有的创伤样本中。例如，以创伤事件来说，哪些事情是创伤——甲状腺癌——可以被替换为肝癌，或其他疾病（如艾滋病），或者一场车祸、受到军队攻击、被恐怖分子折磨、被飓风严重毁坏、犯罪伤害、污名化言语的攻击、丧亲、食物匮乏，等等，可以列出无限长的潜在的创伤事件清单。而就在特蕾莎的案例中，我们也可以看到不止一种创伤事件，例如，她父亲贬损的批评对她是创伤，其他孩子叫她"胖妞"也是创伤。创伤既可以是身体的，也可以是社会的。那么，是什么使这些事件成为创伤？

创伤作为一种心理现象，寄居在这些事件的含义之中，特别是这些 153 事件造成的个人情感失控（personal inimicality）、破坏性以及瓦解个人生活（person's life）等方面。当我们思考"什么被伤害"（对于人而言）时，我们可以在想象中改变特蕾莎经验，也将会看到，创伤不仅能跟摧毁一个人的声音相关联，它也可以破坏视力、活动能力、信任、自尊、其他重要的方面，实际上也可以说个人意向性的所有方面。要成为证明"创伤"的例证，这些事件必须对个人有意义地投入生活的重要潜能构成打击和破坏。因此，创伤作为心理现象，本质上就是摧毁或威胁与世界有意义的联系。从创伤关联的客观世界这一面来看，无数的例子已如上述，而且还会有更多。然而，如果它们没有摧毁个人有意义的生活关联的话，这些事件本身就不具有创伤性。对创伤来说，同样重要的是通过创伤"遭受的痛苦"，即瓦解与世界的关联。创伤摧毁了与世界的意向性关联，这是人之为人所在。一旦失去意向性的世界关联，会造成一系列多种多样的活生生的个人经验，例如，在一场战争中失去了战斗能力，房子被飓风摧毁无法居住，永失所爱不能再见，在车祸中失去肢体不能再工作，因股市崩盘而破产，饥饿，等等。在所有这些"遭遇创伤"的例子中，不变的因素就是一个人心理生活的基础，即从中获得生活或靠它生活——无论是一个人自己的身体、运动能力、仰仗他支持的其他人、他拥有的财物、他生命的存续等，被否定、被移除、被摧毁了。简言之，创伤就是否定人的意向性，这一否定来自事件带来的苦难，而这一事件的意义在于摧毁核心与重要的世界关联。在所有这些例子中，穿越创伤而生活的抗逆力显然是相当复杂的，它涉及身体、社会和时间的视域，这些也都可以从最一般的本质层面上加以分析，也可以从不那么一般化的、常规的形式上去分析。它们都涉及重新激活意向性，恢复与世界的关联，这当中有很多个人化的和常规性的形式。

篇幅所限，此处无法列举对特蕾莎经验做想象变化所得的全部特征，也无法展现我的本质性发现——我发现了全部40个构件，它们都是高度稳定不变的。下面我将部分地介绍我做的本质性工作，列出对26个构件的非正式总结陈述。这些构件即便没有代表全部，也代表了许多创伤经验中的案例，也在一般性的最高层级上代表了可能是本质性的东西。所谓构件（constituents），是这个经验的合成结构中那些交叠的、互相关联的时刻，它们不是独立的要素。然而，在这个研究项目中，创伤与抗逆力的一般结构还不完整。以下就是一些分析性的工作，为理解创伤与抗逆力结构而努力。

154　　　　（1）最初，创伤就是被动地受苦。它发生在个人身上，完全非其所愿，因此个人会经历认知上和信念上的冲击，并伴随厌恶的情感，例如恐怖、害怕、担心、痛苦，在其中，原先活跃的能动者变成了首当其冲的受苦者。

（2）创伤事件是否定性的——敌对性的、破坏性的、缩减性的，因此就把个人心理生活中的占中心地位的有意义的意向性置于无能和无效的地位。

（3）创伤是一个他者，是某种异化和对立的东西，并从根本上与自我相对立。

（4）被摧毁或被压缩的不仅仅是个人的存在和生活方式，而且是他/她建立世界联系的可能性；创伤是对个人潜能的去除。

（5）创伤就是活的身体以麻痹、瘫痪、衰退、缩减、萎缩或撤出的方式与世界相关联。

（6）创伤毁灭了核心的意向性和世界关联，也就意味着消失或死亡是可能的。即便一个人的生活实际上没有被威胁或处在危险中，但创伤仍然是一种存在主义式的死亡，是对"在世存在"的否定。

（7）受苦者会投入与创伤的战斗，努力重归一种相对自由、自我主导的生活，它比被创伤压缩和夺走生活要更好。

（8）特蕾莎创伤中（以及其他许多可以想象到的创伤的例子）有一个属于中层的典型的但不是非常一般性的方面，就是创伤会持续，甚至会扩散，意思是说，创伤事件并不会结束，而是随时间而继续，可能还会扩张。

（9）创伤的含义并不仅仅在于一个孤立的事件，它还会牵扯到对个人历史生活的限制；创伤瓦解了个人一直以来为完成目标而付出的努力，否决了他/她的未来。

（10）当下的实际创伤经验会引出个人的意义，这一创伤经验部分地来自个人先前的创伤事件的历史，历史创伤的含义在当下创伤中仍然保留，获得回响，因此，部分地说，当下创伤是历史创伤的重复与延续。

（11）个人对待创伤的态度，以及穿越创伤、处理创伤而生活的策略，也同样是习惯方式的延续，他/她过去就是用这些方式来应对敌意、愤怒或破坏的。

（12）个人会协调各种努力以超越受害地位并重新打开未来，有时候会发展出新的赋权形式。

（13）复原的过程改变一个人的生活。 155

（14）一种典型的但不是一般性的处理创伤的方式，就是收集关于不熟悉的情况的知识，把这样的情境作为需要分析和需要解决的实践问题，用知识去处理。

（15）创伤是个体性的、隔离性的、孤独的——遭遇创伤的个人从其他人当中被挑选出来，与他人分离。

（16）在经验（惧怕或信任）中出现的其他人是潜在的打击者还是帮助者，这些会被检视和评估，依据是看他们倾向于进一步损害和/或帮助那些脆弱的、被压垮的人重新恢复相对偏爱的世界关联。

（17）创伤会压垮和毁灭一个人的存在，因此本质上就可能带来污名和羞愧（自我贬值）；创伤包含了对一个人的贬值、排斥和抛弃，并伴随着社会性和自尊的丧失。

（18）与他人分享创伤——对他人公开创伤经验，既是重要的，也是有风险的，创伤经历的讲述表现出多种类型：从说真话、有选择性的揭露，到欺骗他人，等等。

（19）信任或惧怕构成人际关系，这些关系要么得到加强，要么解体。经历创伤的生活显著地揭示出与他人关系的性质：真正的朋友、敌人以及/或无关痛痒的人。

（20）支持者的宝贵品质包括：见证、真诚、分享、实际帮助、温柔、对个人目标及资源的认识和理解、联盟、关怀、鼓励，以及相伴走向未来。

（21）哭泣衡量创伤的视域和可能性，它表达出极度的痛苦和难以言表的情感，是为失去的现实性和可能性而哀痛。哭泣也表达出生命的活力，是在呼唤他人的理解和帮助。

（22）崩溃和屈从不仅仅是衰退的证明，也是抗逆力复原的必要时刻，它要求接纳摧毁和丧失。

（23）创伤与复原具有死亡和重生的意义。

（24）创伤具有非熟悉的、难解的、庄严的、非世俗或另外一个世界的性质，也就带有超自然的含义。

（25）个人作为整体的存在，可以在创伤的危急关头被体会到，标记着存在视域的广延与范围，并在其意义中达至终极。要尝试探索这一极广大的领域，其中一些做法可以是：虔诚祈祷、谦卑、感恩、优雅接受、治疗，以及生命的完成。

（26）创伤灵性维度的活力就在于拓宽、肯定生命的意向性即信念（faith）并接纳苦难和错误。

三、更宽的比较分析和本质的一般性层级

跨越个体的实际一般性的证明

关于心理学现象的洞见是有待修正的，需要有来自真实世界和富于想象力的证据。在检视盖尔的经验时，原来从特蕾莎样本中以自由想象变异而识别出来的全部 40 个特征都得到了证明。以下是一个例证：创伤的含义并不仅仅限于一个孤立的事件，它还会牵扯到对个人生命史发展的缩减；创伤瓦解了个人一直以来为完成目标而付出的努力，否决了他/她的未来。特蕾莎和盖尔的创伤案例都涉及之前的自我发展被打断。特蕾莎的发展在于要成为歌唱演员，从而离开父母建立自己独立的生活。但是癌症阻碍了她成长为歌唱家的步伐，使她未来的目标作废。作为对照，盖尔的发展在于提升她的运动成绩，以此能够对美国国家大学体育协会第一级别（NCAA）[①]的队伍作出贡献。她的受伤使得这个目标无法完成。盖尔摔断了胳膊直接意味着她的整个赛季都毁了。当她尝试活动自己的手指时，已经怀疑自己的未来；她评估是否真有必要做手术，这意味着她的赛季就此终结。当初盖尔入选时，背负着教练、家人、队友以及自己的很高期望。在以前的赛季中，她曾经很失望地作为

---

① 该级别是美国国家大学体育协会校际体育赛事的最高级别。——译者注

候补坐在板凳上，本来这是她冉冉升起，实现众望所归的成功的一个赛季。因为受伤，她又只能回到边上看别人比赛了。

在这两个样本以及其他许多案例中都可以看到：一个人走向未来时被创伤打断，历史的进步被截停。例如，一个人未能到达旅途终点，未能赢得战斗，未能获得学位，未能获得婚姻。一场车祸、脑部损伤、考试失败、未婚妻去世等，这都是创伤经验的案例，都使人无法完成重要的生活目标。一种经验要是没有这些特征的话，就不能算是创伤的样本；所以，个人生活中的历史发展并非所愿地被终止，可以看作是此类经验结构的必要条件。额外的生活世界样本，例如盖尔案例，加上想象变换，就提供了一般性的证明——意向性法则。如果我们对"创伤"的这个方面加以测量，就会找到方法来量化面向未来的生命历史运动遭受破坏的严重性和程度。

157

四、来自盖尔生活世界案例的新的一般性洞见

现象学研究需要有不止一个来自现实世界的案例，其中一个理由，是额外的描述文本将帮助研究者在想象环节减轻负担、增加素材并获得指导。在其他的生活世界的样本中，可能会发现新的、更高的一般性和本质性的方面，甚至这种现象的其他一般性结构。对盖尔样本的分析就发现了四个构件，它们是分析特蕾莎经验时没有找出来的。例如，盖尔描述了她的身体疼痛（physical pain）的经验，以及在康复过程中摇摆于希望与失望之间（vacillation between hope and despair）的那种经验。这两者至少在某种程度上可以看作是创伤的一般构件，特蕾莎也很有可能体验了这两者，只是她没有清楚地或明确地描述出来。如果对特蕾莎进行追谈，可以进一步澄清。身体疼痛可能是某些一般类型创伤的结构，但不是全部类型——例如，不包括涉及社会忽略、虐待、压迫的那些类型。在我的

分析中，盖尔创伤最令人瞩目的个人特征是她的摔落（fall）。在现实层面上，她从高低杠上掉落；在象征意义上，她从体操竞技的高峰处掉落，也意味着她从自己追求的较高的社会评价中掉落。人们也许要问，摔落在盖尔的经验中有其独特性，但未必在所有创伤案例中都是本质性要素。在盖尔的样本中，高与低的垂直（vertical）维度启发了有意义的思考方式。盖尔说，在摔倒之前，她的生活处于最好的状态，正在尝试挑战她体操生涯中最伟大、最有挑战性的技巧。盖尔还说，她"痛哭，因为真的很低落（down）"——这是另一个参考词，表明创伤带来的低落状态。虽然在特蕾莎案例中这不是一个清楚揭示的主题，但其实从两个人身上都可以看到垂直下降的含义，创伤把两个人都从相对的高位上拽（dethroned）了下来。

创伤作为摔落（trauma as fall）的一般性含义，还隐喻着从高到低并重新立起，这不仅在两个案例中都能看到，还可能具有相当普遍。进一步的想象变换会告诉我们，人们可能遭遇创伤时并不像两个案例那样，处在其竞技比赛/职业生涯轨迹的最高位。然而，既然把相对高度和掉落（relative height and fall）看作是此类经验的最一般化的维度，那么真正的含义可能就在于，需要有挺立姿态、人类尊严以及意向性本身，它们意味着超越性正在向上涌现（upsurge）。创伤是一种"击倒"，是一个"打击者"，它"逼人跪下"或"把人摁在地上"，这就颠覆了人们本来有的保持挺立姿态的意向性，也废黜了具有能动性的自由的赋权之手。盖尔的样本使我们清楚看到经验作为一种思想主题所带有的本质维度，也说明了特蕾莎经验的特征，比如下列这些事情的含义：她伏在手术室的桌子上；成为卧床的患者；她从甄选中、从歌剧舞台上甚至从上帝的慈悲中掉落了下来。"创伤作为摔落"也引导我们想象多种可能性，例如被他人贬低（downgraded）并在羞辱中低头（lowering），在创伤性的下坠（downfall）中被排斥、污名化和失去自尊。

158

五、案例之间的差异及对典型的中层一般性的领会

两个生活世界的样本各自有些不同的特征，说明这些特征不一定在所有创伤案例中都会出现的。但通过想象的变换能够证明，这些特征当中的某一些不仅仅是独特的，可能在某些特定类型中是本质的、不变的。"类型"是一般性的结构，它的本质可以通过与不同的类型相互对照而得到说明；一种类型下的各个样本则彼此共享相同的本质结构。虽然不同类型的样本之间并不共享同样的类型结构，但它们共享最一般的大类的本质结构，在此大类下他们成为不同类型。类型之间的区别是性质的区别，主要根据它们在经验层面上的过程、含义与结构来区分，而不是依据个人或环境的外部客观特征来区分，但也应承认，类似年龄（婴儿、幼儿、青少年、老年）、文化、环境背景（疾病、自然灾害、种族歧视）以及特定行为特征等也有意义，它们会指引研究者识别特定的心理类型，如年龄特定类型、文化特定类型等。

在我们两位参与者的经验案例中，一个不同之处在于特蕾莎的创伤性丧失（失去她的歌唱生涯）是终极的，而盖尔的创伤性丧失（失去健康的胳膊）则是暂时的。特蕾莎彻底改变了自己的生活，她接受了丧失嗓音的事实，在拓宽生活的成功转型中发现了新的才能、机会与社会联系；比较起来，盖尔则成功地重新投入她之前的事业中。盖尔受伤之后，她的心理生活几乎同时就缩窄为以不懈的努力来成功重返赛场。对增补样本的分析将帮助我们厘清，在创伤性不幸命运当中，抗逆力重生的两种类型之间的细致区分：一种是宽广的生活转型，一种是坚毅地聚焦于重返。盖尔的案例告诉我们，重返并不必然意味着重回与过去完全一样的生活，盖尔重回赛场时已经有了一份新的、特别的愉悦。盖尔自己形容重返赛场的经历是"13 年中意义最重大的表现"，意味着她作为

运动员已经强化了自己的快乐、勇气、力量和领导力。在她康复后的赛季中，她被选为队长。她的艰辛训练和动力"不仅将她带回到竞技场"，而且使她达到了此前未有的位置。在她最成功的高低杠项目上，"以前曾是我的弱项，现在成了我的宝贵财产"。特蕾莎和盖尔的经验不仅仅是创伤与复原的最一般现象的样本，而且共同涉及积极的生活改变。

继续我们的想象变换，特蕾莎和盖尔案例中的积极改变无疑在许多 159 不幸命运的案例中也同样有意义，但不是全部案例。我们可以很容易地想象两种场景：一种是与癌症做了卓绝的斗争但还是死于手术，另一种是死于致命的运动伤害而没有任何斗争。也许我们所说的"类型"更准确来说只是更为一般化类型之下的一个次类型，即经由创伤而成长（growth through trauma）。我记得在另外一项研究中一位参与者的情况：因为一系列自然意外和医疗事故而受损致残，日益变得充满愤恨，生活日趋收缩狭窄，还认真谋划自杀。这样的创伤经验，所涉及的是持续的消失与死亡。我们从心理学文献和临床经验中知道，创伤后应激障碍（PTSD）是创伤经验中的一个心理学类型。创伤与复原中多种多样的含义，可以依据它们本质的、不变的结构在现象学上加以厘清，而这需要比较各种各样的经历创伤的人类生活的样本。对生活世界中其他样本的比较性反思，辅之以想象变换，会逐步提高一般性的层级，从高度异质性开始，到稀有的，然后到较为一般化的次级类型，再到高度一般化的类型，最后到最一般化的创伤心理的过程、含义和结构，这通常会在创伤现象的所有样本中都展现出来，由此得到本质的质性知识。

第七节　完成研究

完成一项研究取决于问题的性质以及现象的性质。在这项研究中，最重要的开放性议题，是怎样确定最富于成果的一般性层级（一个或多个），以及一般性结构（一个或多个）将会采取的形式（一个或多个）。要做到这些，又进一步更具体地要求确定出研究的目的，从这里会产生出关于创伤与抗逆力这个主题的更为特定的关注点和范围。例如，对一项先前的研究做批判性审视后认为，需要对创伤提出更高的一般化理解，而研究的发现也能够澄清这种理解，那么一个更高层级的一般性结构就会被构建起来。但如果相反，研究打算要将创伤后的成长与创伤症候群的发展加以比较，那么就必须至少要有两种不同的类型结构。如果研究需要将应对创伤的实践-理性方式与心理精神方式加以比较的话，包含若干个类型结构的中层一般性结构也可能是合适的。特定的理论议题和/或实践兴趣会对分析和完成研究提出要求，也会提供许多种可能的研究思路。

160

　　一般性的最重要的层级和资源也依赖于所要调查的现象的本质特征，这些特征经由分析性的发现而在生活世界的资料中显现出来。随着研究问题而来的增补资料和研究发现会驱使我们去关注一般结构的层次和数量。这就是为什么在现象学心理学研究中，多个生活世界的样本[依据乔治的意见至少三个（Giorgi, 2009）]是必需的。我在某些时候曾使用过超过 100 个原案（Wertz, 1985, 1987b）。研究者可以利用他们自己的经验和观察，也可以利用从过去的研究、媒体、艺术和文献中所得到的增补样本。以这种方法，研究者将有更大的确定性来描述和澄清质性的（本质的）一般性的最重要层级，这些都是基于现象自身的样本之上的。

　　虽然所有的发现都会呈现为整体样貌，现象的各个时段也都被理解为一个结构中的相互关联的构件，研究也许可以在这一整体中将一些一般性议题加以主题化，从中钻研出更深化的细节，获得关于各种变化的重要维度的知识。例如，现在得到的发现表明，可以进一步研究的议题包括下列变化的因素：受创伤者童年经验中的脆弱性、发展的阶段位置、习惯性的应对策略、人际关系、他人造成的污名化、自尊的改变、分享与隐藏的话术、随之而来的二次创伤及心理成长的潜能等。

现象学研究者认为，所有的分析和发现都是可修正的，也必然面对批评和纠正。对于现象学研究者来说，生命经验无穷无尽的多样性、深度、复杂性以及根本上的神秘性永远超过我们的知识。这里所展示出来的发现可以通过对特蕾莎和盖尔的经验的重新分析和审视而被改变和完善，也可以通过收集新资料和进一步分析来改善。作为一项科学研究，这里的知识以证据为基础，也欢迎批评和完善。对这些知识的挑战、修正和精细化，不论是来自同一位研究者还是另外的研究者，他们都共同遵守上面描述过的程序——对样本进行反思性思考，提出基于证据的结论。随着研究的发展，研究者带着自身的个人敏感性、研究问题以及反思能力而使理解更为丰富。正如在所有的科学中一样，没有一项研究，也没有一个研究者能够宣称，在一个研究主题和一个研究问题中可以提供终极束语。

最终报告

现象学心理学家以多种不同的方法来呈现其研究。原始资料通常以整体描述或摘录的方式来呈现，篇幅的限制常常无法将所有全套资料包括进来。全部方法都要加以说明，可能还要加上例证，以帮助读者跟进程序。个体结构、类型结构、更高层级的一般化结构以及与变化维度和主题维度相关的所有发现也许都应该展现出来，这取决于研究目的和读者群构成。论述可以是简要的，也可以是长篇大论，也可以用图形和表格来说明发现。现象学研究者也没有使用某一种特定类型的语言。采取哪种形式的心理学语言取决于研究题材，以及研究者的风格、目标和读

161

者。所有的术语都是普通的日常语言的变化组合，知识的陈述可能会使用参与者自己的语言，使用来自哲学和/或心理学的专业词语，使用诗意写作的原始文本，使用其他类型的对话，等等，但无论怎样，介绍发现时一定要对被调查经验作心理描述（description），并提供具体证据。实际上，所有的报告、具体资料和生活世界情境引用、参与者的原话引用等，都要包括在内，使得心理学的见解和心理学的术语易于理解，并援引实际案例，用直观的方式帮助读者理解发现。对于发现的讨论也可以采取多种方式，这取决于研究目的。永远要突出"事情本身"（the things themselves, den Sachenselbst）的原初知识。例如，新知识也许要与以前的研究相关联并作比较，也许会用于回答理论上的争论，也许可以对实践和政策提供信息或指导。如同所有的科学报告一样，需要强调对研究方法的批判性评估、研究的局限、哪些路径最有利于推动进一步的研究，等等。对研究发现的讨论则可以揭示所做的研究将对科学和人类生活带来哪些好处。

（本章译者：钟晓慧）

参考文献

Aanstoos, C. M. (Ed.). (1984). *Exploring the lived world: Readings in phenomenological psychology.* Carrollton, GA: West Georgia College.

Bachelard, G. (1964a). *Psychoanalysis of fire* (A. C. M. Ross, Trans.). Boston: Beacon Press. (Original work published 1938)

Bachelard, G. (1964b). *The poetics of space* (E. Gilson, Trans.). Boston: Beacon. (Original work published 1958)

Berger, P., & Luckmann, T. (1967). *The social construction of reality: A treatise in the sociology of knowledge.* New York: Random House.

Binswanger, L. (1963). *Being-in-the-world* (J. Needleman, Ed.). New York: BasicBooks.

Boss, M. (1963). *Psychoanalysis and daseinsanalysis.* New York: Basic Books.

Bremer, A., Dahlberg, K., & Sandman, L. (2009). Experiencing out-of-hospital cardia-carrest: Significant others' lifeworld perspective. *Qualitative Health Research,* 19 (10), 1407-1420.

Churchill, S. (2006). Phenomenological analysis: Impression formation during a clinical assessment interview. In C. T. Fischer (Ed.), *Qualitative research methods for psychologists: Case demonstrations* (pp. 79-110). New York: Academic Press.

Cloonan, T. F. (1995). The early history of phenomenolocial psychological research methods in America. *Journal of Phenomenological Psychology,* 26(1), 46-126.   162

Dahlberg, K. (2007). The enigmatic phenomenon of loneliness. *International Journal of Qualitative Studies on Health and Well-Being,* 2(4), 195-207.

Davidson, L., Stayner, D. A., Lambert, S., Smith, P., & Sledge, W. S. (1997). Phenome-nological and participatory research on schizophrenia: Recovering the person in theory and practice. *Journal of Social Issues,* 53, 767-784.

Fischer, W. F. (1978). An empirical-phenomenological investigation of being-anxious: An example of the meanings of being-emotional. In R. S. Valle & M. King (Eds.),*Existential-phenomenological alternatives for psychology* (pp. 166-181). New York: Oxford University Press.

Fischer, W. F. (1985). Self-deception:An existential-phenomenological investigation into its essential meanings. In A. Giorgi (Ed.), *Phenomenology and psychological research* (pp. 118-154). Pittsburgh, PA: Duquesne University Press.

Gadamer, H.-G. (1989). *Truth and method* (2nd ed., J. Weinsheimer & D. G. Marshall, Trans.). New York: Crossroad. (Original work published 1960)

Gendlin, E. (1962). *Experiencing and the creation of meaning.* Chicago: Free Press.

Giorgi, A. (1970). *Psychology as a human science: A phenomenologically based ap-proach.* New York: Harper & Row.

Giorgi, A. (1975). An application of phenomenological method in psychology. In A. Giorgi, C. Fischer, & E. Murray (Eds.), *Duquesne studies in phenomenological psychology* (Vol. 2, pp. 82-103). Pittsburgh, PA: Duquesne University Press.

Giorgi, A. (Ed.). (1985). *Phenomenology and psychological research.* Pittsburgh, PA: Duquesne University Press.

Giorgi, A. (2009). *The descriptive phenomenological method in psychology: A modified Husserlian approach.* Pittsburgh, PA: Duquesne University Press.

Giorgi, A. P., & Giorgi, B. M. (2003). The descriptive phenomenological psychological method. In P. Camic, J. E. Rhodes, & L. Yardley (Eds.), *Qualitative research in psychology* (pp. 242-273). Washington, DC: American Psychological Association.

Gurwitsch, A. (1964). *Field of consciousness.* Pittsburgh, PA: Duquesne University Press.

Halling, S., & Dearborn Nill, J. (1995). A brief history of existential-phenomenological psychiatry and psychotherapy. *Journal of Phenomenological Psychology, 26*(1), 1-45.

Halling, S., & Leifer, M. (1991). The theory and practice of dialogal research. *Journal of Phenomenological Psychology, 22*(1), 1-15.

Heidegger, M. (1962). *Being and time* (J. MacQuarrie & E. Robinson, Trans.). New York: Harper & Row. (Original work published 1927)

Husserl, E. (1954). *The crisis of European sciences and transcendental phenomenology* (D. Carr, Trans.). Evanston, IL: Northwestern University Press. (Original work published 1936)

Husserl, E. (1962). *Ideas: General introduction to pure phenomenology* (W. R. B. Gibson, Trans.). New York: Collier Books. (Original work published 1913)

Husserl, E. (1970). *Logical investigations* (L. Findlay, Trans.). London: Routledge & Kegan Paul. (Originally published in 1900-1901)

Husserl, E. (1977). *Phenomenological psychology: Lectures, summer semester, 1925* (J. Scanlon, Trans.). Boston: Martinus Nijhoff. (Original work published 1925)

Jaspers, K. (1963). *General psychopathology* (J. Hoenig & M. W. Hamilton, Trans.). Chicago: University of Chicago Press. (Original work published 1913)

Laing, R. D. (1962). *The divided self.* New York, NY: Pantheon Books.

Laing, R. D., & Esterson, A. (1963). *Sanity, madness, and the family.* New York: Penguin Books.

Levinas, E. (1969). *Totality and infinity: A study in exteriority* (A. Lingis, Trans.). Pittsburgh, PA: Duquesne University Press. (Original work published 1961)

Marcel, G. (1965). *Being and having: An existentialist diary.* New York: Harper & Row.

May, R., Angel, E., & Ellenberger, H. F. (Eds.). (1958). *Existence: A new dimension in*

163

psychiatry and psychology. New York: Simon & Schuster.

Merleau-Ponty, M. (1962). *Phenomenology of perception* (C. Smith, Trans.). London: Routledge & Kegan Paul. (Original work published 1945)

Merleau-Ponty, M. (1963). *The structure of behavior* (A. Fisher, Trans.). Pittsburgh, PA: Duquesne University Press. (Original work written 1942)

Minkowski, E. (1970). *Lived time* (N. Metzel, Trans.). Evanston, II: Northwestern University Press. (Original work published 1933)

Moustakas, C. (1994). *Phenomenological research methods.* Thousand Oaks, CA: Sage. Mruk, C. J. (2006). *Self-esteem theory, research, and practice: Toward a positive psychology of self-esteem* (3rd ed.). New York: Psychology Press.

Pollio, H. R., Henley, T. B., & Thompson, C. J. (1997). *The phenomenology of everyday life.*New York: Cambridge University Press.

Ricoeur, P. (1974). *The conflict of interpretations: Essays in hermeneutics* (D. Ihde, Trans.). Evanston, IL: Northwestern University Press.

Ricoeur, P. (1981). *Hermeneutics and the human sciences: Essays on language, action and interpretation* (J. B. Thompson, Ed. & Trans.). Cambridge, UK: Cambridge University Press.

Rowe, J., Halling, S., Davies, E., Leifer, M., Powers, D., & Van Bronkhorst, J. (1989). The psychology of forgiving another: A dialogal research approach. In R. S. Valle & S. Halling (Eds.), *Existential-phenomenological perspectives in psychology* (pp. 233-244). New York: Plenum Press.

Sartre, J.-P. (1948a). *The emotions: Outline for a theory* (B. Frechtman, Trans.). New York: Philosophical Library. (Original work published 1939)

Sartre, J.-P. (1948b). *The psychology of imagination* (B. Frechtman, Trans.). New York: Philosophical Library. (Originally published 1936)

Sartre, J.-P. (1956).*Being and nothingness: An essay on phenomenological ontology* (H. Barnes, Trans.). New York: Philosophical Library. (Original work published 1943)

Scheler, M. (1954). *The nature of sympathy* (P. Heath, Trans.). New Haven, CT: Yale University Press. (Original work published 1913)

Schutz, A. (1967). *The phenomenology of the social world* (G. Walsh & F. Lehnert, Trans.). Evanston, IL: Northwestern University Press. (Original work published 1932)

Schutz, A., & Luckmann, T. (1989). *Structures of the lifeworld.* Evanston, IL: North-westernUniversity Press. (Original work published 1983)

Smith, J. A. (1996). Beyond the divide between cognition and discourse: Using interpre-tivephenomenological analysis in health psychology. *Psychology and Health,* 11(2), 261-271.

164

Smith, J. A., Flowers, P., & Larkin, M. (2009). *Interpretive phenomenological analysis: Theory, method, and practice.* Thousand Oaks, CA: Sage.

Spiegelberg, H. (1972). *Phenomenology in psychology and psychiatry.* Evanston, IL: NorthwesternUniversity Press.

Spiegelberg, H. (1982). *The phenomenological movement: A historical introduction* (3rded.). Boston: Martinus Nijhoff.

Straus, E. (1966). *Phenomenological psychology: Selected papers* (E. Eng, Trans.). New-York: Basic Books.

Valle, R. S. (1998). *Phenomenological inquiry in psychology: Existential and transper-sonal dimensions.* New York: Plenum Press.

Valle, R. S., & Halling, S. (Eds.). (1989). *Existential-phenomenological perspectives in psychology: Exploring the breadth of human experience.* New York: Plenum Press.

Valle, R. S., & King, M. (Eds.). (1978). *Existential-phenomenologicalalternatives for psychology.*New York: Oxford University Press.

van den Berg, J. H. (1972). *A different existence: Principles of a phenomenological psy-chopathology.*Pittsburgh, PA: Duquesne University Press.

van Manen, M. (1990). *Researching lived experience: Human science for an action sen-sitive pedagogy.* Albany, NY: State University of New York.

Wertz, F. J. (1982). *The findings and value of a descriptive approach to everyday per-ceptual process. Journal of Phenomenological Psychology,* 13(2), 169-195.

Wertz, F. J. (1983a). From everyday to psychological description: Analyzing the mo-ments of a qualitative data analysis. *Journal of Phenomenological Psychology,*14(2), 197-241.

Wertz, F. J. (1983b). Some components of descriptive psychological reflection. *Human Studies,* 6(1), 35-51.

Wertz, F. J. (1985). Methods and findings in an empirical analysis of "being criminally victimized." In A. Giorgi (Ed.), *Phenomenology and psychological research* (pp. 155-216). Pittsburgh, PA: Duquesne University Press.

Wertz, F. J. (1987a). Common methodological fundaments of the analytic procedures in phenomenological and psychoanalytic research. *Psychoanalysis and Contemporary Thought,* 9 (4), 563-603.

Wertz, F. J. (1987b). Abnormality from scientific and prescientific perspectives. *Review of Existential Psychology and Psychiatry,* 19(2&3), 205-223.

Wertz, F. J. (1995). The scientific status of psychology. *Humanistic Psychologist,* 23(3), 295-315.

Wertz, F. J. (1997). Toward a phenomenological consumer psychology. *Journal of Phenomenological Psychology,* 28(2), 261-280.

Wertz, F. J. (2005). Phenomenological research methods for counseling psychology. *Journal of Counseling Psychology,* 52(2), 167-177.

Wertz, F. J. (2006). Phenomenological currents in 20th century psychology. In H. Dreyfus & M. A. Wrathall (Eds.), *Companion to existential-phenomenological philosophy*(pp. 392-408). Oxford, UK: Blackwell.

Wertz, F. J. (2010). The method of eidetic analysis for psychology. In T. F. Cloonan &C. Thiboutot (Eds.), *The redirection of psychology: Essays in honor of Amedeo P. Giorgi* (pp. 261-278). Montréal, Quebec: Le Cercle Interdisciplinaire de Recherches Phénoménologiques (CIRP), l'Université du Québec.

第六章

建构主义扎根理论分析：
自我价值失而复得的案例

凯西·卡麦兹（Kathy Charmaz）

扎根理论能帮助研究者面对和拆解质性分析的复杂性，理解人生奥秘和生活中的细微时刻。[1]这种方法有一套灵活的指导方针，使得分析过程明白易懂，也让研究者们能持续参与到研究进程中。扎根理论既系统化又具有灵活性、强调资料分析的方法，它的资料收集和分析是同时进行的，它运用对比的方法，为理论的建构提供工具。

扎根理论广受好评，它成为资料分析的通用方法，其中一些关键策略，比如编码和备忘录，成为质性研究中常用的方法。扎根理论的编码就是为一段资料编一个简短的标签，记录这段资料的意思，使其浓缩并从一大段资料中拆解出来。编码从研究者与资料的互动中来，不是像定量研究那样是事先形成并应用于资料的。与其他质性研究者一样，扎根理论学者通过编码来总结、合成和提炼资料，此外，我们将编码用作概念性工具来拆解资料，阐述资料中的过程，以及在不同的资料间进行对比。我们从编码开始分析工作，但很快就开始写详细的备忘录来讨论和分析我们的编码。有些编码比其他编码更能解释资料，我们就将之提炼出来归入暂定的分析类属中，进一步进行阐述和检验。

随着我们在备忘录中不断提出要分析的问题，扎根理论类属就会变得越来越抽象和理论化（可参见 Charmaz, 2006a）。我们在备忘录中对类属分析的详情进行尽可能多的记录和探讨。备忘录写作是在编码和撰写文章初稿过程中必需和重要的中间环节。我们对暂时类属的属性、类属变得显著的条件、类属如何阐述资料、编码和类属间的对比等议题进行记录。在实操中，备忘录是贯穿整个研究进程的，随着我们对研究议题的认识与研究重点越来越清晰，记录也会变得更精确与更具分析性。在早期编码时我们就开始编写备忘录，直到对某个类属及它与其他类属的关系有了成熟的分析。简要说来，扎根理论的备忘录使我们能持久、连续地对逐步出现的类属进行分析。

　　扎根理论始于对归纳性资料的收集，但高度依赖于资料收集与分析之间的循环往复。这种反复的步骤有助于聚焦资料收集和从备忘录中将资料理论化。因此，扎根理论策略决定着资料收集的种类，以及何时何地进行收集，尽管比起资料收集，这种方法更重视资料分析。扎根理论对资料收集的贡献在于它运用暂时性理论类属来确定后续资料收集。通过愈加集中的资料收集，研究者们检验并修正初步的理论类属。

　　运用扎根理论，我们能逐步对资料形成抽象、理论化的概念。扎根理论的逻辑在于其互动的特性、对比法和溯因推理的系统运用（Charmaz, 2006a, 2008c）。它能让我们与自己的资料持续互动，通过对比分析和对每一步的记录建立初步论点。作为扎根理论学者，我们与资料互动，在为资料编码时进行对比，通过收集更多资料并持续进行更多抽象分析，检验着初步浮现的理论类属。我们从广阔的视角开始调查，从"敏化概念"（sensitizing concepts）（Blumer, 1969）开始形成我们的框架，但当这些概念不再适合我们从经验世界中获取的资料时，我们就改变研究焦点。格拉泽特别告诫过研究者不要带有预设，将那些既存理论和文献套用在自己的资料上。但是，很少有学者，包括扎根理论学者能真的在自己的研究领域中避开既存理论与经

166

验研究(Glaser, 1978, 1992, 1998, 2003)。扎根理论学者们越来越赞同亨伍德和皮琼采取"理论不可知论"(theoretical agnosticism)立场的提议，而不是以不吸收任何理论的"白板"状态进入研究(Henwood & Pidgeon, 2003)。亨伍德和皮琼的提议要求我们对自己的想法与之前的理论解读进行细致严谨的思考。在这点上，理论不可知论与将扎根理论从纯粹的归纳法推进了一步的溯因推理有着相似之处。

167   溯因推理之下，研究者会为一个奇特发现找出所有可能的理论解释，然后再回到经验世界中检验这些解释，直到找到一个最合理的解释(Charmaz, 2006a; Peirce, 1958; Rosenthal, 2004; Reichertz, 2007)。格拉泽理论抽样的方法就体现了溯因的逻辑。理论抽样根据临时类属的特性来决定如何抽样，而不是根据人口学特征来抽样的。因此，理论抽样一开始并不是从相关群体或有一些特定属性的群体中进行抽样的。那么，扎根理论学者是如何进行理论抽样的呢？在发展出临时类属后，我们会回到田野中找寻能阐释这个类属的特定资料。比如在访谈研究中，我们会修改访谈提纲，加入一些关于这个类属的更聚焦的问题，以明晰它的属性，然后将之与资料和编码进行对比，再评估它在资料分析中的稳健性和有用性。理论抽样能凸显逐步出现的理论类属的重要性和有用性，这是理论建构的关键一步(Charmaz, 2006a; Hood, 2007)。

什么是真正的扎根理论？这点尚存争议。胡德(Hood, 2007)认为，扎根理论学者必须要做理论抽样，但实际上只有少数学者如此进行。很多研究者对扎根理论有误解，还有一些质性研究者只是为了证明自己研究的合法性而宣称使用了扎根理论。无论别的学者怎么看待他们的研究，研究者要知道的是，他们究竟如何使用扎根理论的方法和策略。

格拉泽和安塞尔姆·斯特劳斯进行社会学质性研究的方法已然成为质性研究中的通用方法，在很多学科和职业中都有使用，包括理论与临床心理学(Charmaz & Henwood, 2007; Tweed & Charmaz, 2011)。这种方法对于做质性研究的心理学家来说尤其有效，比如研究自我、身份和意义。扎根理论为从深入访谈、个人叙述、个案研究和田野观察中为获取的心理学资料的理论分析提供了工具。尽管格拉泽一贯坚称扎根理论能在定量研究中使用(可参见 Glaser, 1978, 1998, 2008)，但在当今学界，几乎所有研究者都运用这种方法来进行质性分析。

第一节 扎根理论的发展

格拉泽和斯特劳斯在多年间曾进行过独立的、并不一致的不同版本的扎根理论研究。格拉泽(Glaser, 1992, 1998, 2003)认为他的扎根理论是最经典的，为扎根理论的正宗版本。在《理论敏感性》(*Theoretical Sensitivity*)一书 168 (Glaser, 1978)中，格拉泽①明确了概念指标模式；②阐释了如何通过比较分析建立质性编码和理论类属；③并介绍了理论编码作为分析编码的概念，这是研究者理论生成的重要一步。斯特劳斯的扎根理论路径与格拉泽出现分化的标志是 1987 年出版的《为社会科学家提供的质性研究》(*Qualitative Analysis for Social Scientists*)一书。安塞尔姆·斯特劳斯与朱丽叶·科尔宾 1990 年合著了《质性研究的基础：形成扎根理论的程序与方法》(*Basics of Qualitative Research: Grounded Theory Procedures and Techniques*)，虽然大多数学者都认为该书是格拉泽和安塞尔姆·斯特劳斯的《扎根理论的发现》(*The Discovery of Grounded Theory*)(Glaser & Strauss, 1967)以及格拉泽的《理论敏感性》(Glaser, 1978)的延伸，并将之视为学习扎根理论的主要指南，但实际上它与早期阐述相比已有了很大的不同。

因此到了1990年，已经出现了两个截然不同的扎根理论版本，一个是格拉泽的实证主义版本，另一个是安塞尔姆·斯特劳斯和朱丽叶·科尔宾的后实证主义版本。格拉泽（Glaser, 1992）认为安塞尔姆·斯特劳斯和朱丽叶·科尔宾的新技术将资料生硬地塞到预先定好的程序中，便失去了扎根理论，即对自然浮现、逐步分析的基础性强调。另一些学者也持类似观点，认为安塞尔姆·斯特劳斯与朱丽叶·科尔宾的方法程序化、预设化，受各种规则约束（参见 Atkinson, Coffey, & Delamont, 2003; Charmaz, 2000; Melia, 1996）。从那时起，朱丽叶·科尔宾（Corbin & Strauss, 2008）修正了他们对程序的立场，断言他们并非有意让读者产生方法受规则约束的印象。

在过去的十数年间，安东尼·布莱恩（Bryant, 2002, 2003）和我[①]（如Charmaz, 2000, 2006a, 2007）独自或共同（Bryant & Charmaz, 2007a, 2007b）撰写了一些关于扎根理论的论著。我们发展出"建构主义扎根理论"，将扎根理论引入社会建构主义的范式中。实质上，建构主义扎根理论吸收了21世纪的认识论假设与方法论改进，重拾早期扎根理论灵活指导方针而非严规缛节的策略。我们认为，早期扎根理论建立在实证主义假设基础上，包括①存在一个外部的现实；②一个客观的、权威的观察者；③有推广性的要求；以及④运用资料时不考虑研究者的参与和立场对资料的影响。相反，建构主义路径强调多重现实，注重研究者与研究参与者各自的位置和主体性，重视情境性知识，认为资料本身就是片面的、有问题的。

建构主义扎根理论采用了格拉泽与安塞尔姆·斯特劳斯（Glaser & Strauss, 1967）经典扎根理论的方法论策略，但不认可其认识论。建构主义扎根理论采用了相对主义的认识论，寻求对资料的阐释性理解，而不是格拉泽（Glaser, 1998, 2003）所倡导的那种与资料生产的特定情境割裂的、只产生抽象推论的变量分析，格拉泽的目标是创造剥离了一切特定时间、空间和情境的抽象概念。而建构主义扎根理论学者的目标是创建植根于这些特定条件的阐释性理解，充分考虑研究者与研究参与者的立场和位置将如何影响

169

[①] 指本章作者凯西·卡麦兹。——译者注

学者的阐释。建构主义学者也不认可格拉泽(Glaser, 1998, 2003)对资料的立场，因为他没有考虑研究者的情境与资料在哪样的情境下是如何产生的。从认识论的层面上来说，格拉泽的观点假设了一个中立的观察者和一个真相置于其中且能被发现的外在现实的概念。[2]在这种观点下，资料是置身于这个外在现实中的，为研究参与者代言是毫无问题的，自省也只是选择性的而不是必需的。相反，建构主义扎根理论学者。认为资料是研究者与被研究者互相建构的，资料与其后的分析都不是中立的，它们反映了位置、条件和建构过程中的偶然性。建构主义扎根理论学者自始至终都是自省的，这种自省和对相对性的假设让我们看到了多重现实、位置与立场，以及在研究过程中这些因素在研究者与研究参与者身上的变化。

建构主义者对于阐释性理解的追求与安塞尔姆·斯特劳斯(Strauss, 1959/1969, 1961, 1993)留下的符号互动论是一致的，他从早期到最后的理论论著《行动的持续重组》(Strauss, 1993)都受到了符号互动论的强烈影响，比他与朱丽叶·科尔宾合著的方法指南性著作(Strauss & Corbin, 1990, 1998)更甚。与格拉泽一样，建构主义者反对安塞尔姆·斯特劳斯和朱丽叶·科尔宾(Strauss & Corbin, 1990, 1998)预设性的程序技术，认为其削弱了创建逐步出现的理论类属的能力。不过格拉泽虽然强调自然浮现的理论类属，却在如何建立这些类属上变得具有预设性了。建构主义扎根理论的方法论策略是启发式的，研究者要根据每一步的情况进行调整，因此建构主义扎根理论反对早期的两个版本的预设论(参见 Charmaz, 2006a, 2008a)。

阿黛尔·克拉克(Clarke, 2003, 2005, 2006)对建构主义扎根理论作了延伸与补充，研究者可以用这种方法来研究组织、社会生活、政策等个人层面分析之外的事物。建构主义扎根理论获得了来自各领域学者的支持(可见 Galvin, 2005; Hallberg, 2006; Madill, Jordan, & Shirley, 2000; Mills, Bonner, & Francis, 2006a, 2006b; Reich & Brindis, 2006; Scott, 2004; Torres & Hernandez, 2007; Ville,

2005; Whiting, 2008; Williamson, 2006)。与近年来质性研究的发展趋势一致，建构主义扎根理论将研究者与被研究者置于研究领域之中。

第二节　建立一个自我价值失而复得的扎根理论

展现用扎根理论策略分析这个项目资料的过程有以下几个目的：①呈现我是如何用扎根理论的方法从资料中建立起初步想法的；②将这些想法与后面对失而复得的自我价值的分析联系起来，而失和得正是我从资料中逐步定义出的两个关键过程；③展现我的分析成果，也就是一个关于失而复得的自我价值的扎根理论。这里的自我(self)，指的是一个逐步展现的社会和主体过程，一个经验的自我，而不是一个稳定的结构，即自我概念(Gecas, 1982)。[3] 自我概念(self-concept)指一套有组织的(organized)的自我、特性、情感、价值和判断的一致定义，个体通过这些定义来认知自己(Turner, 1976)。自我是流动的、多元的，是在经验中呈现的。与之相反的是，自我概念有着相对稳定的边界，只是在特定的条件下这些边界是可渗透的(Charmaz, 2006b)。在以下关于失而复得的自我价值的分析中，我强调经验的自我，但亦会在关键的时候关注自我与自我概念之间的关系。

关于这个失而复得的自我价值的分析始于用扎根理论的指导方针从资料中建立一个归纳性的分析。我强调从资料中定义出来的意义、行动和过程。为了从资料中建立全新的理论，扎根理论的运用必须保证越开放越好的原则，看资料中到底发生了什么，然后从那个点开始归纳性探索。因此，扎根理论引导研究者思考：资料中最重要的是什么？当我研读项目收集到的资料时，失去自我作为这两位女性面对的重要议题不断从资料中映入眼帘。[4]

扎根理论指引研究者探究田野中最基本的过程，并对其进行新的理论

170

分析。一个格拉泽式的扎根理论基本原则（Glaser, 1978）是，现有概念并非默认能用的，不应该直接套用到资料分析中。因此，我并没有直接用抗逆力的概念，它太具体了；作为一名扎根理论学者，我很明白自己的立场和出发点会影响我如何（how）解读资料以及我从中看到了什么。慢性病曾在无数个人和职业经验中触动着我的生命（Charmaz, 2009）。我曾短暂做过物理治疗的职业治疗师，目睹过重疾给人带来的劫难。几十年前的这些经验现在依然印在我脑海中。另外，我的社会心理学背景影响着我如何看待这些资料，我早期的慢性病研究经验也影响着我对资料的分析（Charmaz, 1983, 1991, 1994, 1995, 1999, 2002）。我们这里分析的疾病经验的资料类似于钱布罗内形容的对自己的攻击（Ciambrone, 2007），以及斯库兰波夫妇形容的对生活世界的攻击（Scambler & Scambler, 2010）。这两种概念都假设先验自我和世界是相对稳定的，也认为一致性是可能的。此外，特蕾莎的病已经造成了"人生进程的中断"（Bury, 1982），虽然这也是自然发生的。作为年轻独立的美国女性，特蕾莎一直在与南美裔父亲抗争以发出自己的声音，但她那传统的菲律宾裔的母亲却一直忍气吞声。这样的抗争经历会使一个人更善于表达自己的观点和采取行动，早在她作医疗决策之前就是这样。 171

　　这个项目的资料包括对一个重要事件的书面描述和访谈记录，而不是直接观察。为两位研究参与者命名能凸显她们的独特声音，帮助读者想象和理解她们的世界。我们不知道特蕾莎和盖尔还有什么没说出来的，也不知道她们在经历这些事件的时候有着怎样的经验，但她们对这些经历进行了强烈而扣人心弦的回顾与叙述。我这里的分析与进行一次完整的扎根理论研究的主要区别在于，后者需要收集更充分的资料进行分析，对照新资料以发展新的概念。这样的对照使研究者能看到不同的形态并将之进行对比，从而发现过程中的差异。如果将访谈作为唯一的资料来源，那么至少要有 30～40 个访谈才能为详细分析提供坚实基础。

　　如果我能进行一个更大规模的扎根理论研究，我会对特蕾莎和盖尔进行回访，并将其他参与者也囊括进来，对研究中出现的关键概念进行跟进。随着研究的进行，我将以前项目的访谈资料拿来进行了对比，但若是做扎根理论研究的话，我会做得更为系统化，会根据分析产生的主题收集更多的资料。我在以下分析写作之后确实对特蕾莎进行了一次访谈，但那些资料并未用在这次分析里。那时，5位研究者都已决定使用最初的资料。如果包括了后来的资料，我会对模糊的时间顺序进行澄清，比如特蕾莎在声音恢复后在多大程度上投入到新的学术生活中。如果继续进行访谈，我将能够对那些未说出的事进行跟进，只要大家都觉得这样的追问是舒服的。体操训练对于大学毕业之后的盖尔来说意味着什么？在她生活中它占据了多重要的地位？特蕾莎喜爱的声乐老师跟她说"你能不能不要再来了"的时候，她是不是像自己说的那样理性？她的垂体肿瘤被发现的时候发生了什么？特蕾莎那时是怎么想，怎么做的，有什么感受？现在呢？

　　问更深入的问题有助于我们延伸和深化分析。特蕾莎和盖尔重建过往的方式是如何影响她们现在的自我的？时间是一个很难言明的现象，语言在它面前显得非常局限。我会想再问特蕾莎和盖尔更多关于她们的转折点和关键时点的问题，她们故事中的这些时刻能揭示出关于意向性和转变的什么呢？如果每位女性都愿意更多地探索她们的经验，我能获得更多信息，分析性类属将变得更准确。

172　　这些资料给我们带来很多思考，也显示了一个尊重他人、善于聆听但缺乏经验的访谈者亦能获取不少重要的主题。如果我去做后续跟进访谈的话，我会尝试让自己的问题比现在的更开放。我会从研究参与者的角度去了解她们的想法，而不是将事先假设的结构加诸其上，我需要更好地倾听她们的故事，多用"请告诉我"或"如何"的问题来获取更多开放的信息。

　　由于扎根理论学者对资料的发现抱着一种尽可能开放的态度，所以他们的确并不确定自己的分析会将自己带向何方。用扎根理论就意味着面对一个逐步生成的过程，依靠的是与研究参与者和收集到的资料的互动，与我们如何发展初步的想法有关，还与我们知道什么、我们是谁有关。扎根理论学者在资料中游走穿梭，对比细碎分散的资料，又将资料与编码对比，将编码与类属对比，再在类属之间进行对比。每一次对比都将分析的抽象程度进一步提高。下面的类属"失去自我"，就比很多其他编码（如"从过去获取教训"）更抽象了。

　　比起深入细致的分析参与者的叙事，扎根理论更倾向于对资料中的重要过程建立理论分析（当然，如果研究者获取的叙事足够多的话，也是可以对整段叙事进行对比和分类的）。我在分析初期使用的是逐行编码的方法（Charmaz, 1983, 1995, 2006a; Glaser, 1978）。逐行编码就是对资料的每个细节进行标注，研究者用这种整体性的方法来让自己沉浸在资料中，摆脱先入为主的想法和概念，重新审视资料。做逐行编码的时候，扎根理论学者在资料中查看发生了什么，在可能的情况下给它们冠以简短的、活跃的术语。我们会使用动名词，即动词的名词化，因为它保持了活动或行动的属性，能帮助我们看到被议题、结构等语言收缩了的过程。我和大家一样，之前就读过盖尔和特蕾莎的叙述，但逐行编码促使我再次扎进资料的各种细节里（参见表6.1）。

　　表6.1中的很多代码描绘和总结了我从资料中看到的事情。我认为表6.1中的最后一个编码对于整个编码解读来说是特别重要的，因此我将其列为失去和重新获得一个有价值的自我的类属。扎根理论靠的是学者与资料打交道，研读它，解读它。其他扎根理论学者可能会从资料中得出相似或不太一样的类属，主要取决于他们编码的内容与方向。

173

表 6.1　初步的扎根理论编码

编码示例	待编码的原始叙述材料
	你能不能谈谈在实际的身体恢复过程中，哪些是容易的……或许……哪些是困难的？
· 持续复苏 · 记起刚苏醒的时候 · 以小时计算手术时间 · 发现（意料之外的?）肿瘤扩散 · 解释麻醉效应	**参与者**：太可怕了。我记得我从手术醒来的时刻。手术本来预计三个小时……结果花了六七个小时，因为他们也没有预料到扩展得很快。我醒来……麻醉剂对人有非常有趣的效果。我曾看过人们从麻醉中醒来，说来也好笑……有的人会号啕大哭或者胡说八道。
· 醒来痛哭 · 听到声音还好 · 为手术结果感到雀跃 · 感到痛楚	自然地，我醒来以后一直在哭。但我最先意识到的是，我的嗓子比手术前好多了，于是我想："这太好了!"随后的几周，我时常感到疼痛，主要是因为这一手术的性质。
· 增加了切除面 · 阻止肿瘤扩散 · 动弹不得	从医学的角度而言，这当然是治愈的阶段，但是我的手术很难，因为必须进入颈部的另一边，因为肿瘤已经在扩散了。结果就是，我不能行走，基本上不能动。我整整在床上躺了 3 周。
· 感觉很难受 · 被迫与父母一起	我不习惯一直躺着。我太难受了，更不幸的是，我得和父母在一起。
· 想保持距离——父亲	我母亲还好……毫不意外，她关照我的一切需求。如果我父亲不在那里就还好，但他常常在那里。
· 继续争执使声音问题变得更复杂无法连贯说话的问题 · 开始显露经历说话的变化 · 阐述某种损伤 · 没有得到具体解释；没问为什么；信息隐瞒? · 列举可能的损失 · 暗示忧虑	因为我的情形，我们并不能吵架，那只会使得我的嗓子变得更糟糕。手术之后，有那么一个月，我非常明显话都说不好，我的发音肯定受很大影响。慢慢地，声音一点一点回来了，但是肯定还是发生了很大的变化。我做了彻底的检查，但是没有人能告诉我，什么改变了。理论上来说，手术肯定是改变了一些事情，所以自那以后有些东西就变得不一样了。这很困难……身体的恢复，还要接受一个事实，那就是，从今以后，一些东西会变得非常不同。

续表

编码示例	待编码的原始叙述材料
·阐述永久性损失 ·经历被动损失 ·声音与自我合一； ·失去自我价值 ·承认苦痛	我也不再是那个曾经的我了。我的声音没有了，我也随之而去。没有了声音，我什么也不是。是的，这确实非常困难。

有些扎根理论学者一开始就采用逐事件编码的方法（incident-by-incident coding）。但我认为，在开始的时候用逐行编码更能让我们掌握在访谈资料和个人叙述中没发现的过程和问题。比如，表6.1中的逐行编码清楚地展示了事件和失去的进程。在分析过程中，我尝试将特定的资料与更大的过程和理论解释联系起来。通过激发对比，我也可以看到正在分析的这个点与其他可能的解释之间的关系。在一个真正意义上的扎根理论研究中，反复循环的逻辑会促使我一次次地回到田野中（或是在其后的资料收集中），寻查各种解释。

下面的分析反映出我在资料中找到的最重要的内容。其他质性研究或扎根理论学者可能会强调其他重要部分，我的分析则是基于对资料中关键点的解释，而不是客观报告。作为一个扎根理论学者，选择最重要的和/或出现最多的编码是我决定分析焦点的标准。在这个案例中，我看到失去自我价值（losing a valued self）是最重要的一个编码，将其他编码联系在一起成为一个连贯的分析。"我的声音没有了，我也随之而去，没有了声音，我什么也不是。"当我为特蕾莎的这句话编码的时候，我感受到了她的力量和辛酸。我就觉得，特蕾莎失去了她的声音，引申意就是失去了她的自我，这是这个基本过程中最核心的类属。

从那时起，我展开了"失去自我"这个类属和失去自我的过程的分析。我开始写备忘录，探索、定义和分析这个类属。书写备忘录是扎根理论的一个关键方法，它促使研究者尽早开始资料分析，写下逐步浮现的类属。这还有助于扎根理论学者看到他们还需要什么额外的资料来填满一个类属。表 6.2 是我早期记下的备忘录，它给了我一个方向，塑造着整个分析。

表 6.2 关于失去声音和自我之间联系的早期备忘录

自我的失去和复得

　　理论上来说，手术肯定是改变了一些事情，所以自那以后有些东西就变得不一样了。这很困难……身体的恢复，还要接受一个事实，那就是，从今以后，一些东西会变得非常不同。我也不再是那个曾经的我了。我的声音没有了，我也随之而去。没有了声音，我什么也不是。
（作者加的强调）

　　在以上的陈述中，特蕾莎回顾了 11 年前的一个重要时刻。她描述这个时刻的样子就好像这是昨天才发生的事情一样。这个事件对她造成了全面的打击。"我的声音没有了。"声音与自我融合了。与自我不可分割。她的全部自我。特蕾莎知道她的生命从此刻起发生了变化，过去的自我也改变了。也许当特蕾莎回顾那个重要时刻的时候，时间坍塌了。也许我们目睹了一个 30 岁女人的自我回到 19 岁，那是一个面对失去自己唯一且珍视的自我的女孩。

　　时间的意义渗透在特蕾莎的叙述中。随着特蕾莎的故事展开，过去、现在、未来都有着强烈的意义。在故事的开头，她回顾了这个事件，在上面这段陈述中，她将手术视为一个时间点。特蕾莎将患甲状腺癌视作分离现在与过去的一个重要事件。她的手术成为一个时间上的标记，标志着她的自我的改变。它也标记着失去嗓音的现实，那个嗓音定义了她，塑造了她的生命。特蕾莎努力地与失去嗓音作斗争，这件事划分了她的过去与未来。她的故事超越了对"不幸事件"的叙述。她讲述了一个故事，这个故事是关于极端痛苦的失去，以及重获一个改变了但仍有价值的自我的故事。

　　对于特蕾莎来说，她的癌症、手术、嗓音的失去杂糅着成为一个令她失去自我的悲痛经历。过去形塑了这个事件的力量，以及后来的一系列改变生命的事件。但她在过去练就的态度和技能将她的悲惨叙述变成了积极新生的开始。

　　在这个备忘录里，我开始研读特蕾莎的陈述，探索其中的意义。她把声音（voice）和自我（self）联系起来；我试着详细分析这些联系和它们的重要性，也尝试将她的陈述置于其时间脉络中。扎根理论的学者会描绘类属，然后从其中定义这些类属。在这个案例里，特蕾莎的叙述中构成声音和自我的联系的属性包括：①它本身就是融合在一起的；②这种融合的程度是，声音和自我是不可分开的；③声音在自我统一和自我表达中的必要性。[5]特蕾莎的故事也显示了另一个有价值的自我的复得。我看到了两个过程间的联系，但特蕾莎的叙述在失去自我方面提供了更多的材料。在重疾中失去自我是我一直以来关注的一个议题。会不会是我将这个想法强加在这些资料上，于是先入为主地进行了后面的分析？也许吧。但是，如果这一分析在这场研究中是有用的，能回应这些女性的故事，那么聚焦在失而复得的自我价值上就是有意义的。

　　我的分析是从特蕾莎手术后的经历开始的，而不是她在医生办公室中的痛苦时刻。手术之后，想象中的失去变成了真实的失去，这就成为我分析的核心。就像扎根理论学者都会做的那样，我尝试将失去自我这个较大的类属概念化，探讨它和失去自我价值的过程的关系，并具体分析这个突如其来的事件。本书中失去自我、受苦、时间的意义这些主题当然与我之前的研究是有关的。但失去自我——噪音——这个类属在资料中清晰地回荡着。按扎根理论的方法步骤，我在使用任何其他材料前就先写下了我的分析。读我的合作者对资料的分析，回顾之前的文献（包括我自己的那些），将资料与文献联系结合等工作都挪到了后面。在我写初稿的时候，脑海里闪过几篇参考文献，我就先记下，等着修改本文的时候才看。

　　经典的扎根理论文献（Glaser, 1978; Glaser & Strauss, 1967）指引着读者去发现和探索要被理论化的那个基本的社会和社会心理过程。跟我的大部分研究不同的是，自我价值的失去与复得两个基本过程从特蕾莎的故事中凸显出来。[6]在我定义了失去自我这个核心的类属的属性之后，

176

这个过程的不同阶段已经从其他编码中浮现了出来。其后的分析便基本由围绕着这个过程的不同阶段的备忘录组成。

我对于这个分析的建构并没有止步于自我的失去与复得的理论解释，它也存在于我的论点、引文选段、话语选取和营造的氛围之中。我们还可以谈谈如何用扎根理论策略建构一个分析的故事。当然，如何书写这样的故事又是另一回事了。

第三节　自我价值的失去与复得：
一个建构主义扎根理论的分析

"没有了声音，我什么也不是。"我对于特蕾莎故事的分析是从此开始的。那是 11 年前，当她还是一个 19 岁的大学女生时，经历了一场几乎是毁灭性的事件。特蕾莎在歌剧演唱方面令人惊异的才华使她从其他声乐系的学生中脱颖而出。本是星途坦荡，然而悲剧却发生了。特蕾莎脖子上一个快速增长的肿块原来是致命的癌症，需要精密的手术来切除。[7]让我们来看看特蕾莎在她的故事中讲述的有关她的声音的部分：

> 理论上来说，手术肯定是改变了一些事情，所以自那以后有些东西就变得不一样了。这很困难……身体的恢复，还要接受一个事实，那就是，从今以后，一些东西会变得非常不同。我也不再是那个曾经的我了。我的声音没有了，我也随之而去。没有了声音，我什么也不是。（作者加的强调）

透过这些话语，特蕾莎重温了 11 年前的那场让她失去声音、自我，也就是生命的混乱经历。这个时刻成为一个无法改变的转折点，在她的故事中充满了这样的瞬息转变。特蕾莎讲述这事的样子，让人觉得这仿佛就发生在昨天。它的意义撕裂了她的意识，撕裂了她熟知和珍视的那个自我。"我的声音没有了"。声音与自我合而为一，与自我不可分割。声音是她的全部自我。

声音是自我的一个隐喻。声音统一了身体和自我。声音承载着自 177我，表达着它的激情。在患癌之前，特蕾莎的声音系统地组织着她的大学生活，为她塑造了一个职业女中音的未来。在她意识到她失去了声音的瞬间，她的生命就被不可逆转地改变了，她过去的自我也随之失去。这个重要时刻揭示并预示着，一个悲惨的失去。这样的自我的失去是一场对个人认知世界和自我的（Bury, 1982; Charmaz, 1997）"炙热的破坏"（searing disruption）（Charmaz, 1997）。也许时间在特蕾莎回顾这个重要事件的时候坍塌了。或许我们目睹了一个 30 岁的女人再次回到了她失去自己熟识和珍视的自我的 19 岁。

30 岁的特蕾莎对故事的清晰回顾放大了她失去嗓音的事情，因此，她失去了自我。失去声音她是不情愿的，不可控制的，亦不可逆转。她觉得自己已经失去了对生活的控制。患癌、手术、失去声音共同构成了一场重大的危机，令她失去自我，遭受巨大伤痛（Charmaz, 1983, 1999, 2002）。[8]这场危机及之后改变生命的一系列事件的巨大力量至今仍在特蕾莎的生活中激荡，而这都是由过去塑造的。恶性肿瘤悄悄潜进她生命的背景中，沉静却清晰地存在着。特蕾莎在过去练就的态度和技能将她的悲惨叙述变成了充满希望、勇气和积极成长的故事。

时间的意义贯穿了特蕾莎的故事。她透过现实的棱镜回顾过去（Mead, 1932; Ross & Buehler, 2004）。随着故事的展开，过去、现在、未来都有了强烈的意义。她的故事还向我们揭示了时刻的意义。重要时刻标志与象征着纷乱的变化。在她那句失去自我的惊人的陈述之前，特蕾莎还讲过她的磨难是如何一步步开始的。她得知自己可能会失去声音的那个时刻成为她生命中的重要事件。这个消息猛然分开了她的过去和现在。这个时刻粉碎了特蕾莎的自我。生命没有了歌唱会变成什么样？

手术后，预想的失去就变成了真正的失去。创伤打乱了过去的节奏。特蕾莎与失去声音作着斗争，她将这些事件与她的过去和未来并置在一起。她的故事超过了对一个"不幸事件"的陈述，她讲述的是一个极端痛苦的失去自我与重获一个改变了但仍有价值的自我的故事。死亡的阴影进入了这个故事，尽管我们无法确定是什么时候进入及如何进入的，因为特蕾莎透露："我总是尝试将事情轻描淡写，仿佛事情并没有什么不好。"

对特蕾莎故事的社会心理学分析显示了一个失去有价值的自我和具象的自我的过程，又显示出在生活具有不确定性的情况下重新获得自我价值的方法。为了分析的清晰度，我将①自我价值的失去和复得视为一个重建自我的连续体的两端，②强调失去自我发展的条件，③描述影响意向性的（intentional）重建自我的重要条件，④联结这一时刻的意义与意向性。当我用类似的资料研究人的生命发展时，我发现这些过程绝对不是单一和线性的，而是来回、往复、循环，与生活和健康的变化相关的（Charmaz, 1995）。

什么是失去自我？它与自我断裂和自我改变有何关系？什么经验会导致失去自我的痛苦？失去自我的人们是如何重获自我的？我将在本章回答这些问题，并展示扎根理论视角如何引领我作出分析。我主要关注特蕾莎的故事，但也会将之与盖尔体操受伤的叙述对比，以阐明一些分析点。特蕾莎和盖尔都是心理学课堂上的研究生，她们写下了自己生命中的不幸事件，然后接受了同学围绕这件事进行的访谈。她们写作时脑海里有想象的听众，在访谈时与自己认识且观念相通、能互相理解的同学一起共建了一场谈话。

　　收集资料的这些方法让这两位年轻女性成为自己故事的主角（Mathieson & Stam, 1995; Ricoeur, 1991）。访谈与自传式的陈述将故事讲述者置于舞台中央。我们的分析基于这种立场，它会改变或扭曲他们经历的与他人的关系和位置。我注意到了这点，但将她们的叙述视为我要分析的重要的个人经验展露。

　　形成这些叙述的背景，生产这种叙述的目的，以及这些叙述对于老师和同学的可及性，都会影响特蕾莎和盖尔对于她们叙述的建构。她们都强调了自己对于一些关键时刻及其带来的深远影响的高度意识。两个人的故事都反映了她们对过去事件和当前情况的理解，以及她们希望展现出来的想象的自我。她们讲述的故事支撑或拓展了她们在这个班上或在研究生课程中所展露出来的身份。故事的版本可能会随着时间的改变、视角的变化、面对的听众不同而发生改变。无论如何，扎根理论学者会将这些资料视为可信的叙述加以分析。

第四节　什么是失去自我？

一、定义失去自我

　　失去自我不仅意味着身体上的失去。它意味着人们失去了对自我的认知、定义和感受的方式。他们的身份特性丧失了，生活的根基被削弱或崩坏。自我的失去改变了人们与他人进行对比并在自我世界中定位的方式。这意味着他们失去了存在于世的方式，更重要的是，失去了个人的和集体的世界（Ciambrone, 2007; Charmaz, 1983, 1997; Mathieson & Stam, 1995）。这造成了混乱。团体消失了，生活便不可逆转地改变了。

179

　　"失去自我"位于自我重建的连续体的一端，自我价值的复得位于另一端。两者共同造出了确定性与不确定性及之间的一系列情况（参见图6.1[9]）。失去自我令生活变得混乱、不确定；而自我价值的复得会强化生活的可预见性与可控性。因此，自我价值的复得也意味着一个人重建了稳定的自我概念，尽管这可能基于新的价值与个人特性。

　　"失去"的深度、范围和存在意义定义了自我的失去。这样的失去是毁灭性、不可控的，会造成巨大影响。它为生活强加了不确定性，预示着永久，削弱了自主，带来悲伤和苦痛。特蕾莎痛苦的失去表明了她所忍受的苦难。那些曾经令她独特，给她慰藉，成为她的生活方式的东西，她都失去了。当访谈者问她和上帝的关系，她阐述了失去声音这件事如何在她生命中激荡回响。

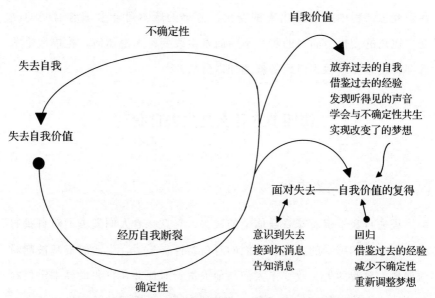

图 6.1　影响有意识的自我重建：自我价值的失去与复得

唱歌就是我的祈祷，就是我的联结。这是我最大的天赋。我小时候很胖，没有什么朋友，但我会唱歌！这是我的天赋。当我就失去它，我失去了和上帝的联系，失去了朋友，失去了生活的目标，失去了我的王牌……能带我走出胖小孩和压迫性的父亲的阴影的王牌……这是我离开的车票。我失去了车票！于是我失去了与上帝的联系。失去了。 180

失去声音的影响贯穿在特蕾莎的生活中，她随之失去了关系、激情和目的，失去了一个又一个的身份。功能的失去会带来自我的丢失。对特蕾莎来说，自我的丢失始于失去声音的威胁。她的痛苦几乎是马上显现的。当医生说出"在这之后你可能不能再唱歌了"，她意识到了自己的声音和世界的脆弱。医生的话清晰有力，特蕾莎在这个时刻就有了立刻的、深切的意识：这个突如其来的灾难是真实的。特蕾莎记得那个悲惨的时刻，震惊和痛苦笼罩了她。

我僵住了，不能呼吸，不能移动，甚至不能眨眼。我觉得，我好像被枪击中了。我的勇气一下子没了，我被击败了。我的嘴巴很干，我的手指，刚才还一直在转笔，突然变得冰凉麻木。外科医生显然看出了我的震惊，他笑了笑说："但是，我们会拯救你的生命。这才是最重要的。还有，你知道吗？另一位和我一起做手术的外科医生的专长是嗓音。我们会尽我们的一切力量不让手术有更大破坏。"我开始呼吸，一点点呼吸，我感到自己浑身发抖。我试着想说些什么，说一些有意义的，有表达力的……最后我只能说："哦……我还好。"

接着，我就崩溃了。我在哭，但是没有声音，只是一串串的眼

泪，我张着的嘴巴发出嘶嘶的哭泣声，颈上的肿块更是感到了
压力。

一下子，谈话的节奏加快了，预示着这场危机和其后的重大损失。
这个关键时刻来得很快，但它所带来的痛苦和磨难似乎是永久的。当人
们意识到他们身上发生了什么，不幸的瞬时性、强大效力和严重性都强
化了失去自我的感受。突然意识到瞬时的、巨大的、威胁生命的失去对
于人来说是难以忍受的，尤其是对于年轻人。他们的生活节奏中并没有
重病这回事。死亡对他们来说往往是不可想象的。特蕾莎的肿瘤是突发
的，不仅没有任何预兆，甚至前两次诊断都还说那只是甲状腺肿大，这
一切都使失去声音变得愈发令人震惊。

181

> 我确信，这不是什么大不了的。毕竟，这只是甲状腺切除手
> 术，而且只影响一片甲状腺叶……甲状腺切除是个很平常的小手
> 术。突然快要手术了，我实际上有种很奇怪的感觉。我在想："哇，
> 我的第一次手术……很奇怪。"

特蕾莎以为这突然的手术只是个小麻烦而已，并未想到要重新检视
自己的症状，也因此加剧了后来震惊的程度。然后，震惊又会加剧痛苦
和失去控制的感受。悲戚之声与麻木震惊的苦痛交织。这个时候，苦痛
吞噬着个人，榨干了自我。过去的自我概念在现在的迫切中被撕碎。特
蕾莎经历的是失去它的核心，也就是自我的消亡。

> 我精疲力竭，像从前自我的一个鬼魂。我感到似乎很大一部分
> 最好的自我已经在那个办公室里死亡了。癌症的可怕程度远不及以

后再也不能唱歌。唱歌从我记事起就一直是我生活的一部分，是唯一一件我擅长的事情，唯一一件我会的事情。在我失望的时候，它带给我安慰，陪伴我度过困难……这是我面临的最大的困难，然而我却不能靠唱歌渡过难关。更难过的是，我还得告诉我的母亲。

当真实的失去发生时，随着失去的效应逐渐扩大，苦痛也逐渐增强（Charmaz, 1999）。失去声音把特蕾莎从熟悉的现实中一下扔进了不祥的未来。音乐停止了。她预见到自己被剥夺了安慰的权利，也预见到和她最爱的声乐老师的关系会走向终结：

> 如果我不能唱歌了，我就会失去他。就我而言，不能唱歌这件事不仅会毁坏我们过去两年半所做的一切，也会破坏我们的关系……专业的，个人的，凡是你想得到的方面。我真的不能面对这一切。

特蕾莎的苦痛变得静默了吗？被这些吓人的事情压制了声音？言辞能否表达她当时所感？她能说得出她的痛苦吗？此刻的意识如何影响她后来的应对？巨大的失去可能以一瞬之势呈现，但它的影响会长久地在人的意识中徘徊。如果说疾病只是一时的，它的意义却会一直留存，在恼人的症状出现时被再次点燃。失去了自我价值，特蕾莎心理上已死，阴影笼罩着她突然脆弱的生命。

当人们经历自我的失去时，客观上的不幸与主观意义是融合在一起的。当然，并不是每个人都能感受到身体变化或这些变化的含义。不是每个人都会将症状或残损视为身体出麻烦了的信号（Mairs, 1986）——从而象征着自我的摇摇欲坠。一个人想象中的自我不一定是他人眼中的那

182

个样子。身体的意义和自我塑造了人对疾病、身体功能丧失和残疾的反应——尤其是对那些目睹了这样的变化或是亲身经历过的人来说。对身体失去控制或某些功能损伤，会令身体的失去变得可见，从而削弱个人过去的自我形象（Charmaz, 1995）。有的人能与自己变化了的身体保持距离，但大多数人不行。对于他们来说，身体和自我是交织在一起的。

在特蕾莎的案例中，身体和自我的融合通过她嗓音的优美与情感表露出来。没有了身体的正常运作对嗓音的支撑，她就无法维持正常。特蕾莎现在和未来的自我都依靠着她训练有素的喉部肌肉与控制得当的声带。这里，身体和自我惊人地交叉整合在一起[10]。当然，这里身体与自我的统一指的不是特蕾莎的整个身体——只是围绕着她唱歌时运用的身体部分和功能。这些身体特质超越了特蕾莎曾经作为一个"胖小孩"的存在，它们给了她职业的"工具"，身份的"门票"。

自我丧失感随着生活目的的瓦解而增强。特蕾莎为了实现梦想付出的激情令失去变得更加难以忍受。在声乐系形成的身份与关系塑造了她过去的形象和将来的样子。对歌唱事业的展望对于她来说并不是一时追求、稍纵即逝的青春狂热。特蕾莎对声音训练的渴求已然超越了大学生的兴趣爱好。唱歌就是她的使命。透过她的声音，她的灵魂都在歌唱。她让自己最真实的自我被听到。她已经有了实现梦想的计划与途径，找到了支持她的老师，获得了必需的训练。

> 我渴望成为歌剧演唱家，表现出众，实现我的潜能……要实现这一目标就要每周7天24小时围着老师转……当谈及我的人生目标，我从来都只认准一条道路，这也是我总是在声乐室以及和老师关系那么紧密的原因……所以当那件事发生的时候，破坏性是巨大的。

特蕾莎从良性的甲状腺肿谈到"受诅咒的肿块"。从要做第一次手术的感受谈到失去声音和自我的深渊。事情从一个小插曲发展到了毁灭性的失去自我。如果特蕾莎只是甲状腺肿的话，也许她经历的就只是自我断裂而已。

183

二、失去自我和自我断裂的区别

当我们将失去自我的重大性质与自我断裂相比较时，我们能看到两者的区别是明显的。对于后者，虽然自我的延续性断裂了，却不是不可挽回的。失去自我与之有一些共性，但也有显著不同。我对其分析如下：①两者皆是不幸事件的后果；②都会引起痛苦；③给日常生活带来了即刻的改变。它们还会影响人的目的感，需要人持续的努力，可能引发个人之前的行为或判断的问题。个人是否以及在多大程度上知晓他们身上发生了什么，会影响他们如何感知、言说这件事以及做什么来应对。

自我断裂带来的即时感受与失去自我有类似之处，个人可能会感到茫然无措。维莱指出，人受伤之后，"身体的伤损会填满整个经验"（Ville, 2005, p. 332）。盖尔回忆了体操练习时手肘脱位后的感受："那晚，当我回到家……我觉得自己的生活好像失去了目的。我真的感到疼痛，觉得自己残疾了……还好很多女孩［队友］都来了，但我还是觉得很糟糕。我很伤心、失望，还有一点震惊。"

失望与抑郁会伴随自我断裂的经验。但失去自我是更深远的影响，它是重建自我连续体中的一个极端。自我断裂则是靠近这个连续体中间位置的，介于自我价值失去和复得之间，但它也不是中立的。这个"不幸事件"会影响人们的生活，延迟他们实现目标价值的能力。

概括来说，自我断裂是暂时的。这个事件包括一段能划分出开头和结束的时间，它是有边界的。从开始时起，盖尔对时间的预测就塑造了她的期望，直至超越了受伤的时限。她说："石膏模子可以让裂骨愈合，好消息是我只需要打3周的石膏。"比起失去自我引发的不确定性，突如其来的事件引起的不确定性是具体而有限的。实现自我价值的希望仍在，尽管要如何实现可能还不甚明晰。盖尔就提到过："我当然非常伤心……但同时我知道自己的职业没有就此完结。不是说'那我该怎么办？'而是'我要怎么继续呢？'"

184 　　失去自我就算不是持续性的改变，也至少是相对持久的。生活会遭遇不可逆转的改变。没有重拾失去的自我的可能性，也没有其他可再次实现自我的路径。失去自我的那种效力、强度和不确定性使其区别于自我断裂的经历。特蕾莎对此的评述不仅揭示了人们一生的梦想被打碎时的那种巨大损失，还显示了人对这个时刻及其意义的即时反应：

> 　　我不是唯一那样想的人，歌唱者都那样想："这是我的嗓音，没有嗓音，我什么都没有。"对于歌唱者而言，若是想，"呃……或许我该考虑换一个职业了"，那将是巨大的改变。这事太大了。就好像信仰那么大，甚至更大。因为音乐家将自己完全投身于艺术中去，从未想过要偏离这条道路，一秒钟都没想过……这一时刻对于歌唱者来说是至关重要的。不管什么时候，你听到获得音乐学位的人，却从事完全不同的工作……你知道那一定有个重大的选择。以我的例子来说，一切都是被迫的。

　　造成自我断裂的事件可能有几种形式，包括一些意料之外的挫折，生活道路上的一个痛苦中断，或者人生追求中的一场失意等。这些不幸事件可能让人从平常的追求中暂退出来，但它们甚少造成再也回不去的后果。当然，有些人可能就此放弃了回到以前生活的努力，但至少仍有可能性。

这种突如其来的意外可能非常麻烦，令人气馁、尴尬，但它并不一定导向自我重建。相反，这件事阻碍和耽误了实现自我价值的行动。这个事件就像敲响了生活中一个不协调的和弦，但它终究是会过去的，留在过去，或许也会被遗忘。这件事的记忆会逐渐淡去，因为它已不再是日常生活的一部分了。但是，在经历中断性事件时，事情的严重性对经历者来说可能是很大的。因此，它可能不是永久性的，也不会带来很大的危害之类的客观估计并不一定能减轻个人对于这件事和自我的不幸感受。盖尔说过：

> 一方面，它只是一块骨头的破碎和脱位。我不需要做手术，三个星期后，等取掉了石膏，我就可以开始康复了。教练们很乐观地认为我能在几个月内恢复健康，而且还能参加这个赛季的比赛。他们的希望使我继续抱有希望，因为他们似乎还没有放弃我。另一方面，在受伤前我的状态非常好。这本该是我大放异彩的一年。然后我就……残疾了。这个想法一直在我脑海中萦绕。

自我断裂是摇摆不定的，失去自我则是粉碎性的。石膏能令盖尔的手臂恢复起来，但手术却使特蕾莎的嗓音静默了。　　　　　185

第五节　面对丧失

面对丧失是不幸或灾难性事件后重建自我价值的一个前提。通常情况下，人们必须清楚地认识到发生在他们身上的事情，才能行动起来去改变其影响。在某些情况下，人们可能在并未意识到将来会发生什么的情况下就继续前行了。自我是一个过程，同时它也是评估的对象（Blumer, 1969; Strauss, 1959/1969），尽管不是每个个体都有集中的、有意识的自我重建，但自我的建构会继续。生活会继续，时间会过去，该发生的都会发生，人们也会改变，虽然不一定能意识到。特蕾莎和盖尔却必须面对发生了的事情，两人都决心要控制自己的命运。那么，是什么条件促使人们面对丧失？它包含了什么？

一、认识丧失

特蕾莎和盖尔都目睹了她们身体上那些与她们所熟知的、每个人都有的、"正常"的身体不同的，有形、可听、可见的差异。她们不需要特别关注就已经可以得知这种差异，她们的身体已经说出来了。盖尔听到了她的手肘裂开的声音。特蕾莎说："手术之后，有那么一个月，我非常明显话都说不好，我的发音肯定受到了很大影响。慢慢地，声音一点一点回来了，但有些东西绝对是改变了的。"用"有那么"（there was）这个说法，意味着特蕾莎将自己的身体，抽离出来作为一个观察的客体。她选择的说法可能象征着在那段经历里她感到身体与自我之间突然失去了联结。

受伤来得太快，将时间急剧压缩成超现实的一瞬，但同时，在影响扩大、吞没个人的瞬间到来之前，这一时刻又延伸了。盖尔回顾了她对自己受伤的逐渐增强的意识：

> 我跳得太高了，离高杠太远了，抓不住它。我很快就往下掉。虽然速度很快，但我觉得那一刻漫长得像是永恒了。突然我听到一声"噼啪"的响声，或者是一滴眼泪？听起来就像把垫子粘在一起的

尼龙搭扣撕开了。我想转过身去看是什么东西。等等，有些好笑。等等，又感觉哪里不对劲儿。我跪在高杠下面的地板上。我用左手摸右肘，感觉非常非常不对劲。那个地方再也没有肘部了，我的胳膊扭曲了。……我感觉不到我手臂上有硬骨的那部分，它被弄弯了。我惊慌失措。尼龙搭扣的声音是从我的手肘发出来的？……然后我震惊了。就在那一瞬间，我想想发生了什么事。我想到了我的赛季……白白浪费掉了。我再一次想到我缺席的那些模拟比赛……我想到了医生，我想到了手术。一想到手术，我就更加恐慌了。我记得当时那种震惊。当我摸到我的手肘部时，我在恐慌和怀疑中大喊："我的天啊！我的天啊！"如此严重的事情居然在一瞬间发生了。然后，当一切尘埃落定，恐慌笼罩着我时，我不停地说："不！不！不！"首先是强烈的否认，然后是啜泣、挫败感和沮丧。

　　两位女性都听到了自己的身体并专注地从中学习着。两人都在经历中意识到了这个时刻预示着什么。可见的症状激发了改变的意识[11]。盖尔看到了她变形的手臂。特蕾莎留意到那个在一天内出现的"大的、2英寸①左右的肿块"。她看到了，就开始了求医之路。随着它的增大，特蕾莎意识到她唱歌的时候"就好像有东西阻碍我发声"，虽然她没有意识到其严重性。盖尔不能忽视她扭曲的手臂的样子和感觉，特蕾莎也不能再将她异样的脖颈和唱歌时的困难视为正常。

二、收到坏消息

　　收到坏消息会对人的生活造成巨大破坏，甚至深入自我，使人陷入一种难以接受的不快境地中。但亦有人在收到坏消息时选择不去相信它

①　约5.08厘米。——译者注

或不接受它。若如此，如果事实证明这个消息的确实性，人们也总要在数月之后面对损失，但可能就错失了重建自我价值的最好时机。

在接到不好的诊断和接受事实之间，时间缩短了，人已经对自己身体警告性的变化感到不安（Charmaz, 1991）。盖尔不用诊断就知道自己受伤了。特蕾莎的内分泌医生对她隐瞒了重要的检测结果。然而线索还是浮现了出来。一个可怕的活检。"性质待定"。两天内手术。然后便是那决定命运的外科医生的诊断。

请注意医生向特蕾莎透露病况，打破她最初的惊讶和不明所以的速度，以及他在谈话中是如何从"你"变成"我们"，迅速争取特蕾莎的配合的。她这样回忆：

> 外科医生看起来好像对我说的话感到很愤怒。"可恶，"他抱怨着，"我讨厌他们这样做，我讨厌他们让我来做那个手术前要告诉你这些话的人。"这时，我感到震惊和困惑。一时间，我不知道说什么好，所以我什么也没有说。接着，外科医生在他的桌子前坐下，面对着我。"要不要让你的母亲进来？"我立刻拒绝。他又问了我一遍，他看起来有点迷惑。这一次，我还是说不。于是他把椅子拉一拉，身体前倾，将他的胳膊肘放在桌子上，专心地看着我说："我不知道你的内分泌医生为什么不告诉你。你的活检不是性质待定。这是未分化癌。是一种甲状腺癌。我们得尽快把它拿掉。"

这种传递消息的速度、清晰度和方式是很重要的。特蕾莎和盖尔分别感受到坏消息的即时效应。她们都从对自己的情况毫无意识变成高度意识。关于发生了什么的线索一个接一个地以压缩的方式袭来。这些让人想逃却无法逃离的时刻将她们紧紧锁在了当下。医生重复的问题、身体姿势、注目凝视搭建了他坦率交代癌症病情的舞台。医生又交代了病情的严重性，谈到手术的风险，不知不觉地，特蕾莎还是被这些说法震慑住了。

　　"你是大学生呀……什么专业呀?"我告诉他我是声乐系的，他的脸色变得苍白。他现在看起来比我们交谈的任何时候都严肃。"听着，"他声音轻柔，"因为那东西的位置和我们将要做的事情，会有可能让你连讲话都不能像先前一样了。手术后你有可能再也不能唱歌了。"(作者加的强调)

　　医生严肃的表达和煞白的脸揭示了他说的是真相。特蕾莎脖子上那个侵入性的、膨大的肿块证实了其真实性。他打断了她的悲伤，给了她希望："你会击败它的。你很年轻，你一定会击败它的。你会找回你的嗓音，你会在大都会演唱。我要买票哦，所以别忘了我。"但他有没有告诉她关于未分化癌的更多信息呢?

三、告知消息

　　接受意料之外的坏消息会激发一连串的事件和行动。[12]其中首要的事就是要告知亲朋好友。告知增加了消息的现实性——无论是对自己还是对他人而言(Charmaz, 1991)。人们必须直面和承认他们的损失。一次又一次的告知则将坏消息深深敲进人的意识中。

　　告知消息考验的是人的情感意志力，因为震惊、害怕、愤怒、悲伤等情绪会随着细节的披露涌现出来(Charmaz, 1991)。况且，通知者可能需要安抚他人的悲伤与失望。告知可能会改变或终结一些重要关系，令涉及的所有人都感到巨大的痛苦与为难。特蕾莎觉得她妈妈情感上是脆

188

弱的，因此当她要告诉她妈妈时，借用了内分泌医生的那套方法：

> 我告诉她，他们也许要做整个甲状腺的切除手术，但那个肿块……我基本上重复了那个医生的套路……那个肿块有可能是癌。但他们还不知道到底是什么。我就说了那么多，但已经足够了……她已经失去理智了……在那个时间点，我做了个决定，向她隐瞒了其他的信息。

让我们来看此时是谁在掌控局面。特蕾莎掌控着自己的身体和生活，自己作着决定。隐瞒一些信息对于她来说不是难事。她掌握了什么实情？她是如何得到这些信息的？特蕾莎为控制她妈妈的情绪而对她作出的信息隐瞒有可能造成信息的延迟。[13]尽管她妈妈情感脆弱，特蕾莎深知她会陪伴自己走过这个危机，也会一直在她的生活中，无论发生什么。

> 我没有在告诉母亲之前先告诉我的声乐老师，但是，出于各种原因，告诉他更难。声乐老师似乎填补了我父亲的缺失。他非常支持我，他也和我父亲年龄差不多……他是，嗯……他理解我对歌唱的激情，相信我；但我父亲，坦白说，认为那是空想，认为我不应该花费时间和金钱到大学去学声乐。

当被告知者与个人实际或潜在的损失相联结时，告知消息的困难就产生了。特蕾莎的声乐老师如父亲般的形象使两者的联结进一步复杂化。失去声音，从而失去她的声乐老师，特蕾莎就丧失了与视歌唱事业为空想的亲生父亲进行对抗的根基。现在她要与她父亲所说的进行抗争了。失去声音没有减少，而是相反，激发了她与父亲之间的冲突。她说："我失去我的身份。我失去了自己。现在我好像不能顶天立地面对父亲了，因为我一直在和他斗争，我要成为一个优秀的歌唱家，养活我自己。好吧，现在他赢了。感觉真的太糟糕了。"

告知并没有就此结束，而是又开始了新的一轮。相反，特蕾莎变成了告知的对象。她开始接收到关于自己身份的无言的提醒，以及那些此刻她变成了什么样子的明确的身份宣示。每个人都知道特蕾莎的声音受 ₁₈₉ 到了持久、严重的损伤。朋友们消失了。同学们能看到她脖颈上那个明确存在的伤疤，听到她的声音，目睹她为了重建声音所做的挣扎。特蕾莎再也不能与别人竞争那些人人梦寐以求的独唱角色了。学生们对她新身份的明确意识不断提醒着她现在的边缘化地位（Charmaz, 2008c）。声音的听众变成了视线的观众——而且是无视。特蕾莎回忆起那些同学的反应："所以当这事发生在我身上之后，把所有人都吓得要死……所有人都吓得要死。甚至好几个人过来跟我说，这太悲剧了……就好像是我已经死了，他们这样跟我说。非常奇怪。但本质上，我是死了，对他们而言。"

每个类似的事件都是一场身份的宣示。告知他人信息的时候，特蕾莎就需要面对她的失去了，同时，还要接受他人宣示她的社会性死亡。如果她不能再继续成为女高音明星，她便不存在了。一个人也许无法逃避这样的事情，逃不开这些身份的宣示与提醒。当她努力恢复自己声音的时候，特蕾莎还要忍受老师们对她悲惨故事的不断演绎，供学生思考。

我被音乐学院的每个教授和指挥叫到办公室，坐在那里……只是反思一下人生，为什么那么悲惨，一个 19 岁的那么有潜力的孩

子就要被癌症夺去了。我的意思是……再一次，我好像被人说得自
己已经死了似的。

这些宣示和提醒将特蕾莎刻画成一个已死之人。她成了过去的自己
的鬼魂，被世界抛弃。特蕾莎没有责怪她的同学，因为她能理解他们和
她在一起的不适。她不能再参与到声乐训练中了。也许特蕾莎弱化了她
同学对她的身份提醒与宣示。但她不能忽视声乐老师眼泪中反映出来的
自己的形象。最厉害的身份宣示并不在言语中，而在她喜爱的人的溢于
言表的情感之中。特蕾莎说："我的声乐老师，他就像我的另一个父亲，
我出事后每次见到我，打个招呼也会淌眼泪……目睹我们一起建构的梦
想被现实挤得粉碎对我们都是件过于残忍的事情，之后我们便很少
交谈。"

第六节　重获自我价值

在现实世界中面对失去时，一个人要怎么做？他/她要怎样才能逆转
现实情况，改变由此而产生的不受欢迎的身份？重获自我价值包括什么？
两个女生都尝试回归，恢复自己的竞争优势，重获她们珍视的自我。她
们是怎样实现目标的呢？对于盖尔来说，一个成功的回归意味着努力训
练达到目标；对特蕾莎来说，道路要更艰辛。她们都从过去汲取了经验，
但特蕾莎还要面对自己新的声音，并要继续面对生活中的不确定性。

一、回归

对于从重疾或伤患中康复的人们来说，回归意味着要在仍有威胁的
情况下重拾身份价值（Charmaz, 1973, 1987；Corbin & Strauss, 1988）。计

划回归暗含着一个意思，那就是，不幸事件致使个人身份改变，时间从此坍塌。因此回归不仅仅是身份上的，更意味着掌控。它需要计划和努力，而不仅仅是从一段缺席了的时间中回来而已。这两个案例表明回归是需要技巧和努力的，它会影响自我的意向性重建。

时间限制决定了一个人能用多久来实现回归。随着时间的压缩，当下就如同一个紧钳着过去与将来的自我的虎钳。盖尔缓慢的恢复使她最开始对时间的乐观估计落空了，她赶不上赛季了，她为此十分懊恼。她回忆道：

> 我决定尽快回归，但我的身体似乎还没有准备好。
>
> 我又去看了两次医生，直到我的右臂恢复正常。这个时候，比赛已经进行到一半了。我有自己的工作要做。我当时很专注。我决心以最快的速度复出。

盖尔通过系统的努力来恢复和强化她的手臂。特蕾莎也非常努力地恢复她的声音，尽管没什么进展，而她老师还在不断掉泪。

> 我真的应付不了，你知道吗？我的意思是，我真的很在意这个人，我觉得自己让他失望透了。然后有一天，我靠在工作室的钢琴上，他坐在琴键前，我们上了一节很悲伤的课……然后他突然看着我说："你为什么就不能干脆别来了呢？"我说："你说得对。"那是我最后一次去工作室。

特蕾莎放弃了拥有声音，她的声音，那个使她与众不同的独特声音。[14]她人生中最重要的问题在那个时刻已经改变了。没有歌唱，生活　191

能怎样？没有歌唱，生活会怎样？

二、从过去汲取教训

回归所要作的努力引导着意识，规划着生活。要是回归的希望破灭了，人会怎样呢？现下的不祥像一个钳子一样，特蕾莎期待的未来将不会到来了。

> 一旦我的嗓音没有了，我必须找一些事做，要不然我真的会死。我真觉得我会要死的，或者会自杀……屏住呼吸直至死亡。这是唯一的感受。真是太悲惨、太痛苦、太可怕了。我不能用语言来形容到底有多可怕。

特蕾莎说的是"我的嗓音"（the voice），这表明，那个时候，她已经改变了看待自己的方式，与过去分离开了。没有希望的未来使当下变得空虚。虽然失去的巨大痛苦啃噬着特蕾莎，却也鞭策着她寻找新的方向，重建新的自我。

特蕾莎失去了声音，但她早先从声乐课程中学到的理论还在。她并没有失去她全部的自我。有一部分还在延续着。她求医问诊的经历显示了年纪轻轻的她控制生活的决心和能力。她与生活的不顺作斗争的决心已经显示出她的世界观。她父亲的暴脾气教会了她如何缓和自己的情绪，走自己的路，尽管她父亲很不高兴。在追求梦想的过程中，她知道了采取行动、坚持的价值，以及面对进步时应有的骄傲。特蕾莎懂得如何控制身体的紧张，保持情绪，维持注意力。

> 当然，生长在一个很情绪化的家庭使我的表演情绪化……当你

很情绪化时，你的身体会很紧张。当你身体紧张，就会给你的声音带来麻烦……这就是我的问题。所以，不要情绪化，并且提醒自己想起为什么会如此……当然，这需要逻辑……长期来看，这是非常工具化的，不是消除我的情绪……我依然会倾听自己的情绪……但要理解，它们并不需要完全表现出来，这样才能帮助我在特定场合更好地表现。

在她忍受手术及那之后的煎熬时，特蕾莎又启动了她冷静的逻辑，就像她分析自己的嗓音时那样。她不仅用逻辑，而且还与外科医生建立 192
了一种伙伴关系，去面对她已被客体化的身体出现的问题。她说：

> 我觉得恐慌也没有什么用。我记得那时觉得最好的办法就是尽可能像医生那样客观、专业，就好像把自己从肉体的自我中抽离出来，就好像……自己作为医生的团队成员之一在试图分析这个问题……试图在即将开始的癌症抗击战中找到自己的角色。这是我那时所能做的最好的事情，一是为了保持冷静，因为这事本来就有点沉重，二是迅速解决这事。

也许就是这样的实用主义导向后来使特蕾莎意识到她不能再重温过去了，还将她领到了另一条道路上。

三、发现能听见的声音

发现自己拥有能听见的声音需要个人因素与社会情境的融合。生活环境也对此有影响。在稳定的生活中忽然出现自我被伤害的情况，自我和生活重建的可能性就产生了。年轻与机遇在一定程度上会减轻另辟道路的挑战。经济状况较好的大学生换专业或者开始新的研究领域是可以的。年轻时在大学里再修一年跟中年时一年没有收入的情况下再接受培训，这两者显然是不同的。而且，大学提供给年轻人的是能让自己发展未开发的潜力的多元可能性。

准备好改变可以让人放弃过去的自我[15]。特蕾莎就是到达了这样的时刻。她的声音不允许她回到过去，她知道这一点。她与同学间的互相疏远反而让离开工作室、迎接一个未知的未来变得容易了一些。声乐系同学现在的退缩让她看到了他们的了无生气。声乐系同学和现在有趣的新朋友间的对比更能使特蕾莎意识到当下这个新世界的优越，她将以前的朋友们留在了过去。

长时间的独立，追求进步与成就，管理时间和资源，实现目标，这些并不会因为重病而结束。一场危及生命的危机往往更能令人重新找回生命的焦点。人们确认他们要做的事情，拥抱生活，在有限的时间里充实地活着。当特蕾莎离开工作室，她强烈感受到时间的消逝，以及一个很有可能被缩短了的生命。她说：

193

　　因为万一那东西复发了呢？如果它今天就复发了，我还有什么重要的事都没来得及做，那就麻烦了。我还是继续吧。是的，我花了很长时间来接受我将不能成为一名歌剧演员……至少有两年都很难过。然后，我本科要毕业的时候，我的声音开始恢复了。那太可怕了。

要充实生活，这种压力会促使一个人开始行动。特蕾莎失去自我的悲伤在不经意间就淡去了，她开始了新的生活。第二次再去重拾自己失去的自我是令人震惊的，尤其是当一个人的自我概念已经改变了的时候。这第二次把一个人过去与现在的自我分开了，而且再次激起了当时失去的那种悲伤。若要重建自我，就似乎要放弃在新生的自我中得到的那些东西。再次面对能让一个人站在过去和现在，以及两种身份之间。对于特蕾莎来说：

> 那时我开始去试镜，参加专业歌剧合唱表演……但是，我发现，我已经适应了我不是一个歌剧演员的这个想法……这也并不坏。而且我还挺聪明的……我的那些非音乐家朋友们也挺有趣的。

特蕾莎找到了新的声音，她又有了一个新的自我。她能用一个不同的声调来唱歌了，能演唱新的歌曲。她对新生活的愉悦感受和对自己才华的骄傲成为她悲惨叙事中的另一番景象。

四、学会与不确定性共生

与持续的不确定性共生是许多慢性病或危及生命的重病患者的现实。当她将自己与因患癌去世的婆婆相比时，特蕾莎展现出自己对持续不确定性的觉察。她说："同样的事有可能发生在我身上……可能依然会再发生在我身上。"但对有盖尔那样经历的人来说，暂时的中断使不确定性的持续时间和内容都相对有限。

疾病发作之间若是间隔很长能减轻一些人的不确定感。相反，另一些人却无时无刻不感受到未来的不确定性。他们各有各的症状，强烈而持续，而且无可逃遁。第一次发病就很严重的人们常常担心会有下一次。如果是这样，他们就会将不确定性一直放在显著的位置，尽管疾病的明确迹象可能已经减弱到无法察觉了。特蕾莎说："所以总是有一大堆的'万一'，而且会一直有。癌症是不会走的。所以你总是在想……就是，如果它再复发怎么办，或者如果它从来都没离开怎么办，或者如果那时根本没检查出来怎么办。"

194   在逆境中求生增加了各种"万一"。不确定性时刻盘旋在人的生活中。复发的威胁仍在。关于你身份的提醒一再出现。真的复发又会把人推入危机，激荡起失去自我、失去生命的恐惧，一切又重来一次。不确定性会增长。特蕾莎不仅经历了一次复发，还提到那是在一个非常危险的位置。

> 我大学最后一年，他们发现了另一个肿瘤，这一次是个垂体肿瘤……这一次，是个可怕的脑部肿瘤，而且不能手术，我们什么也做不了，只能观察。它没耍什么诡计……只是长在那里。我的意思是，它一时长大，一时又萎缩了，但它没有做什么令人惊叹的破坏。你又能做什么呢？真糟糕，"又来了"，就是这样。它比上次更令人害怕，因为是在脑部，但那又怎样，你又能做什么呢？我转向了逻辑。我的本科毕业论文写的是垂体肿瘤造成的心理影响。我琢磨着，如果我必须经历这件事，至少让我在其中有所获得吧。

      当转移性肿瘤一直在那里时，不确定性便会剧增。人们处理不确定性的行动揭示了他们对其的理解。如果人们一直谈论它，那就意味着疾病的影响依然重要。一些人挣扎着改变现状。他们谋求集体的力量来与疾病作斗争，拒绝死亡或倒下的念头。他们认为那样的念头会吞噬希望。这样的观念常见于第一次疾病危机中，但在其后的危机中也可能再被激发。也有一些人觉得他们无法与人彻底交流他们内心的不确定性。那些经历使他们与平常的现实，甚至是亲密伴侣都隔离开了（Frank,1991）。在下面的一段评论中，特蕾莎谈及了由此产生的孤独与疾病和不确定给她的丈夫带来的影响：

> 当你经历这样的事情，是非常孤独、孤立的，不管你怎么做。我的意思是，即便是其他癌症病人也不知道这经历是怎样的，因为我得的癌症太怪异了。未分化癌症是一种很奇怪的癌症，可能在几周内就能夺走你的性命。还有我的大脑中的肿瘤……对于新夫妇而言这确实太难了。所以我肯定不会责怪他……但他确实是有点冷漠了。

特蕾莎对未分化癌引发的内心孤寂的解释让我们看到了她面对的不确定性。未来可能是不祥的。不安情绪可能从她的故事中流露出来，这在对遭受重大变故的人的访谈中十分常见（也可参见 Lillrank, 2002）。

五、实现梦想

195

失去自我后要进行意向性的重建是需要努力的。当一个人被迫要重新建立梦想的时候，还需要更多的努力。当特蕾莎开始了新追求，她的新目标就出现了，那也是她清晰思考的结果。盖尔在受伤前后一如既往的目标使她能保持专注力。对于面临无奈状况的人们来说，实现梦想意味着要克服害怕和怀疑。

在突发不幸之前，特蕾莎和盖尔都还没有实现她们的梦想。每个人都认为特蕾莎是注定要成为明星的种子选手。盖尔正在努力使自己成为行内的有力竞争者，但她在受伤前的表现，既未达到她自己的期待，也未达到教练为团队设定的标准。盖尔说："我没有做得那么好……在比赛中，我没有给我的教练留下足够深的印象，他们对我没有足够的信心。我还得证明我自己。我需要更多的时间。"对她来说，要实现梦想绝非只是回归到之前的表现就够了，而是要超越。意外发生前，她刚有了很大的进步，但那还是不够的。要被选上队伍的首发阵容，要求比她的表现高得多。能被选上首发阵容是对盖尔竞争价值的肯定，也是对她达到目标的确认。

盖尔要努力实现她中断的目标，达到之前还未达到的期待。但她必须面对恢复缓慢的现实、失去的时间以及无力感。队友的帮助、支持和同理心鼓励着盖尔；教练认为"她会回来的"，也鼓舞着她。有一个队友帮助她系统地评估了她每天需要做什么来恢复，这也给了她战胜挫败感的力量。然而她最大的挑战在于克服对再次跌落的恐惧。目睹一个队友像她那样跌落，那图景就深深地刻在了她内心里。

在大家的支持下，盖尔虽仍有惧怕和挫败感，但还是忍受和克服了种种障碍，她所作的努力和走过的路给了她很大的成就感（可参见Galvin, 2005）。她说："在这几场比赛中，我真的很享受比赛的每一刻。尽管我已经有13年的比赛经验，但我从未觉得我的表演是这么的有意义。"吊诡的是，她为超越而奋斗的决心令她的表现优异，尽管有伤病带来的阻碍，她却在比赛中夺取了冠军。她认为："曾经是我的弱点的东西现在变成了我的宝贵财产。三年后，我继续在高低杠上追求卓越，因为我的专注使我比以往任何时候都更接近我在体育方面的成功梦想。"

特蕾莎也有很大收获，虽然可能没有盖尔的那么立即可见，但也同样令人瞩目。她开始新生活的转变刚好就是丈夫进入她生活的时候。丈夫对她的认识并不是因为她的歌唱能力。他能补充她刚发现的学术兴趣。特蕾莎觉得她现在有了两重身份来源："学术圈子"和"癌症病友"。有了新的学术追求后，特蕾莎发现了自己原来没有意识到的才能。作为癌症病人，她觉得："我为我自己做的事情感到自豪……感觉像'好的，作为一名癌症患者，我做得还真不错'。我还能做事情。"

196

随着自我价值的复得，特蕾莎还获得了新的声音和唱歌的地方。她重新调整了歌唱在她生命中的位置，现在它只是她自我概念的一部分而已。她没有将自己当下在音乐方面的参与视作一种失去，而是将歌剧演员的重要性降低了。癌症的阴影持续存在。然而，特蕾莎将过去11年的生命经验带到了未来，不管未来会是怎样的。11年前在外科医生办公室失去自我的经验给了特蕾莎面对眼前和未来的力量。她圆满了。她视自己为实现了新潜能、生活圆满的癌症患者。身体和自我又一次联合在了一起，曾经的灾难与失去成了她的一部分。

> 我可以唱自己的音乐，我成了完全不同的歌唱者。我的病现在已经超过一年没有复发，但是，我得的这类癌症是凶险的，我一年要去医院做两次扫描检查。我想，如果我能够度过在外科医生办公室的那一天(顺便说一句，我非常想请那个外科医生去参加我的第一次大型表演，不管我现在唱的是哪类音乐)，那我可以面对任何事情。

特蕾莎的声音带来的是一首愉快的歌，还是一支忧郁的副歌？她的故事还没完结。乐声飞扬，然后渐静，但旋律还在远远地飘荡着。

第七节　启　示

以上的分析能给我们一些理论启发，告诉我们如何看待自我与身份的内在和外在的决定性特征之间的关系，以及它们的相对可见性与不可见性。这些关系是如何起作用的，成为造成自我价值的失去或复得的条件。两位女性的故事中，这些可见性和不可见性的关系是颠倒的。两位女性都在她们的生活世界中因为自己的才能和技巧实现了自我的可见性。疾病和伤痛曾改变了这一切。

盖尔胳膊肘明显的易位令受伤这件事不言而喻。同时，她此前为她的队伍付出的努力都白费了。从可见的表现到身份隐形，速度之快，使自我的失去变得特别明显。特蕾莎过去的表现令她在自己的世界中异常突出。曾经是可见的那些东西现在变得沉寂无声和不可见了。因此，她的病痛与失能就变得尤为明显。过去的那个演唱者已被脖颈上因手术产生的显眼的伤疤和挣扎着要说话和唱歌的刺耳声音替代。此外，她的失能的自我和她的声乐系同学的对比，也能放大这种失去。特蕾莎的伤疤和声音不仅是她失去自我的标志，还是一种象征。她因此感受到同学加诸其身的污名身份，这些象征便使她更加脆弱，失去得更多。

在两种情况下，两位年轻女性都经历了身体主要功能的失去，以及自我的失去。她们两个都对自己的身体有很强的意识，两者都将自我概念建立在其上，尽管方式各自不同。所以，两人都无法忽视或减少她们一直在经历的失去。"失去自我"会被隐藏起来，尤其是当人们逐渐放弃了他们的价值追求，或当他们遭受身体功能的破坏而对生活失去了期盼时（Charmaz, 1991）。

对于特蕾莎来说，自我价值的复得意味着离开给了她灵感与梦想的世界。她放弃了曾经对于自己来说是那么重要的希望与关系。那么一个人是在什么条件下才能放弃生命里那么重要的一部分？他们是如何放弃这些定义了自己独特性的自我的部分的呢？特蕾莎尝试过回归，但在自己和她的声乐老师能接受的时间范围内，那些努力都还达不到目的。当然一个标志性事件能促使个人放弃过去和与之相联的过去的自我。一些重要的人的言行会影响自我的放弃，尤其是当一个人的自我已经很脆弱的时候。多次经历失去的强烈意识和意义也会促使一个人放弃过去的自我。特蕾莎声乐老师的那个问题——"你为什么就不能干脆别来了呢"，可能终结了她当女中音歌唱家的渴望，还标志着一个象征性的死亡和与过去的分离。按照特蕾莎的说法，她很快就同意了。如果人们无法再抓住失去的自我，而自己也意识到了这一点，那么他们就更可能接受放弃过去自我的想法。

这样的承认与接受意味着一个人对自己困境的认知和改变了的自我。有着强烈失去意识的人们会放弃过去的自我，但仍会尝试把控自己的生活。若是这样，他们就会努力尝试重新建立新生活与自我，就像他们过去追求自己的梦想一样。也许特蕾莎对于自己处境的意识促使她达到放弃过去和迈向不同的未来的意愿。也许她也是从自己想要回归、不想放弃的想法中得到了力量。

令失去变得如此明显和巨大的条件也支撑了自我价值的复得。这两位年轻女性的目的性、行动力和成就的自豪感给了她们在失去和毁灭中坚忍的勇气。盖尔离她的目标越来越近了。她得到了队友和教练的支持与帮助，使她比事故之前还要更进一步。相反，特蕾莎总是被贬损和被提醒她与别人的不同。那些学生与她保持着距离，就好像她已经死了一样，系里的老师也这样对她。

这种失去自我的苦难是不能被否认的。苦难和失去是发生在一个社会情境中的，这一情境可能支持着自我价值的复得，也可能不支持。很多贫穷的人过着危机缠身的生活，也有许多年长者在重疾之后并没有什么重建新生活与自我的机会。特蕾莎却有这样的机会，盖尔也有足够的时间回归队伍，并超越之前的表现。她们两个都以不同方式经历了对自我的侵袭，但生活却没有被破坏。盖尔沉浸在训练中，特蕾莎投入了一个能接受她并给她机会的新世界。因此，她觉得这个世界比之前的生活更好也就不足为奇了。特蕾莎强调了她在这个世界的正向收获，也觉得声乐系的学生不如她新生活中出现的那些人们。

很有可能的是，失去越大，人们从他们过去生活的自我概念中解脱出来所需要的情感工作（Hochschild, 1979）就越多。也许特蕾莎对声乐系学生的负面印象使她放弃了那些她过去非常珍视的东西。她的价值排序在新生活中发生了变化，那些声乐系的同学就已经不再重要了。[16] 对声乐系同学的改观是特蕾莎中和失去和重新调整身份认同的方式之一。如果是这样的话，对声乐系同学的批评也许帮助特蕾莎坚定了她的信念，相信生活已朝更好的方向发展，也平息了她过去的遗憾。这时，特蕾莎的学术伙伴和癌症病友给了她新的生活参照和度量自我的方式。负面评价和正面体验为个体论述新目标下的自我叙事提供了对比性材料。总结而言，个体的心理一致性和成长的感觉能促使她们将自己与过去的混乱分割开来。

注　释

[1]本章中关于扎根理论的简短介绍总结了前文的一些要点。若要详细了解扎根理论的历史和逻辑，请参考：Bryant & Charmaz, 2007a, 2007b；Charmaz, 1983, 1990, 2000, 2006a, 2007, 2008a, 2008b。

199 　　[2]奇怪的是，安塞尔姆·斯特劳斯的实用主义传承在他与朱丽叶·科尔宾合著的扎根理论手册中不如在他自己早期及最后的著作（Strauss, 1959/1969, 1961, 1993）、他自己的实证研究，还有他与朱丽叶·科尔宾的实证研究（Corbin & Strauss, 1988）中体现得那么明显。

[3]我对自我的定义来源于社会学的社会心理学，在这个方向中，我区分了自我、自我概念、个人身份和社会身份的概念。这些词汇在心理学里有不一样的意义。社会学中，个人身份（personal identity）指的是一个人如何定义、定位自己，以及如何将自己与他人区分开来（可参照 Hewitt, 1994），而社会身份（social identity）指

的是他人指派在一个人身上的定义、特性与社会位置。由于变化中的自我是流动和多元的，自我形象（self-image）这个词便包括了与个体的自我概念相同或不同的变化图景（Charmaz, 1991）。

[4]一个研究中最重要的东西很少像我读的这些资料那样以一种清晰的形式呈现出来。研究者要努力去解释模糊的处于意识边缘的那些过程。扎根理论为这样的任务提供了工具，但讽刺的是，很多扎根理论学者分析的是非常清晰和明确的过程，而不是那些模糊不清的假设。

[5]这些属性定义了特蕾莎经历的失去自我，也能定义"失去自我价值"这个类属。我选择不把它们当作正式的属性是因为我希望通过写作来再现这种经历的力量。

[6]我一直强调，寻找一个单一的、基本的社会过程的渴求会令研究者在资料分析中使用已有的框架。现在，格拉泽（Glaser, 2003）也认为这种渴求会误导研究者。

[7]甲状腺未分化癌是一种少见的、快速增长的癌症，大多数情况下，当患者发现脖颈上的肿块时它已经转移了。其生存率低，5 年存活率不足 10%。医疗专业人士将其形容为一种"恶性"的癌症。请参考更多关于未分化癌的医学信息（Konstan-tokos & Graham, 2006）。

[8]我们不知道特蕾莎一开始知道这个消息的时候，是被告知还是她自己意识到得了未分化癌意味着可能会死。她的故事显示她意识到了自己要和癌症作斗争，但不一定知道自己即将面临死亡。在她整个对不幸事件的叙述中，她都在强调失去声音；然而，随着访谈的开展，她越来越明确医生对这种癌症的预期。也许是随着特蕾莎与访谈者之间的信任的建立，她慢慢变得更愿意提及它的严重性。她知道什么，怎么知道的，她赋予其什么意义，可以成为她的故事外的另一个框架。她也许已经知道了这病预后不好，知道之后，她也可能觉得自己能打败它。因为其他甲状腺癌很少是致命性的，特蕾莎可能就比较愿意透露自己病情的一些细节。但她的声乐系同学和老师对待她的态度显示，他们可能知道这种癌症及它的通常后果。

[9]图 6.1 显示了我从特蕾莎的资料中发现的失去和重获自我价值的过程，列出了重获自我价值的条件，介绍了与自我断裂经验的对比。 200

[10]当然，身体与自我交织的程度是不一样的。一个人也许一直认为他/她生活中的其他方面比他们失去的身体部位或功能更重要。比如，一些经历了乳房全切的妇女认为自己比失去的乳房更重要，但其他人常认为她们的女性特征、性和自我，已不可挽回地被削弱了（参见 Gross & Ito, 1991）。

[11]要了解类似的情况，比如精神病人是如何定义改变，又是怎么视自己与他人不同的，请参考（Karp, 1996）。

[12]这些事件与行动可能包含令人痛苦的医疗过程。特蕾莎已被安排了手术，但它的意义已经由一次普通的治疗变成了可能会令她声音受损的有风险的过程。

[13]特蕾莎的策略与医生向病人隐瞒病情和预后情况的方法类似以下文献中的论述：Quint, 1965。

[14]请注意，是她在为老师的情绪负责。我们不知道这个事件是否象征着一个终结，还是说她与老师关系改变的图景忽然把她打发走了。她是不是羞于面对另一次可能的巨大失去？这件事是不是她承认永久失去声音的最后动力？我们不得而知。任何一个可能在理论上都说得通。

[15]脆弱的长者有时会在医生判断他们无法独自照顾自己的情况下坚持留在家中。当这些长者试图独立生活却知道他们并不能的时候，就会改变对院舍照护的态度与看法（Hooyman, 1988）。

[16]特蕾莎的情况让我们想起了费斯汀格（Festinger, 1957）对认知失调的治疗。特蕾莎在尝试建立新生活，认为这条道路比成为演唱者更好的过程中很有可能经历了巨大的失调。其他人，比如受伤的运动员被迫尝试其他职业，可能会有与特蕾莎类似的反应。安德鲁·罗斯（Andrew Roth）研究了马拉松跑者，发现那些离开了这项运动的人会用轻蔑的语言形容其他跑者。罗听到他们说类似的话："所有跑者都只在乎他们的时间而已。"（个人通信，2007 年 10 月 11 日）

（本章译者：丁瑜）

参考文献

Atkinson, P., Coffey, A., & Delamont, S. (2003). *Key themes in qualitative research:*

Continuities and change. New York: Rowan & Littlefield.

Blumer, H. (1969). *Symbolic interactionism: Perspective and method*. Englewood Cliffs, NJ: Prentice-Hall.

Bryant, A. (2002). Re-grounding grounded theory. *Journal of Information Technology Theory and Application*, 4, 25-42.

Bryant, A. (2003). A constructive/ist response to Glaser. *FQS: Forum for Qualitative Social Research*, 4(1). Retrieved September 4, 2008, *from www.qualitative-research. net/index. php/fqs/article/view/757.*   201

Bryant, A., & Charmaz, K. (2007a). Grounded theory in historical perspective: An epistemological account. In A. Bryant & K. Charmaz (Eds.) *Handbook of grounded theory* (pp. 31-57). London: Sage.

Bryant, A., & Charmaz, K. (2007b). Introduction. In A. Bryant & K. Charmaz (Eds.), *Handbook of grounded theory* (pp. 1-28). London: Sage.

Bury, M. (1982). Chronic illness as biographical disruption. *Sociology of Health and Illness*, 4, 167-182.

Charmaz, K. (1973). *Time and identity: The shaping of selves of the chronically ill*. Doctoral dissertation, University of California, San Francisco.

Charmaz, K. (1983). Loss of self: A fundamental form of suffering in the chronically ill. *Sociology of Health and Illness*, 5(2), 168-195.

Charmaz, K. (1987). Struggling for a self: Identity levels of the chronically ill. In J. A. Roth & P. Conrad (Eds.), *Research in the sociology of health care: The experience and management of chronic illness* (Vol. 6, pp. 283-321). Greenwich, CT: JAI Press.

Charmaz, K. (1990). "Discovering" chronic illness: Using grounded theory. *Social Science and Medicine*, 30, 1161-1172.

Charmaz, K. (1991). *Good days, bad days: The self in chronic illness and time*. New Brunswick, NJ: Rutgers University Press.

Charmaz, K. (1994). Discoveries of self in chronic illness. In M. L. Dietz, R. Prus, & W. Shaffir (Eds.), *Doing everyday life: Ethnography as human lived experience* (pp. 226-242). Mississauga, Ontario: Copp Clark Longman.

Charmaz, K. (1995). The body, identity and self: Adapting to impairment. *Sociological Quarterly*, 36, 657-680.

Charmaz, K. (1997). Grief and loss of self. In K. Charmaz, G. Howarth, & A. Kellehear (Eds.), *The unknown country: Death in Australia, Britain and the U.S.A.* (pp. 229-241). London: Macmillan; New York: St. Martin's.

Charmaz, K. (1999). Stories of suffering: Subjects' tales and research narratives. *Qualitative Health Research,* 9, 369-382.

Charmaz, K. (2000). Constructivist and objectivist grounded theory. In N. K. Denzin & Y. Lincoln (Eds.), *Handbook of qualitative research* (2nd ed., pp. 509-535). Thousand Oaks, CA: Sage.

Charmaz, K. (2002). Stories and silences: Disclosures and self in chronic illness. *Qualitative Inquiry,* 8, 302-328.

Charmaz, K. (2006a). *Constructing grounded theory: A practical guide through qualitative analysis.* London: Sage.

Charmaz, K. (2006b). The self. In G. Ritzer (Ed.), *Encyclopedia of sociology.* Cambridge, MA: Blackwell.

Charmaz, K. (2007). Constructionism and the grounded theory method. In J. A. Holstein & J. F. Gubrium (Eds.), *Handbook of constructionist research.* (pp. 397-412).New York: Guilford Press.

Charmaz, K. (2008a). Grounded theory as an emergent method. In S. N. Hesse-Biber & P. Leavy (Eds.), *Handbook of emergent methods* (pp. 155-170). New York: Guilford Press.

202   Charmaz, K. (2008b). Grounded theory. In J. A. Smith (Ed.), *Qualitative psychology: A practical guide to research methods* (2nd ed., pp. 82-110). London: Sage.

Charmaz, K. (2008c). The legacy of Anselm Strauss for constructivist grounded theory. In N. K. Denzin (Ed.), *Studies in symbolic interaction* (Vol. 32, pp. 127-141). Bingley, UK: Emerald.

Charmaz, K. (2009). Recollecting good and bad days. In W. Shaffir, A. Puddephatt, & S. Kleinknecht (Eds.), *Ethnographies revisited: The stories behind the story.* New York: Routledge.

Charmaz, K., & Henwood, K. (2007). Grounded theory in psychology. In C. Willig &W. Stainton-Rogers(Eds.), *Handbook of qualitative research in psychology* (pp. 240-259). London: Sage.

Ciambrone, D. (2007). Illness and other assaults on self: The relative impact of HIV/

AIDS on women's lives. *Sociology of Health and Illness*, 23(4), 517-540.

Clarke, A. E. (2003). Situational analyses: Grounded theory mapping after the postmodern turn. *Symbolic Interaction* 26(4), 553-576.

Clarke, A. E. (2005). *Situational analysis: Grounded theory after the postmodern turn.* Thousand Oaks, CA: Sage.

Clarke, A. E. (2006). Feminisms, grounded theory, and situational analysis. In S.Hesse-Biber & D. Leckenby (Eds.), *Handbook of feminist research methods* (pp. 345- 370). Thousand Oaks, CA: Sage.

Corbin, J. M., & Strauss, A. (1988). *Unending care and work.* San Francisco: Jossey-Bass.

Corbin, J. M., & Strauss, A. (2008). *Basics of qualitative research: Grounded theory procedures and techniques* (3rd ed.). Thousand Oaks, CA: Sage.

Denzin, N. K., & Lincoln, Y. S. (1994). Preface. In N. K. Denzin & Y. S. Lincoln (Eds.), *Handbook of qualitative research* (pp. ix-xii). Thousand Oaks, CA: Sage.

Festinger, L. (1957). *A theory of cognitive dissonance.* Palo Alto, CA: Stanford University Press.

Frank, A. W. (1991). *At the will of the body.* Boston: Houghton Mifflin.

Galvin, R. D. (2005). Researching the disabled identity: Contextualizing the identity transformations which accompany the onset of impairment. *Sociology of Health and Illness*, 27(3), 393-413.

Gecas, V. (1982). The self-concept.*Annual Review of Sociology*, 8, 1-33.

Glaser, B. G. (1978). *Theoretical sensitivity.* Mill Valley, CA: Sociology Press.

Glaser, B. G. (1992). *Basics of grounded theory analysis.* Mill Valley, CA: Sociology Press.

Glaser, B. G. (1998). *Doing grounded theory: Issues and discussions.* Mill Valley, CA: Sociology Press.

Glaser, B. G. (2003). *The grounded theory perspective: Description's remodeling of grounded theory methodology.* Mill Valley, CA: Sociology Press.

Glaser, B. G. (2008). *Doing quantitative grounded theory.* Mill Valley, CA: Sociology Press.

Glaser, B. G., & Strauss, A. L. (1967). *The discovery of grounded theory: Strategies for qualitative research.* Chicago: Aldine.

Goffman, E. (1963). *Stigma.* Englewood Cliffs, NJ: Prentice-Hall.

Gross, A., & Ito, D. (1991). *Women talk about breast cancer.* New York: Harper Collins.

Hallberg, L. R. M. (2006). The "core category" of grounded theory: Making constant comparisons. *International Journal of Qualitative Studies on Health and Well-Being,* 1(3), 141-148.

Henwood, K., & Pidgeon, N. (2003). Grounded theory in psychological research. In P. M. Camic, J. E. Rhodes, & L. Yardley (Eds.), *Qualitative research in psychology: Expanding perspectives in methodology and design* (pp. 131-155). Washington, DC: American Psychological Association.

Hewitt, J. P. (1994). *Self and society: A symbolic interactionist social psychology.* Boston: Allyn & Bacon.

Hochschild, A. (1979). Emotion work, feeling rules, and social structure. *American Journal of Sociology,* 85, 551-575.

Hood, J. C. (2007). Orthodoxy vs. power: The defining traits of grounded theory. In A. Bryant & K. Charmaz (Eds.), *Handbook of grounded theory* (pp. 151-164). London: Sage.

Hooyman, N. (1988). *Taking care of your aging family members.* New York: Free Press.

Karp, D. (1996). *Speaking of sadness: Depression, disconnection, and the meanings of illness.* New York: Oxford University Press.

Konstantokos, A. K., & Graham, D. J. (2006). Thyroid, anaplastic carcinoma. *E-medicine from Webb MD.* Retrieved July 28, 2006, from www.emedicine.com/med/topic2687.htmon.

Lillrank, A. (2002). The tension between overt talk and covert emotions in illness narrative: Transition from clinician to researcher. *Culture, Medicine and Psychiatry,* 26, 111-127.

Madill, A. J., Jordan, A., & Shirley, C. (2000). Objectivity and reliability in qualitative analysis: Realist, contextualist, and radical constructionist epistemologies. *British Journal of Psychology,* 91, 1-20.

Mairs, N. (1986). *Plaintext: Essays.* Tucson, AZ: University of Arizona Press.

Mathieson, C., & Stam, H. (1995). Renegotiating identity: Cancer narratives. *Sociology of Health and Illness,* 17(3), 283-306.

Mead, G. H. (1932). *The philosophy of the present.* La Salle, IL: Open Court.

203

Melia, K. M. (1996). Rediscovering Glaser. *Qualitative Health Research,* 6, 368-378.

Mills, J., Bonner, A., & Francis, K. (2006a). Adopting a constructivist approach to grounded theory: Implications for research design. *International Journal of Nursing Practice,* 12(1-February), 8-13.

Mills, J., Bonner, A., & Francis, K. (2006b). The development of constructivist grounded theory. *International Journal of Qualitative Methods,* 5(1-April), 1-10.Murphy, R. F. (1987). *The body silent.* New York: Henry Holt.

Peirce, C. S. (1958). *Collected papers.* Cambridge, MA: Harvard University Press.

Quint, J. C. (1965). Institutionalized practices of information control. *Psychiatry,* 28, 119-132.

Reich, J. A., & Brindis, C. D. (2006). Conceiving risk and responsibility: A qualitative examination of men's experiences of unintended pregnancy and abortion. *International Journal of Men's Health,* 5(2), 133-152.

Reichertz, J. (2007). Abduction: The logic of discovery of grounded theory. In A. Bryant & K. Charmaz (Eds.), *Handbook of grounded theory* (pp. 214-228). London:Sage.

Ricoeur, P. (1991). Life in quest of narrative. In D. Wood (Ed.), *On Paul Ricoeur: Narrative and interpretation.* London: Routledge.

Rosenthal, G. (2004). Biographical research. In C. Seale, G. Gobo, J. F. Gubrium, & D. Silverman (Eds.), *Qualitative research practice* (pp. 48-64). London: Sage.

Ross, M., & Buehler, R. (2004). Identity through time: Constructing personal pasts and futures. In M. B. Brewer & M. Hewstone (Eds.), *Self and social identity* (pp. 25-51).Malden, MA: Blackwell.

Scambler, G., & Scambler, S. (Eds.). (2010). *New directions in the sociology of chronic and disabling conditions: Assaults on the life-world.* London: Palgrave Macmillan.

Scott, K. W. (2004). Relating categories in grounded theory analysis: Using a conditional relationship guide and reflective coding matrix. *Qualitative Report,* 9(1),113-126.

Strauss, A. L. (1959/1969). *Mirrors and masks.* Mill Valley, CA: Sociology Press.

Strauss, A. L. (1961). *Images of the American city.* New York: Free Press.

Strauss, A. L. (1987). *Qualitative analysis for social scientists.* New York: Cambridge University Press.

Strauss, A. L. (1993). *Continual permutations of action.* New York: Aldine de Gruyter.

204

Strauss, A., & Corbin, J. (1990). *Basics of qualitative research: Grounded theory proce-dures and techniques.* Newbury Park, CA: Sage.

Strauss, A., & Corbin, J. (1998). *Basics of qualitative research: Grounded theory proce-dures and techniques* (2nd ed.). Thousand Oaks, CA: Sage.

Torres, V., & Hernandez, E. (2007). The influence of ethnic identity on self-authorship: A longitudinal study of Latino/a college students. *Journal of College Student Development,* 48(5), 558-573.

Turner, R. (1976). The real self: From institution to impulse. *American Journal of Soci-ology,* 81, 989-1016.

Tweed, A., & Charmaz, K. (2011). Grounded theory for counseling psychologists. In A. Thompson & D. Harper (Eds.), *Qualitative research methods in mental health and psycho-therapy: A guide for students and practitioners.* London: Wiley-Blackwell.

Ville, I. (2005). Biographical work and returning to employment following a spinal cord injury. *Sociology of Health and Illness,* 27(3), 324-350.

Whiting, J. B. (2008). The role of appraisal distortion, contempt, and morality in couple conflict: A grounded theory. *Journal of Marital and Family Therapy,* 34(1), 44-57.

Williamson, K. (2006). Research in constructivist frames using ethnographic techniques. *Library Trends,* 55(1), 83-101.

第七章

特蕾莎案例的话语分析：
强调自我，弱化他人

琳达·麦克马伦(Linda M. McMullen)

我在项目中采用话语心理学的分析立场。这一立场使得我可以将话语分析的理念应用到心理学的议题上(Potter, 2003)。话语分析已经被公认为一种分析方法、方法论以及看待社会生活的角度。话语分析涉及元理论、理论的和分析的原则，以及对主流心理学的评论(Crotty, 1998; Potter, 2003; Willig, 2003; Wood & Kroger, 2000)。它既是概念化语言的方式，又是分析语言的路径。

话语分析的多种形式揭示了其涉及哲学、社会学、语言学、心理学和文学理论等各个分支的多学科起源(Wood & Kroger, 2000)。从关注如何将句子组合在一起(如语言学)，到如何构建对话或构建互动谈话(如对话分析)，再到语句集如何构成主体和客体(如福柯式话语分析)，如何理解与社会问题、结构变量(如种族、性别、阶级)和权力(如批判性话语分析)有关的话语，这种思考和分析语言的方法涵盖多种多样(并且经常互相矛盾)的一套原则(Potter, 2004; Willig, 2003; Wood & Kroger, 2000)。正如伍德和克罗格(Wood & Kroger, 2000, p. 18)所概述的，话语分析的不同种类在以下许多方面都存在差异：认识论立场(例如，建构主义者与批判现实主义者)、理论的性质和作用(例如：是可用于分析的解释性工具还是仅可以利用的话语文

206　本；处于基础地位还是边缘地位）、被分析的资料种类（例如，是研究者生成的，还是自然主义的）、如何理解和对待情境（例如，作为背景被承认，还是作为需要进行分析的决定性因素）以及要求如何得到认可（例如，根据经验、理论，还是意识形态）。因此，话语分析是一个非特定术语。

尽管话语分析的不同种类可以明确这些方面的相似性和差异性，但也使得方法之间的界限模糊化，并为研究者提供了使特定方法适应其研究问题和目标的机会。例如，韦斯雷尔（Wetherell, 1998）主张将传统（功能主义）分析的"分子的"（molecular）方法与后结构主义或福柯式（Foucauldian）的（在情境中进行）分析的"克分子"（molar）的风格进行综合①。这种结合的研究焦点是：如何在特定情境下运用话语资源完成特定的社会行为，以及塑造这种运用更广泛的社会和制度框架（Willig, 2003）。遵循韦斯雷尔（Wetherell, 1998）的精神，在本项目中，我采取以社会心理学为基础的话语分析的形式（Potter & Wetherell, 1987），有时也被称为社会心理话语分析（DASP）（Wood & Kroger, 2000）。在分析中，我研究了情境和社会后果以及背景规范性概念（Wetherell, 1998, p. 405）。

社会心理话语分析的基础是约翰·奥斯汀强调语言表述行为的言语行为理论（Austin, 1962），以及将对话研究本身作为研究主题的常人方法论（eth-nomethodology）（Potter & Wetherell, 1987）。1985 年，利顿（I. Litton）和波特撰写了与社会心理话语分析相关的第一本著作。随后波特和韦斯雷尔在 1987 年的书中首次对该方法进行了详细陈述（Potter, 2003）。社会心理话语分析选取并重新解读了几个关键概念（例如：态度、认知、范畴、自我），以此来批判主流的心理学（Potter, 2004）。例如，态度不再是人们所"持有"（held）的"对"

---

①　具体可以参考 de la Fuente, J., González-Torres, M. C., Arnarez, M., MARTINEZ-Vicente, J. O. S. E., Peralta-Sánchez, F. J., & Vera-Martínez, M. M. (2019). Implications of unconnected micro, molecular and molar level research in psychology: The case of executive functions, self-regulation and external regulation. *Frontiers in psychology*, 10, 1919. ——译者注

(about)物体或事件的某些东西。相反，态度被视作在特定环境中，为实现特定的利益需求，而所持的各种话语立场。于是，矛盾成了被期待和值得研究的事物，而不是一个需要辩解的问题。类似地，谈话不再是具象的术语和认知的路径，相反，它本身就是研究的焦点。对象和事件不被理解为心理表征，而是通过语言本身被积极构建的。这一激进举动的结果是，许多被视为理所当然的所谓基础心理学的概念(例如：偏见、身份、抗逆力)变成了人们正在做(do)的事情而不是人们所拥有(have)的事情(Willig, 2003)。因此，与其他质性研究方法不同，话语分析的焦点不是人。换句话说，话语分析并未假设"按照传统定义，人格特质决定了各种不同情况下的行为" 207 (Wood & Kroger, 2000)。

这种方法强调了话语的三个核心特征(Potter, 2003)。①行动导向(action orientation)，即将话语视为一种社会行动。因此，话语分析的重点是参与者如何使用话语资源(例如，比喻、叙事、类别)以及产生了什么影响。着眼于行为，目标是确定话语正在谈论的事项。②情境(situation)，这一特征通过三种方式来理解。第一，话语是按顺序组织的，因此不仅话语本身，参照出现在话语之前和之后的内容，(至少部分地)也可以理解话语。第二，从制度上讲，它可能(部分地)由地方规范塑造。第三，它可在修辞的意义上被定位，因为它可以抵制对它的破坏或反对。③建构(construction)，即话语既是由类属、叙事和比喻等各种资源建构的，又是建构性的，即世界、行为和事件的版本是在言谈中建立的。

对社会心理话语分析的批评之一，是其将重点聚焦于正在分析的文本上，而忽略了讲话者是谁，以及产生文本的更广泛的社会背景的影响。话语分析的后结构主义者(有时称为福柯式的)强调后者。后结构主义的话语分析至少还在另外两个方面与社会心理话语分析不同。第一，后结构主义的话语分析假定话语建构主体，并赋予主体含义。但是，在社会心理话语分析中，话语是积极的行动者可以使用的工具。第二，后结构主义的话语被认为与经验有关，但是，社会心理话语分析将经验的调用视为一种话语行动(Willig, 2001, 2003)。尽管并非所有的话语分析研究者都同意将这两种方法结合使用(例如，parker, 1997)，但我还是采用了韦斯雷尔(Wetherell, 1998)的观点，同时考虑说话者在特定情况下使用话语资源的方式，以及影响这种使用得更广泛的社会和制度环境。

对多种话语方法的实证研究产生了可以用于任何调查的分析性概念和策略。例如，伍德和克罗格(Wood & Kroger, 2000)不仅具体化了大量与内容、特征、形式、结构或功能有关的概念，还对其他话语分析传统衍生的，并被采用社会心理话语分析传统的人使用的概念(如立场、面部表情、叙事、意识形态困境)进行了详细说明。此外，他们概述了可以在话语分析过程中采用的几种策略(如重新表达、关注参与者的意义、对功能的多样性和可变性保持敏感)。

这些概念和策略可以应用于对书面、口语和视觉材料的分析。尽管研究者可以进行访谈，但是目前已经从这种资料生成方法转向"自然"资料源，即独立于研究项目而存在的资料。分析通常由相对无动机的材料阅读开始，以此来发展对人们行为的理解。"阅读"涉及文字材料和视听材料。完成初步阅读后，分析者根据吸引他的内容提出一系列关注点或问题。然后，分析人员对所有可用于分析的内容进行搜索，并选择材料中与关注点或问题密切相关的部分。此时，相关的内容或多或少都被包括在内。随着调查重点的进一步完善，许多内容将被排除在详细分析之外。进一步选择深入分析的部分，并对其进行分析是一种在明确和解决调查问题之间反复循环的过程。问题通常以"如何建构？""正在做什么以及如何做？"或"正在做的功能和结果是什么？"等形式出现。

在处理选定的部分时，分析人员会注意背景和可变性，以及与研究问题相关的概念(如内容、文体和语法特征、修辞手法、诠释性语汇或系统性相关的术语、类别、论据形式)(Potter, 2003；Willig, 2003)。分析策略包括替换术语以确定功能，从话语分析角度来重新定义参与者的话语，提醒自己注意多种功能的可能性，注意论述的相似性和差异性以及关注参与者的意义构建(Wood & Kroger, 2000)。分析结果是一组基于经验的论述和解释。也就是说，分析者通过引用文本的特定特征和功能来说明其论述的正确性。遵循韦斯雷尔(Wetherell, 1998)的观点，诠释基于分析者认为相关的背景规范概念，诠释也被放入相关的背景规范概念的描述中。要注意，在整个分析过程中，调查的重点可能会改变很多次，可能会问很多关于资料的问题，而且分析永远不会完成。

第一节　我的分析过程

在分析过程开始时，我注意到了我们正在使用的材料种类以及该材料所产生的背景。具体而言，我们有四个可用的文本。这些文本都产生自"探讨人们如何从不幸中复原"的研究项目。该项目旨在帮助心理学质性方法研究生课程中的学生学习访谈。第一个文本是由 30 岁的心理学博士生特蕾莎编写的书面描述，用于对以下问题作出回应：描述、书写一个当你遇到某种非常不幸的事情发生的情形。请从不幸事件发生之前开始你的描写。分享发生的细节、你的感受、你做了什么，之后又发生了什么，你如何应对以及你的生活发生了怎样的改变。第二个文本是由一位对特蕾莎进行访谈的男同学写的访谈转录。他概述了访谈的目的，他如何对"复原"这一概念进行概念化，以及这种概念化如何影响他的提问。第三个文本是对特蕾莎进行访谈的转录。第四个文本是来自同一项目的对盖尔进行访谈转录，如有需要，可用于比较。我认为我们是按照 4 个文本，而非特蕾莎和盖尔这两

209

个资料集来使用资料的。因为这4个文本都是在特定的背景中生成的，这些背景在分析时必须被考虑进去。

我无针对性地完整阅读了前三个文本，没有做任何笔记。一个星期后，我再次阅读了全部内容，并开始在页边空白处记笔记。这些笔记并没有很强的针对性：一些是对文本某些部分的释义，一些是我认为的关键词，一些是我对访谈者正在做的事情的描述。随后的阅读具有针对性，并开始提取话语分析所使用的一系列概念。例如：对于自己和他人的定位（人们在谈论一个话题时如何以及以何种方式为自己和他人定位）（Davies & Harré, 1990）、诠释性语汇[用于表征和评估行为、事件和其他现象的，重复使用的术语系统（Potter & Wetherell, 1987, p. 149）]、模式和可变性。接下来，我后退一步，思考项目最初如何对"抗逆力"（resilience）、"应对"（coping）和"复原"（recovery）进行构架，以及这种框架可能带来的后果。紧接着我搜索了"抗逆力"的定义。我想弄明白大家对这个词有什么共同（也许是西化的）理解，以及这种理解可能会如何影响参与者谈论这个话题的内容和方式。常见的对于"抗逆力"的字典定义是"能够从疾病、变化或不幸中迅速恢复过来的能力"（Morris, 1970, p. 1106）。对于"复原"的定义是"恢复健康的正常或通常状态，找回丢失的东西"（Morris, 1970, p. 1090）。完成对研究项目的重点、关键词的定义以及最初的一系列注释的思考后，我开始根据实际存在或隐含其中的对比进行思考：之前和之后、规范和异常、疾病与健康、不幸和生存。

210　　考虑到对比的概念，我进行了一些分析性操作。例如，我分开阅读受访者讲话中的转折与访谈者讲话中的转折。我读对盖尔的访谈，并不是为了分析它，而是为了与特蕾莎的访谈形成对比。我考虑了以下问题：三个主要文本之间有何相似之处和不同之处？它们中缺乏或存在什么？作者或受访者以及其他人在这些叙述中处于何种位置？在此时，我开始考虑特蕾莎如何（偶尔地）将自己定位为一个特殊、有才华、与众不同、负责的人，而将其他人定义为有缺陷、虚弱、对她没有帮助的人。

然而，在进一步展开分析之前，我决定从分析中退后一步，对资料提出了一系列问题。这些问题包括：如何建构"伴随着不幸或创伤的抗逆力的论述"？文本中的不幸是如何构成的？在文本中如何构建抗逆力？参与者如何"表现得有抗逆力"？尽管这些问题通常是相互关联的，并且是话语分析人员的典型焦点，但它们确实会导向不同的分析方法，同时我意识到我必须准确阐明我关注的重点。

此时，我对工具（instrument）和工具性（instrumentality）这两个概念很感兴趣。它们是特蕾莎关于失去歌声（她的工具）和对这种失去的反应（她的工具性）的故事的隐喻。我尝试探索了"工具"的多种含义（例如：一种用于发出受控的音乐声的装置；一种完成某件事的手段；一个人使用且被另一个人控制以执行某项动作）和"工具性"的多种含义（例如：用作一种工具或手段、能动性），我开始思考特蕾莎如何"使用工具性"，以及她如何将他人构建为工具（他们可以为她做什么，还有他们如何不能为她做什么）。

然后，我开始摘录一些我认为可能与自己和他人的工具性概念有关的文本。在这一分析阶段，我还考虑了资料产生的背景（作为一个书面描述以及通过一个课堂项目的访谈）如何对资料产生影响。具体来说，我们获悉，在为资料产生的课堂项目做准备时，学生们在了解人们如何与不幸和解时，讨论了社会支持和社会制度。我想知道参与该项目的研究生，作为能动者，希望在多大程度上向其他研究生和教授展示自己。我认为如果"发挥能动性"很重要，那么过多地谈论社会支持，可能破坏这一行动。

随后，我进一步集中选取了分析文本。我选择了特蕾莎将自己定位为能动者（agent）或病人（patient）的引文；其中，她提供了有关自己的行

211

为和成就的重要细节，或者说没有提供有关他人行为的细节；她忽视了其他人；他人的支持是自然而然地提供的，并且是预期的，偶然的或不容易获得的；或者她放弃了这种支持。

仅在此时，我对有关丧失、创伤和抗逆力的文献进行了简短的搜索。抗逆力的其中一个实现路径是自我强调（self-enhancement）或过度偏爱自我（Bonanno, 2004），这一定义贴切地表达了我所理解的特蕾莎在访谈中所采取的主要行动。因为我注意到她对别人的描述与对自己的看法形成了鲜明的对比，所以我选取了我认为能抓住这种对比的词，并最终决定采取弱化（diminishing）这一词。

在下文中，为了说明如何将话语分析应用于我们选择的文本上，我将重点放在我认为的特蕾莎进行的一项重要的社会行为上：我称之为"强调自我，弱化他人"（enhancing oneself, diminishing others）。我用"强调"一词来表示增加自己的价值或声誉，我用"弱化"表示减少对方的存在，将对方建构为：没有能力处理问题，并批评对方。

第二节　我的分析：强调自我，弱化他人

从资料中，我得出了以话语方式表现为"强调自我，弱化他人"的两种模式。第一种模式基于特蕾莎书面描述的两段引文，其中包括通过声称自己是一位出色的、负责的能动者来抬高自己，并通过将他人建构为无法应付的或将他人置于叙述边缘来贬低他人。

一、模式一

引文 1

1	我的所有朋友都是演唱者，我知道他们受不了
2	在这种情形下和我在一起的不适；我的声乐老师，就像我的另一个父亲一样，
3	出事后每次见到我，打个招呼他也会淌眼泪……我手术的时候他陪在我身边，
4	在麻醉剂起作用的时候，他是我看到的最后一个人。目睹我们一起建构的梦想
5～6	被现实挤得粉碎对我们都是件过于残忍的事情，之后我们便很少交谈。
7	很多人建议我暂时休学，没有人因为这件事瞧不起我，但我
8	下定决心生活下去，仿佛这件事情没有发生。当我结识新朋友，我不会
9	介绍自己是个歌唱者，这对我来说非常奇怪。现在，我转到了心理学专业，
10	我告诉别人这一点，仿佛我一直就是心理学的学生。我突然有了许多不是音乐家的朋友，
11	这很奇怪，但也令人耳目一新。我拥有了一些我以前从未有过的交谈；
12	我的朋友有哲学家、科学家、诗人、历史学家；我了解了
13	犹如神圣的地下墓穴的排练室、音响室和演奏厅之外的人生。
14	除此之外，我开始学习击剑、骑摩托车、攀岩和
15	戏剧表演，似乎也都做得不错。坦率地说，我想尽我所能去生活，
16	做一切我能想到的事情。

212

　　在第 1 行和第 2 行中，特蕾莎建构了对发生在她身上的事情感到不安的朋友和歌手，也暗示着他们并未支持她。她的说法是"我知道他们受不了在这种情形下和我在一起的不适"，使得他们无法完成需要他们所做的任务。值得注意的是，特蕾莎并没有提及这些歌手同伴采取的任何行动。然后，特蕾莎将她的声乐老师塑造成她的生命中的重要人物，且声乐老师深受她的境况的影响，但随着时间的推移，两人的关系逐渐淡化（第 2～6 行）。尽管她提供了一些和声乐老师相遇的细节，但声乐老师的行为被认为是不变且被动的。例如，说他"出事后每次见到我，打个招呼他也会淌眼泪"，将他建构为仅拥有相当被动反应的人，而"我手术的时候他陪在我身边"这一短语，在这一重要的时刻却明显缺少他的行为的具体细节。缺乏能动性或干预行动在"目睹我们一起建构的梦想被现实挤得粉碎"和"之后我们便很少交流"等陈述中也得到了充分体现。

在第 7～16 行中，特蕾莎文字一转，由他人作为主体转为自己作为主体。在介绍这部分内容时，她首先将自己与他人区分开来。"很多人建议我暂时休学，没有人因为这件事瞧不起我，但我下定决心生活下去，仿佛这件事情没有发生。"这样的表述使她觉得自己走上了一条不平凡的、自我指导的道路。然后，她继续在自身建构拥有"心理学专业"（a psychology major）的新生活，并积极拥抱生活（"我开始学习击剑、骑摩托车、攀岩和戏剧表演"），并且她对这种新生活和她的表现进行了积极的评价（有了许多不是音乐家的朋友"令人耳目一新"；她在击剑、骑摩托车、攀岩和戏剧表演方面，"似乎也都做得不错"）。此外，她通过将新朋友归类为"哲学家、科学家、诗人、历史学家"来宣称自己的身份。在引文的后半部分，几乎所有句子都以"我"开头，后跟一个动作动词。重复使用相似的句子结构可以强调她的观点。其他人偶尔被提及，但仅是概括性的提及，例如："许多""新朋友""不是音乐家的朋友""哲学家、科学家、诗人、历史学家"。他们并没有在她的新生活中扮演重要角色。

值得注意的是，这段引文的内容中，特蕾莎对他人的建构相对简短，认为他人缺乏能动性的行动，而她对自己的建构则更长，更详尽，

213

并且充满了能动性的行动。我认为，她通过将他人建构为敏感和无法应付这种情况的人，并通过提供相对较少的关于他人的行为细节，来弱化他人，而通过采取主动、独立和自我指导的论述而进行自我抬高。

引文 2 从第 4 行表明了"强调自我，弱化他人"的特定模式，且这是特蕾莎书面描述中最后一段的大部分内容。

引文 2

1	因为转了专业，我推迟了一年毕业，在此期间，
2	遇到了我的丈夫并结了婚，他是一个没有音乐细胞、非常有学术取向的人。
3	手术后三年，我开始思考我要用我的心理学的学位做什么。恰逢此时，
4	我的歌唱声音又恢复了。荒谬的时间节点！在保住我朝九
5	晚五工作的同时，我开始努力缓慢恢复我的嗓音，并最终
6	拥有了有大约 60 名学生的自己的音乐工作室，自己成为好声音技巧
7	的形象代言人。我参加两部歌剧的合唱，开始
8	在婚礼和教堂唱歌，重新找我原来的声乐老师
9	上一些声乐课。但是，我热爱我新发现的学术生活，并且不想放弃这一切，
10	回到专业古典歌唱的全职生活。此外，我发现
11	我的嗓子常常出各种状况（至今如是），但我仍然可以很好地演唱其他类型的音乐，
12	例如摇滚和蓝调。我开始尝试写自己的音乐，并最终
13	在夜总会和现场音乐表演场合有自己的定期表演。我像现在一样继续从事
14	心理学工作，因为我很热爱它，特别是因为它让我发现
15	了我从没认识到的那个自己，这个自己似乎可以在知识分子人群中占有一席之地。

与前面的引文一样，第7～9行和第12～14行，重点是"我"作为能动者，并详细列出了"我"的行动（例如："我参加两部歌剧的合唱，开始在婚礼和教堂唱歌""我开始尝试写自己的音乐""我……继续从事心理学工作"）。此外，特蕾莎继续按照自己的意愿进行自我构建。例如，她在第5行和第12行反复使用"并最终"，这意味着完成她的工作需要花费时间。她继续认为自己成就非凡。她不仅努力使自己的声音恢复原状，还同时"保住朝九晚五的工作"。她不仅拥有自己的歌唱工作室，而且这个工作室还拥有大约60名学生。特蕾莎再一次进行了积极的自我评估（例如："自己成为好声音技巧的形象代言人""但我仍然可以很好地演唱其他类型的音乐""这个自己……似乎可以在知识分子人群中占有一席之地"）。

自我作为出类拔萃者的建构，以及自身作为能动者的位置，与对他人的简短描述密切交织。在第1行和第2行中，她说，在她本科学习时，"遇到了我的丈夫并结了婚，他是一个没有音乐细胞、非常有学术取向的人"。在第8行和第9行中，她说"重新找我原来的声乐老师上一些声乐课"。在这两种情况下，他者都是以特蕾莎生活中的角色（如丈夫、老师）被提及的。未被提及的是他们自身的行动和他们对特蕾莎生活的影响。

在引文2中，他人由于缺乏足够的细节而被弱化。相反，通过许多表现行为和成就的细节，以及将自己定位为对生活负责的独立能动者，特蕾莎不断地强调自我。总而言之，引文1和引文2表示了说话的一种模式。在这种说话模式中，他人被建构为无法应付当下的情形或与陈述无关，从而被弱化甚至贬低。而自我则通过大量的细节被建构为成功的、负责的人，而得到抬高。至少在西方世界的某些地区，这种模式可以被理解为一种例外的抗逆力的文化话语，也就是说，在逆境中茁壮成长主要是由于自己的主动性和天赋，而非他人的参与和帮助。

214

二、模式二

"强调自我，弱化他人"的话语行动的第二类模式是，通过声称自己是独特的、与众不同的，特别是有才华的，来抬高自己；通过将他人的行为构建为会对自己产生不利的后果，来贬低他人。以下两个引文（引文 3 和引文 4）来自访谈记录，特蕾莎是被访者，她的男研究生同学是访谈者。访谈者在其撰写的关于访谈的简短介绍中说道："在访谈之后，我意识到我是怎样'概念化'抗逆力这一观念的。我的问题旨在寻找支持的来源，因为我相信没有支持的来源，就不可能有抗逆力。"特蕾莎的书面描述很少关注其他人的支持，因此我觉得这句话特别有趣。引文 3 以访谈者的评论和指示开头（以斜体显示）。

引文 3

215

1	*你提到你的朋友不能忍受在你身边，因为他们知道*
2	*你的痛苦有多深。能不能根据他们的行为以及和你的关系，讲讲他们是*
3	*怎么表现的？*
4	他们从我的生活中消失了。我认为对于我们彼此来说皆是如此。特别
5	特别好的朋友，我还保持着一个……我认为我们是如此亲密，没有任何事情
6	会让我们疏远。但是你有必要记住，我曾在声乐工作室和音乐学院，
7	周围的一切都很有竞争力，每个人都互相知道别人是谁，
8	以及别人有多大能耐。声部之间很敌对……
9	总有一个"大姐大"（queen bee）。我是音乐学院那个奇怪的女中音神童（wunder kind），
10	得到很多试演、独唱的机会，以及指挥的青睐。我并不想事情是
11	那样，因为这很讨厌。默认的是，大家开始讨厌我。有一个研究生

续表

12	在走廊堵住我，威胁我……很奇怪，但那是我的使命……那（it）就是我（I），那是我
13	不得不做的。让那个研究生见鬼去吧。那就是我，我是谁……所有人都觉得
14	我有一天会成为一个人物。

值得注意的是，在这份引文的开头，特蕾莎的朋友是如何被构建的。在她的书面描述（引文 1）中，她说："我的所有朋友都是演唱者，我知道他们受不了在这种情况下和我在一起的不适。"这样的表述折射出朋友们对特蕾莎（或许是他们自己）失去嗓音的痛苦感到同情和不知所措。在引文 3 的第 1 行和第 2 行中，访谈者将此陈述改写为"你提到你的朋友不能忍受在你身边，因为他们知道你的痛苦有多深"。短语"不能忍受在你身边"（not being able to stand being around you）可以用两种方式来理解：①他们不能忍受特蕾莎（也许是他们自己）的痛苦，或者②特蕾莎无法忍受这些人环绕在周围。紧接着这句话的是特蕾莎清晰、直接、令人回味的回应："他们从我的生活中消失了。"与她没有提到朋友采取的任何行动的书面描述相比较，她在此处将朋友们的行动建构为积极回避。尽管特蕾莎也勉强承认她也可能已经从他们的生活中消失了（"我认为对于我们彼此来说皆是如此"），但她并没有详细说明自己的行为。她使用"特别特别好的朋友"（第 4 行和第 5 行）这句话，也暗示人们会期望有所行动而非直接消失。同样，特蕾莎提到了她还有一位朋友（第 5 行和第 6 行），但这只是简短的插曲。就像引文 1 和引文 2 中没有提到细节一样，她没有进一步提及此人在她有损于声音的癌症治疗期间的贡献。

然后，特蕾莎将声乐工作室/学校的环境建构为具有竞争意识、注重地位（"每个人都互相知道别人是谁以及别人有多大能耐"）且充满敌意的（第6~9行）。这样做可以使她朋友们的行为被解释为一种规范，而不是针对她，因此可以起到保护自己面子的作用。尽管单凭第9行，我们不清楚特蕾莎是否在为自己争取"大姐大"的身份，但显然在第9行和第10行^①中，她将自己构造为不寻常的、有才华的、特别的人，而且她获得了每个学唱歌的学生想要的东西。她使用德语的"神童"（wunderkind）而不是英语的"神童"（child prodigy），也可以使自己与众不同。她继续声称自己并不是"真的想要"，并将他人对其才华的反应和特别的认可视作她自己无法控制的事情（"默认的是"）。她使用"假的'它'"（Dummy it，即未指定其指称的代词^②）（Penelope，1990），而不是"我"（I）作为主语。她还采用情态成分"不得不"否认她的能动性（第13行）。因此，她继续将自己建构为"病人"（被视为遭受外部力量或内部逼迫影响的人），而不是作为"能动者"（如她在引文1和引文2中所做的那样）。相比之下，她的同学（甚至比她年长的同学）被建构为嫉妒和恶意的（"……大家开始讨厌我。有一个研究生在走廊堵住我，威胁我……"），而且为此担心是不值得的（"让那个研究生见鬼去吧"）。

因此，我认为，特蕾莎在引文中把他人建构为无法帮助她、具有竞争性和嫉妒的，从而贬低他人的重要性。而她则声称自己与众不同、独特并注定成名，从而抬高自己。值得注意的是，这段引文标志着对其他人定位的一种转变。引文1和引文2将他人视作被动或无关紧要的，而她自己是主动和有能动性的。但是，这种模式则将他人塑造为在自己无法控制的情形下，是不支持的，甚至是要复仇的，从而使得西方世界中标记为"抗逆力"的行动成就更值得关注。它还强调了"社会支持"是实现这些成就所必需的和被期望的概念。

---

① 引文3第9~10行的原文是：there's always a queen bee. I was the freak *wunderkind* mezzo-soprano at the music school that got the auditions, got the solos, got the favoritism from directors. ——译者注
② 文中译为"那"，如"那就是我"，见引文3第12行。——译者注

引文 4

1	我的声乐老师在我面前放声痛哭。我真的应付不了，
2	你知道吗？我的意思是，我真的很在乎这个人，我觉得自己让他失望透了。
3	然后有一天，我靠在工作室的钢琴上，他坐在琴键前，
4	我们上了一节悲伤的课……然后他突然看着我说："你为什么就不能干脆
5	别来了？"我说："你说得对。"那是我最后一次去工作室。就像那样，
6	就像那样。此外，我参加过学校的每一个顶级合唱团……这所学校
7	有实力很强的合唱项目的……录音、国际巡演、作品。我是
8	一个精英室内合唱团的成员，最年轻的成员，这也是件很了不起的事情。
9	这件事情就像闪电击中了我。于是我变得像最怪异的鬼魂，就好像贱民……
10	一个被所有人谈论的被遗弃的人。
11	你怨恨你的老师吗？
12	不……好吧，也有一点，有一点。因为，即便我预计我们是因为这而分道扬镳，
13	但我心里也暗暗希望我们的关系不仅仅止于唱歌……
14	我们能够作为普通人来相互理解。

217

在引文 4 的前 5 行中，特蕾莎说明了她与声乐老师的关系。在其中，她将声乐老师和自己都定位为既是能动者也是承受者。她的声乐老师在她面前"放声痛哭"，但确实主动终止了他们的专业关系，这一结局可能是必要的、不可避免的、众所周知但不言而喻的，正如第 4 行呈现的那样。类似地，特蕾莎认为自己对她的老师有影响（"我觉得自己让他失望透了"），也认为自己虽然同意关系终止是不可避免的，但不是关系终止的发起者。

重复"就像那样"(第5行和第6行)表明了此评价短语的重要性，但由于"它"和"那样"都是模糊的指示词，因此含义不清楚。在没有录音带的情况下，无法确定以下两种解释哪一种更为合理: ①这个人会被从录音棚中迅速剔除，或②录音棚受制于规范。但是，在任何一种情况下，都意味着特蕾莎无法控制。

从第6行开始，直到第10行，我们再次看到从谈论别人转移到谈论自己这一快速转变的模式。特蕾莎再次进行了一系列自我抬高，如声称自己拥有才干("我参加过学校的每一个顶级合唱团")，将学校构建为只招非常认真又有才华的歌手("有实力很强的合唱项目的……录音、国际巡演、作品")，以及暗示自己是神童("我是精英室内合唱团的成员，最年轻的成员")。将自己定位为有才华的角色，旨在强调她患有甲状腺癌和(至少暂时)失去歌唱的嗓音重要性，她总结为"这也是件很了不起的事情"。

将她的癌症与闪电进行比较(第9行)的含义是，它是快速、精确、可能毁灭、不可预测且不可控制的。同样引起争议的是特蕾莎在不幸患癌症后，对她的社会意义和地位的建构: 就像已经死了一样，是一个社会流浪者，其处境异常，以致引起了重要的对话(第9~10行)。特蕾莎在这里再一次将自己建构为承受者(而不是能动者)，建构为他人对其产生行动的人，遭受外力所带来的结果，但也与众不同、引人注目。

访谈者的询问(以斜体显示)将重点转移到了特蕾莎与声乐老师的关系上，这一举动与访谈者承认"没有支持的来源，就不可能有抗逆力"相符，并且他已将特蕾莎的书面描述理解为她没有获得他人支持的证据。他的问题促使特蕾莎进行自我修复("好吧，也有一点，有一点")，这标志着她的麻烦的来源。紧接着，她采取了自我保护的举动("因为，即便我预计我们是因为这而分道扬镳")，她承认，"但我心里也暗暗希望我们的关系不仅仅止于唱歌……我们能够作为普通人来相互理解"。在这种情况下，其他人被建构为使她失望的，从而被贬低。同样，特蕾莎在这份引文中所引用的话语瓦解了社会支持这一概念对实现"抗逆力"是必不可少的论述。

三、小结

总而言之，我主要关注两种话语模式，我认为它们是"强调自我，弱化他人"。我还强调了特蕾莎在采用这两种模式时，如何灵活地处理能动者和承受者的站位。尤其值得注意的是，我从特蕾莎的书面描述的引文中发现了的第一个模式，从访谈的引文中发现了第二个模式。这种区别并不意味每种模式都是特定背景所独有的。相反，我认为它说明了话语上下文的重要性。书面描述"当不幸的事情发生在你身上时的情况"，不是实时的互动谈话形式。它的确有听众，因为学生们知道他们的同学可以看到这些陈述，但这并不是两个谈话者的实时建构。在这个描述中，特蕾莎除了提到在诊断过程中与她互动的医疗专业人员外，对生活中的其他人只字未提。而且，正如以上分析所述，她在给自己进行定位。在陈述的后半部分，她是负责自己生活的能动者。一种可能的解释是书面描述会给作者相当大的控制权。她能以无数种方式构造陈述，并可以根据自己的需要进行编辑。所说的内容可以精心制作以产生特定的效果，并且陈述的某些部分可以被重新制作、修饰或检查。如前所述，强调自己和弱化他人是一种话语策略，这种策略是通过书面描述的措辞方式（专注于"你"和"你的"）以及听众（同伴和教授）而显现出来的。

另外，得出第二种话语模式的情境是访谈中的互动对话，这是一个由参与者动态地共同构建的事件。这种情境与书面描述相比，有可能为参与者提供更少的控制权。也就是说，访谈者和受访者可以在各个不同

219

的方向上进行对话，并且这些方向可以被接受或拒绝。如前所述，访谈者在访谈后写道，他的"问题旨在寻找支持的来源"，他"想探讨……背叛"，因为在特蕾莎的整个故事中，他认为有些人不支持她。正是在这种情况下，我们看到了另一种话语模式，在这种模式中，特蕾莎偶尔会将自己定位为受到外力影响的主体。这些外力包括别人对她的杰出才能的回应、她癌症的后果以及偶尔提到的除医疗专业人员以外对她的陈述更为重要的人。

谈论这种变化会给社会带来什么后果呢？确定这些后果的资料来源之一是访谈者在访谈后所写的简短书面陈述。在这个陈述中，他称赞受访者"聪明""坚强而有理智"。他说："我的问题旨在寻找支持的来源，因为我相信没有支持的来源，就不可能实现抗逆力。"这种说法似乎暗示，从访谈者的角度来看，特蕾莎的书面陈述违背了他的期望。他期待在谈论被认为是"抗逆力"和"复原"的事物时，涉及支持。这些话语模式的可能的社会后果是钦佩、同情和对描述完整性的质疑。

确定社会后果的另一个资料来源是有关损失、创伤和抗逆力的理论和实证研究的文献。自我抬高可以引起一部分他人的负面印象，但也会引起积极的评价（Bonanno, 2004）。自我抬高可以被视为面对严重逆境时自尊心强和良好调整的证据。这是一种文化驱力的具体表现，以证明一个人不仅可以应付逆境，而且可以从逆境中茁壮成长。但是，与贬低他人相结合，上述评价可能会与其他后果同时发生，例如怀疑，未能承认他人所提供的帮助而招致的批评，或对别人没有得到所需的东西的同情。就是说，与其他贬损他人的形式相结合时，进行自我抬高会产生不同的含义和不同的后果。

四、情境化我的分析

以上说明了如何进行话语分析，可以从分析中产生什么，如何证实所声称的，以及如何对分析情境化和进行诠释。尽管这一分析与我通常的工作保持一致，但该项目仍有很多地方与我通常的工作方式背道而驰。首先，我通常不会从抗逆力、复原或应对等角度来构架项目。话语分析人员通常避开这些术语，因为这些术语暗示所获得的是人内在的潜质，例如特质、属性或能力。话语分析人员（尤其是那些遵循社会心理话语分析传统的人员）声称，我们所展示的是语言的表演能力（performative capacities），即说话者对语言的处理能力。如果我要做一个关于不幸的项目，我会以开放性的方式组织它，比如，人们是如何谈论不幸的，或者当人们被要求谈论不幸时他们会做什么，同时关注演讲者所汲取的文化话语。如果诸如抗逆力、复原或应对之类的术语成为该项目讨论的一部分，我将质疑这些被视作理所当然的概念，并注意参与者、研究团队的成员、我自己以及整个文化是如何使用它们的。

其次，我通常会同时分析多个人产生的资料。该项目资料是从多个环境中生成的，这一点对寻找话语分析中的可变性尤其重要。该项目还是由多个人［如特蕾莎、访谈者和盖尔（对书面说明的比较）］提供的资料，但分析重点是特蕾莎的书面描述和访谈。当然不能在话语分析中禁止这样的关注点，但是这种关注点存在限制可分析的话语模式范围的风险，并且有可能传达出：分析的关注点是人。在话语分析中，分析的单位不是人，而是话语的引文。最后，我可能会使用资料来引申不同的分析。也就是说，当前的分析是将目光引向其他对我而言更清晰的话语模式的途径，也许是因为这些模式与我已经详细研究过的、那些对我而言更清晰的话语模式形成了对比。询问相同的几个问题构成资料库再次说明了话语分析中可变性占据的中心位置。

在进一步情境化我的分析的过程中，我想强调，我依靠一种特殊的话语分析形式，这种话语分析侧重于语言的表述能力方面，以及文化和历史上可获得的话语如何被利用的过程。我忽略了具有丰富理论基础的其他话语分析形式的特征。例如，一些作者所说的"福柯式话语分析"是基于权力和自我的概念，即用于支配、调节或增强人类行为的手段和技术，以及主体位置的概念。这些概念不仅激发了一个观念，即话语提供人说话的位置，而且这些位置是道德位置（Arribas-Ayllon & Walkerdine, 2008）。在回答诸如"人们所栖居的话语世界的特征是什么以及话语世界对可能的生活方式有何影响"之类的问题时（Willig, 2004, p. 162），这种类型的话语分析引起人们对话语建构人类主体的权力以及人类主体如何在特定的道德秩序中对他们自己和他人采取行动的关注。尽管我将主体定位以及文化和历史上可利用的话语这些概念纳入了我对该项目所使用的访谈提纲的分析中，但是我并没有系谱学的历史调查，例如，我没有进行过关于特殊性或社会支持话语的历史研究。我也没有对制度或自我实践构建的权力关系进行深入调查。

　　我的分析基于建构主义的认识论，我并没有依赖最近将相对论和现实主义立场相结合的、与话语分析相关的尝试。这种尝试被称为话语分析的批判现实主义，这种立场赋予物质性、物质实践与话语实践相同的本体论地位。在这种方法中，人类存在的特征，例如肉体、具身化、经济或社会状况以及机构的权力，提供了一种情境。在这一情境下，某些话语的使用和对存在方式的参与得以可能或受到限制（Sims-Schouten，Riley, & Willig, 2007）。与其忽略这些特征或仅根据它们是如何构造不同版本的现实来考虑它们，不如将它们作为研究对象。例如，可以通过阅读与自己的研究问题相关的文献、文件或政策，以及观察相关的社会和物理环境（可以进一步参照 Sims-Schouten，Riley, & Willig, 2007）对这些特征加以研究。如果在本项目中采用这种方法，需要生成其他形式的资料，并且需要关注与具身化、疾病或权力机构（如医疗系统、家庭或歌

221

唱学校)有关的问题。

　　我也没有将帕克尔(Parker, 2005)"激进研究"(radical research)的方式融入该项目的文本或主题中。例如，我没有采用福柯关于知识如何产生的观念，我也没有依靠女性主义或马克思主义理论等来考虑性别、种族和阶级问题，我还没有充分地以文本为依据展示诸如矛盾(contradiction)或抵抗(resistance)之类的观念；我也没有呈现我所暗指的文化和历史上的话语如何在意识形态上发挥作用。尽管有可能对现有的文本进行彻底研究，但帕克(Parker, 2005)也提倡一种话语分析式的访谈，邀请正在接受访谈的人员作为共同研究者。本项目也涉及了这种收集资料的方式。例如，招募艾米莉·麦克斯帕登(特蕾莎的真实姓名)作为她自己和访谈者语言的话语分析者，在访谈中强调矛盾点，并使艾米莉·麦克斯帕登与矛盾点互动，鼓励她拒绝假设和常识，使分析对她可见，并讨论和确定共同研究者如何理解彼此的分析。

222

第三节　结　论

　　我在这一项目中的研究着重于一种社会行为的变化，即我所说的"强调自我，弱化他人"是如何呈现的。我可以选择特蕾莎的其他社会行为，但我发现这一社会行为最引人注目。我认为我的分析并不是在证明特蕾莎是一个"自我强调者"。而是在证明这种特质是通往抗逆力的路径，这或许也是许多关于丧失、创伤和抗逆力的文献所持的理解(例如Bonanno, 2004)。更确切地讲，我认为这种行为的不同之处在于，服务于特定的目的，利用特定的文化和历史上的话语，并在生成访谈资料的具体语境中产生了各种各样的社会后果。

(本章译者：张文琪　本章校对：朱志勇)

参考文献

Arribas-Ayllon,M., & Walkerdine, V. (2008). Foucauldian discourse analysis. In C. Willig & W. Stainton-Rogers(Eds.), *The Sage handbook of qualitative research in psychology* (pp. 91-108). London: Sage.

Austin, J. (1962). *How to do things with words.* Oxford, UK: Clarendon Press.

Bonanno, G. A. (2004). Loss, trauma, and human resilience: Have we underestimated the human capacity to thrive after extremely aversive events? *American Psychologist,*59, 20-28.

Clarke, V., Kitzinger, C., & Potter, J. (2004). "Kids are just cruel anyway": Lesbian and gay parents' talk about homophobic bullying. *British Journal of Social Psychology,* 43, 531-550.

Crotty, M. (1998). *The foundations of social research: Meaning and perspective in the research process.* London: Sage.

Davies, B., & Harré, R. (1990). Positioning: The discursive production of selves. *Journal for the Theory of Social Behaviour,* 20, 43-63.

Edley, N., & Wetherell, M. (2001). Jekyll and Hyde: Men's constructions of feminism and feminists. *Feminism and Psychology,* 11, 439-457.

Liebert, R., & Gavey, N. (2009). "There are always two sides to these things": Managing the dilemma of serious side effects from SSRIs. *Social Science and Medicine,* 68, 1882-1891.

Litton, I., & Potter, J. (1985). Social representations in the ordinary explanation of a "riot." *European Journal of Social Psychology,* 15, 371-388.

McMullen, L. M., & Herman, J. (2009). Women's accounts of their decision to quit taking antidepressants. *Qualitative Health Psychology,* 19, 1569-1579.

Morris, W. (Ed.). (1970). *The American heritage dictionary of the English language.* New York: American Heritage & Houghton Mifflin.

Parker, I. (1997). Discursive psychology. In D. Fox & I. Prilletensky (Eds.), *Critical psychology: An introduction.* London: Sage.

Parker, I. (2005). *Qualitative psychology: Introducing radical research.* Berkshire, UK: Open University Press.

Penelope, J. (1990). *Speaking freely.* New York: Pergamon.

Potter, J. (2003). Discourse analysis and discursive psychology. In P. M. Camic, J. E. Rhodes, & L. Yardley (Eds.), *Qualitative research in psychology: Expanding perspectives in methodology and design* (pp. 73-94). Washington, DC: American Psychological Association.

Potter, J. (2004). Discourse analysis as a way of analysing naturally occurring talk. In D. Silverman (Ed.), *Qualitative research: Theory, method and practice* (pp. 200-221). London: Sage.

Potter, J., & Hepburn, A. (2003). "I'm a bit concerned": Early actions and psychological constructions in a child protection helpline. *Research on Language and Social Interaction*, 36, 197-240.

Potter, J., & Wetherell, M. (1987). *Discourse and social psychology: Beyond attitudes and behaviour.* London: Sage.

Sims-Schouten,W., Riley, S. C. E., & Willig, C. (2007). Critical realism in disourse analysis: A presentation of a systematic method of analysis using women's talk of motherhood, childcare and female employment as an example. *Theory and Psychology*, 17, 101-124.

Wetherell, M. (1998). Positioning and interpretative repertoires: Conversation analysis and post-structuralism in dialogue. *Discourse and Society*, 9, 387-412.

Wetherell, M., & Edley, N. (1999). Negotiating hegemonic masculinity: Imaginary positions and psycho- discursive practices. *Feminism and Psychology*, 9, 335-356.

Willig, C. (2001). *Introducing qualitative research in psychology: Adventures in theory and method.* Buckingham, UK: Open University Press.

Willig, C. (2003). Discourse analysis. In J.A. Smith (Ed.), *Qualitative psychology: A practical guide to research methods* (pp. 159-183). London: Sage.

Willig, C. (2004). Discourse analysis and health psychology. In M. Murray (Ed.), *Critical health psychology* (pp. 155-169). Hampshire, UK: Palgrave Macmillan.

Wood, L. A., & Kroger, R. O. (2000). *Doing discourse analysis: Methods for studying action in talk and text.* Thousand Oaks, CA: Sage.

223

第八章

叙事研究:故事的建构、解构和重建

朱瑟琳·乔塞尔森(Ruthellen Josselson)

在心理学中,生活和故事之间联系的传统可以追溯到弗洛伊德、亨利·默里(Henry A. Murray)(Murray, 1938)和奥尔波特(Allport, 1937)等学者。尽管心理学家多年来一直在做"案例研究"(case study),西奥多·萨宾(Theodore Sarbin)(Sarbin, 1986)可能是第一个创造"叙事心理学"(narrative psychology)这个短语的人。虽然目前有许多关于叙事研究的定义,但它与其他形式的质性研究的边界是模糊的,其特点是聚焦代表整个生活故事或其各个方面的叙事文本。用克利福德·格尔茨(Clifford Geertz)的话说,叙事研究是一种"混合体裁"(mixed genre),即把对叙事经验的系统分析与文学解构和意义的诠释学分析结合起来。

叙事研究的前提是人们以故事的形式生活并且/或者理解他们的生活,并以故事的开头、中间和结尾来连接事件(Sarbin, 1986)。这些故事是在其他故事的背景下展开的,可能包括社会、文化、家庭,或个人生活中其他交互的情节主线。人们讲述的关于他们生活的故事代表了他们的意义创造:他们如何连接和整合混乱的内在和短暂的经验,他们如何选择要叙述的内容,他们如何连接他们的经验片段,这些都体现了他们如何建构经验流和理解自己的生活。叙事组织了时间(Ricoeur, 1988),并为特定的受众表演。

一般来说,叙事研究是一种解释性的研究,它由研究者和参与者共同 的主观活动构成,受研究者带来的(口头或书面)文本材料的概念框架的影响。[1]它的目的是探索和概念化以文本形式表现的人类经验。叙事研究以诠释学、现象学、民族志和文学分析为基础，避开正统的方法论，主张从人们自身的意义出发，捕捉人们的生命经验，并以富有洞察力的方式对其进行理论化。

叙事研究在认识论上尊重真理的相对性和多重性，并依赖于利科、海德格尔、胡塞尔、狄尔泰、维特根斯坦、巴赫金、利奥塔（J.-F. Lyotard）、麦金太尔（A. C. MacIntyre）和伽达默尔等哲学家的基础研究。尽管叙事研究者对客观设想"现实"的可能性持有不同看法，但他们绝大部分都同意唐纳德·斯彭斯（Donald Spence）关于叙事的真实与历史的真实的区别的论述（Spence, 1982）。叙事的真实涉及对经验的建构性解释，而不是对真实发生情况的事实记录，其重点是如何理解和组织事件。

在心理学领域，杰罗姆·布鲁纳倡导"叙事性认知模式"（narrative modes of knowing）的合法化，该模式优先考虑人们生命经验的各种细节（Bruner, 1990）。意义不是行为或经验固有的，而是通过社会话语建构的。意义不仅产生于参与者在他/她生活的各个方面之间的联系中，而且还产生于研究者在这种理解和解释之间的明确联系中，而这种联系是在另一个分析层面上构建的意义。

我的思想植根于巴赫金、利科、布鲁纳和克利福德·格尔茨等学者的著作；其他叙事研究者，根据他们的主要学科领域，则受到诸如杜威、拉波夫（W. Labov）和罗萨尔多（M. Z. Rosaldo）等思想家的强烈影响。叙事研究者的研究沿袭了符号互动论、女性主义和精神分析等传统。为了推进社会科学领域的研究，我们都致力于分析用文字而非数字展现的生命经验。

叙事分析的对象是以某种方式从参与者那里获取的详细故事，这些故事讲述了人们如何看待和理解生活。通常，叙事是通过围绕人们感兴趣的话题进行访谈而获得的，但叙事研究也可能涉及对书面文件的分析。叙事是在语境中被理解的，受其获得资料的环境的影响，同时要考虑目标受众和叙述者以特定方式建构叙事的动机。

　　叙事分析强调内容及其意义，这有时会以结构形式表现出来。叙事性 226 表达不是模仿；它不是对所发生的事情的精确描述，而是在特定环境中创建的特定建构性事件，也是为了特定观众和特定目的创建的特定观点（Mishler, 2004）。因此，我们非常关注叙事建构的情境，包括关系语境和社会语境。此外，反身性原则要求研究者注意一个事实即研究者对研究结果的呈现受到自己立场的影响。

　　叙事材料的解读可以沿着两个主要维度进行：整体与分类，内容与形式（Lieblich Tuval-Mashiach, & Zilber, 1998）。在整体分析中，叙事中所表现的生命故事被看作一个整体，因此，对文本某部分的诠释需要与其他部分相结合。分类分析使用编码策略抽象出属于某一类别的部分内容或语句，并将它们与来自其他叙事的类似文本进行比较。马克斯韦尔（Maxwell, 1996）将这种区别称为情境分析和类属分析之间的区别。内容与形式（content versus form）的维度指的是聚焦于所讲内容还是讲述的方式。

　　叙事分析是在利科详述的两个诠释学传统中进行的：一个是旨在恢复文本意义的信仰诠释学，另一个是试图解码被伪装的意义的怀疑诠释学（Josselson, 2004）。因此，叙事分析既可以重新呈现参与者的叙述，也可以施以解释的权威，以仔细记录的方式超越叙述的字面和意识层面的意义（Chase, 1996; Hollway & Jefferson, 2000）。

　　叙事学研究者通过解读文本来了解那些影响故事发展的个人、社会和历史条件。分析的目的是发现贯穿故事的主题与承载、评论和破坏这一主题的不同声音。

　　叙事研究依赖于主题分析（thematic analyses）、话语分析和其他框架，我的同事们在其他章节中详细介绍了这些框架。叙事研究的独特之处可能在于，它努力探索整个叙事，而不是将其分割成话语单位或主题类别。在人类生活中，重要的不是各个部分，而是这些部分如何被整合成一个整体——这才是意义所在。这种方法的基础是施莱尔马赫的"诠释学循环"思想。在这个循环中，对整体的理解阐释了各个部分，进而创造了整体。叙事研究方法认识到，叙述者是在混乱的内部经验中建构有序的叙述，这些叙述可能是多重意义的、对话性的，因为自我的某些方面会在与其他方面的对话中出现或与其并置。从来就没有单独的自我陈述。

227   许多从事叙事研究的实践者和理论家都借鉴了哲学人类学家米哈伊尔·巴赫金的著作，以及他以小说形式表达的对话性的、多重意义的自我思想（Bakhtin, 1981）。在巴赫金的概念中，自我总是被解释为与他者的关系，"无论他者是指另一个人、自我的其他部分，还是个体所在的社会或文化"（Bakhtin, 1986, p. 36）。这也是一个动态的、未完成的自我，具有指向未来的潜力。在巴赫金思想的领导下，叙事分析认为，一个人对他/她的言语的任何表述都并非固定不变的，也不能断言一个故事意味着什么，因为任何故事都有可能在未来的故事中被修改。

故事的建构反映了叙述者当前的内心世界，也反映了他/她所生活的社会世界的各个方面。叙事分析并不仅仅是识别和描述主题，而是努力把这些相互关联的主题作为一个动态的整体来理解。自我被认为是多元的，就像不同的声音在相互对话。叙事被设想成多重的"我"（I）的立场（Hermans & Kempen, 1993），其中每个"我"（I）都是一个作者，都有自己要讲述的故事，并与其他"我"的（I's）故事相关。这些自我中的一些可能会得到强烈的发展，而另一些则可能被抑制甚至分裂。巴赫金强调，矛盾和对立的动态关系能够抵制封闭状态。

因此，叙事分析关注的是，在与社会世界构成互动的多重自我中，事件和经验流中的模式关系。它试图坚持这一观点，即一个人如何整合多元心理现实。

　　分析的过程是把资料拼贴在一起，使看不见的东西变得明显，它决定什么是重要的和不重要的，并把看似不相关的经验联系在一起。分析是一个组织资料从而产生分析方案的创造性过程。在诠释学循环中，反复解读文本，并思考整体如何阐释部分，而部分又如何提供一个更完整、更复杂的整体图景，进而导致对部分的更好理解。

　　叙事研究者首先关注每个叙事中的声音，关注声音的层次（主体立场），它们的相互作用，及其表达的连续性、模糊性和分裂性。研究者既关注叙事的内容（the told），又关注叙事的结构（the telling）。叙事分析者也可以通过观察叙事话语结构和遗漏标记来关注什么是未说的或不可说的（Rogers, Casey, Ekert, Holland, Nakkula, & Sheinberg, 1999）。在尽可能了解每个参与者的故事后，会开展跨案例分析以便发现不同叙事访谈文本之间的模式，或者探索是什么造成了人们在叙事经验中可能产生的差异。

　　万幸的是，目前还没有关于如何进行叙事研究的教条或正统观念。叙事研究旨在以尽可能不引人注目的方式引出围绕主题的故事，关注采访者与受访者之间的关系，然后在研究者带来的问题框架中分析这些故事，并适当考虑塑造话语的语言和文化情境，包括直接的和更大的文化背景。 228

第一节　叙事分析

　　从诠释学循环的立场出发，叙事分析具有以下过程：通过叙事分析获得整体意义，然后检验与之相关的各个部分。这一过程将会改变我们对整体的理解，直到我们获得最能包含各部分意义的整体理解为止。为了处理这样一个叙事文本，我们将进行以下工作。

　　（1）我们会对访谈文本进行全面解读，以了解故事的结构和总体主题。

然后我们回到每一个具体的部分来发展它的意义，最后根据部分意义的深化来考虑更全面的意义。

（2）我们通过多次解读来识别自我的不同"声音"，并认识到自我之间，以及自我与他者之间如何开展对话。

（3）这些反复的解读会持续下去，直到我们形成一个包含矛盾对立的"好的完型"（good Gestalt）。这些不同的主题构成各种合理的模式，并形成了一个连贯的整体。

（4）本研究还与更大的理论文献进行对话，以便研究者能够对所表达的意义的细微差别和不同语境中的意义保持敏感。

我们总是重视这样一个预设——访谈者和故事的阐述者如何将叙事文本塑造成一个共同构建的情境。最后，我们希望这些分析能带来一些新的东西，一些文字面上看不出来的东西。

第二节　当前项目

该研究项目是在理解心理抗逆力过程的背景下进行的，我对本次访谈的解读也许会对抗逆力概念提出批判。抗逆力这个词源于拉丁文 resilire，意为回弹、反弹。它被定义为一种从不幸或变化中康复或适应的能力，但暗含返回到原始状态的意思。这个生命叙事是关于一位女性的，一个全部自我都注定成为歌唱者，但由于癌症失去了歌唱能力，最终无法成为歌剧领唱的故事。然而，这个生命故事可以解释为一种转变叙事（narrative of transformation）。在这个叙事中，身份形成的过程与悲剧叙事交织在一起，改变了她在世界上的位置。就从文学理论衍生出来的叙事形式而言，它既有悲剧的结构，也有浪漫的结构。悲剧的本质在于强调失去一切，浪漫的本质在于克服这种巨大的丧失，并创造一些新东西，这一故事旅程的本质就是

229

抗争本身。

我们必须首先考虑这次访谈的相关背景。这是一次课堂作业的一部分，采访者是受访者的男性同班同学，两者年龄相仿。我们不知道他们之前的关系如何，但采访者显然是一个在访谈中生硬使用预设访谈提纲的新手。这个提纲似乎是要印证他深信的一个观点，即人际支持系统对克服逆境和产生抗逆力至关重要；但受访者特蕾莎坚决反对这种框架。与其他访谈情形相比，采访者这种刻板的做法可能会让受访者更强调个人的、内在的、心理上的应对方式。受访者拒绝服从采访者的引导，说明了她在面对外部压力时有能力坚持自己，这一点在她构建自己那个违抗父亲的歌唱者身份时也很明显。

我们还必须反身性地思考解释语境。解读这些文字记录时，我以一个以心理动力学为导向的临床心理学家、一个积极参与治疗工作的治疗师来定位自己，所以我习惯于听到个人悲剧和丧失的叙述，习惯于诉诸情感和心理应对机制。我也研究身份议题，因此对本叙事中的身份议题很感兴趣。我不是癌症幸存者，但通过与同事们的交流，我对癌症疗愈团体有所了解。尽管如此，我个人对这个故事的反应是非常感动和惊讶的。我钦佩这个女人的勇气和坚强，也为她目前的身体状况感到担忧，甚至超出了她允许自己的担忧。

第三节　叙事的整体特征

特蕾莎关于应对自己失声的叙述几乎完全集中在她对自我经验的内部（internal）改造上。她的叙述体现了个体能动性和下定决心克服困境。她的故事反映了她的内心世界，而不是人际关系。在她丧失的过程中，生活中的他人被描绘成令人失望的、情感不可靠的、背叛或抛弃她的人——尽管在

230

她需要的时候，这些人能够提供物质上的照顾。

我们要比较两种有趣的叙事——一种是书面的，一种是口头的。基本的主题和内容情节都类似，但书面描述拥有更多能唤起读者共鸣的语言，以及更多对他人的直接引语。不足为奇的是，在访谈中会有更多的复杂性和疑虑。简言之，特蕾莎的故事说的是，她失去了在这个世界赖以存在的一切，然后接纳了这个事实，最后重新整合了自我。特蕾莎通过诊断、治疗和创伤来强调她的孤独感。在心理上，她强调自己依赖这种应对、回避或疏远自己情感的认知方式。

特蕾莎富有感染力的语言表达了她深切的丧失感。"我像从前自我的一个鬼魂"，她在书面描述中讲道："癌症的可怕程度远不及以后再不能唱歌。唱歌从我记事起就一直是我生活的一部分，是唯一一件我最擅长的事情，唯一一件我会的事情。在我失望的时候，它带给我安慰，陪伴我度过困难。"因此，她不仅失去了自己的身份，也失去了惯常的应对方式。但是，她在书面描述中说："我下定决心生活下去，仿佛这件事情没有发生。"这是特蕾莎内心对话的一个标志：她觉得自己失去了一切（"没有了声音，我什么都不是"），她希望继续前行，仿佛"这件事情没有发生"。

我们没有足够的信息来解释一些存在于书面描述和口头叙述之间的明显区别。在书面描述中，特蕾莎着重描述了她第一次得知自己可能会因为切除甲状腺肿瘤而失去歌唱能力的那一天的细节。她把自己的故事建构成一个令人震惊的故事，她几乎失去了自我的方方面面。但是，她重塑了自己作为一个心理学博士生的形象，同时成为一个"完全不同的歌唱者"，她在不同场合唱歌，创作自己的音乐，但对她来说，成为一名歌剧演员不再那么重要了。在口头叙述中，虽然是亲口告诉同学，她对于自己与歌唱的关系远不如书面叙事清晰，而且她更强调自己作为一名心理学家的身份，但很少描述她是如何做到这一点的。

　　然而，这两种说法都可以解读为转变和整合的叙事。在口头叙事中，她详细叙述了失去意义的本质。采访者笨拙地试图引导和构建故事，这使得分析该叙述的形式和组织属性变得困难。同时，有很多关于她经历的重要暗示并没有在采访中被探讨追溯。

231

　　特蕾莎把自己表现成一个关注自我定义方式的人，甚至在与采访者打交道时也会如此。她坚决反对采访者将她的经历重新归类到采访者自己划定的类属中。这种自我定义的想法奠定了她故事的核心主题的基调。她告诉我们，她失去了声音，失去了所有的身份。当她构建她的世界时，她体验到自己是一个肉体自我、情感自我和逻辑自我的复合体。在她患癌症之前，她的肉体自我——体现在歌唱和把自己塑造成一名歌唱者——是最重要的。当她得知自己甲状腺上患有肿瘤时，她就试图"把自己从肉体的自我中抽离出来"，以便能够应对和做出计划，但她不确定除了声音中所表现的身体自我之外，她还有什么。她告诉我们她失去了歌唱的声音："我的声音没有了，我也随之而去，没有了声音，我什么也不是了。"她与上帝的关系，与同龄人的关系，这一切都取决于她的歌唱，甚至是她在失望后安慰自己的能力。手术后，她失去了歌唱的能力，她以前的声乐同学都视她宛如死亡，她也是这么看待自己的。

　　特蕾莎叙述中的一个重点是她失去了生命中最重要的人——她的声乐老师，她心目中的理想父亲。在确诊后，她说："想要告诉他是更困难的，因为我们的关系完全建立在我是一个歌唱者的基础上。我母亲不管怎样都会支持我。但声乐老师呢？如果我不能唱歌了，我就会失去他。就我而言，不能唱歌这件事不仅会毁坏我们过去两年半所做的一切，也会破坏我们的关系……专业的，个人的……我真的不能面对这一切。"失去这段关系就成了一种完全丧失感的隐喻。她认识到，在失去声音之前，她有一种"单目视觉"（monocular vision）——作为歌唱者与众不同的一生。那么，患癌的不仅仅是她的甲状腺，还有她的身份。唱歌一直是她用来解决可能遭遇的困难的办法，是她自我安慰的方式。她曾处于一种无法通过唱歌彻底表达和安慰自己的境况。

因此，我们就有了完型（Gestalt）的轮廓，即特蕾莎故事的一般叙述线索。她失去了自身存在的支柱，即她的身份和那最重要的关系。她找到了内在的能力，去勉强接纳自己，并小心翼翼地、有意识地改造自己，以新的目标和新的方式与他者和世界相处。然后，我们寻找主要的子主题：特蕾莎关于她如何应对丧失和创造新生活的解释。

232

第四节　确定主题的过程

我把这个故事读了好几遍，标记出我认为对于应对丧失（悲剧故事）和开始新生活（浪漫故事）都有意义的段落。我特别注意关于自我经验的陈述（I statements）和她对于他者与她自身的关系的描述。然后我把这些段落分成了几个大类，分别是"情感与逻辑"（emotion and logic）、"身份"（identity）和"自我与他者"（self with others）。当我有了这些分组的段落，我就会重读每个类别中的段落，检查它们之间的相互关系，寻找在"声音"或自我位置上的变化，这些变化讲述了与每个类属相关的不同经历。然后，当我着手写我的发现时，我发现这些类属本身是相互交织的，一个类属以复杂的方式影响着另一个类属，以至于我不能在没有模糊边界的情况下单独讨论它们。这让我确信，我的工作做得还算不错：过于分离的类属是人为的。人类的生活是一个多层次的、矛盾的、多意义的整体。可以肯定的是，生活总是千丝万缕相互关联的。

一、情感与逻辑

特蕾莎应对问题的一个中心主题是一种紧张的关系：她具有强烈的情

感，同时也喜欢头脑冷静地依托逻辑和理性过生活。当被要求解释她在得知手术后可能无法再唱歌的反应时，特蕾莎表现出一种解离（dissociative）状态。她说她有点脱离了肉身自我："我僵住了，不能呼吸，不能移动，甚至不能眨眼。我觉得，我好像被枪击中了。我的勇气一下子没了，我被击败了。我的嘴巴很干，我的手指刚才还一直在转笔，突然变得冰凉麻木……接着，我就崩溃了。我在哭，但是没有声音，只是一串串的眼泪，我张着的嘴巴发出嘶嘶的哭泣声，颈上的肿块更是感到了压力。"在这种痛苦和绝望的状态下，特蕾莎没有声音，没有自我。当她继续叙述的时候，她说，作为对外科医生试图安慰她的回应，"慢慢地，我平复了"。然后，她的"自我"是一个能够思考和表达自己经历的自我。但是，几句话之后，她说："我感到似乎很大一部分最好的自我已经在那个办公室里死亡了。癌症可怕的程度远不及以后再也不能唱歌。唱歌从我记事起就一直是我生活的一部分，是唯一一件我最擅长的事情，唯一一件我会的事情。"因此，特蕾莎也定义了她的在歌唱能力上的自我意识，以及她的丧失感。

随着故事的发展，特蕾莎战胜了这种令人丧失能力的情感，她依靠自己的理性分析和计划创造出一种新的身份感，最终通过转向心理学重新定义了自己，并将自己重塑为一个理智的自我。她还找到了唱歌的方式以及用音乐表达自己的方式，而这些却不是为了成为歌剧演员。她将这种向新的职业目标迈进的过程总结为努力运用逻辑和理性引导自己走上新的道路。

特蕾莎把自己的应对能力极大地归功于她"生活下去，仿佛这件事情没有发生"的努力，详细描述了她自我体验的一个方面。她开始以心理学专业而不是歌唱者的身份向陌生人介绍自己，这很"奇怪"，但她说，"也令人耳目一新"。她用这个新身份让自己远离丧失，从事新的活动，如攀岩和击剑，以便"尽我所能去生活"。但是，特蕾莎的另一个部分的故事看到了这种努力的局限性。她在书面叙事中说，一次又一次频繁地入院提醒她，"每

233

当我觉得痊愈的时候，又得回到医院"。

　　特蕾莎把情感搁置在一边（但又不是完全搁置）的能力在她的口头叙事的结尾也很突出，她指出这并不是一个有美满结局的叙述。她无论如何都不能免于癌症。紧随脑垂体肿瘤之后，她的脑瘤也威胁着她的生存。不言而喻，她对此的态度似乎是一种情感上的否认或性格上的斯多葛主义①。她会继续下去，就好像病不在那里一样。因此，对特蕾莎来说，一个核心的心理困境是如何应对伴随着她生病经历的情感方面的问题。例如，绝望，这种失控的情感表达（很大程度上是她自我防卫的一部分），大部分被投射在他者身上，比如她的父母。她把悲伤寄托在声乐老师的眼泪里。在这一点上，我对她的担忧可能与我的反思有关。她并没有谈及癌症的复发和脑瘤的时好时坏带来多大影响，但我却为她感到深深的担忧。也许我正在经历她对待他者的部分方式——通过感知情感或将自己的情感投射给亲密的他者来回避自己的情感。

　　特蕾莎讲述了自己如何"摆脱情绪化"，以及如何倾听并"锻炼"自己的情绪。她非常害怕"完全失常，看起来像个白痴"或"在情绪的重压下变得非常可悲"。我们还了解到，她不喜欢家里以她父亲脾气暴躁为特征的"情绪化"氛围，所以即使在患有甲状腺癌之前，在情感与理性之间的经验建构以及对情感的不适都标志着特蕾莎的心理组织的特征。

　　特蕾莎说，她能够依靠自己作为歌唱者学到的技巧来控制自己的情绪，在这段话中，她把身体控制和情绪控制放在了一起。她说：

234　　　　我很情绪化……当然，生长在一个很情绪化的家庭使我的表演情绪化。我上了大学，加入了声乐工作室，我就被要求限制情绪，被要求更多聚焦在表演的热情洋溢和释放紧张情绪上。当你很情绪化时，

_____

① 坚韧克制的性格。——译者注

你的身体会很紧张。你身体紧张，就会给你的声音带来麻烦……这就是我的问题。所以，不要情绪化，并且提醒自己想起为什么会如此……当然，这需要逻辑……长期来看，这是非常工具化的，不是消除我的情绪……我依然会倾听自己的情绪……但要理解，它们并不需要完全表现出来，这样才能帮助我在特定场合更好地表现。

作为一名歌唱者，她学会了"限制"自己的情绪，这是她在应对自己的丧失时所说的。作为一名歌唱者，在成长过程中，她非常关注自己的情绪、身体状态和控制声音的能力之间的关系。她说，"我依然会倾听自己的情绪……但要理解，它们并不需要完全表现出来，这样才能帮助我在特定场合更好地表现"，以此强调自己控制理性自我的能力。

从心理学的角度来看，我们无法确定特蕾莎对自己情绪的管理是一种如她所言的有意识控制的产物，还是代表无意识的防御机制。但是，她如何体验理性和情感之间的相互作用，这个过程呈现了她自身重要部分的交集，从中我们或许可以了解到，应对和超越这种丧失意味着什么。

特蕾莎应对个人悲剧的心理框架主要体现在理性与情感、决心与无助的平衡之间。至少在心理学研究生课程中被同学采访时，她的叙述具有合理性和坚定性。她在书面描述中更能表达自己的情感状态，从关系的角度来说，这种语境更为中性，因为她不必在他人面前详细描述自己的感受（或无助感和脆弱感）。

尽管如此，她在口头叙事中透露，当她生病时，她"都有一些报复心理"，而且治疗有时会导致她"一蹶不振"。在关于她的情绪状态的采访中，有一些访谈记录表明她经历了失控或与她对自己的看法不符的情况。她还表示，她的情感表达往往是为了别人。她的潜台词是痛苦和折磨被很大程度上弱化了，正如她在她的生活中，努力"将事情轻描淡写，仿佛事情并没有什么不对"。

因此，当我们把特蕾莎的叙事与她的逻辑和情感经验结合起来时，我们看到，她意识到了这些强烈的、可能令人丧失能力的情感，但她找到了一种方法来控制这些情感，以便能够理性地走向新的生活。这就提出了一些心理上有趣的问题，即关于抑制(supression)、否认(denial)和解离(dissociation)在成功应对中的作用。特蕾莎说，她试图表现出"事情并没有什么不对"，并试图"继续前进，仿佛什么都没有发生"。我被她用的"没有"(nothing)这个词吸引住了。当她讲述一个失去一切的故事时，怎么可能没有什么不对，或者什么都没有发生呢？这些都是极端的说法。这两种经验状态，即完全丧失(total loss)和什么都没有发生(nothing happened)，是如何在心理上保持平衡的？

二、身份

在身份方面，我们倾听特蕾莎的另一个自我。我们从她的口头叙事中得知，作为一名歌唱者，她否认了她的其他身份——"没有朋友的胖小孩，有一个压迫性父亲的胖小孩"。唱歌给了她一张"离开"这两个强加的身份的"车票"。她有点庆幸抛弃了另一个身份——在音乐学校里得以独唱和得到偏袒的"女中音神童"。她过去不得不应对别人的嫉妒，现在她不再是"威胁"，那些人失去了对她的兴趣。因此，她觉得自己面临着一个可怕的选择：要么被人嫉妒，要么被人抹杀。至少，在她不能再唱歌之后，她就不必再忍受这些妒忌了。但是，通过同学和老师的眼睛看自己，她经历了自我的"死亡"，不复存在了。在这两种说法中，占主导地位的自我形象都是一个幽灵，是行尸走肉中的一员，这对于他人，包括其他癌症幸存者来说都是可怕的。如果有人注意到她，她充其量也不过是"一个被所有人谈论的被遗弃的人"。因此，特蕾莎没有任何可参照的朋辈群体，忍受着无人理解的孤独。

　　特蕾莎发现自己面临着创造新自我和新生活的任务，但是这（两种）叙事并没有告诉我们她是如何做到这一点的。起初，她试图怀着能继续下去的希望恢复声乐训练，但同时在教授们的劝阻下饱受煎熬，直到在一个感人的场景中，甚至是她最主要的、敬爱的声乐老师都暗示她一切已经结束了。"我必须找一些事做，要不然我真的会死。我真的觉得我会死的，或者会自杀……屏住呼吸直至死亡"。我觉得这句话很重要，且很能说明问题。呼吸是一个歌唱者的主要关注点，她就是通过呼吸来思考自己是生存还是死亡。她接着说，她发现自己很聪明，珍视与新朋友共度学术生活，这让她走上了一条新的道路。但她并没有把它定义为全新的，而是"我从没认识到的那个自己"。因此，特蕾莎能够将她的新身份感与之前的自我联系起来。尽管如此，她还是提到了"有两年都很难过"，因为她不得不接纳自己不是一名歌剧演员的事实。她也在适应过程中结了婚，但我们对她这个时候选择结婚的决定知之甚少。她还谈道："我有一种奇怪的激情去抗击困难……我还能做事情。我学击剑，去攀岩，读博士。我只是不停地在做，好像着了迷一样。"

　　她为什么会选择心理学，她还考虑过什么其他选项，这在叙事中并不明确，尽管她提到，在心理学课上完成了一篇有关垂体瘤的心理影响的论文，这个项目可能使得她对自己的经验有了一些反思的距离，也给了她一个机会应用智力水平驱动的防御能力来抵制丧失能力的影响。她说，写这篇论文是她"转向逻辑"的另一个例子。她既没有详细说明自己对心理学的兴趣，也没有谈论心理学对她目前的意义，这可能反映了她认为这是采访者已经很清楚的东西，因为他们都是心理学研究生班的学生。

　　特蕾莎还暗示了（但没有详细说明）在她的身份形成的故事的中另一个重要选择。当她已经能够处理好丧失声音之时，她的声音恢复了。她重新开始唱歌，但"我发现，我已经适应了我不是一个歌剧演员的这个想法……这也并不坏。而且我还挺聪明的……我的那些非音乐家朋友们也挺有趣的"。这时，她的丈夫进入了故事，扮演了一个角色。他从来不知道她是个歌唱家；他很有学问。所以他对她的新身份的看法帮助她抑制住了想要恢复以前身份的冲动（他还使她接触了击剑）。但这里也有一个歌唱者的自我如何融入她现在的自我的故事的问题——"重新成为音乐家，换一种全新的方式"。她仍然在夜总会和歌剧合唱团中表演，但"成为一名歌剧演员……对我而言不再那么重要"。她自己创作音乐，并与60名学生创建了自己的音乐教室。所以她作为歌唱者/音乐家的身份并没有消失；相反，它在她的生活模式中有了一个不同的位置，这个位置在叙事中没有被很好地描述，可能是因为访谈者没有继续追问下去。但这属于特蕾莎的叙事中无法定论的方面。她的音乐自我仍然存在，当她的生活展开时，她将如何表达它，还有待探究。

三、与他人的关系

虽然访谈者开始采访时确信他人是支持特蕾莎的核心来源，但我们发现，他人在支持或攻击她的身份定义，回避情绪，提供或破坏她能够发挥作用的社会环境方面扮演了更复杂的角色。这说明在特蕾莎最初的书面描述中，她选择了把与那位告诉她喉咙里的肿块是甲状腺癌的外科医生的互动部分戏剧化。她详述了这些内容：医生在告诉她病情之前如何询问她是否想让她母亲进来，然后她如何拒绝。因此，在用这种方式叙述这一场景时，特蕾莎强调，她觉得自己将独自一人应对这件事情。在描述了她的震惊和恐惧之后，特蕾莎接着说："更难过的是，我还得告诉我的母亲。"在口头叙述中，特蕾莎回忆起了把消息告诉她母亲的情境，她曾担心她母亲会被"吓坏"。特蕾莎预料她的母亲会做出最强烈、最不受控制的反应，这表明她可能在他人身上感知了最痛苦的情绪。

　　同样地，她描述了在她的声乐强化培训课中她以前的老师们和她说的话，"就好像我已经死了……所有人看着我，好像我死而复生"。在这些话语中，我们听见了某种暗示，即特蕾莎有时或在某种程度上，把自己看作是一个死人或鬼魂。因此，她自己的感觉和创伤似乎存在某种流动性，她在清晰地表现自己和被他人表达之间移动着它们的位置。

　　我们主要是通过人们对她失声和持续患病的反应了解到她关系世界中的他人（这在一定程度上是采访者提问的结果）。当她谈到他人的行为对她所受的磨难的影响时，我们发现，她的母亲、她的声乐老师和她的父亲都因对她的疾病表示关心和担忧而被她抱怨，而且她的同学和她的父亲也都因对她不关心或不够关心而被她抱怨。这种模式可能暗示她在亲密关系中释放了自己脆弱性的愤怒表达。

　　我们对特蕾莎与家人、丈夫或朋友之间关系的本质知之甚少，但她确实维持着关系，至少表面上如此。在她人际交往的世界里，似乎没有人愿意或能够完全融入她的痛苦和抗争中，尽管人们确实试图帮助她应对这些痛苦。她既矛盾又疏离地承认父亲在她手术后买"东西"来安慰她，直到他又变成了"原来的那个好斗的自己"。尽管她对母亲因她生病而遭受情感痛苦这件事感到懊悔，但她很感激母亲在她恢复时做"需要做的事情"，在管理身体和后勤方面起到了非常大的作用。最终，特蕾莎原谅了她的声乐老师对她的疏远。

　　她意识到，她的丈夫在他们关系的早期阶段就不得不应对她的癌症，这对于他来说是多么困难。"我也很想被人看来很坚强。但是，我因为放疗一蹶不振时，他不知道应该怎么办。他只是看着我说：'好了，起床吧。'但我起不来。于是他认为我是在试图获取他的关注。他并不认为有多么严重，我猜想，因为我倾向于对事情轻描淡写。"因此，特蕾莎仍然没有找到一种 238

既坚强又被关心她的人所需要的舒适方式。

四、总结

我认为，无论采用书面还是口头的方式，对这些文本的叙述性解读都会集中在特蕾莎如何应对开篇中所描述的"非常不幸"的事件上。第一个主要的张力涉及她的思维和情感，以及她如何让这两者平衡或交织。第二个张力涉及她青春末期发展任务的交互点，即在失去一个定义她一生身份的梦想的同时，形成一种身份认同。第三个张力是指她与他人互动的经验。当她在她的思维和情感的平衡转换中与他人进行互动时，所有的一切都是交织在一起的。她对身份的成功追求代表了她理性自我的胜利，而她自身又得到了他人的支持。总的来说，我们可能会开始批判"抗逆力"的概念，并思考应对创伤和丧失的转变过程。特蕾莎并没有恢复到以前的功能水平，尽管她曾短暂地尝试过这样做。相反，她对失去的反应是一种重生和重新融入的叙述。从本质上讲，这是一种"存在性孤独"的叙述，是一种应对死亡和功能丧失的反复威胁的叙述，是一种用意志和逻辑来引导她的激情去克服这些威胁，让她过上有意义的生活的叙述。

第五节　叙事研究项目

如何在研究项目中开展访谈资料的分析在很大程度上取决于研究问题的性质。一个实际的叙事研究项目应该从文献综述开始，也许是关于抗逆力的文献回顾，并指出可能通过叙事研究去探索和更好地理解未知领域。因为没有这样的先例，我在这里提供了一个解读，试图提炼叙述者的核心意图，并提出一些可能隐藏在叙述表面之下的主题互动（Jos-selson, 2004）。我也曾把这个故事解读成一个浪漫故事，在这个故事中，抗逆力产生于抗争的过程，而不是结果。特蕾莎说："我想被视为一个坚强的人。"这是她所建构的故事的精髓。她的力量似乎主要源自她情感上坚忍克己的能力。她对个体能动性的关注可以关联到其他关于抗逆力的研究，但她对人际关系和支持系统的相对不重视却提供了一种与或多或少已成为正统的观点相对立的叙述。

叙事研究的目的并非一般性，即我们不能基于不具有代表性的小样本来提供一般性结论。相反，叙事研究提供了一种探索经验的各个方面 239 之间的细微差别和相互关系的可能性，读者可以利用这些细微差别和相互关系更好地理解其他相关情境。叙事研究解释了意义的层次和内在心理机制的交互作用。因此，特蕾莎的故事让我们有机会了解应对功能丧失这一悲剧的复杂性。叙事分析提供了一种她自我的各个部分与他者对话的理解方式，而不是试图将她归类（Josselson, 1995）。我们也可以看到她的内心如何运用他人来表征自己令人难以忍受的那一部分，这种解读远远超出了通常的"社会支持"概念。

这样的访谈可以作为叙事研究的预调查，以产生潜在的研究问题。的确，它也提出了一些重要的问题：面对创伤性丧失时，情感和思维如何平衡？遭受丧失后，他者如何被用来服务于内心的分裂？人生各阶段遭受丧失的时机如何影响身份转变的可能性？随着概念化的发展，所有这些问题都可以在与其他参与者的进一步访谈中继续探讨。

如果这是一个关于抗逆力的叙事研究项目的一部分，那么我们可以开展关于抗逆力或忍耐力（Maddi & Khoshaba, 1994）的心理学文献（参见Bonnano, 2004）的背景阅读；不仅仅论证一种在遭受丧失后恢复健康功能的发展类型，同时证明遭受丧失后特定的转变途径。特蕾莎是否展示了一个"创伤后成长"（posttraumatic growth）的例子，并能教给我们一些东西（Tedeschi & Calhoun, 2004; Park, Edmondson, Fenster, & Blank, 2008）？

叙事研究是在与理论和概念文献的对话中进行的，既可以对已有的概念进行批判，也可以对其进行延伸和深化。

特蕾莎的叙述也提出了关于应对中的防御机制这一重要问题。她在某些自我状态下否认丧失的极端性（"什么都没有发生"），这不禁让人好奇她是否有那种心里明白却又装作不知的能力？这是一个复杂的心理过程，可能对她继续前进的能力至关重要，而且可以在与其他人的访谈中对此进行更全面的调查。

如果这是一项关于丧失的背景下身份形成的研究，那么这项研究可能会提出青少年发展和创伤的交集及其对身份的影响这一问题。如果特蕾莎年纪再大一些，她重塑自己的选择可能会更为有限，而针对在她看来可运用的身份的可能性进行更深入的调查，可能会扩充我们对身份形成本身的理解。如果这是该项研究的目的，那么这次访谈可能也会有一些不同，会更多地关注她是如何选择心理学专业的，以及她是如何与她选择的男人结婚的。

240　　或者，你可以从这一文本中创建关于这一角色的论述，即通过他人诱导或体验自己的情感［通过投射性认同（projective identification）和投射（Projection）。参见（Josselson, 2007）］，作为一种应对丧失的方式。你也可以从这个文本中进一步挖掘特蕾莎与他人的互动经历；这些他人似乎感觉到了她被剥夺的愤怒，以及她具有破坏性和混乱的痛苦。我呈现的各个方面的叙事性文本材料可以按照这些思路进行更充分的组织规划。

总而言之，文本的叙事性解读不仅仅为了确定主题，而且试图根据一些更广泛地阐明了过程的概念性想法来分析各种主题的交集。这种解读的目的是阐明以文本的形式呈现的人类经验，以便揭示人们赋予生活各个方面的多层意义。因此，叙事研究是一项基本的解释性研究，它关注意义的科学研究，并以人们讲述的情境化故事为基础，而人们则通过这些情境化故事来记录和理解他们的行为，建构身份，将自己与他者区分开来。我们希望通过叙事研究，对意义的各个层面进行叙事性梳理，以此产生一些新的认知，助益更广泛的学术领域。

注　释

[1]关于叙事研究和当代问题探索的一般介绍，参见如下参考文献：Clandinnin, 2007；Polkinghorne, 1988；Sarbin, 1986；Andrews, Squire, Tamboukou, 2008。关于如何开展叙事研究的进一步解释，参见如下参考文献：Josselson, Lieblich, & McAdams, 2003；Lieblich, Tuval-Mashiach, & Zilber, 1998。关于叙事研究的例子，参见 11 卷本的《生命叙事研究》(*The narrative study of lives*)［6 卷由 SAGE 出版社出版（Josselson, Lieblich, 1993, 1995, 1999; Josselson, 1996; Lieblich & Josselson, 1994, 1997），另外 5 卷由美国心理学会出版社（APA Books）出版（Josselson，Lieblich，McAdams, 2003, 2007；Leiblich, McAdams, & Josselson, 2004; McAdams, Josselson, & Leiblich, 2001；McAdams, Josselson, & Leiblich, 2006；Rosenwald and Ochberg, 1992)］。

（本章译者：郑静）

参考文献

Allport, G. (1937). *Personality: A psychological interpretation.* New York: Holt.

Andrews, M., Squire, C., & Tamboukou, M. (2008). *Doing narrative research.* Thousand Oaks, CA: Sage.

Bakhtin, M. M. (1981). *The dialogic imagination.* Austin: University of Texas Press.

Bakhtin, M. M. (1986). *Speech genres and other late essays.* Austin: University of Texas Press.

Bonanno, G. A. (2004). Loss, trauma, and human resilience: Have we underestimated the human capacity to thrive after extremely adverse events? *American Psychologist,* 59, 20-28.　241

Bruner, J. (1990). *Acts of meaning.* Cambridge, MA: Harvard University Press.

Chase, S. E. (1996). Personal vulnerability and interpretive authority in narrative research. In R. Josselson (Ed.), *Ethics and process in the narrative study of lives*(pp. 45-59). Thousand Oaks, CA: Sage.

Clandinnin, J. (Ed.). (2007). *The handbook of narrative inquiry*. Thousand Oaks, CA: Sage.

Hermans, H., & Kempen, H. (1993). *The dialogical self: Meaning as movement*. New York: Academic Press.

Hollway, W., & Jefferson, T. (2000). *Doing qualitative research differently*. London: Sage.Josselson, R. (1995). "Imagining the real": Empathy, narrative and the dialogic self. In R. Josselson & A. Lieblich (Eds.), *The narrative study of lives* (Vol. 3, pp. 27-44).Thousand Oaks, CA: Sage.

Josselson, R. (Ed.). (1996). *Ethics and process in the narrative study of lives* (Vol. 4). Thousand Oaks, CA: Sage.

Josselson, R. (2004). The hermeneutics of faith and the hermeneutics of suspicion.*Narrative Inquiry*, 14(1), 1-29.

Josselson, R. (2007). *Playing Pygmalion: How people create one another*. New York: Jason Aronson.

Josselson, R., & Lieblich, A. (Eds.). (1993). *The narrative study of lives* (Vol. 1). Newbury Park, CA: Sage.

Josselson, R., & Lieblich, A. (Eds.). (1995). *The narrative study of lives: Interpreting experience* (Vol. 3). Thousand Oaks, CA: Sage.

Josselson, R., & Lieblich, A. (Eds.). (1999). *Making meaning of narratives: The narrative study of lives* (Vol. 6). Thousand Oaks, CA: Sage.

Josselson, R., Lieblich, A., & McAdams, D. P. (Eds.). (2003). *Up close and personal: The teaching and learning of narrative research*. Washington, DC: American Psychological Association.

Josselson, R., Lieblich, A., & McAdams, D. P. (Eds.). (2007). *The meaning of others: Narrative studies of relationships*. Washington, DC: American Psychological Association Books.

Lieblich, A., & Josselson, R. (Eds.). (1994). *The narrative study of lives: Exploring identity and gender* (Vol. 2). Thousand Oaks, CA: Sage.

Lieblich, A., & Josselson, R. (Eds.). (1997). *The narrative study of lives* (Vol. 5). Thousand Oaks, CA: Sage.

Lieblich, A., McAdams, D. P., & Josselson, R. (Eds.). (2004). *Healing plots: The narrativebasis of psychotherapy.* Washington, DC: American Psychological Association Books.

Lieblich, A., Tuval-Mashiach,R., & Zilber, T. (1998). *Narrative research: Reading, analysis and interpretation.* Thousand Oak, CA: Sage.

Maddi, S. R., & Khoshaba, D. M. (1994). Hardiness and mental health. *Journal of Personality Assessment,* 63, 265-274.

Maxwell, J. A. (1996). *Qualitative research design: An interactive approach.* Thousand Oaks, CA: Sage.

McAdams, D. P., Josselson, R., & Lieblich, A. (Eds.). (2001). *Turns in the road: Narrative studies of lives in transition.* Washington, DC: American Psychological Association Books.

McAdams, D. P., Josselson, R., & Lieblich, A. (Eds.). (2006). *Identity and story: Creating self in narrative.* Washington, DC: American Psychological Association Books.

Mishler, E. (2004). Historians of the self: Restorying lives, revising identities. *Research in Human Development,* 1, 1-2, 101-121.

Murray, H. (1938). *Explorations in personality.* New York: Oxford University Press.

Park, C. L., Edmondson, D., Fenster, J. R., & Blank, T. O. (2008). Meaning making and psychological adjustment following cancer: The mediating roles of growth, life meaning, and restored just-world beliefs. *Journal of Consulting and Clinical Psychology,* 76(5), 863-875.

Polkinghorne, D. (1988). *Narrative knowing and the human sciences.* Albany, NY: State University of New York.

Ricoeur, P. (1988). *Time and narrative* (Vol. 3, K. Blamey & D. Pellauer, Trans). Chicago:University of Chicago Press.

Rogers, A. G., Casey, M. E., Ekert, J., Holland, J., Nakkula, V., & Sheinberg, N. (1999). An interpretive poetics of languages of the unsayable. In. R. Josselson & A. Lieblich(Eds.), *Making meaning of narratives: The narrative study of lives* (pp. 77-106).Thousand Oaks, CA: Sage.

Rosenwald, G. C., & Ochberg, R. L. (Eds.). (1992). *Storied lives: The cultural politics of self-understanding.*New Haven, CT: Yale University Press.

242

Sarbin, T. R. (1986). *Narrative psychology: The storied nature of human conduct.* New York: Praeger.

Spence, D. (1982). *Narrative truth and historical truth.* New York: Norton.

Tedeschi, R. G., & Calhoun, L. G. (2004). Posttraumatic growth: Conceptual foundations and empirical evidence. *Psychological Inquiry,* 15(1), 1-18.

第九章

直觉探询：探索疾病的镜像话语

罗斯玛丽·安德森（Rosemarie Anderson）

我了解了犹如神圣的地下墓穴的排练室、音响室和排练大厅之外的
人生。

——特蕾莎访谈转录

我很愤怒……这个愤怒没有方向……对于自己被欺骗，对于自己的癫
痫发作。

——雷诺访谈转录

第一节　概　述

进行直觉探询的冲动就像冬天黑暗中的火花一样开始，因为探索某个
主题的冲动需要发挥研究者的想象力，即通常是一种无意识或不可思议的
方式。直觉探询者不能停止思考这种类型的主题。几乎所有的事情都在某
种程度上使直觉探询者想起这个主题。渴望去深入理解这一主题。这一渴
望如爱欲一般的纯粹，因为直觉探询者渴望深入了解她所钟爱的话题。直
觉探询者以一种类似于爱人探索所爱之人的手的方式来检验研究报告的细
微之处。细节很重要，秘密很关键。看似平凡却可能是非凡的。直觉探询
者偏爱话题的特别之处。与这个话题有关的一切都具有意义和重要性，使

她更易理解。她渴望知道更多。无论是命名或不命名，有意识或无意识的，直觉探询就已经开始。对研究者来说重要的是：看似普通的经验具有潜在的象征意义，可能是变革性的、反常的甚至是高峰体验，抑或一种社会或人际现象（这种现象激发人们进行原因探究，尽管开始时研究者们只是一知半解）。

作为一种研究方法，直觉探询包含 5 个迭代循环周期，形成一个完整的诠释学循环（Anderson, 2000, 2004a, 2004b）。在这 5 个周期内，分析和解释围绕着研究者的直觉进行，这种直觉既清楚辨别出资料中呈现的信息，也能辨别出资料指向的人类经验中潜在的增强的理解。在所有 5 个周期中，都鼓励想象过程、创造性表达和各种直觉风格，以便①在研究过程受阻时向前推进，②辨别资料中的显性和隐性理解，③培养从资料中提炼潜在的"人类本性的更深远影响"的更深入和推测性见解的能力（Maslow, 1971）。直觉探询的解释性和互动性的动态往往会改变研究者对所研究主题的理解，有时会改变他/她的个人生活——有时是翻天覆地的。在程序上，研究者对主题的理解的转变被 5 个解释周期所"限制"。每个周期都包含直觉和分析活动，使得研究者的心灵在周期设定的边界内自由漫游。研究者的心灵自由地游荡，但不是漫无目的的。

在各种研究方法中，无论是质性的还是定量的，直觉探询者都倾向于"突破"（break set）既定的理论和学术。直觉探询者常常同步关注吸引媒体和公众注意力的事件，他们探索需要整个文化关注的话题，就好像他们被要求重新设想并为人类发现自己陷入的困境寻求解决方法。无论是有意识的还是无意识的，从精神分析学或荣格主义的角度来看，研究者致力于聚焦的主题，可能只是整个文化呼唤变革的冰山一角[1]。

在方法论上，直觉探询直接由施莱尔马赫（Schleiermacher, 1819/1977）的圣经诠释学、汉斯-格奥尔格·伽达默尔的哲学诠释学（例如：Bruns, 1992;

Gadamer, 1998；Packer & Addison, 1989）、克拉克·穆斯塔卡斯的现象学和启发式研究（Moustakas, 1990, 1994）以及广泛的女性主义心理学和神学研究作为基础。我的直觉探询的第一个版本，在研究主题的选择、资料分析和研究发现的呈现中包含了直觉和富有同情心的认识方式（Anderson, 1998）。后来，我发展了一个循环迭代的诠释学过程，给直观过程提供了一个"软"结构，给方法带来了智力上的精确性和表达上的自由性（Anderson, 2000）。本章所介绍的直觉探询的版本代表了这一诠释学过程和我过去 12 年使用直觉探询的研究经验的完美结合（Anderson, 2004a；Anderson, 2004b；Esbjörn Hargens & Anderson, 2005；Anderson, 2011）。我也曾著书（Anderson, 2011），提供一个深入的直觉探询的演示，以及 5 个周期中每一个周期的研究实例和经验练习。有关直觉探询的历史发展的更多信息，请参阅本书第二章中我的自传体陈述。

在本章中，我提出直觉探询是一种独特的分析方法。当然，直觉探询的直觉和想象过程可以在更广泛的意义上支持和强化研究实践。本章邀请读者将直觉探询作为一种独特的方法，并将其程序与其他研究和学术分析方法相结合、相协调。著名科学家和艺术家公开宣称直觉对他们的科学发现和创新有价值（如 Root-Bernstein & Root-Bernstein, 1999），直觉通常被认为是一种与科学洞察力相关的认识方式。从某种意义上说，人类科学正赶上艺术和文学，将直觉的角色放置于人类知识的更广泛的谱系之中。

最初，在 20 世纪 90 年代中期，我发展了直觉探询，以应对我指导的博士生在撰写超个人心理学相关论文中面临的挑战。早期研究的课题包括女性"合适的体型"（Coleman, 2000）、心理治疗师的疗愈（Phelon, 2001）、对自然的悲伤和其他深层情感的反应（Dufrechou, 2002）、神秘基督教中与上帝结合的真正快乐（Carlock, 2003）、讲故事和富有同情心的联系（Hoffman, 2003）以及当代女性神秘主义者的具身化辩证法（Esbjörn, 2003）等。在过去的几年里，

245

直觉探询已经超越了超个人主义和人本主义心理学的范畴。直觉探询及其要素被广泛应用于各个领域的研究，包括创造性艺术、生态心理学、健康与保健、教育、主流心理学和护理学。因此，我写作和谈论了研究实践中的直觉探询与本质意义的直觉探询相结合的可能性。当研究分析充满了想象和直觉，科学也就会充满新的伦理和富有同情心的维度。感知个人、团体和全球的需要，我们的时代呼唤新的解决方案，现在就让我们正式进入直觉探询。

第二节　什么是直觉？

在拉丁语中，intuitus 指的是对知识的直接感知。杰里米·海沃德（Jeremy Hayward）将直觉定义为"对事物本身的直接感知"（Hayward, 1997, p. 9）。直觉常常绕过普通的 5 种人类感觉和分析。玛丽·路易塞·冯·弗兰兹（Marie Louise von Franz）将直觉描述为"一种通过无意识或潜意识的感觉感知"（von Franz, 1971, p. 37）。在当代神经心理学研究中，直觉通常被认为是与右脑相关的活动，主要包括意象认知、定形和模式等，不同于左脑的线性思维、逻辑、理性和分析等活动（如 Taylor, 2006）。卡尔·荣格提出直觉是一种"非理性"功能，并不是因为直觉是不可靠的，而是因为直觉的洞察力常常脱离我们理解它们的性质或起源的尝试（Jung, 1933）。直觉通常是对事物本质的清晰感知，有时我们可以辨别它们的触发因素，以及它们如何支持甚至混淆生活决策。但是，更常见的是，直觉的出现似乎是难以捉摸的、无法随意重复的，只有经过一段时间的反思和辨别，才能在概念上理解。

在对直觉体验的现象学研究中，克莱尔·帕蒂门金-珀若（Claire Petitmengin-Peugeot）描述了四种"内部姿态"（interior gestures）在不同的访谈中惊人地相似，尽管直觉洞察力的内容存在差异：①顺其发展（letting go）、减缓速

246

度(slowing down)和内部自我收集(interior self-collection)的姿态；②与个人、客体、问题或情况相联系的姿态；③调动开放和专注的感官和意识去倾听的姿态；④直觉本身。直觉有多种多样的表现形式，如"图像、动觉、声音或文字，甚至味觉或气味，大多数时间以几种同时或连续的感官形式存在"(Petitmengin-Peugeot, 1999, p. 69)。帕蒂门金-珀若总结道：

> 这项研究从一开始就证实了我们的假设：直觉确实对应一种经验，也就是一组包含整个存在的内部姿态。即使直觉常常不可预测、反复无常，但我们也能通过非常细致的内心准备来使之出现并不断展开。这种准备不在于学习新的东西，或逐步积累过往知识。它包括清空、放弃我们的表达习惯、分类习惯和抽象习惯。这种分离使我们能够找到自发性，即我们与世界的真正的、直接的关系。(p. 76)

247

基于我目前对于学习的直观方式的理解，我提出了一个类型学的 5 种直观表达方式(Anderson, 2011)。一种模式的典型行为可能很容易与日常经验中的其他模式融合。罗伯托·阿萨乔利(Roberto Assagioli)(Assagioli, 1990)、亚瑟·迪克曼(Arthur Diekman)(Diekman, 1982)、彼得·戈德堡(Peter Goldberg)(Goldberg, 1983)、卡尔·荣格(Jung, 1933)、阿瑟·库斯勒(Arthur Koestler)(Koestler, 1990)和弗朗西斯·沃恩(Frances Vaughan)(Vaughan, 1979)的早期著作丰富了这一类型学，可总结如下。

(1)无意识的、象征性的和想象性的过程(unconsious, symbolic, and imaginal process)。无意识的、象征性的和想象性的过程已经在视觉经验(例如：von Bingen, 1954；Chicago, 1985；Cirker, 1982；Luna & Amaringo, 1991)、荣格和原型心理学(例如：Burneko, 1997；Edinger, 1972, 1975；Jung, 1959, 1972)和最近的形象心理学(imaginal psychology)(Romanyshyn, 2002, 2007)中有所挖掘

和探索。通常在这些领域，研究者和学者倾向于过着积极的象征性生活，其中梦境、想象过程、躯体体验和幻觉体验司空见惯。就我个人而言，我对这一过程的理解加深主要是通过面对面聆听东欧和西藏的教师的讲述。

(2)超自然或超心理学的经验(psychic or parapsychological experience)。尽管对许多人来说，超自然和超心理学的现象是普遍存在的，但它们通常不被认为是科学见解的来源。这种直接的和未被传播的体验包括心灵感应、预见和发生在远处(空间或时间)的预感体验。这些经验正是被研究者雷亚·怀特(Rhea White)(White, 1997)和威廉·布劳德(Braud, 2002, 2003)称为不寻常的人类经验(exceptional human experiences, EHEs)的一些方面。

(3)直觉的感觉方式(sensory modes of intuition)。除了视觉、听觉、嗅觉、味觉和触觉五种感觉之外，动觉(空间运动感)、本体感觉(空间定向感)和由身体器官和组织中的感觉感受器产生的"本能感应"(visceral sense)也可以作为直觉通道，传递那些理性思维无法理解的微妙信息。可以通过集中注意力和专业训练，如尤金·简德林(Eugene Gendlin)(Gendlin, 1978, 1991, 1992, 1997)开发的聚焦方法，玛丽·怀特豪斯(Mary Whitehouse)、珍妮特·阿德勒(Janet Adler)和琼·乔多罗(Joan Chodorow)开发的真实动作(例如：Adler, 2002; Pallaro, 1999)、具身写作(embodied writing)(Anderson, 2001, 2002a, 2002b)，以及许多其他身体和冥想实践来体会"本能感应"(visceral sense)和其他动觉、本体感觉。

248　　(4)共情认同(empathic identification)。通过富有同情心的认知或共情认同，作家、演员、心理医生和科学家仿佛能够居住在另一个人或研究对象的生活世界中，就如一个优秀的演员在手势和音色的无缝展示中能够使观众相信麦克白的存在。心理治疗师关注客户的生活，通过客户的眼睛看世界，帮助他们看到自己无法想象的可能性。同样，遗传学家芭芭拉·麦克林托克(Barbara McClintock)也谈到了通过显微镜观察玉米真菌和观察染色体，就好像她"身处其间，它们是我的朋友"〔转引自凯勒的著作(Keller, 1983, p. 117)〕。关于伟大的艺术家和科学家所使用的共情认同的广泛讨论，可以在鲁特-伯恩斯坦夫妇的《天才的火花》(*Sparks of Genius*)中找到(Root-Bernstern & Root-Bernstern, 1999)。

(5)穿过我们的伤痛(through our wounds)。在开展且指导博士生研究超过30年后，我经常意识到，研究者的直觉风格倾向于沿着研究者人格中的薄弱处或创伤进行，其方式类似于宗教、精神和萨满教圈子中受伤者治疗师的概念。天主教神父兼沉思者亨利·努温(Henri Nouwen)(Nouwen, 1990)和佛教徒罗西·琼·哈利法克斯(Roshi Joan Halifax)(Halifax, 1983)将人类伤痛描述为最能让人痛苦并使人想起神圣事物的重要媒介。

在《受伤的研究者》(*The Wonuded Researcher*)中，罗伯特·罗曼尼希恩(Robert Romanyshyn)(Romanyshyn, 2007)提出了一个类似的主题。对罗曼尼希恩来说，研究是一种"再寻找"，是灵魂的工作或精神的工作，因为在摒弃了对工作的要求和开始时的狭隘视角后，"再寻找"会呈现出强大生命力。过去的经验指出，研究者能运用再次寻找行动转化而成的语言，通过我们去与未来对话。研究者开始询问："到底谁来做这项工作?"甚至质疑著作权的问题。罗曼尼希恩明确表达了这一过程：

> 研究者被感召去做的工作不仅对研究者有意义，而且研究者也会赋予其意义。确实，在我们了解我们所做的工作之前，它一直在那里。因此，将研究作为使命，然后，负责服务于那些未完成的故事，那些由于历史长期性和厚重性而压在我们每个个体或集体之上的故事。作为一项职业，研究是这项工作的标志。这是再寻找，既是对过去的看法的再寻找，也是对未来的看法的再寻找。(p. 113)

直觉很强的人通常从小就直觉灵敏，但每个人都可以学习直觉的认知方式并拓展他们已经拥有的直觉技能。关于如何将直觉、想象和冥想实践整合到研究实践中的建议，请参见安德森和布劳德（Anderson & Braud, 2011）以及鲁特-伯恩斯坦夫妇的相关论述（Root-Bernstein & Root-Bernstein, 1999）。

第三节　5个解释循环周期

直觉探询是一个诠释学的研究过程，需要5个分析和解释的迭代循环。在第1个循环周期（周期1）中，研究者通过深入描述的创造性过程来澄清研究主题。在第2个循环周期（周期1）中，直觉探询者根据相关文本和文献中的发现，反思自己对主题的预先理解，并准备一份初步解释的焦点。周期2的焦点描述了研究者在收集和分析资料之前对这个主题的理解。在第3个循环周期（周期3）中，研究者收集原始或档案资料，并以描述性的形式呈现文本中的"声音"，并邀请读者对资料得出自己的结论。在第4个循环周期（周期4）中，研究者展示了一组解释性焦点，这得益于其对周期3所得数据的整理与分析，并提供了周期2和周期4中焦点的逐一比较。在第5个循环周期（周期5）中，研究者将周期4的焦点与相关理论和经验的研究进行整合，以期改进理论并讨论其引申含义。鉴于这一方法的变革性和想象力维度，5个迭代循环的呈现应该书写出研究者独特的声音，并运用既专业又个人化的方法来与读者互动。

直觉探询的5个循环周期都包含正在进行的调查的分析和直觉过程。与帕蒂门金-珀若（Petitmengin-Peugeot, 1999）的现象学研究相一致，直觉被呈现为一个具有不同内部姿态的展开过程，我自己的直觉经验表明，直觉洞察力受到环境和支持这些内部姿态的条件的推动。直觉探询的5个循环周期如图9.1所示。根据我自己开展和指导直觉探询的经验，每一个循环周期的椭圆大小表明这一循环相对于其他循环而言需要花费的时间和精力。

　　这一章是本书的一部分，和其他四位质性研究者一起，聚焦了对一位名叫特蕾莎的年轻女性访谈的个人分析，她正在从未分化喉癌中康复。我们每个人都从各自分析方法的概述开始。下面，我将提供直觉探询5个循环的简要概述。[关于5个循环的详细介绍、每个循环的体验性练习以及直觉探询其他方面的讨论，请参见（Anderson, 2011）]。在这个概述之后，我将报告对特蕾莎文本的直觉探询的第1个循环的分析。在特蕾莎的文本分析之后，我接着对一个名叫雷诺的人进行了分析，他正从癫痫发作中恢复过来，以说明所有5个直觉探询循环周期。

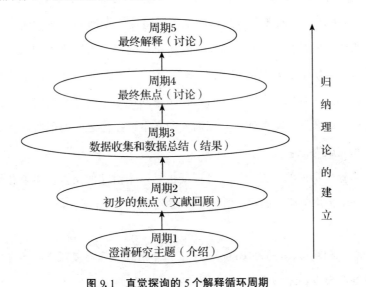

图 9.1　直觉探询的 5 个解释循环周期

一、循环周期 1：澄清研究主题

　　直觉探询的第 1 个循环周期的目的是澄清研究主题。由于大多数直觉探询者选择与其个人生活相关的主题，因此了解他们选择的动机和对话题的预先理解是很重要的。为了澄清和提炼一个主题，直觉探询者选择其十分感兴趣的文本或图像，说明其与研究主题和兴趣的关系。有时，所选文本或图像与主题的关系在开始时是模棱两可的。为周期1选择的文本和图像可以包括照片、绘画、素描、符号、雕塑、歌词、电影、诗歌、神圣典籍或经文、访谈转录、记忆的梦境和/或对有意义的变革体验的描述。理论上，基于统计分析得到的统计结果、图表或图形可能也适合作为周期1的"文本"，尽管没有直觉探询者这样做过。

251

一旦确定了任何类别的文本，研究者通过每天与文本的接触进入周期1的解释，并记录所思所想。研究者每天至少要花20分钟(或每两天花40分钟左右)阅读、听或观看所选择的文本。将这一期间和其他时间发生的思想、想法、白日梦、对话、印象、视觉和直觉都实事求是地记录下来，以免干扰经常伴随着直觉的意识流。笔记本、手持式录音机和画笔等应随时可用，以支持对思想、记忆、图像和印象的记录。这种与选定文本接触的过程应该继续下去，直到直觉探询者和文本或图像之间的创造性张力得到解决和完成为止。

在这个辩证的过程中，通过反复接触一个潜在的文本，印象和见解汇聚成一个聚焦的研究课题。适合于直觉探询的主题如下。

(1)引人入胜的(compelling)。一个研究课题要使研究者始终保持兴趣和精力，就应该激发他/她的动机和求知的激情。

(2)可控的(manageable)。主题的范围和深度可能会有所不同，具体取决于项目的时间。

(3)清晰明了的(clear)。好的研究课题可以用一句话很容易地表达出来。研究者越了解一个研究主题，其基本意图的表达就越简单。

(4)聚焦的(focused)。一个对人类经验有重大影响的简单而集中的主题比一个分散的、定义模糊的主题更可取。

（5）具体的（concrete）。研究主题应与特定的行为、经验或现象直接相关。

（6）可研究的（researchable）。有些题目太宏大了，或者还不适合科学研究。

（7）有前景的（promising）。当一个主题指向对某种未知事物的体验，或者似乎是在寻求理解时，它是有希望、有前景的。由于直觉探询中的主题往往处于文化理解的增长点，通常只有研究者自己才能在探究开始时评估给定主题的潜在重要性。

二、循环周期 2：初步的解释焦点

在周期 2 中，直觉探询者根据相关文献对该主题进行反思，并准备一份初步的解释焦点的清单。这些周期 2 的焦点描述了研究者在收集资料之前（prior）对研究主题的理解。为了清晰地表达这些焦点，研究者再次通过想象与文本进行对话，这些文本可以帮助他/她从一开始就识别出话题带来的价值、假设和理解。周期 2 的这种想象对话与周期 1 的想象对话相似；然而，252 在周期 2 中，研究者的反思和笔记对于主题而言变得更加概念化和知识化。通常，研究者既为周期 2 选择合适的文本，又在回顾有关该主题的理论和研究文献。周期 2 的文本与周期 1 中使用的文本不同。然而，周期 2 中文本的含义再次被广泛定义，可能包括经验研究的发现（empirical findings）、理论著作、历史或档案记录、文学或音乐文本、符号和图像等。稍后，通过比较周期 2 的初步的焦点和周期 4 的最终焦点，直觉探询的读者可以评估研究者对主题理解的变化和转换的过程。

从结构上讲，周期 2 的过程包括三个部分。①研究者熟悉经验研究的发现以及与主题相关的理论、历史和文学文本。实证文献可能包括定量和质性研究的发现。②研究者从文献和相关研究中发现了一套独特的文本，供他/她的第二轮想象对话使用。③基于与周期 2 文本的持续的想象对话，研究者准备了一个周期 2 的初步的焦点清单，表达他/她在资料收集之前对主题的理解。这一轮的初步焦点往往是快速和自由流动的，感觉更像是头脑风暴或创造性的想象力，而不是一个正式的过程。在某个时刻，研究者认为他/她已经充分整合了周期 2 的文本，坐在办公桌旁，用纸笔或键盘"粗略"地把它们"画"出来，这通常是一气呵成的。经过组合、重组和识别这些浮现在脑海中的模式，初步的焦点清单通常会缩短到少于 12 个。通常，10 到 12 个初步焦点似乎足以"捕捉"大多数研究主题的内容和结构的细微差别和范围。

在直觉探询中，周期 2 解释焦点的连接完成了诠释学循环的前向弧，在此期间，直觉探询者试图清楚地识别主题并表达其对主题的预先理解。随着周期 3 中的资料收集，诠释学循环的回归弧开始了，研究者的注意力转移到根据他人的经验来理解这个主题。一旦资料收集开始，就没有回头路可以重新获得研究者对该主题的预先理解，因为资料收集中隐含的向前移动推动直觉探询者进入一种不同的参与和感知模式。周期 1 和周期 2 的前向弧中的主要活动模式倾向于向内反射。相比之下，周期 3、周期 4 和周期 5 的回归弧中的主要活动模式更倾向于向外参与，以便根据他人的理解和经验重新构想和重新诠释自己的理解。有关此过程的更完整说明，请参阅（Anderson, 2011）。

253 ### 三、循环周期 3：收集资料并准备描述性报告

在第 3 个循环周期中，研究者①确定研究主题的最佳资料来源，②制定从这些来源中选取资料的标准，③收集资料，和④准备代表研究参与者

或资料中其他叙述者的"声音"的描述性资料分析。资料解释直到第 4 个循环周期才开始。

尽管研究者可能会受到诱惑选择方便获得的资料，但研究都很少会从这种方法中受益——远不及直觉探询所要求的深入、直观的过程。因此，请选择最符合你的独特的且聚焦研究主题的资料来源。请跟随你自身的热情和直觉。关注反复吸引你注意力的事物。选择你感兴趣的或具挑战性的资料源，即使你并不总是知道为什么你会被特定的资料吸引或产生排斥。对直觉的实证研究（例如：Bastick, 1982; Petitmengin-Peugeot, 1999）一贯表明，即使直觉的洞察力后来被证明是不正确的，直觉的过程也倾向于传达确定性的印象。因此，直觉探询者可能会考虑选择有意挑战周期 2 焦点的资料源。

迄今为止，大多数采用直觉探询的研究者都以访谈或故事的形式从符合特定标准的研究参与者那里收集了与研究主题相关的原始经验资料（例如：Coleman, 2000；Dufrechou, 2002；Esbjörn, 2003；Manos, 2007；Perry, 2009；Phelon, 2001, 2004；Rickards, 2006；Shepperd, 2006；Unthank, 2007）。但是，在研究基督教神秘主义者的真正喜乐时，由于历史神秘知识的来源具有深远的精神意义，苏珊·卡洛克（Susan Carlock）在周期 3 收集了历史神秘主义者的另一组著作，而不是从当代基督教神秘主义者那里收集资料（Carlock, 2003）。除了访谈之外，里卡兹还大量使用了关于第二次世界大战期间女性间谍的历史叙述和日记（Rickards, 2006）。一些研究者改编了参与者（Dufrechou, 2002；Medrano-Marra, 2007；Netzer, 2008；Shepperd, 2006）的具身书写（embodied writing）（Anderson, 2001, 2002a, 2002b）或鼓励艺术表达（Hill, 2005；Hoffman, 2003；Manos, 2007；Rickards, 2006）。

迄今为止，周期 3 中使用的资料分析程序包括：

（1）编辑的访谈转录（Esbjörn, 2003; Esbjörn-Hargens & Anderson, 2005）

（2）参与者的肖像（Coleman, 2000；Rickards, 2006），结合了穆斯塔卡斯（Moustakas, 1990）启发式研究中开发的程序

（3）历史肖像（Carlock, 2003）

（4）艺术家的描述性肖像，并附有艺术作品的说明性实例（Manos, 2007）

254

（5）波特和韦斯雷尔（Potter & Wetherell, 1995）开发的话语分析加上受访者的故事（Unthank, 2007）

（6）访谈的描述性主题内容分析（Brandt, 2007；Perry, 2009）

（7）参与者与主题直接相关的一系列具身写作叙述（Dufrechou, 2002；Shepperd, 2006）

（8）参与者的故事以及他们的具身写作的引文（Medrano-Marra, 2007；Netzer, 2008）

（9）扎根理论分析（McCormick, 2010）

这些描述性的陈述让读者在研究者解释周期 4 的资料之前回顾资料，并得出自己的结论。当我讲授直觉探询时，会用这样一个隐喻来传达周期 3 中对描述性资料的展示：像蜂鸟一样徘徊在低处，俯视资料，传递从该有利位置看到的信息。[请参阅（Anderson, 2011），以获取有关周期 3 资料收集选项的扩展讨论。]

四、循环周期 4：转换和修正解释焦点

在第 4 个循环周期中，研究者展示了最后一组解释焦点（这些焦点因个人参与周期 3 中的资料收集而被转移），并对周期 2 和周期 4 的焦点开展详

细比较。周期 2 的焦点被修改、移除、重写、扩展等，反映出研究者在研究结束时对该主题的更深入和细致的理解。

在直觉探询中，在周期 2 和周期 4 对焦点的再次表达减轻了重复性。周期 2 和周期 4 焦点之间的变化程度，在某种程度上，能够衡量资料对研究者的影响并修改研究者对某个主题的理解意愿。有些变化可能很大，有些则很微小。在周期 4 中，研究者准备逐一比较周期 2 和周期 4 的焦点，以便读者能明显地看到这些变化。通过比较周期 2 和周期 4 的焦点，直觉探询报告的读者可以评估研究者在研究过程中对研究主题的理解发生了什么变化。埃斯比约恩（Esbjörn, 2003）提出的新的、变化的和深层焦点的概念为读者提供了便利，使实质性和微妙的变化都在周期 4 中对读者显而易见。

在整个直觉探询的过程中，解释资料最重要的特征是直觉突破（intuitive breakthrough），那些富有启发性的时刻即资料在研究者面前开始自我塑造。一般而言，感到困惑和迷惘的迹象表明研究者正在遇到他/她不知道但仍想了解的事物。当研究者开始看到资料中的模式时，周期 4 的解释已经开始了。由于周期 4 最终焦点的产生是解释的任务，对自己的自反性和解释负责的行为可能会挑战研究者对科学的纯粹性和客观性的信念。

我自己生成周期 4 的最终焦点的过程是基于视觉扫描寻找模式的直观和分析过程。我用纸和笔工作，绘制了大大小小的圆圈（代表主题或零散的想法），然后改变了图案并修改了圆圈的关系和大小，就像移动的维恩图（Venn diagram）一样。我了解其他的研究者，他们的工作方式更多依靠叙事或听觉，好像在自言自语。一次又一次，他们将想法整合为一系列相互关联的主题、叙事、序列或所研究事件的不可还原的特征。有时，直觉探询者会开始幻想（做白日梦）着最终的焦点，或者将它们想象成符号或图像。在此过程中记录洞见非常重要。这个解释过程可能会持续数天或数周，在工作周期之间要有休息或潜伏期。

255

五、循环周期 5：研究发现与理论建构的整合

在第 5 个循环周期中，直觉探询者提出了周期 4 最终焦点的整合，基于研究开始时经验研究和理论文献的回顾，并在研究发现的基础上进行理论改进和假设。通过周期 1 到 4 的分析，在周期 5 中，直觉探询者提出了与研究主题相关的发现和理论推测的最终解释。与所有研究报告一样，在研究结束时，研究者在得出研究结论之前返回文献综述，并运用研究结论重新评估先前的研究。换言之，研究者必须确定什么对他/她的研究重要，什么不重要，包括他/她认为的这个主题仍未被探索的内容。从某种意义上说，研究者从整个研究过程中后退，重新考虑研究的各个方面，就好像在研究的前向弧和回归弧所规定的诠释学循环（hermeneutical circle）周围画了一个更大的诠释学循环。

类似于各种形式的扎根理论（例如：参见本书第六章；Strauss & Corbin, 1990），直觉探询最有潜力的特点在于其归纳性理论构建的潜力。作为一个实际问题，直觉探询者必须在整个研究过程中保持一个大局观（big-picture perspective），因此归纳理论的构建就内嵌于方法中。还原过程不适合这种方法，研究者通常发现自己被自己的自发性和直觉所"操纵"。迄今为止，至少有两位直觉探询者（Phelon, 2001；Unthank, 2007）根据他们在 5 个周期中对该主题的理解的发掘，积极地运用了该方法的潜力，以归纳法产生理论。科特尼·菲隆（Cortney Phelon）（Phelon, 2001, 2004）发展了一种理论模式，理解心理治疗师的治愈发生的具体表征，并为训练临床治疗师提供了建议。凯瑟琳·昂桑克（Katherine Unthank）是一名专门从事创伤恢复的治疗师，她从隐性理论（implicit theory）开始了她对创伤生存的研究，该理论基于多年的临床实践经验。根据她自己的描述，她的研究"使她直面自己的羞耻表征并拥有［感知的］控制中的安全生存习惯"（Unthank, 2007, p. 226）。在研究的最

256

后，她得出结论，创伤生存的深层结构是一种羞耻感与内疚感融合的习得性功能性神经症，它产生了感知安全的世界，代价是对发生的事情或可能发生的不同事情的长期的错误理解。[关于直觉探询理论构建潜力的更多信息，请参见（Anderson, 2011）。]

第四节　对特蕾莎和雷诺访谈的分析

一、循环周期 1：澄清研究主题——疾病的反向镜像话语

为了满足该合作项目的需求，我对上述 5 个直觉探询的常规程序进行了一些调整。首先，分析特蕾莎的采访是由成员们共同决定的，而不是个人。通常，在直觉探询中，研究者根据自己的兴趣选择一个主题，然后为周期 1 选择一个文本，唤起他/她对主题的直觉理解。然而，在本案例中，成员们决定分析特蕾莎的采访，因为特蕾莎对"不幸事件"的书面描述、采访者的介绍性说明和访谈转录提供了比我们所掌握的任何其他资料更丰富的质性描述。我同意成员们的意见，并希望我的兴趣和热情最终会以一种足以唤醒直觉的方式被特蕾莎的采访文本"勾住"。第二，上文所述的对确定主题的广泛分析是一个比通常在周期 1 中更为详尽的直觉和分析过程，它更符合周期 3 中对资料的描述性陈述和在直觉探询的周期 4 中对发现的解释。通常，在周期 1 中，直觉探询者只与主题相关的一个文本进行想象对话，仅仅是为了澄清和精炼主题。然而，由于我在没有主题陈述的情况下开始了周期 1，因此需要广泛接触特蕾莎文本，以便制定一个初始的主题陈述。此外，我以下对特蕾莎文本的分析也邀请读者将我的分析与本书中分析这些文本的其他四位质性研究者的分析进行比较。

事实证明，经过几次阅读后，我发现特蕾莎文本的内容非常吸引人。　257

我开始沉思，甚至梦见特蕾莎的经历，同时深深地沉浸在分析中，所以这种背离直觉探询的做法在这个例子中是成功的。激发我热情的是我的个人历史。第一，我从1987年开始担任圣公会牧师，因此特蕾莎遭遇逆境，威胁生命的诊断、手术，漫长的康复期以及癌症复发的可能性，这些都是我的专业经验所熟悉的。第二，在过去的10年里，我创造了一种基于经验的写作风格，称为具身写作（embodied writing），它表达了身体的生命经验（Anderson, 2001, 2002a, 2002b），我开发了一个测量身体觉察的量表——身体智力量表（Body Intelligence Scale）（Anderson, 2006）。第三，在我自己的生命中，我曾经历过威胁生命环境的转变。第四，我母亲23年前死于子宫未分化癌，因此，我从亲身经历中知道这种疾病的侵袭过程。所有这些因素都以一种富有同理心且发自内心的方式邀请我进入特蕾莎的故事。我关于特蕾莎经历的经验，处于在她和我之间的一个想象世界中——不是我的，也不是她的世界，而是两者之间的其他地方。这一来回穿梭的主体间性（intersubjectivity）和反思性（reflectivity）使得我直观地意识到我之前可能疏忽了这方面的考虑。

我使用特蕾莎访谈和介绍性笔记作为周期1的文本，按照直觉探询周期的规定，与这些文本进行想象对话。由于周期1的目的是澄清和完善主题，我以开放的心态进入了对这些文本的分析，看看什么会吸引我的兴趣。尽管访谈和笔记的重点是对一个不幸事件的描述，这可能意味着各种研究主题，如抗逆力、创伤、逆境中的应对策略等，但我试图阐明一个精确的主题，这是从我自己对周期1中的特蕾莎文本的分析演变而来的。从程序上讲，我的分析是直截了当的。首先，我读了几遍特蕾莎的文本。其次，一旦我全面掌握了知识并对文本有感觉，就突出显示了文本中引起我兴趣或引起我好奇的部分。然后我用这77个突出显示的文本作为意义单元，其中大部分是完整的句子或完整的段落，并逐字复制和汇编。下面给出了意义单元的示例作为主题的示例。最后，我使用主题内容分析（thematic content a-nalysis, TCA）的描述性程序将 77 个意义单元分类为主题类别（Anderson, 2007）。

使用这些步骤，我对意义单元进行了三次排序，每次都为相关的意义单元重新配置和重命名主题。在前两次分析中，我使用微软自带的剪切、复制和粘贴等编辑功能对意义单元和临时主题进行排序。在第二次分类结束时，主题之间出现的主题和模式对于这个过程来说太复杂了，因为我无法在计算机屏幕上一次性直观地阅读所有主题和模式。所以我又回到手动模式，从打印纸上剪下意义单元，然后把它们放在一张大纸上，并将主题写在各类意义单元的顶部。我把这些纸放在家里的一张大餐桌上，在接下来的几天里，我不时地思考主题，重新安排意义单元的位置，直到主题之间出现模式。在整个过程中，我与文本保持着想象的对话，并在对话中体验到突破性的见解，它向我表明我的直觉过程运作良好。在完成这一过程时，我重新阅读了访谈转录和介绍性说明，以确保我在最初选择相关意义单元时，没有忽视特蕾莎经历的任何重要方面。大约一周后，我对主题的命名和排列感到满意，并且能够陈述一个明确的研究主题，即周期 1 的目标。

1. 特蕾莎文本的直觉主题内容分析

我对特蕾莎文本的直觉分析产生了 5 个主要主题，在整个文本中反复出现，即：

(1) 以务实和冷静的态度运用否定、逻辑和理性作为应对策略；

(2)情感"关闭"（shutdown）和麻木的身体知觉；

(3)从"没有朋友的胖女孩"到伴随着愤怒、解脱和感激之情的自我转变；

258

（4）他人表达的强烈感受；

（5）身体的愤怒反馈以未分化癌的形式出现，这是一种罕见的侵袭性癌症。

我在下面的分析中展示了主题 1～5，以及每个主题的意义单元的例子，这些都是从特蕾莎文本中一字不差地复制出来的。主题 1、3 和 4 与本书中 4 位同事的一些分析重叠。下面对主题 1～5 的分析比对特蕾莎文本的解释更具描述性，因为每个主题都有特蕾莎文本所摘取的引文（意义单元）直接证实。这种对主题的描述性是直觉探询周期 3 中呈现研究发现的典型。在介绍了 5 个主题之后，我提出了一个总体主题，它结合了主题 1、主题 2 和主题 5，并建议在身体知觉的否定和麻木以及未分化癌症（一种"凶险的"癌症）之间进行反向镜像。我随后对反向镜像这一总体主题的阐述，明显具有解释性，更能代表研究者在周期 4 中对该主题的理解。

主题 1：务实和冷静地运用理性和逻辑作为应对策略

从特蕾莎的文本中可以看出，特蕾莎是一名聪慧的年轻女子。她清楚地表达了自己的情感和智力过程。她提供了关于她的诊断和康复的大量细节，尽管这些事件已经过去了 11 年。她的用词和语法反映出了她在访谈时所具有的研究生教育水平。

特蕾莎甚至对自己如何使用逻辑和理性来尽量减少痛苦，以及这些倾向是如何受其原生家庭影响的，都讲述得非常清楚和细致。她的描述直截了当，并没有对访谈者的广泛提问左思右想。具体来说，特蕾莎在描述她与外科医生的谈话以及处理别人对她的诊断的反应时，运用了一种冷静的逻辑形式，使她能够与原本情绪上难以承受的事情保持距离。如下 3 个意义单元是这一主题的例证：

　　我开始用一种非常合乎逻辑和哲学的方式理解事物，选择逻辑是因为激情会造成太多的痛苦。

　　那时候我的思维就完全被逻辑占据了。我就是这样做的。无论是压力、焦虑、紧张、悲痛……我都会这样。嗯……我不是否认情绪，但我会试图缓和……至少保持一些实际的理性和逻辑作为思考和行动的基础，这样我就不会完全失常，看起来像个白痴。

　　我很有条不紊地接受了这一切，似乎我们在谈论他明天要替其他人做的手术。

主题 2：情感"封闭"和身体麻木感

　　特蕾莎似乎有一种不可思议的能力，能使自己远离感受和身体知觉。尽管访谈发生在特蕾莎 30 岁的时候，她描述的事件大多发生在 11 年前，但面对强烈的情绪，她呈现出一种封锁、封闭或"冻结"的模式。当特蕾莎的外科医生告诉她需要立即手术时，她的身体变得"冰凉麻木"（cool and numb）。她喉咙上的肿瘤感觉像一个惰性的客体，没有感觉。特蕾莎还钦佩她的声乐老师将身体视为一种物理"仪器"的技巧，并将其技巧的成功归因于唱歌过程中对躯体情绪的控制。特蕾莎对他的技巧的钦佩和她年轻时作为一个有抱负的女高音[①]的成功，可能某种程度上因为她能够封闭源自身体的情绪情感——这种偏好可能起源于她出身家庭关系高度紧张的情感环境。这种最小化或阻断身体感觉的模式与主题 1 中否定和冷静逻辑的情绪应对策略有关。以下 4 个意义单元可以作为这一主题的例子：

　　我很肯定前一天没有（肿块）。我摸了摸，一点不疼。我戳了戳，

260

---

① 参与者的书面描述和其他人的分析中都将参与者描写成"女中音"。这里安德森的原文就是"女高音"。——译者注

嘭嘭作响……它像石头一样硬，我却没有一点感觉。

我僵住了，不能呼吸，不能移动，甚至不能眨眼。我觉得我好像被枪击中了。我的勇气一下子没了，我被击败了。我的嘴巴很干，我的手指刚才还一直在转笔，突然变得冰凉麻木。

我上了大学，加入了声乐工作室，我就被要求限制情绪，被要求更多聚焦在表演的热情洋溢和释放紧张情绪上。你很情绪化时，你的身体会很紧张。你身体紧张，就会给你的声音带来麻烦……这就是我的问题。所以，不要情绪化，并且提醒自己想起为什么会如此……当然，这需要逻辑……长期来看，这是非常工具化的，不是说消除自己的情绪……我依然会倾听自己的情绪……但要理解，它们并不需要完全表现出来，这样才能帮助我在特定场合更好地表现。

这位特别的[声乐]老师确实有自己的一套。证据非常明显：他的学生表现突出；他的技巧非常有科学基础……这个领域不仅是你有艺术直觉就可以的。当然，你需要成为艺术家，但是，除此之外，你有好的身体和嗓音，这些是艺术表演的身体条件……

主题3：从"没有朋友的胖女孩"到具有愤怒、解脱和感激之情的自我转变

通过决心和勇气，特蕾莎在生活中取得了进步。我一次又一次地阅读她的文本，很佩服这位年轻的女士迎接一系列挑战：癌症诊断，随之而来的外科手术以及在"犹如神圣的地下墓穴的排练室"之外创造新生活。19岁时，她因喉部的外科手术而失声。她与典型的未分化癌症的命运作斗争，这是一次获取全新生命的英雄之旅。这位孤独的、只有声音作为身份的年轻女子随时间变化为情感更为统合的人，热爱她的大学新专业、与她过去的音乐世界之外的男人(后来成为她的丈夫)的新关系、对新的歌唱形式(她唱的

261

是摇滚和蓝调而不是古典音乐）、重塑对生命的和谐和感恩之情。特蕾莎对癌症和手术的反应成为一种转变的催化剂。

对我来说，特蕾莎术后生活的一个有趣方面是她参与击剑、骑摩托车和攀岩。所有这些运动都需要极度注意身体的外部和内部感觉。一个人如果不注意身体内部和周围发生的事情，就无法成功入门击剑、骑摩托车或攀岩等运动。那个曾经"没有朋友的胖女孩"，过去习惯于情感封闭和身体感觉的麻木，现在却开始从事这些运动，这是令人惊讶的。特蕾莎对运动的探索是极端的，但意志是坚强的。特蕾莎的勇气呈现了一种原始的灵性形式，植根于将生命照原样延续下去的本质。以下4个意义单元是这一主题的例证：

> 唱歌就是我的祈祷，就是我的联结。这是我最大的天赋。我小时候很胖，没有什么朋友，但我会唱歌！这是我的天赋。当我就失去它，我就失去了和上帝的联系，失去了朋友，失去了生活的目标，失去了我的王牌……能带我走出胖小孩和压迫性的父亲的阴影的王牌……这是我离开的车票。我失去了车票！于是我失去了与上帝的联系。失去了。

> 你们不能阻止我。我有一种奇怪的激情去抗击困难……我很骄傲，因为……我不知道为什么。

> 很多人建议我暂时休学，没有人因为这件事瞧不起我，但我下定决心生活下去，仿佛这件事情没有发生。当我遇到新朋友，我不再介绍自己是个歌唱者，这对我来说非常奇怪。

> 但是，我热爱我新发现的学术生活，我也不愿意放弃这一切，回到专业古典歌唱的全职生活。此外，我发现，我的嗓子常常出各种状况（至今如是），但我仍然可以很好地演唱其他类型的音乐，如摇滚和

蓝调。我开始尝试写自己的音乐，并最终在夜总会和现场音乐表演场合有自己的定期表演。我像现在一样继续从事心理学工作，因为我很热爱它，特别是因为它让我发现了我从没认识到的那个自己，这个自己似乎可以在知识分子人群中占有一席之地。紧张的歌剧合唱工作使得我依旧是一个歌剧演唱者，但这对我而言不再那么重要。我可以唱自己的音乐，我成了完全不同的歌唱者。

主题 4：他人表达的强烈情感

在特蕾莎的文章中，她描述了许多人对她的癌症诊断的强烈的情感反应。一些情绪反馈与她的处境高度一致。例如，她的外科医生对她的反应异常敏感和个人化，甚至与他的职业角色不太符合。情感反应的范围可能有助于特蕾莎了解与她的原生家庭不同的情感反应方式。无论如何，由于内在和外在都处于如此巨大的情绪紧张的中心，这给了她一种情绪上的锻炼，她不能轻易地忽视它，并希望可以在心理上进行整合。下列 5 个意义单元作为这一主题的示例：

"可恶，"他抱怨着，"我讨厌他们这样做，我讨厌他们让我来做那个手术前要告诉你这些话的人。"

我就知道会发生什么，我知道这个女人（妈妈）会吓得六神无主。她准备靠边停车，开始哭，开始担心，打了一通电话，让别人也跟她一起担心。我想："糟了……我还不如直接去做手术，不要告诉她。"其实，某种程度上，我也这样做了。我告诉她一些事情……但没有告诉她全部。我没有告诉她这是什么类型的癌症，但她是做医疗技术的，她知道很多。

手术过后，在我第一阶段化疗期间，他（我的父亲）很大方，买很多礼物给我……买很多东西。我得到新的电视，新的家具……我得到新的公寓。我的意思是，我得到很多东西。这是他处理事情的方式。他想通过买东西来表现他的关心和爱，当然……一个 19 岁的大学生肯定会趁机沾光，不用怀疑。

我的声乐老师，他就像我的另一个父亲，我出事后每次见到我，打个招呼他也会淌眼泪……我手术的时候他陪在我身边，在麻醉剂起作用的时候，他是我看到的最后一个人。目睹我们一起建构的梦想被现实挤得粉碎对我们都是件过于残忍的事情，之后我们便很少交谈。

癌症不是像他这样的男生在婚姻第一年可以应付的，我认为。我们（我和丈夫）的关系一直很平等……但当我生病的时候，这就有可能成为一个问题。我的意思是，我们有我们的不同。虽然有不同但我们还是平等的……但对于癌症和放疗……他没有相关的经验。我认为他很努力去认为我很坚强……我也很想被人看来很坚强。但是，我因为放疗一蹶不振时，他不知道应该怎么办。他只是看着我说："好了，起床吧。"但我起不来。

主题 5：未分化癌被描绘成凶险的癌症

未分化癌是一种生长迅速的癌症，在患者意识到肿瘤之前迅速扩散并转移。卫生保健专业人员通常将未分化癌描述为"凶险的"或"攻击性的"癌症，因为很难提前诊断，而且死亡往往发生在确诊后的几个月内。特蕾莎也用这些词来形容她的癌症。以下 5 个意义单元作为这一主题的例子：

　　……我得的这类癌症是凶险的。

　　我不知道你的内分泌医生为什么不告诉你。你的活检不是性质待定。你得了未分化癌，是一种甲状腺癌。我们得尽快把它拿掉。

我的甲状腺癌的类型——未分化癌症，是极度快速成长的类型。细胞分裂得太快，一晚上就能长出来……我的肿瘤就是一夜长出来的，不到一个星期就扩散开了。这是甲状腺癌中长得最快的类型，在前两个月有15%～20%的存活率。得了这一癌症的人几乎都去世了。

这个东西真的一夜就长了出来，当我在睡觉，嘣……肿瘤，就像那样。

况且，当你经历这样的事情，是非常孤独、孤立的，不管你做什么。我的意思是，即便是其他癌症病人也不知道这经历是怎么样，因为我得的癌症太怪异了。未分化癌症是一种很奇怪的癌症，可能在几周内就能夺走你的性命。

总体主题：特蕾莎运用冷静的逻辑、情感封闭、身体麻木和癌症的"凶险"特征之间的反向镜像

主题1、2和5结合在一起，揭示了特蕾莎描述的冷静逻辑、麻木感和身体知觉，以及她未分化癌症的"凶险"特征中的一种反向镜像模式。一方面，特蕾莎描述了远离感觉和身体知觉的应对策略，反映了一种否认（denial）的话语。另一方面，她形容她的癌症是"凶险的"。综合考虑这两个问题，可以发现一个总体主题：特蕾莎对快速生长的未发化癌症的描述（主题5）与她对强烈情绪下封闭情感和躯体麻木的描述（主题2）相反，并使用冷静的逻辑作为应对手段（主题1）。对特蕾莎谈话中的逆向反应的最简单、最粗糙的解释是：可能特蕾莎对自己的诊断所感到的愤怒，是由她对癌症症状的描述投射出来的，或是"表达出来的"，就像特蕾莎生活中的重要人物发出声音，反射到她自己可能能够感知的情绪一样。如果这些是预期的描述，则没有理由假设特蕾莎会自觉地意识到它们。这种反镜像的总体主题嵌入在特蕾莎文本中，并没有揭示因果关系。原因不能从回顾性的自我报告数据

264

中推断。

在一位异常富有同情心的外科医生的帮助下，在家人特别是母亲的支持下，特蕾莎振作了起来。她做出了果断的反应，接受了对她康复至关重要的手术和治疗。我不禁要问：她对自己的诊断做出的果断直接的反应，是否和手术、治疗一样，是她康复的一部分？她对危及生命的未分化癌症诊断作出果断反应的能力是主动的，在某种意义上，这与她自述的冷静逻辑模式以及情感和身体知觉的封闭截然相反。也许她使自己远离感觉和身体知觉的能力帮助她接受了手术和治疗的必要性。在我看来，特蕾莎的描述表现出她在情感上的释放和接受，伴随着她度过治疗和康复的过程。

2. 循环周期1的结论：研究主题陈述

作为周期1的结果，直觉探询的主题探索了心理和行为倾向与疾病描述之间呈现反向镜像的可能性。在我开始分析周期1中的特蕾莎文本时，我不知道这个研究主题会在这个周期的结果中出现。

二、循环周期2：研究者关于该主题的初步聚焦

由于我不是出于个人兴趣来研究这个主题陈述的，所以我对周期1中的特蕾莎文本的分析是开放和探索性的。就是说，我的信仰和生活经历会影响我对个人变化过程的理解，尤其是在生死攸关的情境下。当我对特蕾莎文本进行周期1的分析时，我对危及生命事件的预先理解变得清晰起来。我目睹了我是如何遇到自己的态度和信仰，以及来自文本本身的态度和信仰的。除了注意到我在文本中观察到的内容外，我还注意到，随着时间的推移，我在与它们的互动中所学到的东西。我针对该主题所得出的周期2的初步的焦点如下。

(1)意识的身体、情感、心理和精神状态可能代表一个流动的连续

统一体，而不是单独的经验状态。

(2)个人隐喻和自我描述可能代表不同的存在方式，如人格特征和应对策略。

(3)个人隐喻和自我描述可能会在挑战和危机的背景下发生变化，从而帮助我们应对和改变。

(4)无论我们是否意识到任何潜在的动态，身体过程以及我们理解和描述它们的方式，都标示着初步的或重要的个人变化。

(5)某些疾病，如未分化癌症，对人体造成各种破坏；如果不是亲身经历，就难以理解。也许所有的疾病，特别是那些致命的疾病，都会留下一个"脚印"，除了亲身经历之外，可能是无法理解的。

通常情况下，周期2中初步的焦点的清晰度对直觉探询者来说是一个挑战，甚至是极其困难的挑战，因为直觉探询者必须仔细检查自身给主题带来的假设和价值，这一过程可能会改变他们自己对主题本身的假设和价值。在这种情况下，虽然我没有详细思考疾病与康复之间的关系，但应对策略与疾病特征之间的反向镜像这一主题与我上述的一些个人态度和信念是一致的。

三、循环周期3：收集和分析额外资料

直觉探询的第3个循环周期涉及原始资料的收集和描述性呈现。如果我要继续这项研究，我将采访几十位患有各种严重和危及生命的疾病的成年人，并分析访谈中自我报告的个人习惯、应对策略、变化动态和疾病症状的模式。为了说明周期3、周期4、周期5可能如何进行，我获得并分析了另外一个访谈。我从被访者和凯瑟琳·昂桑克那里获得了这份访谈转录和使用它的许可，昂桑克对创伤后的生存开展了直觉探询研究（Unthank,

2007）。我让昂桑克选择一位既经历过创伤又被诊断患有严重或危及生命的疾病的参与者。昂桑克选择了一位 57 岁的名叫雷诺的男子的访谈，他从 11 岁起就经历了癫痫发作。他 20 多岁时开始出现躁狂发作，后来被诊断为颞叶癫痫。据雷诺所说，他的人生故事充满了创伤。在他整个童年和成年时期，暴力和虐待事件屡见不鲜，如下所述。在接受访谈的时候，雷诺已经50 多岁了，他终于得到了适当的医疗照顾，并在生活的挣扎中找到了意义。

如同对特蕾莎文本的分析，我运用上述直觉衍生的主题内容分析（TCA）程序，分析了雷诺的访谈。然而，出于几个原因，雷诺访谈的分析结果是一个简单的过程。首先，采访的篇幅大约是特蕾莎文本的一半，也就是资料的一半。其次，所描述的事件不那么复杂。而且，更重要的是，了解研究的主题使我能够更容易地识别相关的意义单元和主题，同时还允许出现与我对主题的陈述不同的意义单元和主题。

我对雷诺采访的直觉分析产生了 4 个主要的主题，在文本中反复出现：

主题 1：儿童创伤与癫痫发作

主题 2：成年创伤事件

主题 3：周期性发作和躁狂发作，导致双相情感障碍和颞叶癫痫的诊断

主题 4：对自己感到愤怒、悲伤，并且寻找意义

主题 1：儿童创伤和癫痫发作

雷诺描述了他童年时期的许多创伤事件，正如以下三个意义单元中描述的，作为这一主题的例子：

在我的生活中我遭受了很多创伤。我想最早是在 6 字或 7 岁，然

后是 8 岁左右，另一个是 11 岁。嗯（大叹一口气），然后（停顿）在我 30
多岁和 40 出头的时候，又有几次创伤。呃，第一次创伤比其他任何时
刻都更让人情绪化。嗯，6 岁或 7 岁，和其他孩子玩，我们把一辆手推
车和一个板条箱扔来扔去，我被击中了嘴巴，打碎了我当时正在生长
的新牙齿。我嘴巴流着血跑回家找妈妈（停顿），她说"别跑回家找我"，
然后转身走开了。这让我有点震惊（眼里充满了泪水）。而且，呃，至
少可以说，我开始不相信她的判断了。

呃，就在我快 8 岁的时候，我参加童子军，去监狱巡演，我父亲
是带队的警察。我决定走进一个牢房，感受做囚犯的感觉。（停顿）我
父亲后退一步，砰地把门关上了。我只是僵住了，什么也做不了。在
那之后我变得很压抑。呃，压抑了很长很长一段时间。是的，我出去
了，但我是说门砰的一声关上了，然后我不得不推开它，但在我出去
之前，我受到了精神创伤。[2]

呃，11 岁时我被诊断为癫痫。我已经有 16 年没有癫痫发作了……
第一次发作的年龄大约是 10 或 11 岁。呃，直到很多年以后我才意识
到，这很可能因为被皮带抽了头部……是我妈妈。当时我没有意识到
这个问题，是因为我第一次出现症状是在那个事件的 6 个月、8 个月之
后。但是，呃，在我 25～30 岁的时候，在加利福尼亚大学洛杉矶分校，
他们在我的头上发现一个伤痕。哎呀，就是皮带扣抽到我的地方。

主题 2：成年创伤事件

雷诺描述了他 20 多岁、30 多岁、40 多岁，甚至 50 多岁的许多创伤事
件，包括殴打、逮捕和监禁。以下三个意义单元就是这一主题的例子：

我想在这个过程中的某个时候，我又昏过去了，醒来发现自己进

了监狱，和一个喜欢踢人的暴虐军官在一起。为了给我上一课，他们把我绑上，然后轮流踢我。呃，他们伤了我的左肩。我又昏过去了，我在病床上醒来，他们给我做了肩膀的手术。他们用六根针和一个盘子把我的肩膀固定在一起。然后他们开车把我丢回成人照顾之家。

我犯了个错误——从自行车上下来，走近警车，他们是来扫荡俱乐部的。我和他们要抓的人特征相符……所以他们以袭警逮捕了我。然后把我挂在巡逻车的后面，我的胳膊挂在车上……他们把我持续挂在车上大约6小时。

几分钟后，另一个警察跑到我身边，打我的脸，逼我跪下……我从未有机会告诉他们，我认为发生了什么。呃，我被捕了。我在警察局癫痫发作。我再次被指控袭警。呃，这时他们把我关在单人间。

268

主题 3：周期性发作和躁狂发作，导致双相情感障碍和颞叶癫痫的诊断
雷诺的行为导致双相情感障碍的诊断，并最终确诊为颞叶癫痫。以下 4 个意义单元作为这一主题的例子：

我发现自己把书搬到楼下，我不知道自己为什么要这么做。当我下楼的时候，我说："这太荒谬了。"我把书搬回楼上。然后我觉得必须要把书搬到楼下。这发生了大概七次、八次、九次……我只是觉得有点不对劲。我不知道，但我无法控制。我得把这些书搬到楼下。我为什么要这么做？太可笑了。

呃（暂停）他们还是花了，哦，两个月才撤销指控。我忘了，他们把我送到一个锁着的成人照顾之家照顾了一个月还是两个月，我忘记了。差不多吧。到这个时候，他们已经诊断出我是双相型障碍。呃，我在成人照顾之家……（叹气）

但是，呃，我基本上是癫痫发作和躁狂发作的结合。但不太明白
到底是怎么回事。呃，我室友报了警。我没有等他们来，自己骑着自
行车去了医院，给医生打电话。他让我上去找他。一位看到我骑自行车
去的警察说我太……表现得很奇怪。呃，我前一天癫痫发作，前一天
晚上。

当时被诊断为颞叶癫痫，呃，复杂的癫痫，我想现在是两者的
结合。

主题4：对自己感到愤怒、悲伤，并且寻找意义

直到四五十岁的时候，雷诺的生活才开始平静下来。在定期和适当的
医疗护理下，他的癫痫发作和躁狂发作频率降低。雷诺也开始反思自己的
生活经历，对一些创伤性的经历感到悲伤，并走向精神康复和正常生活。
以下4个意义单元就是这一主题的例证：

为什么我要背负这个重担？还有，呃，有羞愧，有内疚，有悲伤。
呃，基本上我为自己感到难过。

呃，我很生气。呃，在很多方面，非定向的愤怒，对我自己的愤
怒。是的，因为有缺陷，有癫痫。

269　　　我是说，在监狱里，我被绑在床上，处于羞辱的境地，我能感受
到羞辱我的事情——你可能不会在不经同意的情况下被羞辱——但我
并不同意。我没有为此责怪自己。我更责怪糟糕的政策和过程。可能
这有一些，那有一些，但实际上不是责怪。

在所有的创伤中……我不知道，当时没意识到，但这是在寻找意
义。我怎么能把发生在我身上的这些消极的事情变成积极的呢？

四、循环周期 4：结合特蕾莎和雷诺分析——疾病的镜像话语

在对雷诺访谈的分析中，我没有发现反向镜像，但我确实从雷诺对创伤和虐待、双相情感障碍和癫痫发作的描述中发现了直接镜像。所有这些行为和症状都可以描述为过度活跃的或反应性的。他的精神创伤、愤怒和暴力的强度与他的癫痫发作和躁狂的强度相一致。我对雷诺文本的分析表明这是一种"围绕"疾病本身的直接镜像话语，而不是对特蕾莎分析的反向镜像话语(以她的个人性格、应对习惯和癌症快速增长的本质为特征)。

综上所述，我对特蕾莎和雷诺文本的分析表明，如上文所述，对本研究的主题陈述进行了修改。因此，本研究的主题是探索心理和行为特征与疾病症状的躯体描述之间的镜像话语。如前所述，为了充分探讨这一主题，我提出将对几十个面临严重或危及生命的疾病的人进行额外的访谈。

正如前面提到的关于特蕾莎的文本那样，在分析特蕾莎和雷诺的文本中所发现的镜像话语的最简单和最简洁的解释是，他们两人描述自己的疾病和症状的方式与他们通常描述自己的生活故事和身份的方式相似。换言之，镜像话语模式是个相互关联现象。特蕾莎对喉癌的描述可能"传递"了对疾病愤怒情绪的声音，雷诺的癫痫发作和躁狂可能是他机能亢进和反应性的一部分。我不希望读者，特别是特蕾莎和雷诺，认为他们的思想、应对策略或个人习惯导致了他们各自的疾病。本研究中的特蕾莎和雷诺的资料是自我报告的回顾性文本。只有采用前后测疾病资料，并使用恰当的控制组，才能得出事情的因果结论。

五、循环周期 5：研究发现与文献综述的整合

270

循环周期 4 的初步研究发现与一些关于使用心理意象治疗某些疾病的价值的研究发现一致。例如，在 20 世纪 70 年代早期，有卡尔·西蒙顿(Carl

Simonton)和斯蒂芬妮·马修斯-西蒙顿(Stephanie Matthews-Simonton)等运用意象治疗癌症的探索性研究(Simonton, Matthews-Simonton, & Creighton, 1978)。由于伦理要求不能拒绝对重病患者的可能的帮助性治疗，西蒙顿的早期研究没有涉及分时间段控制组。尽管如此，结果还是令人印象深刻。在最初159名被诊断患有医学上无法治愈的癌症并只有1年生存期的入选患者中，63名患者在诊断后2年仍然活着。许多研究进行了延迟治疗或常规控制组研究(Achterberg, 1984; Achterberg & Lawlis, 1979; Spiegel, 1991; Spiegel, Bloom, Kraemer, & Gottheil, 1989)，其他人复制和扩展了西蒙顿的发现，证明了意象在癌症治疗中的有效性。意象也被证明在治疗各种其他疾病症状方面是有效的，包括慢性疼痛、戒烟、体重管理、饮食失调、心血管疾病等(Sheikh, 2003)。

尽管心理意象在治疗疾病症状方面的效果需要进一步研究，但心理意象可能会缓解某些疾病症状，而不管最初出现症状的原因如何。当然，疾病的起源，特别是严重的疾病，是多方面的。然而，在治疗方面，如果未来的研究发现了大量个体中疾病的镜像话语，那么这些发现可能暗示了个体疾病相关话语中的大量治疗干预。应用各种治疗方法，可以通过分解嵌入个体的心理、行为和躯体自我描述中的特定镜像模式来减少疾病症状或由它们产生的心理紧张。

当我在思考这种治疗干预的可能性时，我记得我的外祖母塞尔玛(Selma)从旧的针织服装中抽出纱线，以便再利用纱线编织另一件衣服。她会在一个方便的地方沿着一排针织物裁剪衣服，然后开始把长长的羊毛线从相互交错的针织物上拉开。在思考这种特殊的回忆可能与疾病话语中的治疗干预有什么关系时，我有一种预感，对于某些人来说，某些疾病是复杂的、交织在一起的模式造成的，就像一件编织的衣服。无论疾病的起因是什么，从"针织物"中任何方便的地方抽出个别的"纱线"都有可能打开一个解锁模

式。由于我是通过本书中的合作项目而不是通过搜索相关的实证研究来讨
论这一研究课题的，我不知道其他人是否已经提出了这种可能性。我的预
感只是一种预感，需要进一步调查，但仍然有希望得出结论。

第五节　尾　声

我在冬季夜晚写下了以下直觉探询的结束语。我对特蕾莎和雷诺文字
的分析足以应付这一时期的任务，我需要休息一下并重新思考。如果我被
要求继续进行这项研究，我相信我会再次开始思考从我的分析中得出的关
于疾病的镜像话语，并且将会产生新的思考和见解。我可能会发现自己被
吸引去阅读所有关于意象、疗愈和相关现象的经验和理论文献。然而，我
不会强迫自己做这个决定，而是让我的直觉来指引我。作为读者和研究者，
我也请你们考虑和思考"继续这个直觉探询"的主动权是否属于你们。如果
你的想象力开始随想法和可能性而飞涨，那可能会是这样。探索一种能够反
映疾病本身的疾病话语的主题，如果被证明是有效的，则具有令人兴奋的
临床应用。我很好奇，在一个疾病的讨论中，治疗性的干预是否能被实施，
当然你也可能很好奇。也许我会继续进行这种直觉探询，并收集和研究深
入探讨该主题所必需的其他访谈，或者更好的是，也许你也会这样做。

注　释

[1]除了研究者的个人参与和转变外，直觉探询和超个人研究方法通常会推翻许多
有关研究的常规假设，这表明研究可以是一个完整的心理和文化过程，包括记录和尊重
多种形式的物理感知数据之外的资料。关于直觉探询和超个人研究方法挑战主流科学假
设的更全面的讨论，见（Braud & Andersan；1998）以及（Andersan & Braud, 2011）。

[2]在一次个人交流（2010 年 1 月 6 日）中，雷诺表示，8 岁时被父亲关在监狱牢房的

经历，可能导致他"总是对（自己）进行二次猜测，提出不做某事或采取其他行动的理由"。

推荐阅读

Anderson, R.（2004a）. Intuitive inquiry [Guest editor]. *The Humanistic Psychologist*, 32（4）.

这一期《人本主义心理学家》杂志探索了如何运用直觉探询开展人类科学研究。我写了导言，之后基于博士论文发表了 4 篇直觉探询的文章。

Anderson, R.（2011）. Intuitive inquiry: The ways of the heart in human science research. In R. Anderson & W. Braud, *Transforming self and others through research: Transpersonal research methods and skills for the human sciences and humanities*. Albany, NY: State University of New York Press.

这一著作章节提供了对于直觉探询的全面介绍。该章给出很多直觉探询的扩展理解案例，同时也提供了说明直觉探询的 5 个循环周期以及其他方面的经验式的练习。

Esbjörn-Hargens, V., & Anderson, R.（2005）. Intuitive inquiry: An exploration of embodiment among contemporary female mystics. In C. T. Fischer（Ed.）, *Qualitative research methods for psychology: Instructive case studies*（pp. 301-330）. Philadelphia: Academic Press.

在埃斯比约恩的研究（Esbjörn, 2003）基础上，这一章为说明直觉探询的 5 个循环周期提供了研究案例。该章提供了循环周期 2 和循环周期 4 的比较，同时也给出了例证，解释周期的诞生、变化和发生，这也让读者看到，在研究中研究者对主题的理解发生的变化。安德森的个人网站（www. rosemarieanderson. com）提供了关于直觉探询、具身写作、主题内容分析、超个人研究方法的最新文章与资料。

（本章译者：连宏萍）

参考文献

Achterberg, J. (1984). Imagery and medicine: Psychophysiological speculations. *Journal of Mental Imagery*, 8, 1-13.

Achterberg, J., & Lawlis, G. F. (1979). A canonical analysis of blood chemistry variable related to psychological measures of cancer patients. *Multivariate Experimental Clinical Research*, 4, 1-10.

Adler, J. (2002). *Offerings from the conscious body: The discipline of authentic movement*. Rochester, VT: Inner Traditions.

Anderson, R. (1998). Intuitive inquiry: A transpersonal approach. In W. Braud & R.Anderson, *Transpersonal research methods for the social sciences: Honoring human experience*(pp. 69-94). Thousand Oaks, CA: Sage.

Anderson, R. (2000). Intuitive inquiry: Interpreting objective and subjective data.*ReVision: Journal of Consciousness and Transformation*, 22(4), 31-39.

Anderson, R. (2001). Embodied writing and reflections on embodiment. *Journal of Transpersonal Psychology*, 33(2), 83-96.

Anderson, R. (2002a). Embodied writing: Presencing the body in somatic research: Part I. What is embodied writing? *Somatics: Magazine/Journal of the Mind/Body Arts and Sciences*, 13(4), 40-44.

Anderson, R. (2002b). Embodied writing: Presencing the body in somatic research: Part II. Research applications. *Somatics: Magazine/Journal of the Mind/Body Arts and Sciences*, 14(1), 40-44.

Anderson, R. (2004a). Intuitive inquiry ［Guest editor］. *The Humanistic Psychologist*, 32(4).

Anderson, R. (2004b). Intuitive inquiry: An epistemology of the heart for scientific inquiry. *The Humanistic Psychologist*, 32(4), 307-341.

Anderson, R. (2006). Defining and measuring body intelligence: Introducing the Body Intelligence Scale. *The Humanistic Psychologist*, 34(4), 357-367.

Anderson, R. (2007). *Thematic Content Analysis (TCA): Descriptive presentation of qualitative data* [Electronic version]. Retrieved May 25, 2008, from *www.wellknowingconsulting. org/publications/ article*.

Anderson, R. (2011). Intuitive inquiry: The ways of the heart in human science research. In R. Anderson & W. Braud, *Transforming self and others through research: Transpersonal research methods and skills for the human sciences and humanities*. Albany:State University of New York Press.

Anderson, R., & Braud, W. (2011). *Transforming self and others through research: Transpersonal research methods and skills for the human sciences and humanities*. Albany: State University of New York Press.

Assagioli, R. (1990). *Psychosynthesis: A manual of principles and techniques*. Wellingborough, UK: Crucible.

273

Bastick, T. (1982). *Intuition: How we think and act.* New York: Wiley.

Brandt, P. L. (2007). *Nonmedical support of women during childbirth: The spiritual meaning of birth for doulas.* Retrieved June 21, 2010, from ProQuest Digital Dissertations.(AAT 3274206)

Braud, W. (2002). Psi favorable conditions. In V. W. Ram Mohan (Ed.), *New frontiers of human science* (pp. 95-118). Jefferson, NC: McFarland.

Braud, W. (2003). Nonordinary and transcendent experiences: Transpersonal aspects of consciousness. *Journal of the American Society for Psychical Research,* 97(1-2),1-26.

Braud, W., & Anderson, R. (1998). *Transpersonal research methods for the social sciences:Honoring human experience.* Thousand Oaks, CA: Sage.

Bruns, G. L. (1992). *Hermeneutics ancient and modern.* New Haven, CT: Yale University Press.

Burneko, G. (1997). Wheels within wheels, building the earth: Intuition, integral consciousness, and the pattern that connects. In R. Davis-Floyd & P. S. Arvidson (Eds.), *Intuition: The inside story* (pp. 81-100). New York: Routledge.

Carlock, S. E. (2003). *The quest for true joy in union with God in mystical Christianity: An intuitive inquiry study.* Retrieved June 21, 2010, from ProQuest Digital Dissertations.(AAT 3129583)

Chicago, J. (1985). *The birth project.* New York: Doubleday.

Cirker, B. (Ed.). (1982). *The Book of Kells: Selected plates in full color.* New York:Dover.

Coleman, B. (2000). *Women, weight and embodiment: An intuitive inquiry into women's psychospiritual process of healing obesity.* Retrieved June 21, 2010, from ProQuest Digital Dissertations. (AAT 9969177)

Diekman, A. (1982). *The observing self: Mysticism and psychotherapy.* Boston: Beacon Press.

Dufrechou, J. P. (2002). *Coming home to nature through the body: An intuitive inquiry into experiences of grief, weeping and other deep emotions in response to nature.* Retrieved June 21, 2010, from ProQuest Digital Dissertations. (AAT 3047959)

Edinger, E. F. (1972). *Ego and archetype: Individuation and the religious function of the psyche.* Boston: Shambhala.

Edinger, E. F. (1975). *The creation of consciousness: Jung's myths for modern man.* Toronto,Ontario, Canada: Inner City Books.

Esbjörn, V. C. (2003). *Spirited flesh: An intuitive inquiry exploring the body in contemporary female mystics.* Retrieved June 21, 2010, from ProQuest Digital Dissertations. (AAT 3095409)

Esbjörn-Hargens,V., & Anderson, R. (2005). Intuitive inquiry: An exploration of embodiment

274

among contemporary female mystics. In C. T. Fischer (Ed.), *Qualitative research methods for psychology: Instructive case studies* (pp. 301-330). Philadelphia: Academic Press.

Gadamer, H.-G. (1998). *Praise of theory: Speeches and essays* (Chris Dawson, Trans.). New Haven, CT: Yale University Press.

Gendlin, E. T. (1978). *Focusing.* New York: Everest House.

Gendlin, E. T. (1991). Thinking beyond patterns: Body, language, and situations. In B. den Ouden & M. Moen (Eds.), *The presence of feeling in thought* (pp. 25-151).New York: Peter Lang.

Gendlin, E. T. (1992). The primacy of the body, not the primacy of perception. *Man and World,* 25(3-4), 341-353.

Gendlin, E. T. (1997). *Experiencing and the creation of meaning: A philosophical and psychological approach to the subjective.* Evanston, IL: Northwestern University Press.(Originally published in 1962)

Goldberg, P. (1983). *The intuitive edge: Understanding and developing intuition.* Los Angeles: Jeremy P. Tarcher.

Halifax, J. (1983). *Shaman: The wounded healer.* New York: Crossroads.

Hayward, J. (1997). Foreword. In R. Davis-Floyd & P. S. Arvidson (Eds.), *Intuition: The inside story* (pp. ix-x). New York: Routledge.

Hill, A. G. M. (2005). *Joy revisited: An exploratory study of the experience of joy through the memories of the women of one Native American Indian community.* Retrieved June 21,2010, from ProQuest Digital Dissertations. (AAT 3200238)

Hoffman, S. L. (2003). *Living stories: An intuitive inquiry into storytelling as a collaborative art form to effect compassionate connection.* Retrieved June 21, 2010, from ProQuest Digital Dissertations. (AAT 3095413)

Jung, C. (1933). *Psychological types.* New York: Harcourt.

Jung, C. G. (1959). *The basic writings of C. G. Jung* (V. S. DeLaszlo, Ed.). New York: Random House.

Jung, C. G. (1972). *The collected works of C. G. Jung* (2nd ed., H. Read, M. Fordham, & G. Adler, Eds., R. F. Hull, Trans.). Bollingen Series. Princeton, NJ: Princeton University Press.

Keller, E. F. (1983). *A feeling for the organism: The life and work of Barbara McClintock.* New York: Freeman.

Koestler, A. (1990). *The act of creation.* New York: Penguin Books.

275

Luna, L. E., & Amaringo, P. (1991). *Ayahuasca visions: The religious iconography of a Peruvian shaman.* Berkeley, CA: North Atlantic Books.

Manos, C. (2007). *Female artists and nature: An intuitive inquiry into transpersonal aspects of creativity in the natural environment.* Retrieved June 21, 2010, from ProQuest Digital Dissertations. (AAT 3270987)

Maslow, A. H. (1971). *The farther reaches of human nature.* New York: Viking.

McCormick, L. (2010). *The personal self, no-self, self continuum: An intuitive inquiry and grounded theory study of the experience of no-self as integrated stages of consciousness toward enlightenment.* Retrieved June 21, 2010, from ProQuest Digital Dissertations.(AAT 3397100)

Medrano-Marra, M. (2007). *Empowering Dominican women: The divine feminine in Taino spirituality.* Retrieved June 21, 2010, from ProQuest Digital Dissertations. (AAT 3270985)

Moustakas, C. (1990). *Heuristic research: Design, methodology, and applications.* Newbury Park, CA: Sage.

Moustakas, C. (1994). *Phenomenological research methods.* Thousand Oaks, CA: Sage.

Netzer, D. (2008). *Mystical poetry and imagination: Inspiring transpersonal awareness of spiritual freedom.* Retrieved June 21, 2010, from ProQuest Digital Dissertations.(AAT 3316128)

Nouwen, H. (1990). *The wounded healer: Ministry in contemporary society.* New York: Doubleday.

Packer, M. J., & Addison, R. B. (Eds.). (1989). *Entering the circle: Hermeneutic investigation in psychology.* Albany: State University of New York Press.

Pallaro, P. (Ed.) (1999). *Authentic movement: Essays by Mary Starks Whitehouse, Janet Adler, and Joan Chodorow.* Philadelphia: Jessica Kingsley.

Perry, A. (2009). *Does a unitive mystical experience affect authenticity?: An intuitive inquiry of ordinary Protestants.* Retrieved June 21, 2010, from ProQuest Digital Dissertations.(AAT 3344550)

Petitmengin-Peugeot,C. (1999). The intuitive experience. *Journal of Consciousness Studies, 6,* 43-77.

Phelon, C. R. (2001). *Healing presence: An intuitive inquiry into the presence of the psychotherapist.*Retrieved June 21, 2010, from ProQuest Digital Dissertations. (AAT 3011298)

Phelon, C. R. (2004). Healing presence in the therapist: An intuitive inquiry. *The Humanistic Psychologist, 32*(4), 342-356.

Potter, J., & Wetherell, M. (1995). Discourse analysis. In J. A. Smith, R. Harre, & L.van Langenhove (Eds.), *Rethinking methods in psychology* (pp. 80-92). Thousand Oaks, CA: Sage.

Rickards, D. E. (2006). *Illuminating feminine cultural shadow with women espionage agentsand the Dark Goddess*. Retrieved June 21, 2010, from ProQuest Digital Dissertations.(AAT 3286605)   276

Romanyshyn, R. D. (2002). *Ways of the heart: Essays toward an imaginal psychology*. Pittsburg, PA: Trivium.

Romanyshyn, R. D. (2007). *The wounded researcher: Research with soul in mind*. New Orleans, LA: Spring Journal Books.

Root-Bernstein,R., & Root-Bernstein,M. (1999). *Sparks of genius: The thirteen thinking tools of the world's most creative people*. New York: Houghton Mifflin.

Schleiermacher, F. (1977). *Hermeneutics. The handwritten manuscripts* (H. Kimmerle, Ed., D. Luke & J. Forstman, Trans.). Missoula, MT: Scholars Press. (Original work published 1819)

Sheikh, A. A. (Ed.). (2003). *Healing images: The role of imagination in health*. Amityville, NY: Baywood.

Shepperd, A. E. (2006). *The experience of feeling deeply moved: An intuitive inquiry*. Retrieved June 21, 2010, from ProQuest Digital Dissertations. (AAT 3221764).

Simonton, O. C., Matthews Simonton,S., & Creighton, J. (1978). *Getting well again:A step-by-step, self-help guide to overcoming cancer for patients and their families*. Los Angeles: J. P. Tarcher.

Spiegel, D. (1991). Mind matters: Effects of group support on cancer patients. *Journal of NIH Research*, 3, 61-63.

Spiegel, D., Bloom, J. R., Kraemer, H. C., & Gottheil, E. (1989, October 14). Effect of psychosocial treatment on survival of patients with metastatic breast cancer. *The Lancet*, 888-891.

Strauss, A., & Corbin, J. (1990). *Basics of qualitative research: Grounded theory procedures and techniques*. Newbury, CA: Sage.

Taylor, J. B. (2006). *My stroke of insight*. New York: Viking.

Unthank, K. W. (2007). "*Shame on you*": *Exploring the deep structure of posttrauma survival*.Retrieved June 21, 2010, from ProQuest Digital Dissertations. (AAT 3221764)

Vaughan, F. (1979). *Awakening intuition*. New York: Anchor Books.

von Bingen, H. (1954). *Wisse die wege: Scivias [Know the ways]*. Salzburg, Austria: OttoMüller Verlag.

von Franz, M.-L. (1971). The inferior function: Part I. In M.-L. von Franz & J. Hillman,*Jung's typology* (pp. 1-72). New York: Spring.

White, R. A. (1997). Dissociation, narrative, and exceptional human experience. In S.Krippner & S. Powers (Eds.), *Broken images, broken selves: Dissociative narratives in clinical practice* (pp. 88-121). Washington, DC: Brunner/Mazel.

Wilber, K. (2000). *Integral psychology: Consciousness, spirit, psychology, therapy*. Boston: Shambhala.

Wilber, K. (2006). *Integral spirituality: A startling new role for religion in the modern and postmodern world*. Boston: Integral Books.

第三部分

质性研究的多元性、参与性和统一性

第十章

五种方法的比较

在这一章中，五位研究者将他们自己的方法和对特蕾莎经验的分析与他人的方法和分析进行了比较。通过五个视角的比较，不同范式和分析方法的相似性和差异性被澄清。为准备这一探究，每个研究者阅读了其他四个研究者撰写的章节并做了相似性和差异性的笔记：关于自己和他人采用的方法、分析特蕾莎文本时的选择和过程，以及他们的发现之间的相似性和差异性。研究者有时也关注研究者个体的情感、分析风格、写作表达。在按顺序呈现这一系列的比较时，每一种方法和每一位研究者的研究世界观，通过他们对焦点的寻找、对意义的聚焦，以及他们所认为的质性研究的特点呈现出来。研究者们同意采取描述和解释的态度，而不是批判的立场，以澄清他们的区别，让读者来做自己的评价。尽管研究者们阅读、研究和教授的是他人开发的质性研究方法，包括本书中所涉及的方法，但为了确保每一种方法准确地从"局内人"(insider)的视角进行描述，需要相当多的修订。这一章提供了难得的机会，让不同传统的研究者深入阅读和讨论其他人运用同一资料的分析，他们自己也很熟悉这些资料，并对这些资料进行了相关的分析。

第一节　现象学心理学透镜：弗雷德里克·沃茨

当阅读同事们撰写的部分时，我想寻找哪些跟自己相似、哪些跟自己不同，我发现二者兼具。另外四种分析所源自的传统与我自身的传统相互交织，我们都在关注一个主题。每一种分析包含着许多与我一模一样的步骤，也包含与我不同却显然相关的步骤。关于研究的发现也可以这样说：通过不同方法产生的知识在很多方面与我的知识相似，即使最明显的差异也可能与我的知识发生有意义的关联。尽管五种分析和研究发现中的某些差异与我们采用不同的方法有关，但许多也来自研究者的个体差异——我们与此相关的过往经历，我们的情感和敏锐力，我们的分析风格以及我们的背景知识储备。如果我采用同事们的分析步骤来做研究，我很可能也会得出与他们不太一样的结论，我有自己的价值观、思考方式和写作风格。质性研究邀请、鼓励、号召个人的全情投入与每位研究者的创造才能的充分发挥，我们的分析既反映了我们作为人的特征，也充分阐述了主题。

我在大家的方法中发现许多相似的步骤。譬如，五位学者都先从资料入手，以开放的心态检视资料，注意它们当时的情境和约束条件。所有研究者都以一种反思、真诚和批评的态度去描述自身角色和采用的步骤。虽然我们从不同的角度去理解，但所有人主要的关注点都是参与者的意图和意义。在探究过程中，我们所有人都允许模式与洞见从资料本身中浮现出来。基于这些相似之处，我们得出的发现和结论有许多相似点就不足为奇了。与我一样，其他研究者也看到了特蕾莎遭遇的打击，她心理生活的坍塌，失去自我和有意义的世界，重回健康状态的挑战，她理性的应对方式，一个勇敢而有创造力的蜕变过程，以及新的生活方式。这些都是特蕾莎身患癌症之后的经历，我仅仅列举了一小部分。

一、扎根理论与现象学心理学

尽管扎根理论和现象学的研究都从人类经历的具体事件切入，并且无比细致地关注事件每一刻的展开，但是现象学的分析保持了描述性，也不试图构建一种提出假设的理论模型，后者则是扎根理论研究的工作。现象学的反思性、本质分析不基于归纳式逻辑对资料作"编码"，也不强调主题出现的频率。现象学分析更类似于凯西·卡麦兹在建构主义扎根理论中所采用的解释方法，而不同于巴尼·格拉泽的变量分析，后者反映出他所受的定量方法训练。现象学不能通过瞬时经验的外在变量函数关系来解释经验，格拉泽则可以做到。尽管有这些相似点，现象学与建构主义的扎根理论确实意味着不同的哲学取向。扎根理论假定经验的意义必须是建构而成的，因此理论非常重要。现象学则认为经验本身已被有意义地组织好，因此本质上它是可理解的，不需要作理论模型，仅需要描述性的理解和忠实的概念化。扎根理论对描述性的反思则较为简略，着重通过理论分类这种更高层面的抽象工作，促进建立经验的解释模型。

站在程序步骤的角度，两种分析方法有许多相似之处。两者都采用逐行分析。两种方式都需要借助已有的概念，凭借其与参加者具体经验之间清晰显著的关联来展开分析。扎根理论的"敏化概念"类似于现象学的"前理解"（fore-understanding），尽管后者有时候更多意味着对概念酝酿的熟悉程度而非已经具备的知识。两种方法都需要研究者具备批判性的反思能力和意愿，根据与资料的全新碰撞来打磨现有概念。两种方法都对所有资料——参与者的每段表达作分析，每个发现都被记录下来，作为科学记录的一部分。一些现象学家对每个意义单元作"命名"（主题），就像扎根理论学者对参与者的口头资料进行"编码"或分类。然而，现象学学者的关键步骤是对参与者具体的、意向性生活的意义结构加以反思，而扎根理论程序的目标是建立理论模型（theoretical model building）。

在朝着抽象理论观点进发的过程中，扎根理论学者也进行反思，并

281

且将所思所想以及其他许多思考记录在"备忘录"里。我发现许多现象学的研究步骤，如洞察特蕾莎经历的本质，也被凯西·卡麦兹的扎根理论分析所援用。例如，对一个在创伤经历中丧失自我的人，如果改变其年龄，凯西①发现重获自我取决于文化环境能否提供自我蜕变的机遇。凯西版本的扎根理论受到现象学的影响。这些相似之处成为我们关于特蕾莎的分析高度趋同的一个基础。我和凯西对资料的每一点都予以细致关注，这使得我们的分析都凸显向他人讲述和揭示创伤经历的重要性。凯西的中心议题——"失去自我价值"，以及她对先验技能的承认，使得特蕾莎在面对死亡到来时能够勇敢成长，这些都与我的发现殊途同归。我也看到特蕾莎因为失去声音而失去她的"身份"，我还发现在其抗逆力恢复中呈现一个富有创造力的自我蜕变过程。我和凯西都意识到特蕾莎接受失去的重要性，这是她成功建立新的自我的一个条件。两种分析都认为，特蕾莎调节情绪和运用理性逻辑在应对危及生命的疾病时是有效的。我和凯西都使用比较的步骤来获得一般性知识。通过比较特蕾莎和盖尔的经历，我们识别出不同创伤经历之间的一般性差异，一种是失去自我并建立新的身份，另一种是暂时的自我迷失而后恢复原有身份。

扎根理论的理论构建与纯粹的现象学反思和描述形成对比。凯西关注"失去和重建有价值的自我"，部分是因为这一概念在关于疾病经历的心理学文献中的理论重要性。凯西的分析把这点作为中心类属，我则以

① 本章的主要内容是本书的五位作者对自己和他人的分析进行比较。虽然在学术书籍中，外国人名通常称其姓，如保罗·利科(Paul Ricoeur)在书中应称"利科"而不是"保罗"。但由于本书的五位作者是彼此认识的朋友和同事，所以在撰写本章时他们常称对方的名，或者名的简称。就如同某人有一位朋友叫张婷婷，他/她会直接称其"婷婷"或"婷"，而不是"张女士"。为了尊重本书作者的本意，本章对此不做修改，只在此做如下说明："弗雷德"(Fred)指"弗雷德里克·沃茨"(Frederick J. Wertz)；"凯西"(Kathy)指"凯西·卡麦兹"(Kathy Charmaz)；"琳达"(Linda)指"琳达·麦克马伦"(Linda M. Mcmullen)；"朱瑟琳"(Ruthellen)指"朱瑟琳·乔塞尔森"(Ruthellen Josselson)；"罗斯玛丽"(Rosemarie)指"罗斯玛丽·安德森"(Rosemarie Anderson)。——译者注

更宽泛的方式关注"创伤和抗逆力"中七彩斑斓的具体现象，并反思它们的所有构件和次级结构，"自我"仅仅是我试图抓住的整体结构中的一个时刻或主题，还有许多其他的时刻或主题。凯西以特蕾莎诊断后隐约出现自我丧失为起点，开始了她的分析，而我以特蕾莎的童年作为分析起点，因为我看到她童年时代沉淀的生活意义在后来的创伤和复原经历中保留了下来。在揭示"失去和重建有价值的自我"这个理论范畴时，凯西建立了一个包含"如果—那么"的功能性假设模型，用于解释失去自我和"自我重建的连续性"。现象学对现实"加括号"，因而，特蕾莎的创伤和抗逆力似乎独立于现实之外。与此不同，凯西的理论建构考虑现实世界的约束条件，从而解释失去自我与最后重获自我的发生。例如，凯西关注诸如实际年龄、文化机遇以及客观身体机能这些处境和条件。当解释失去和重获自我价值的时候，凯西假定身体机能丧失、年龄和社会机会等条件对自我改变会产生影响。现象学心理学不考虑经验之外的独立条件，也不用这些约束条件构建模型。相反，现象学学者反思世界（包括一个人的"年龄""身体"和"文化"）被体验（experienced）的方式；换句话说，反思年龄、身体、文化等在人的心理生活中的意义。然后，这些意义将作为所研究现象的意向性结构的基本构成被揭示出来。现象学心理学分析保持对整体性心理结构作纯粹的描述，而非基于抽象的功能关系构建理论模型。

二、话语分析与现象学心理学

283

话语分析，同样植根于欧洲大陆哲学的反实证主义传统，与现象学有许多相似之处。它们都承认社会情境性和人类的能动性，人类用语言构建这个世界，反过来也被语言所建构。两种传统都提供了许多描述性的分析概念和策略，帮助人类科学学者分析资料。两种方法都开始于对资料作开放阅读，而后逐步聚焦于与研究问题相关的资料。两种方法都分析个体的特定心理生活（被视作关系实践），并且借助反复出现、有意义的模式来描述人类行为，这些模式超越具体的内容和经验。但是，话语分析关注口头表达的限制模式，而现象学试图更全面地理解和描述主观经验的意图。话语分析关注书面语和口语的社会互动方面，将此作为意义分析的立场和主要场景。然而，除非现象学心理学学者正在研究"访谈"或者"生命经验的写作"，否则他/她倾向于不对文本或者访谈者与受访者之间的互动作分析，除非它们可以提供以往的生命经验。话语分析学者将访谈本身理解为形塑写作与谈话的场景，现象学家则透过访谈看到研究主题的例子。但是，这些方法也许会融合并相互勾连，因为话语表现和对话者的心理生活很大一部分是相互统一与联系的。

　　琳达·麦克马伦在创伤话语中敏锐地发现了"强调自我，弱化他人"的模式，可见她用心地遵循了所用方法的本质。与我不同，琳达并不打算理解特蕾莎每一刻的生命经验，她也毫不关注特蕾莎的童年经历。相反，她把书面描述和访谈视作关于不幸的话语（accounts），并关注这些话语的表达。但是对我而言，这些书面描述和访谈让我能够了解以往不幸的经历。仅仅出于分析过往不幸经历的目的，我从书面描述和访谈中收集材料，无论其口头表达的场景如何，都按照原初现象经历的时间顺序对描述进行整理。我的个人现象描述不包含访谈者与特蕾莎的互动，毕竟这只是为了让参与者了解之前的经历。

　　琳达关注书面文本和全部访谈，以便分析构成文化价值和普遍做法的书写、谈话的心理启示模式。借助描述性概念（如"立场"，positio-ning）和理论文献的探索来对资料作开放阅读，在此基础上，在借助"位置"等描述性概念的开放阅读和对理论文献的探索的基础上，琳达选取了一个理论上相关的类属，分析特蕾莎的书面描述和访谈中的口头表现中反复出现的话语模式——强调自我，弱化他人。琳达的话语模式分析保持了描述性和结构性，而非建构一个自我强调（self-enhancement）的解释模型。尽管我也使用描述性、结构性的分析，但是我并不局限于书面文本或访谈，也没有将自己的思考局限于特定的理论概念，目标是了解整个创伤和抗逆力固有经验的含义和整体结构。我唯一分析过的话语是特蕾莎在患癌症过程中与他人的互动。例如，为了减轻她妈妈的苦恼，特蕾莎只是透露了部分病情，我对她这种话语策略做了反思。

　　琳达的话语分析揭示了在我的现象学分析中无法做到的一些发现。我完全没有关注特蕾莎"强调自我，弱化他人"的话语模式，也没有考虑当下她跟访谈者的互动或者她在学校里的社会情境。我的分析反而关注"特蕾莎的话语描述了什么"，我挖掘的意义模式与琳达在书面文本和访谈中得到的发现有较大差异。例如，在特蕾莎与她的外科医生互动时，我发现意义模式不同于自我强调。在那个情境中，特蕾莎被第一次诊断患有癌症，她最初麻木，后来崩溃落泪，因为她的医生"及时救场"（came up big），能够提供知识、精湛医术、情感支持以及对未来的希望。在做手术时候，特蕾莎也被弱化了，她在手术台上被麻醉而处于昏迷状态，医生（这一刻能动性的中心）则实施手术挽救其生命。我发现手术后病床生活的一个次级结构，特蕾莎的妈妈隐约变得强大起来，就像管家一样安排女儿的生活。这些特蕾莎意向性生活的结构，与对琳达分析得出的特定话语模式形成鲜明对比。

　　我在特蕾莎原初经历中分析得出的含义，有一些也类似于琳达在其后来的话语中发现的含义。例如，我的分析表明特蕾莎的应对方式是独自主动地应对挑战，而将其他人放置于背景中。后来，当她面对死亡，尝试尽可能地充实生活时，同样的处理风格也体现在其非凡的自我成长中。在特蕾莎经历的这些片段中，我们看到了一个"膨胀的自我和最小的他人"（expanding self and minimal other），这与琳达的发现有重要链接。然而，现象学的分析将这些片段放置于特蕾莎个人生活的更大过程和历史轨迹中。我对特蕾莎经历的分析表明一种未来的可能性，即她具有活跃而成长的能动性，有时也会无助地依赖情感上给予她支持的人，她可能将两者整合在一起。例如，在婚姻中，特蕾莎似乎慢慢变得有能力分享自己脆弱的需要，允许她的先生积极地提供照料。我意识到，至少存在一种可能的发展趋势，即让别人成为她生活的有力增能者（enhancers）。我们也需要进一步的研究，了解"强调自我，弱化他人"与特蕾莎生活历程中这些更具整合性的意图的关系。从现象学来看，"强调自我，弱化他人"的话语模式的一个意义的视域，（如琳达所言）包含访谈、班级以及她表达触及的更大范围的受众；另一个视域（作为过去的构成部分）则关于经验的意义被滞留、被记忆以及被口头表达。琳达对特蕾莎把自身标记为"独特、不同寻常和非凡"的深刻见解最初让我的分析无法获得解释，但是思考至此，我意识到这些关于自我的重要意义，不仅呈现于特蕾莎参与访谈的社会互动话语中，也存在于特蕾莎遭受创伤的非口头表达的生活方式，这些方式在其童年便有迹可循，在其读音乐学院时达到新的高度，而后在其与病魔的斗争中进一步发展。

这两种分析方法都细致地审视参与者的表达，比较研究主题下生活世界的不同事例，也关注超越具体研究场景的人类关系活动的一般动态模式。话语分析和现象学心理学在许多方面相互呼应，是因为心理生活允许一种包含话语在内的整体而统一的经验结构。所以尽管存在分歧，这两种对比鲜明的方法也可以相互补充。现象学心理学分析揭示一个人如何努力克服被"他者"[①]矮化的毁灭性创伤，站起来超越权力中自身的弱小和脆弱。"强调自我，弱化他人"的话语模式，不仅反映了这个过

---

① 这里指癌症。——译者注

程，也是一个人遭受创伤后增强自我的方式，这种方式受制于我们的个人主义文化，它强行要求我们从不幸中成长。现象学心理学揭示个体现世生活的意向性意义结构，话语分析揭示言语实践的文化模式和重要性。两种方法也许都可以揭示个体主义应对悲剧并由此获得成长的一般模式。

三、叙事研究与现象学心理学

现象学和叙事研究都怀有同样的信念，即人类科学研究能够通过词语和日常语言表达有价值的知识。这两种方法都密切关注研究参与者的表达。两者都认为研究参与者的语言有能力表达与他人相处时生活有意义的时空发展。两种方法都强调整体性，坚持认为每一刻的精神生活都取决于整体。现代诠释学和叙事运动由哲学家海德格尔和利科领导，他们是胡塞尔的学生，并自称为现象学家。

然而，许多叙事研究者采用与现象学心理学学者不同的方向，他们提供普遍适用的程序，用来获取关于人类主题的全部知识，包括非口头和口头表达。现象学家直接反思第一人称意识的体验，利用非口头表达，并收集各种口头描述，包括但不限于叙事。相反，叙事研究者反对形式化的通用"方法"，并且拥抱方法论和概念的相对主义，除了现象学之外，他们还自由地借鉴各种哲学、理论、文学和社会传统，将重点放在故事的解释力上。现象学认为意义内嵌于包含了口头表达和非口头表达的生命经验的意向结构中，叙事研究者倾向于将意义看作起源于词语的。例如，朱瑟琳·乔塞尔森指出，特蕾莎"用一次打击来建构她的故事"，而我把这个打击看作先于表达存在的一种经历，它可能会以某种叙事方式表达出来，也可能不会。现象学家试图悬置前见，寻求对现象本身的获取，而叙事研究者则有意识地采用各种解释框架，例如，女性

286

主义和精神分析。现象学把个体经验看作现象的"一个样本"，并且描述个体经验中显而易见的基本结构，这时候现象学是从精神角度而非解释角度处理个体经验的。叙事研究者有时研究人们生活时也枚举个体经验，但是他们并不探寻个案以外的知识，而且他们可能比现象学心理学学者享有更大的解释权。

朱瑟琳的叙事与我的相似，因为我们都非常关注特蕾莎的整体表达及其组成部分，以"诠释学循环"作为方法，表达部分与整体之间有意义的联系。就像朱瑟琳一样，我也认为特蕾莎叙事部分的资料非常有价值，让我得以了解特蕾莎经历的时间结构。为了让这种现象①的意义从特蕾莎生活世界的事例中浮现出来，我把自己对"抗逆力"的一些原有假设搁置一旁（包括那些与身体有关的假设）。朱瑟琳则根据历史起源来解释"抗逆力"这个术语（仅仅是"回到以前的状态"），并借助特蕾莎的经历对这种解释提出批评。除了语义之外，我们俩都发现青春末期，特蕾莎的心理生活在身份认同方面经历了重大转变。我们的发现还有许多其他相似之处，例如，歌唱对特蕾莎身份认同的重要性，失去声音使其悲惨地丧失身份，惯常的应对方式从情感转向理性，以及促使特蕾莎建立新身份的变革性冒险。

我不带任何指导框架，试图思考特蕾莎描述中的每一个意义单元，而朱瑟琳在阅读特蕾莎文本时，则借助了各种解释的传统。这些传统包括巴赫金关于自我的对话和复调理论的著述、防御的精神分析理论，以及悲剧和浪漫主义的文学概念。朱瑟琳的分析也得益于她对人类身份的兴趣，以及临床工作中积累的对人类情感和应对机制的敏锐力。尽管作为一位临床心理学家，我也从精神分析中获益，但是我的现象学训练提醒我，在思考意义单元时要搁置这种视角。朱瑟琳运用她的解释透镜，

----

① 指"抗逆力"。——译者注

在特蕾莎的表达中识别出各种不同的"自我的声音",并分析这些声音彼此间的关系。特蕾莎对自我的定义包含了许多方面(例如,身体的、情感的、逻辑的、学生、歌剧演唱者、心理学学者),它们在特蕾莎关于蜕变和整合的叙事中得以揭示。尽管我的现象学思考也发现了特蕾莎身份蜕变和整合的整个过程,但是这被视为是嵌在特蕾莎的生命经验过程中的。如果我将"身份认同"看作一个主题,就像我对"社会支持"和"灵性"的处理一样,那么我对这个主题的发现会更加细致深入,也会更像朱瑟琳的分析。但是,我们对身份的强调是不同的,一种强调实践生命经验的意向性的身份,另一种看重在生活故事中得以阐明的身份,这种差异保留在我们的分析中。

朱瑟琳明确关注特蕾莎表达方式所基于的社会情境,她把访谈场景看作研究生课堂的一部分来分析。她注意到特蕾莎对访谈者的抵触,后者似乎固执地强调社会支持。我自己对访谈的兴趣则仅仅出于要对特蕾莎过往创伤经历的描述性表达作分析。我把访谈者对社会支持的强调和谈及上帝看作是合理的研究兴趣,我也认为特蕾莎的反应揭示出她固有创伤经历的某些方面,而非研究场景下的假象。尽管我认为访谈能够为固有事件提供的资料是有限的,但是我仍然认为访谈所得的资料是真实的,哪怕有时候资料的局限性把我弄得很沮丧(尤其是它未能引发特蕾莎对最亲密的友谊和婚姻的描述)。由于我对特蕾莎惯常的社会互动模式、她的身份、她的性格、她目前的心理健康状况,或者她在访谈中讲的故事都没有特别的研究兴趣,所以我认为她与访问者重复的关系模式无关紧要,也就不会像朱瑟琳那样去分析它们。

我和朱瑟琳的分析的其他差别来自我们各自与精神分析的关系、临床关注点以及个人理论兴趣的不同。朱瑟琳在解释特蕾莎应对自身疾病的方式时,运用了精神分析的防御机制,包括抑制、否认、分离、合理

288

化和投射，虽然后两点没有明说。她的解释高度依据文本，特蕾莎自身性格也为其解释提供了支持，（在被诊断为癌症并丧失嗓音之后）特蕾莎表现得看似"什么都没有发生"。同样沿着精神分析理论的脉络，朱瑟琳追溯特蕾莎在儿童时期应对家人强烈的、无法预测的情绪的策略，也是将自身与不舒服的情感相分离，并采取一种理性立场。我则能够辨识出，特蕾莎情感崩溃之后又能够理性地解决问题，是她当下经验的一个时刻。我也同样发现，特蕾莎惯常的、逻辑的问题解决策略，植根于童年时期她与父母的关系。但是我没有把这些称为"防御机制"，因为我的现象学背景倾向于将精神生活描述成与情境相关的，而非与内在心理有关的。我把特蕾莎的"理性超速"（rational overdrive）看作一种受制于情境、战胜怪异情绪（死亡焦虑）的有效方法，从而解决她真正的疾病问题。我发现特蕾莎在其他情境下情绪外露，有时候脾气暴躁。我不认为特蕾莎将向他人转移自己不安的情绪（如绝望）作为处理问题的方式（"投射"）。我认为她对他人的情感具有"他者"的意义。尽管理论不是现象学的起点，但现象学能够启发我运用理论，阐明描述性证据中的基本结构。如果没有进一步的描述性证据，我对"转移"（displacement）这种假设会很犹豫。我把特蕾莎的意向性（intentionality）特征概括为各种承认、磨炼、有时故意远离情感，因此她的情感是充实的、多样化的、相对实用的以及进步的，而非投射的（在精神分析的意义上）和退缩的。所以，我不"担心"特蕾莎"分离的"（dissociative）倾向。也许比起我，朱瑟琳对特蕾莎在脆弱亲密关系中的孤立、失望、怨恨和愤怒有更敏锐的感受。这可能部分是由于我将实践、临床的目标与保持描述性、非理论性的尝试"放在括号内"。不管怎样，我的分析与朱瑟琳共同发现，特蕾莎努力地将自己的强烈情感、脆弱性和对他人的依赖融合在一起。

　　我和朱瑟琳都采用主题分析的方法，我们在分析主题时都密切关注

特蕾莎的整体经历。朱瑟琳从文学研究的传统出发，关注"悲剧的"和
"浪漫的"主题，凸显了特蕾莎生命经验鲜明的特点。朱瑟琳运用她自己
的理论兴趣来分析特蕾莎的叙事，即自我的内在重组（the internal
reworking of self）。她强调特蕾莎在人际交往中的失望：除了照顾她的
身体需要的人之外，其他人是不可靠的，是可以抛弃的。在阅读这些叙
述时，朱瑟琳关注特蕾莎如何应对丧失（悲剧的叙述）和建构新生活（浪
漫的叙述），也关注她对自身经历以及自己与他人关系的陈述。相反，
我选择的就是此次研究计划布置给班级的主题，即创伤、抗逆力、社会
支持和精神状态。从特蕾莎的描述中，我把她的生活经历理解为有目的
地与情境、与世界发生联系的方式，而非自我的内心重组。在分析特蕾
莎与她的老师、她的医生和她的丈夫互动时，我发现，她与人交往的经
历不仅包含其他人对她身体需求的回应，也包括对她脆弱性、依赖性与
切实努力的回应。我发现特蕾莎努力推进未来，例如，在婚姻中，她将
她的独立性和依赖性，她的情感性和实用性融合起来。

四、直觉探询与现象学心理学

现象学心理学与直觉探询的关系十分密切，因为直觉（这里采用的
是罗斯玛丽·安德森的定义，而非胡塞尔的定义）可以被用于现象学的
研究，现象学的方法也可以被纳入直觉探询中。但是，这种重合并不是
必需的。现象学心理学研究可以在不采用直觉的认知方式，也不采用直
觉探询的关键概念的情况下展开，正如后者也可以在不运用现象学方法
的情况下进行一样。

直觉探询对现象学方法非常友好，并且与之兼容，直觉探询也许在
全部 5 个周期都非正式地使用现象学的方法，且会在周期 3（资料收集和
描述性分析）和周期 4（解释）中十分正式地使用现象学的方法。直觉探

289

询备受现象学的启发，许多直觉探询具有现象学方法的特征。但是，（直觉探询的）研究主题强调对研究者本人的个人意义，自由运用直觉的认识方式，以及含有个人与社会变革的目标并不一定包括在现象学研究中。现象学的方法论可以被用于任何一个研究主题，无论对研究者本人是否具有个人意义。现象学心理学学者并不一定使用直觉的认识方式，如梦境、艺术、空想、精神状态和冥想等。现象学是一种反思性方法，本质上不需要实践的、变革式的目标和结果。

290 罗斯玛丽与我不同，她没有简单接受"创伤与抗逆力"作为分析主题。她首先沉浸于更宽广而且高度个人化的过程来研究特蕾莎的文本，她对文本作冥想，也在梦中追逐它们，继而进入一片未知的领域探寻到一个个人紧密关注的主题，而后才开始她的分析循环周期。从一开始，实现个人和文化两方面的突破就是罗斯玛丽的研究目标。罗斯玛丽原初的直觉方式最终将她引向一个有趣的话题——"反向镜像"，这个主题我却没有注意到。罗斯玛丽深入探究特蕾莎的经历，发现了隐藏的神秘一面。我的工作则更为平淡，将全部注意力放在特蕾莎描述的每个细节，试图全面理解她创伤经历的结构，我也保持对她的经历的所有要素的关注，不管对我本人是否具有意义。我的现象学方法遵循一种更传统的、与个人不太相关的、科学的过程。

我和罗斯玛丽处理资料的方法也存在相同之处。我们对特蕾莎的表达保持开放，沉浸于资料当中，允许她的经历与我们自身的经历共鸣。我们都把资料拆分成大致相同数量的意义单元。然而，我是按最初的时间发展顺序保持对特蕾莎经历的思考的，罗斯玛丽则运用主题内容分析方法，对资料进行筛选和分类，用不同方法对主题进行重组，着眼于是否有明显的模式。特蕾莎务实的应对策略、情感封闭、个人蜕变以及罕见的入侵式癌症，这些主题在我们分析中都出现了。但是，我思考这些

主题的意义与构成创伤整体心理结构的其他要素有没有关联，罗斯玛丽
则采用解释的直觉的方法，在情感的麻木和攻击(否认和愤怒的话语)之
间发现反向镜像这一神秘主题，作为一个独立的主题。可是不管怎样，
与我的文本阅读相似，罗斯玛丽追溯到，特蕾莎对自身情绪的控制可以
归因于童年时期的家庭状况，也意识到在特蕾莎后来的成年生活中，她
对强烈的感情逐渐开放，也逐渐将强烈的情感融入她的学业、婚姻和休
闲生活。罗斯玛丽阐明了特蕾莎用令人叹为观止的方法，将身体的情感
共鸣与击剑、攀岩和骑摩托车的实际挑战相结合，而且深刻地追溯到这
种融合来自特蕾莎发现声乐训练对自己的强烈情感有调节作用。尽管我
没有关注到特蕾莎癌症之后个人蜕变中这些微妙的身体-世界过程
(body-world processes)，但是罗斯玛丽的洞见高度符合我的结构式发现，
即特蕾莎努力将其强烈的感受与实际行动相融合。

　　现象学的研究可以包含直觉探询的关键内容，譬如这项研究的主题
对研究者有重要的个人意义，而且具有改变研究者和社会的愿景和可
能，尽管我对特蕾莎经历的分析没有很明显地包含这些。我也意识到我
的心理分析中运用了许多直觉式的认知方法。我把自己心理学反思的经
历看作一种非占有性的爱，我被一些藏匿的、不知名的、隐秘的含义所
吸引。我也让自己以一种情感充沛和富有想象力的方式与参与者保持共 291
情，这使我受到问题和隐忧的吸引，关注经历中的痛苦之地、虔诚信仰
和深远的可能性。我对特蕾莎的经历表示共情和感同身受，我不仅审视
特蕾莎经历自身的明显特征，也探索了它的深远意义和潜力。其中一点
涉及特蕾莎的无神论的灵性，包括她的谦逊、慷慨、感恩和希望。我通
过直觉，明白了这些非常基本的怀有信仰的情感时刻，不是基于对上帝
的信念，而是基于整体的存在，基于对现实世界既定的事物的超越。我
在分析特蕾莎务实-理性的应对风格时，也采用了直觉，我设想特蕾莎

理解的意义，以此为基础进行分析。我也曾经历过彻底的情绪崩溃，也努力尝试用务实和理性的方式来解决潜在的巨大问题。我保留着融合更多情感的孤独渴望，也很幸运能够在我最沮丧的时刻体会到爱。我明白了臣服、允许自我崩溃、依赖他人慷慨和关爱的意义，正如特蕾莎在其婚姻中努力所做的那样。由于缺乏相关的描述性资料，我对特蕾莎生活中的这些过程，尤其是她的婚姻了解有限。即使我和特蕾莎都无法将这些情感的两极完全地融合到我们自身的关系中，我们俩都经历着情感和理智、软弱和坚强、脆弱和强大、依赖和自立的存在悖论，我认为这些悖论在人类中相当普遍，甚至不可缺少。从我们个人生活和文化历史的视域来看，融合这些情感两极的可能性具有深远意义。这种直观的意向性的洞见基于我允许自己与特蕾莎的经历起舞、共鸣，这种方式与罗斯玛丽相似。罗斯玛丽曾经是体操运动员，她能够反思特蕾莎作为歌剧演唱者身体受到的规训，以及后来又成为一名攀岩者巧妙地使她摆脱了疾病的恐惧。人类生活中这些超越个人层面的直觉认知方式，能够在现象学心理学分析的核心蓬勃发展。

第二节　建构主义扎根理论视角：凯西·卡麦兹

　　阅读合作者们的分析印证了我关于多重解读的可能的信念。立场与起点是重要的。我们的目的，以及研究参与者的目的，塑造了我们的实践。我们将哪些内容视为论据，既是个人的，又是政治的，还是方法论上的事情。整体是嵌在个人中的。看各位同事的文章，我能感受到集体生活的韵律是如何回荡在个人对这些资料的解读中的。我们每个人运用自己的知识储备，对其进行重新创造，又以自己的方式超越现有。研究生院的社会化过程和理论忠诚（theoretical allegiances）会悄悄地进入我们的潜意识中，塑造我们的视角和方法。

我在研究生时期上过的一门认识论课程使我深深着迷，也冲击了我的世界观。科学哲学里的相对主义理论对我有非常大的启示。那时，托马斯·库恩(Kuhn, 1962)的《科学革命的结构》(*The Structure of Scientific Revolution*)给理论导向的研究生们留下了深刻持久的印象，他们开始在社会科学中追寻库恩关于理论与方法的论点带来的启示。符号互动论(Blumer, 1969; Mead, 1932, 1934; Strauss, 1969)和现象学的社会学(Berger, 1963; Berger & Luckmann, 1966; Schutz, 1970)塑造了我刚萌芽的社会心理学和方法论假设。符号互动论学者赫伯特·布鲁默(Blumer, 1969)告诫社会学家要"尊重你的研究主体"，经典理论家马克斯·韦伯(Weber, 1949)认为，要理解人类行为，我们必须了解人们的意向及他们如何定义自己的处境，然后从他们的这些信念和定义开始分析。所有的这些影响让我对研究参与者的生活保持开放性，鼓励我用相对主义的眼光去看待经验世界，强调多重现实和对处境的不同定义。参与者和研究者的意义和行动是在特定情境和条件中产生的，因此形塑着研究。我努力从参与者的视角去了解他们的经验逻辑，然后从那里开始分析。这种方法论立场包含了对人们是如何建构生活，以及为什么那样行动的富有同理心的理解。当然，我们不可能将自己与对资料的理解完全割裂，但我们可以尝试理解事物对于我们要研究的人来说意味着什么。

访谈和个人叙事方法为我们要研究的材料形成了一个静默的框架。我认为，我们无法将研究发现、对这些发现的分析与这个框架分割开。我与同事在方法论步骤上的对比是基于建构主义扎根理论的，而非格拉泽和安塞尔姆·斯特劳斯(Glaser & Strauss, 1967)的经典版本的扎根理论。比起经典版本的扎根理论，建构主义扎根理论与现象学和直觉探询有更多相似之处。我一直都采用柏格森(Bergson, 1903/2007, p. 1)对了解事物的两种方法的区分：要么就完整围绕这事物转一圈，要么就进入其中去看。柏格森发现大多数哲学家都是围绕（around）他们研究的现象，而不是进入（inside）其中，而大多数社会科学家现在也是这样的。经典的扎根理论是在现象外绕圈，而建构主义扎根理论则尝试走进其中。研究者将自己的主体性和其他影响因素带入研究经验中。我们尽最大努力去从这些经验开始分析，尽管如此，还是会对扎根理论学者的所看、所感和所知有深刻影响。

293   一、现象学心理学与建构主义扎根理论

现象学和建构主义扎根理论在数个方面都有重合。两种方法的支持者都质疑单一科学方法的传统观点，都希望不带预设理论或知识，从头开始分析。两者都强调主体性、时间性，与社会建构论传统有较强的联结。

两种方法有着独特却互补的资料处理方法。现象学深入经验，从内部开始探析。弗雷德里克·沃茨的现象学方法对要研究的经验有精准的分析和反思。建构主义扎根理论强调对经验的慢慢探究和理解，就像现象学研究那样。两种方法都将注意力集中在我们看到了什么和怎么看上，但扎根理论则鼓励加快分析的步骤。

像现象学家那样，建构主义扎根理论学者的目标是理解研究参与者的经验及其意义。我们都在寻找隐藏的意义和行动。现象学家只分析他们可以看到的经验的情境维度，建构主义扎根理论学者认为研究者很容易忽视社会位置的隐藏含义，因此重视保留个体和我们研究过程中的差异与变化。我们认为不能将经验和我们的分析从它们产生的社会情境与条件中剥离出去。

两种方法都强调在研究开始时应尽量直接地与要研究的经验建立密

切关系。现象学方法定义意义单元并以一种严格审视资料的方式来研究它们。扎根理论学者采用封闭的初始编码来辨认资料中卓有成效的线索。与现象学类似，扎根理论学者使用这些封闭编码来查找研究参与者观点中的线索。但与现象学不同的是，接下来扎根理论会寻找和使用聚焦编码对大量案例进行分析，而不是为每一个案例都进行封闭编码。建构主义扎根理论认为现实不是既定的，而是在行动中建构出来的，这也反映在我们编码和分析的实践中，而现象学家对通过描述现象来明确现实的做法是很谨慎的。从建构主义扎根理论的视角出发，研究者与研究参与者的观点可能已经根深蒂固了，他们的行为也相当受限，但它们被制定出来的过程使其变得真实。这些不同的侧重使得几个方法的使用有了不同的关注点。

现象学家在对研究参与者的经验进行研究时将他们自己的经验"放在括号内"。加括号是现象学的重要方法，因为它确保研究目光仅仅投射在研究参与者的经验上。建构主义扎根理论认为语言和意义塑造和组成了描述，因此，描述本身对要研究的经验也是阐释性的，尽管描述并不一定能将经验理论化。现象学聚焦在特定经验上，而建构主义扎根理论则审问我们的语言和社会位置（如性别、年龄、种族、情境等）如何影响我们对这段经验的分析。

当比较方法论策略时，我们发现有好几个显著的差异。现象学不是一个检验假设的方法，也不是一个建构理论的方法，但扎根理论是。弗雷德没有提供假设，而且他明确说过他的目标不是建立理论。扎根理论在理论建构中使用假设，是在发展出分析类属之后。我们建立假设只是为了寻找合理的解释，或是发展或评估涌现出来的临时理论类属。在整个分析过程中，扎根理论学者会明确使用对比的方法，比如我将特蕾莎和盖尔的情况和经验进行对比，然后得出"中断的自我"这一类属，突出

294

"回归"时遇到的问题和前景。现象学家会描述一段特定经验的实质和重要性。建构主义扎根理论主要看的是这段经验是怎么组成的，它潜藏的意义，以及理解它形成的背景和条件。现象学学者持有类似的观点，但他们将背景和条件限定在这段经验之中，以呈现它们是如何组成那段经验的。他们也许觉得扎根理论定义的背景和条件是落在那段经验之外的，而建构主义扎根理论会认为它们可能是相关或在某些时候是有因果关系的。建构主义扎根理论探究经验，也会将研究的框架扩展至与这段经验有关联的位置与现实中，包括研究者发现了，但参与者却未必知道的那些。"背景"与"条件"在这两种方法中是不同的，因为建构主义扎根理论会将更广阔的社会、文化、历史和这段经验所在的时代现实考虑进去，而现象学只会在一个背景在这段经验中被发现了的时候来探究它。

　　扎根理论研究对逐步浮现的类属的探求就相当于现象学对一段经验的恒定结构的探索。我和弗雷德都在寻找支撑一段经验的那些隐含的意义和行动，但是，我们在这个点上却是不同的。现象学家寻找的是本质，因此探究人的经验里恒定不变的东西。建构主义扎根理论学者找的是基本的形态和过程，目标是将其理论化。我们将自己的理论理解视为部分的、条件性的，是有时间、空间和社会位置的情境性的。对于现象学家来说，人类现象的本质也是时间性、空间性和社会情境性的，是组成经验的部分。

　　扎根理论与现象学的一个主要差别在于各自对于理论与理论化的立场。现象学是一个描述性的方法；建构主义扎根理论是一个阐释性和比较的方法，目的是建构理论，是以归纳逻辑为基础的。对于建构主义扎根理论学者来说，理论就是在要研究的现象中创建解释性的理解，并联系这些现象中建立的抽象概念。理论化是一种基于社会行动的实践（Charmaz, 2006）。建构主义扎根理论承认理论化过程中的主体性，认为理论是话语的、情境性的，是嵌于其产生的历史、文化和社会条件中的。

扎根理论和现象学的差异还在于它们如何看待经验的情境。弗雷德是从对抗逆力的兴趣开始研究的，他把特蕾莎的创伤经验和转变视为一个整体，描述它是由什么构成的。然后他展示了受过去影响的关系和意义是如何隐留在特蕾莎现在的经验中的。我也深入探索特蕾莎的经验，考虑过去对她的影响，只是没有那么详细。另外，我还考虑了这段经验中的个人特性和社会特征。因此，我看到了这段经验背后特蕾莎的年轻和她较好的背景，即作为大学生可以拥有医疗保障。

现象学家运用资料中的意义单元进行描述。扎根理论学者从参与者的陈述或行动中找到那些参与者自己认为对于他们（them）来说最重要，或是有问题的意义与行动来进行分析。参与者努力克服这些重要问题的过程是扎根理论分析的重点。扎根理论看的是处理和应对这些问题时的基本的社会或社会心理过程，这些有可能是隐性或被看作是理所当然的。在这些资料中，我看到了自我价值的失而复得是影响特蕾莎和盖尔的最大问题和最基本的过程，因此我对它们进行了分析。我认为，两位女性都非常清楚什么对自己是最重要的，知道自己面对着什么麻烦。读者可以检视资料，评估将自我价值的失去与复得作为分析重点是否能符合扎根理论分析的标准。

遵循建构主义扎根理论，我专注于特蕾莎和盖尔生活中那些我认为是最重要的事，即自我价值的失去与复得，尝试将这些过程理论化。弗雷德则专注于创伤与抗逆力的经验描述，通过特蕾莎的陈述详细展示了她是如何度过这段经历的。与弗雷德的现象学方法类似，扎根理论先建立分析，然后才考虑以前的观点与知识，我就是这么做的。此时，我们将文献，甚至是自己的观点都作为比较的资料与来源。比起开展一个完

296

整的扎根理论研究，我在这里讨论的文献与研究会少一些，但也在前文提供了一些对比。

　　弗雷德的分析展示了他对特蕾莎经验的非凡的开放性。弗雷德和罗斯玛丽·安德森都表达过对这段经验的赞叹，但变得有些神圣化了。罗斯玛丽作为一个牧师，服务受苦的人们的经验让她对这种神圣较为敏感。弗雷德和罗斯玛丽好奇地观察着人类灵魂的尊严和脆弱。他们都是满怀着爱来做研究的。我在访谈时确实也感到自己进入了神圣空间，但这次写作时没有感受到，因为我没有亲自做这个访谈。也许弗雷德和罗斯玛丽的方法就能让他们步入这段旅途，让他们能共同感受到这些经验。他们的写作也充满着一种其他研究缺乏的力量，那是因为经验的分析者没有参与到资料收集的过程中。我对特蕾莎故事的分析反映了我开始尝试从内里分析她的经验，并且看她自己是如何定义自己的境况的。这样的分析包含了富有同理心的理解，但并没有采用明确的、带着爱来研究的框架。

　　虽然扎根理论是以归纳性方法开始的，却也激发了溯因推理，包括形成和验证假设。随着扎根理论从具体经验移到溯因推理，它便与现象学相背离了。溯因推理引导扎根理论学者想象出所有可能的理论解释，以导出一个令人惊奇或有趣的发现。这些解释被视作待验证的假设。接着，扎根理论学者收集更多资料来判断哪个解释最强力。从扎根理论学者的角度来说，弗雷德对外科医生的行为和特蕾莎反应的描述都能产生几个可能的解释。弗雷德通过本质直观来探索暗含的意义，那是一种理解经验的不变特征的方式。像弗雷德一样，我看到了特蕾莎见到作为专家的外科医生，并接受了他要求她和他一道积极打败癌症的细节。医生后来成为能帮助她挽救声音的理性的问题解决者。从资料中，我很难判断医生对于特蕾莎来说有没有被赋予更重要的个人意义，而不是仅仅在那几个时刻扮演重要角色。

关于外科医生说他会为尽量减少手术对她声音的影响，和特蕾莎对此的回应，弗雷德给我们提供了有启发性的描述。特蕾莎写道："我试着想说一些什么，说一些有意义的，有表达力的……最后我能说的只是，'哦……我还好。'"弗雷德注意到她话里的模糊性，这到底是一个回顾过去的评估还是现在的陈述，他将此形容为面对真相时"关于她此刻的自己的一个表现力非常强的刻画"。我则是把这个陈述解释为特蕾莎回望过去的歌唱者自我，感受到现在巨大的失去。

弗雷德对特蕾莎与上帝的关系的深入的灵性分析是充满情感、扣人心弦且合情合理的。但它描述了特蕾莎的所思所想了吗？我难以判断。从扎根理论的角度，弗雷德关于外科医生的行为、特蕾莎的回应和她的精神性的分析给我们提供了迷人的"线索"。如果要开展一个更为全面的研究的话，我和弗雷德都会寻找更多描述性资料以理清这些头绪。然而，弗雷德利用了现有资料来描绘这些要点的意义，我则想，在定义它们之前应再收集更多的证据。关于特蕾莎灵性的资料是有问题的，因为那是访谈者将认为重要的内容强加给她的，而不是对她经验的开放性探索。扎根理论学者试图限制访谈问题，多听多看，而不是引导参与者去回应他们的问题（尤其是在第一次访谈中）。

扎根理论学者常常在一个研究中发现他们希望在下一研究中继续的线索。在这些线索中，有告知"坏消息"的不同形式、情感和医患冲突、医患伙伴关系以及关键时刻的意义等。我不会对这些议题本身进行理论化，而是让它们引领我分析自我价值的失去与复得。这一点就是扎根理论和现象学的另一个主要区别。扎根理论的过程性分析集中在经验的基本部分，我们可以通过对它的研究来深入了解特蕾莎的整体经验。弗雷德的现象学分析则集中在特蕾莎的整体经验上，通过对整体的分析，我

297

们就能更好地把握部分。

二、话语分析与建构性扎根理论

琳达·麦克马伦在社会心理学中运用不同的话语分析，强调特定的话语位置是如何构成的，这些建构与其功能和结果有何关系。表演（行动①）是核心（performance is central）。与扎根理论学者一样，话语分析学者将意义视为建构的、情境性的、可商榷的。两种方法都强调行动，但研究者可以从不同起点用扎根理论方法解决各类问题。建构主义扎根理论学者在详细分析研究参与者意义的同时，也审视我们自己的意义。我们要思索自己的意义是如何进入自己的分析的，与话语分析一样，都要考量这些意义的存在是否合理。

我们可以看到话语分析和扎根理论在很多重要的点上是趋同的。两种方法都将谈话视为研究重点，将其视为一种有意义的社会行动。与一些民族志学者和话语分析学者不同的是，扎根理论和话语分析认为，不管谈话是否发生在自然情境下，都是有意义的，所以访谈和文件对于我们来说都是有用的资料来源。建构主义扎根理论关注话语框架与内容，认为框架会影响内容。我在自己的章节中写过，课程作业塑造了特蕾莎关于一个不幸事件的书面描述以及同学就此对她的深入访谈。

话语分析和扎根理论都将研究视为一个持续的进程。经典扎根理论的标准是，一个发展出来的理论是可以随着研究现象中新资料的出现而改变的。话语分析和扎根理论都注重早期分析。扎根理论看的是资料中的关键词、陈述与行动。话语分析关注研究参与者是如何运用一大套话语资源的。与扎根理论相比，琳达的分析较少受具体策略和步骤引导，

---

① 英文原文是 performance，直译应该是表演，但是联系上下文来看这里指的更多的是 action（行动）。——译者注

但她的方法更多地受到分析概念的指引。建构主义扎根理论将步骤减到最少(但还会用具体策略),而且避免将现有概念引入分析中。琳达考虑过用"抗逆力""应对"或"复原"来做她可能的分析概念框架,尽管她后来也认为,应审视这些理所当然的概念,就像我做的那样。

　　尽管不尽相同,但话语分析和扎根理论都不是在个体层面上进行分析的。琳达的分析集中在文字和话语上,而不是个人。扎根理论学者从他们听到、读到和组织在一起的个体故事中进行研究。然而,我们将分析建立在被研究的经验、主要过程(如果我们定义了它的话)和整体做事之上。我们的分析:在被研究者的经验基础上;在主要过程上(如果我们定义话语研究学者则始终在研究参与者的经验之外,从不同的有利位置去看行动是如何产生的,达到了什么效果。这就是我们的分歧点了。我欣赏琳达优美的写作和思维的精确,但我的分析与她相去甚远。

　　琳达关注的是话语、词语的运用和表演/行动,她的分析与其他四个心理学方法相比,是最具社会学意义的一个。为何我的分析与她的差别那么大呢?琳达的起点落在经验之外,而我的目标是走进经验之中并开始分析。正是这一点,使得建构主义扎根理论成为一种高度互动的方法,重视与(with)被研究者发展出一种同理的关系,却又很少分析人本身。话语分析也不对人进行分析,而是关注研究参与者使用的话语资源,他们为何及如何使用它们,以及导致何种结果。话语分析和建构主义扎根理论都将话语视为位置性和情境性的,要将其置于文化、历史和即时的情境中,也要检视话语中采用的立场(Charmaz, 2009; Clarke, 2005, 2006, 2009)。

　　除了上述区别之外,我和琳达在叙述中定义出了我们要聚焦的不同话语。因此,不同意义回荡在我们的分析中。琳达看到了"强调自我,弱化他人"的话语,这是她原本可能分析的几个话语形态之一,但她觉

299

得这最打动她，于是聚焦于此。建构主义扎根理论研究者旨在发现对研究参与者最为重要的是什么，并将其作为出发点展开分析。我从特蕾莎与一场重大疾病握手言和，从中经历失去和重生的话语中，将自我价值的失而复得确定为她的视角中最有意义的观点。我在盖尔的资料中也找到了类似的话语，当然她的伤还没有达到造成永久性失去的程度，而且她的经验的背景和条件也有所不同。失去从身体开始扩展，循环上升到心理和社会。特蕾莎叙述中的丧失话语与那些经历了突如其来、威胁生命的疾病的人们是相似的。我们从这个角度就能看到特蕾莎的叙述刻画了充满勇气的年轻姑娘怀着坚韧、胆识与一种少见的乐观面对逆境的图景。特蕾莎运用了她所知的资源来应对。我在自己那一章里讲过，深入访谈和自传式写作将研究参与者放置在故事的中心。这种中心感会由于人身处健康危机中而被强化，因为它将人拉回到自己身上，尤其是得了恶性肿瘤时（Charmaz, 1991）。

　　同样的一句话，琳达解读为"弱化他人"，我和她的看法有些不同。特蕾莎曾说："我知道他们受不了在这种情形下和我在一起的不适。"琳达把特蕾莎对从事声乐的同学的陈述理解为"将他人建构为敏感和无法应付这种情况的人"（p. 213），以及"使得他们无法完成需要他们所做的任务"（p. 212）。我同意琳达对"特蕾莎把从事声乐的同学们建构为无法应对这种情况的人"的理解。我觉得资料是能支持这种理解的。琳达认为这种建构暗含着声乐系同学"没法达到对他们的要求"的意思，这是从分析者角度出发的一种可能解读。

　　与此相反，建构主义扎根理论学者会想通过收集更多关于研究参与者对友谊的建构和行动的资料来检验所有可能想到的解读，这也与扎根理论的迭代方法和逻辑一致。我们可以将友谊视为一个偶然概念和需要进一步实证检验的有问题的对象，而不是假设其他社会行动者也有同样

300

的定义和一致的标准。如果声乐专业真如特蕾莎形容的那样充满竞争和羡慕嫉妒，那么友谊也可能是脆弱而短暂的，只是基于临时的联盟和表面的交际。任务和信任就可能是受限的。

从特蕾莎的陈述中，我看到了她就算被回避（shunned）也有从其他同学的角度看待世界的能力。被回避——污名化——这通常发生在人们患了肉眼可见的疾病或残疾时，尤其是当他人认为他们象征着死亡时。特蕾莎被人回避的故事，我也常在严重慢性病患者的访谈或自传式叙述中听到。阿瑟·弗兰克（Arthur Frank）发人深省地叙述了癌症患者被人"排斥"（cast out）的日常（Frank, 1991）；罗伯特·墨菲（Robert F. Murphy）和阿尔贝·罗比拉德（Albert B. Robillard）记录了他们所在院系的同事是如何在他们患病后回避和忽视他们的（Murphy, 1987; Robillard, 1999）。弗兰克写道："受损的身体功能不正常，被污名化了的身体污染了它的周围。"（Frank, 1991, p. 92）

琳达看到的是"强调自我"，我看到的是"确认自我"。这一不同，指向了重要的差异——关注话语还是关注经验。琳达提供了对独立于特蕾莎的主观与经验意义的话语形式的精致分析。与之相反，我不太关注话语形式，而是关注个人关于经验内容的主观意义。从这个角度来说，特蕾莎确认了自己能大致掌控生活，她活着，而且还挺活跃。一头扎进新生活中，安排着自己的日程，证明自己能在新事业中成功，都是对她还活着，并能塑造自己生活的确认。经历过危及生命的危机的人们都会如此，因为他们知道自己未必能有下一次机会。

琳达觉得特蕾莎的叙述是"在言语中让他人边缘化"，故意不提关于他们的细节，从而弱化他们。作为一个话语分析学者，琳达对特蕾莎的经验没有任何立场。我们都考虑了访谈和个人叙述的背景框架对研究参与者回应的影响，但我们强调的是这些影响的不同启示。琳达关注研究过程中的一些约定，她认为自己的分析基于她这种情境的理解。她提出了一个问题，参与研究的学生是否愿意将自己表现为能动性的主体，这样"呈现主体"就有可能会出现在话语中。我则提出，缺乏匿名性才是她们叙述的背景。看起来不愿意吐露更多细节是不是和这个背景有关呢？在盖尔的叙述中，其他有潜力的关键人物都在此背景中淡化了。她的队友都是无名的。她不太愿意向家人和教练提及自己的伤势。盖尔说："我觉得我其实并不需要那么多来自家人的情感支持和心理支持，因为在某种程度上我会说我很坚强。"这是否意味着盖尔想把自己塑造成自己故事里的英雄角色而轻视了他人呢？我再一次找到了非常有趣的深入研究的可能性，可能将研究者带往新的方向。当然，人们在不同情境下面对不同的听众会展现不同的话语。话语也可以是分层的、矛盾的、并行的。但我和琳达的分析之间的迥异揭示了分析方法和解释是相辅相成的，从经验以外还是内里开展研究会带来不一样的解释。

301

三、叙事研究与建构主义扎根理论

朱瑟琳·乔塞尔森将叙事研究解释为一个囊括了研究者和参与者双方的，运用概念框架来分析材料的解释性方法。叙事分析会运用不同的分析方法。建构主义扎根理论会考虑主体间性，但意在从研究资料中创立概念框架，它是包含了具体策略和灵活指导方针的分析方法。研究者可运用建构主义扎根理论分析不同的资料。建构主义扎根理论从宽泛的概念开始，但从资料中定义和追寻线索。这样的策略能引导研究者发现新的理论。

建构主义扎根理论和叙事分析都是非常明确的解释性的方法。同建构主义扎根理论学者一样，朱瑟琳认为视角会影响分析，但这些视角从何处开始被引入，两者有不同理解。扎根理论一般都会先展开自己的分析，然后再与其他研究和想法结合。作为一个建构主义扎根理论学者，我在整个研究过程中都在反思自己带入分析的视角，不仅是那些从理论和研究中带去的，还有从社会阶层、性别、种族等具身化经验的资源中带去的。

建构主义扎根理论和叙事分析处理资料的方法各有不同，但将来可能会融合在一起。扎根理论一般来说会先将参与者的叙述碎片化，然后再重组成一个集合的分析的故事，而叙事分析维护了个人叙述的完整性。朱瑟琳称叙事分析因强调整体叙述而独特，它能将特蕾莎的书面描述和访谈叙述进行对比。叙事分析学者采用扎根理论策略来分析叙事内容而非叙事结构（参见 Hansen, Walters, & Baker, 2007; Mathieson & Stam, 1995; Salander, 2002）。我认为研究者也可以用扎根理论来分析整个叙述，包括结构和启示。

两种方法都聚焦于意义和情境，尽管在方式上有所不同。朱瑟琳的目标是揭露掩饰的意义，我要尝试定义隐含的意义。两种方法都关注无声与静默，以及那些被遗忘的东西。朱瑟琳将个人叙述资料考虑进去，我也是；但她将抗逆力作为主题，我不是。我们都将特蕾莎的故事看作失去和转变的故事，也从资料中找到了很多相同的引文作为例证。

我们的方法在对待资料上是不同的。朱瑟琳先将资料通读一次，然后确认叙述的形式，她认为那是不幸而浪漫的叙事。她关注关于自我经验的陈述，发展出一般的类属。朱瑟琳先从一般到具体，然后在具体和一般的类属（如"情感和逻辑""身份""自我和他人"）之间进行研究。我从初步的宽泛概念——自我和身份开始，但直接进入了我在这些资料中发现的一个封闭代码。

我们各自的研究也在外部理论和个体位置两个问题上有所不同。朱瑟琳以精神分析的方式去看特蕾莎的叙述，引用精神分析的概念去分析

302

特蕾莎的意义。扎根理论会避免在开始时使用外部理论。典型的扎根理论研究聚焦在从资料中定义的过程和现象中，而不是在个体的心理上。朱瑟琳和我都努力寻找研究参与者的预设，也非常小心我们自己的预设。对于我来说，在叙事解释中是很难排除预设立场的。朱瑟琳说："也许我也正在经历她（特蕾莎）对待他者的部分方式——通过感知情感或将自己的情感投射给亲密的他者来回避自己的情感。"（p. 233）朱瑟琳所用的说法"她对别人所做的"，听起来像一个既成事实而不是一个解释。我并不认为特蕾莎避免自己的情感，或是观察他人对自己的感觉，或是向他人投射自己的情感了。从一个建构主义扎根理论学者的角度，这些只是可能的解释但不是结论。朱瑟琳的叙事方法可以对那些表面上不能直接看出来的事进行解释，对此，她的读者和研究参与者可能认可，也可能不认可。与她不同的是，我觉得特蕾莎是在划分情感和试图克制情感，以便自己能行动起来。朱瑟琳对特蕾莎经验中"完全丧失和什么都没有发生"（p. 18）的不一致性问题的质疑，对于我来说，是一个从巨大的不确定性中发展出来的多重自我的问题（Charmaz, 1991）。

我和朱瑟琳都认为情境是重要的，也留意到了特蕾莎叙述中的情境立场。社会学与社会心理学支撑了我对情境的理解，我将其延伸到特蕾莎生活的更广阔的社会情境中。特蕾莎关于她父母、声乐老师和同学的观点和行动在这样的情境下就容易理解了。她是一个年轻的美国女性，有着与她这一代人相同的追求独立道路的特性。她的立场与父亲的期望和母亲对父亲的遵从相悖。文化和代际的裂隙加剧了特蕾莎和父母的紧张关系。进一步的研究可以追溯文化与代际的期望在多大程度上产生了冲突，又是如何塑造个人观点与行动的。

四、直觉探询与建构主义扎根理论

直觉探询拓宽了由感官领会的知识的概念。罗斯玛丽·安德森对研究者作为具象的、直觉的存在的认可，甚至是欢呼，令其具有了作为人本主义和变迁心理学与正统的科学传统间的桥梁的潜力。研究者的主体性在研究的每个阶段都能体现出来，具有揭示隐藏的真相和多重世界的力量。建构主义扎根理论是具有主体性的，建立于研究者的解释之上。它就像罗斯玛丽说的那样是"全景视角"（a big picture perspective）的。扎根理论学者可能会凭他们对研究议题的直觉反复进行资料收集与分析，每一个步骤都决定与修正下一步该怎么做。

将直觉带入科学叙事标示了一个新的方向：借用大卫·雷·格里芬（David Ray Griffin）的妙语来表达将隐含、难以解释和神秘融入科学思维的意思，就是"科学的复魅"（reënchantment of science）（Griffin, 1998）。直觉探询鼓励我们将模糊、阈限与神秘带进研究中，将内在与外在融合在一起。因此，直觉探询包括难以阐明的理解和神秘的经验。扎根理论的探究有助于详细解释、澄清和解开神秘。

直觉探询与扎根理论都是归纳性的方法，为理论建构提供工具。直觉探询聚焦于心理经验，它的步骤循环能支撑对其的探索。扎根理论是一个研究者可运用来进行多种形式和层次的研究的通用方法。在运用与直觉研究类似的方式来探究内在与外在世界方面，据我所知，扎根理论的有效性还未得到充分论证。扎根理论是一种从实证主义中起源的系统的方法，亦有解释性传统。早期的扎根理论充满了直觉探询所否定的客观主义。建构主义扎根理论比起早期版本来说与直觉探询的匹配性就高很多，因为它相信观察者就是其观察的一部分。

直觉探询不仅从议题开始，亦会援引概念来对其进行检视。罗斯玛丽运用了否认和应对的心理学概念对特蕾莎的文字进行直觉探询，但她的目标是发展一个独立的聚焦点，而不是一开始就采纳类似抗逆力和应对策略等概念。扎根理论学者会避免运用具体的现有概念，因为我们强

304

调的是逐步分析。类似地，我们也不会用文献回顾来启发我们的分析，而是将其延迟到分析已经形成后再进行。

在研究进程初期，扎根理论学者只会援引较为宽泛的概念来展开研究。建构主义扎根理论强调迭代步骤中的灵活的指导方针。但有点讽刺意味的是，这样的灵活性使它比起直觉探询似乎更不讲究循序，尽管它对基础概念的强调让它看起来更像一种传统的方法。建构主义扎根理论学者不仅在资料收集和分析之间来回反复，还在编码和建立理论类属上来回反复。这些循环往复是基于研究者的分析需要的，这使建构主义扎根理论比起早期的版本更不受规则约束，也更不讲求循序。

罗斯玛丽讲到与资料创意碰撞，即研究者从资料中产生想法，但这些想法又与资料不同。这些直觉的突破与扎根理论中的想象性解释类似。过程中充满了迷惑与不解，就像一个发现、探索与学习，然后再去做解释的过程。迷惑与模糊是归纳性质性研究的一部分，是建构主义扎根理论研究过程的特征，尤其是当研究者进入了阈限领域，经验很难用语言来形容时。当我们开始明白过来，就会有奇妙的事情发生。

直觉探询会对研究议题产生深入了解，会与研究参与者产生紧密关系。罗斯玛丽的方法对参与者抱有激情，充满了人文气息。她不怕讲到爱与研究议题的强烈诱惑。她意识到进入经验之中对于研究者与研究对象来说都是富有变革性的。分享、解释的特权都会令我们改变。相应地，共享的经验也会导致研究参与者的转变。

第三节　话语分析的视角：琳达·麦克马伦

正如话语心理学所理解的那样，话语分析与现象学心理学方法、建构主义扎根理论、叙事研究和直觉探询等以各种方式、在不同程度上有所交叉。作为对目前项目中的文本进行分析的质性研究者，我和我的同事们关注参与者的话语，反复阅读文本，仔细分析并进行解释。但是， 305 除了在这些大的方面，在以下关键方面相交和分歧的方式和程度，使得我的分析结果与同事的分析几乎没有相似之处。这些方面是探究的重点和目的、对研究内容及其本体论地位的假设、认识论立场、资料的组织方式以及分析程序。但是，交叉点的确存在，且可以使我们了解我们方法论的趋同性和差异性。

一、现象学心理学与话语分析

这两种方法存在很多不同之处。在弗雷德里克·沃茨的第一段（第五章）中，提到了他对"特蕾莎的创伤和抗逆力的经验的分析"（p. 124）。正如我在本章中提到的那样，尽管我承认作为资料来源的学生项目是用诸如创伤和抗逆力之类的词来构架的，但我认为这些概念在历史和文化上是有所定位的，被视为理所当然的概念，因而要进行批判性考察（Burr, 1995）。对于具有话语心理学传统的话语分析者而言，我持有的这种对此类概念的立场，将研究重点从创伤和抗逆力，转变为研究人们在被要求写或谈论"当很不幸的事情发生时"，你会做什么。尤其是在当前案例中，这一题目与社会支持、能动性、希望、灵性和自我等方面放在一起进行讨论时，人们会做什么。作为话语分析学者，我并不对研究主题进行假设，而是假设参与者已被要求去撰写或谈论一组历史和文化上有细微差别的术语。

尽管现象学心理学方法和话语分析都避开了实证主义（对某事物的假定或对某事物的立场是既定的）（Crotty, 1998），但这种行动的结果却截然不同。弗雷德抛弃了独立于经验而关注事实的趋势，但他仍然假设经验本身存在。这种立场将现象学心理学与先验现象学区分开来，先验现象学则放弃了所有存在的前提。实际上，弗雷德研究的目的是根据具体证据忠实地描述体验的心理。话语分析者在经历这一概念上采取完全不同的立场。有人会否认它的存在，并说我们只有文本，真正存在的是语言。其他人不会否认人类对世界上的事件有感知并有反应，但强调这些事件被话语构建的方式，并将经验的引用作为一种话语策略加以分析。同样，话语心理学家并没有将诸如感觉和思维之类的心理学概念作为基础，而是会调查这些术语并分析说话者如何使用它们。因此，"经验的心理学"（psychology of the experience）成为对话语心理学家的一种双重批判。

　　基于建构主义认识论，话语分析者会假设他/她的分析只是一种解释或一个版本。不同的分析者以不同的方式解释文本。即使同一位分析者，在不同的情况下，也可能做出不同的解释。这种立场与忠实描述（faithful description）的概念形成了对比。忠实描述是现象学心理学方法的核心。然而，心理的现象学分析也承认并允许多种含义和分析，并坚持认为所有这些不同的分析仍然忠实于生活。这种差异又回到了心理的现象学分析的目的，即实现对经验的忠实：在现象学中，效度需要多个视角。话语分析期望对话语有多元解释或诠释，并且根据其合理性程度评估这些版本的有效性（Wood & Kroger, 2000）。

　　现象学心理学研究者和话语分析者在组织和思考他们的资料上也存在很大差异。因为弗雷德对产生个体的现象学的描述感兴趣，所以他专注于可获得的所有（或几乎所有）资料，将书面描述和访谈相结合，并将合并后的资料结构化入叙事的和时间的序列。我在资料中寻找话语模式，将书面描述和访谈理解为独立、局部的情境，并在分析中考虑了情境。由于话语是情境化的或场景性的，因此我认为访谈者的贡献与受访者的贡献同样重要。因此，与弗雷德不同，我并未消除访谈者的话语。

提供给我们的所有资料都对我所关注的话语模式的解释提供了帮助，但与弗雷德不同的是，有大量资料我并未分析。

我们处理资料的方式也不同。弗雷德生产了时间上的有组织的结构性时刻或经历的子结构，并确定这些资料中的主题。我不仅着眼于被访者说了什么，而且着眼于说话方式，谈话完成了什么动作，以及可能产生的后果。弗雷德的分析单位被理解为一组意义单元，而我的分析单位被理解为一系列引文，从中我构建了一个话语模式。弗雷德致力于理解每个意义单元的意义，并将其揭示的内容概念化，并为创伤、康复和抗逆力的心理经验做出了贡献，而我则致力于展示谈话中针对创伤、康复、抗逆力的话语模式是如何结构化的，以及这一话语模式带来的后果。弗雷德理解特蕾莎的话语，并以诗意的、扩展的、心理学的方式对它们进行了写作。他似乎试图深入经验内部，尽可能充分地阐明其中的隐性和显性内容，然后反映到详细的书面描述中。我主要研究显性层面，尽管隐性层面（例如，参与者可能如何解释谈话中的一部分）可以通过参与者如何引导来显示。但是，我们每个人都专注于展现（showing）：弗雷德试图了解特蕾莎的经历如何展现自己，而我则专注于展现我对引文的解释以及我对话语模式变化的总体主张是如何建立的（Wood & Kroger, 2000, p. 170）。 307

情境对于现象学的心理分析和话语分析都非常重要，但对情境的理解（关注的重点和如何关注）却有所不同。弗雷德关注的重点是家庭和文化的情境。他关注他所理解的、可以为他的描述和解释提供信息的背景信息或内容，以及意义单元之间的相互关系、与整体体验之间的关系。我对情境的理解是对资料的塑造。具体而言，时间、文化、机构（如大学环境）、具体安排（如用于生成资料的任务的说明），以及特定文本段的上下文等背景是如何塑造资料的。毫不奇怪，我们在推广的实践也有所不同。弗雷德的工作不仅详述了特蕾莎经历的个人心理结构，还包括了创伤经历的必要和普遍组成部分的一系列想象的变化，这些变化可以通过实证研究被证实。除了说明用于分析项目的陈述的一般性外，我不对我构建的特定话语模式的一般性做出任何假设。需要强调的是，我和弗雷德都没有宣称我们的分析结果可以推广。相反，关于推广性的程度和限制的任何陈述都需要进一步的实证研究的证明。最后，尽管我和弗雷德都认为我们的分析可能会发生变化，但在他看来，这种变化是为了更准确地描述现象而进行的更正，而我将其变化理解为需要对资料进行无穷无尽的分析。

尽管弗雷德的分析中有很多我未涉及的话题，如创伤的意义，特蕾莎的癌症、生命、死亡、痛苦、超越、身体、理性和情感等的含义——它们交汇于我的分析中。我为弗雷德命名为"灵性"的主题提供了一个例子。在谈到他所谓的"一种以尊重、接受的态度来生活的信仰，一种爱"时，弗雷德写道：

> 这种态度超越自我，与她的理性-工具化模式完全对立，那种模式会去看他人为她做了什么或能做什么。而在她的许多创伤经历之后，理性-工具化模式已什么也不是了。这一灵性是重要的一环，它解释了她为什么能与他人和睦相处，为什么她能超越地看待他们的无能、冷漠以及支持的缺乏。特蕾莎对于他人的无能为力状况的接受是一个重要的基础，以此她培育出在创伤面前的能动性，同时又保持着与他人的接触和关联。（p. 149）

我和弗雷德都调动了与特蕾莎能动性有关的概念，即用什么也不是（nothing）、无能、冷漠、支持的缺乏（在弗雷德的分析中）或消极、缺

308

乏、无法应付和失望（在我的分析下）等词语来描述特蕾莎的生活。但是，弗雷德的分析是心理上的诠释，而我的分析则展示了特蕾莎如何实现对自己和他人的定位，以及如何从地方、制度、文化和历史背景下理解这些定位。

二、建构主义扎根理论与话语分析

凯西·卡麦兹的扎根理论和我在本项目中采用的特定的话语分析方法共享一些假设。两者都基于一种认识论：凯西标记为"建构主义"（constructivism）；我标记为"构建主义"（constructionism）［关于两个标记之间的区别的一种说法，请参见（Burr, 1995, p. 2)]。这些术语指的是一系列涉及知识的构成、知识的构成方式以及知者与已知内容之间关系的假设。这些假设挑战了客观主义的观念，即有意义的现实存在于研究对象中。相反，有意义的现实是建构在人与人之间的交互中，是情境性的，也是有多重版本的。这种共同的认识论使我们都将资料看作情境化的并由参与者共同建构的，将我们的分析结果理解为一系列解释，并反对项目中关于抗逆力的预定框架。

尽管我和凯西都认为语言对于知识的构建至关重要，但我相信我们对于分析所要达到的目标大相径庭。对于凯西而言，语言是意义和行动的基础，也就是说，语言本身就是现实，但它也揭示了超越自身的事物，即通往其他被建构的事物或别的事物的途径。具体地说，凯西使用我们所分析的文本来构建关于失去和重新获得有价值的自我的过程的理论。凯西将她使用的自我（self）这一概念，定义为"一个逐步展现的社会和主体过程，一个经验的自我"（p. 170）。这种经验丰富的自我概念，向我表明语言被理解为是在说一些其他的东西，而正是这种其他的东西被构造或达到了其他目的。相反，话语分析（如我所进行的）以语言为研究对象。分析者的任务是展示说话者表达了什么，以及这种表达的影响。语言不是通往其他事物，即一些心理性的事物的资源或途径。语言本身就是研究的焦点或主题（Wood & Kroger, 2000）。凯西着重于构建社会心理过程，而我着重于构建社会行为。以上表明，我们对语言的表达能力、表征能力或表演能力的重视程度有所不同。

我和凯西处理和分析资料的方式也大不相同。尽管我们俩起初都不知道自己要关注什么，而是问自己，资料中最引起自己关注的是什么。但是除了这种开放立场，我们的道路也大相径庭。凯西对整个文本进行逐行编码，对资料片段之间、资料与编码之间、编码与类属之间，以及类属与类属之间进行比较。在此基础上，她一方面从资料中选取让她最为感兴趣的部分；另一方面，她受到自己前期对疾病的研究的影响，进而进入了对社会心理学过程进行的日渐深入的理论抽象分析中。她以前对疾病的研究也为资料阅读提供了信息。但是，一旦我开始构建我发现最突出并且最主要关注的话语模式，除了对话语模式的标记之外，我就只对少量的文本引文进行深入分析。我还具体说明了我的陈述是如何在资料中得到证明的。凯西将我们工作的文本片段包含在内是为了证明她的理论是扎根于资料的，而我的目的是不仅要明确显示我使用了什么证据，而且要显示我是如何使用证据的。凯西专注于写出参与者所说的是"什么"，以及解释"如何"和"为什么"。我专注于所说的内容、如何说以及这些内容如何服务于行为。我没有对参与者的想法、感受或动机发表任何陈述。

像弗雷德的分析一样，凯西的分析成果比我的分析成果更具整体性。弗雷德和凯西明确依赖并使用了更多资料。因此，我发现我和凯西的作品之间很少有交叉点。在她分析的最后两段可能有一个交叉点。

　　……特蕾莎投入了一个能接受她并给她机会的新世界。因此，她觉得这个世界比之前的生活更好也就不足为奇了。特蕾莎强调了她在这个世界的正向收获，也觉得声乐系的学生不如她新生活中出现的那些人们……也许特蕾莎对声乐系学生的负面印象使她放弃了那些她过去非常珍视的东西。她的价值排序在新生活中发生了变化，那些声乐系的同学就已经不再重要了。对声乐系同学的改观是特蕾莎中和失去和重新调整身份认同的方式之一。如果是这样的话，对声乐系同学的批评也许帮助特蕾莎坚定了她的信念，相信生活已朝更好的方向发展，也平息了她过去的遗憾。这时，特蕾莎的学术伙伴和癌症病友给了她新的生活参照和度量自我的方式。负面评价和正面体验为个体论述新目标下的自我叙事提供了对比性材料。（p. 198）

310

　　凯西提到"修正的、批判性观点"和"消极判断"可能等同于我"弱化他人"的标签，而"积极收获"和"积极措施"可能被认为是映射到我"强调自我"的标签上的。然而，凯西的解释在形式上是功能性和心理性的。她的写作有及时性，并对这些负面判断和积极措施以及它们如何成为失去和重获有价值的自我的过程的一部分进行了理论化。我的解释是关于话语模式本身的，即关于如何实现"强调自我，弱化他人"的变化以及这种模式的后果。我们的方法论的重点和目标完全不同，因此，我们如何理解处理同一资料，尤其是与我们赋予资料的地位相关的资料（如资料是关于社会心理过程或社会行为的表现），导致了大相径庭的结果。

三、叙事研究与话语分析

　　朱瑟琳·乔塞尔森分析特蕾莎访谈的总结性陈述中有一段可能与我

的分析最接近。她说：

> 她的叙述体现了个体能动性和下定决心克服困境。她的故事反映了她的内心世界，而不是人际关系。在她丧失的过程中，生活中的他人被描绘成令人失望的、情感不可靠的、背叛或抛弃她的人，尽管在她需要的时候，这些人能够提供物质上的照顾。（pp. 229-230）

然而，即使在这个交叉点，我和朱瑟琳在写作方式上也存在细微差异。写作方式对于整体构架非常重要。首先，朱瑟琳使用名词性的"个人能动性"（personal agency），而我在反思性定位的意义上使用"能动者"（agent）。也就是说，特蕾莎在书面和访谈中的某些方面采用了一种语言产生的方式。对我而言，能动性是特蕾莎通过她所说的话和她说话的方式构建的几个位置之一。在朱瑟琳的分析中，能动是一种心理构造，用于总结特蕾莎所说的（至少部分）内容或"什么"。我不认为此内容说明了"内部现实"；就是说，我将能动性视为人们所做（do）的事情，而不是他们所拥有（have）、内在于经验的事情。我和朱瑟琳"描绘"或建构的特蕾莎对她周遭人们的描绘方式在认识论和内容上相似，但朱瑟琳的版本借鉴了我没有分析过的资料（例如，特蕾莎谈论在她生病时人们如何照料她）。她的版本是在以身份认同形成过程为中心的更大的变革的（transformation）叙事中构建的，因此比我的分析更全面，更广泛。

我和朱瑟琳都清晰地共享建构主义的认识论。我们将自己的分析理解为对特蕾莎和访谈者所建构的陈述的建构性和诠释性解释。我们认为，资料是情境性的，通过访谈者和受访者，或访谈者与想象中的听众的互动共同形成。尽管我明确解释了书面任务与面对面访谈的差异如何控制和塑造资料，但情境为我们的分析提供了信息。叙事研究和话语分析也相互借鉴分析的概念和程序。例如，朱瑟琳说，她"特别注意关于自我经验的陈述"（第一人称的陈述）（p. 232）。因此，话语分析是叙事研究者用来进行分析的一种策略。同样，话语分析者有时将叙事概念和叙事原则作为工作的一部分。在话语分析的情况下，通常将叙事理解为参与者用于特定目的的话语资源。也就是说，无法从叙述的内容或结构上理解资料，目标不是识别叙述类型或从资料中产生叙述。

就像弗雷德和凯西的作品一样，朱瑟琳的分析依赖于所有（或几乎所有）资料，而我的研究则侧重于少量引文。我并不是说我使用的任何话语模式都是说话者使用的唯一模式，或者说它不能与可能被理解为矛盾的另一模式并存。例如，我可能设计了一种表示感谢（doing gratitude）的话语模式，或者专注于我所命名为脆弱性的话语，以及它们如何被研究者结构化和使用。对我而言，全面性和确定最重要的内容并不是目标。然而，正如朱瑟琳所言，叙事研究努力"探索整体"，并展示"这些部分如何被整合成一个整体"（p. 226）。我不会将各个部分整合为一个整体，但我的确将我分析的部分文本放在整体中加以理解。

对于某些叙事研究者，特别是那些对心理学有学科信仰的研究者，其目标如朱瑟琳所说的那样，"主张从人们自身的意义出发，捕捉人们的生命经验"（p. 225）。作为话语分析者，我不认为自己很有经验。相反，如前所述，语言或言语被我当作学习的对象，并且我不对说话者已经经历的或正在经历的事情做任何假设。此外，除非说话者自己援引，否则，我不使用诸如内部世界、心理现实、身份形成、应对、自我或无意识的辩护之类的心理学概念。

分析中的另一个交叉点说明了我们如何以不同方式使用相同的文本。在与他人的关系（relations with others）这一主题下，朱瑟琳写道： 312

当她(特蕾莎)谈到他人的行为对她所受的磨难的影响时，我们发现，她的母亲、她的声乐老师和她的父亲都因对她的疾病表示关心和担忧而被她抱怨，而且她的声乐同学和她的父亲也都因对她不关心或不够关心而被她抱怨。这种模式可能暗示她在亲密关系中释放了自己脆弱性的愤怒表达。(p. 237)

朱瑟琳分析的这一部分可能被映射到我所谓的"弱化他人"，但是我们的工作有很大的不同。朱瑟琳不是按照时间顺序，而是以心理分析和解释的方式重新呈现资料的。这些分析和解释是根据名为"与他人的关系"的主题进行组织的，这也是她认为的特蕾莎叙事的核心。相反，我没有对说话者进行心理解释。我对各种话语资源的功能或话语的功能，以及它们的使用所呈现的社会行为进行了解释。从许多方面来说，我的分析作品对于许多读者来说似乎都是非心理学的。尽管存在这些差异，但我和朱瑟琳都认为我们各自的分析挑战了现有的抗逆力理论。

四、直觉探询与话语分析

根据我和罗斯玛丽·安德森的分析结果，我倾向于得出话语分析和直觉探询可能几乎没有共同点的结论。我对罗斯玛丽的主题 1(务实和冷静地运用理性和逻辑作为应对策略)、主题 2(情感"封闭"和身体麻木)和主题 5(未分化癌被描绘成凶险的癌症)，或在同时考虑这三个主题时所创造的反向镜像的总体主题无话可说。很明显我们使用了文本的某些相同的部分，但我们的分析不同。例如，为了说明主题 3(从"没有朋友的胖女孩"到具有愤怒、解脱和感激之情的自我转变)，罗斯玛丽使用了我引文 1(见第七章)的部分文本，特别是第 7～16 行。关于这个意义单元，她说：

对我来说，特蕾莎术后生活的一个有趣方面是她对击剑、骑摩托车和攀岩的参与。所有这些运动都需要格外注意身体内部和外部的感觉。不关注身体内部和周围发生的事情，一个人不可能成功入门击剑、骑摩托车和攀岩。那个曾经"没有朋友的胖女孩"，过去习惯于情感封闭和身体感觉的麻木，现在却开始从事这些运动，这是令人惊讶的。特蕾莎对运动的探索是极端的，但特蕾莎的意志是坚强的。特蕾莎的勇气呈现了一种原始的灵性形式，它植根于将生命照原样延续下去的本质。（p. 261）

313

尽管罗斯玛丽使用了和我相同的引文，但她把这些内容与文本的其他部分结合了起来（她将这称为意义单元），并通过有关情感、身体知觉和对运动中的身体使用等直观的和经验性的知识，以支持她的文本的描述和诠释，并增强她的学术理解。在我的分析中，包含了书面描述第7~16行之前的部分，正是前一段文本（引文 1 的第 1~6 行）和第 7~16行的结合部分地构成了我"强调自我，弱化他人"的第一种模式。也就是说，我关于特雷莎使用能动性话语和独立性形成的论点，部分是将能动性的话语与特蕾莎关于他人的话语并置考察而得出的。如前所述，话语分析的核心特征之一是情境，或者话语是如何按顺序组织的。因此，研究书面陈述或谈话顺序是话语分析者的一项重要任务。我们分析的差异部分地源于我们如何以及在多大程度上对文本的各个部分进行分割和组合，以及我们如何结合文本的其他部分来使用它们。

尽管引文 1 的前 6 行未作为罗斯玛丽主题 3 的说明性示例，但它们确实几乎全部出现在罗斯玛丽的主题 4 中（由他人表达的强烈情感）。我在解读和理解这些观点时认为，特蕾莎将她的声乐老师建构为"深受她的处境影响"的，但老师的行为却是"不变且被动"（p. 212）的，但罗斯玛丽将它们解读为特蕾莎置身于情绪张力旋涡的证据，并将其解释为给了特蕾莎"一种情绪上的锻炼，她不能轻易地忽视它，并希望可以在心理上进行整合"(p. 262)。因为我和罗斯玛丽依赖的分析概念源自非常不同的传统：她来自现象学和诠释学研究、精神分析、女性主义学者，而我来自符号互动论、民族志方法论和言语行为理论。所以我们使用了不同的语语，说不同的话。因此，我们用同一段文字做非常不同的事情就不足为奇了。

令人惊讶的是，至少在我理解自己的做法方面，我确实看到了直觉探询与话语分析之间的联系，至少我能理解为什么我会这样做。当我分析文本时，会以不同的方式进行处理。我使用了伍德和克罗格(Wood & Kroger, 2000)概述的许多策略：例如，我问自己如何阅读文本以及为什么要以特定方式阅读文本；我记录下了我的印象和反应；我玩转文本；我认为没有什么是理所当然的；我读没有明说的话；我故意做到从容不迫。在接受过心理治疗师的培训后，我经常问自己："这是怎么回事？"对这个问题的回答部分来自我经过了深思熟虑的分析工作。但是我相信这也来自另一种认识。它来自想象，来自意识不到的持续思考，来自对身体感觉的参与，来自对文本的共情认同。换句话说，它来自罗斯玛丽所谓的直觉。

我和罗斯玛丽专注于两种截然不同的论述，这不仅说明了我们的本体论和认识论承诺，也说明了我们的分析和解释活动的性质和范围。它还说明了我们的直觉敏感性。方法和研究者、人员和技术之间的动态相互作用，决定了我们参与、互动，以及理解资料的方式，所有这些都置身于时间、地点和历史的特殊性。因此，我们的分析结果互有触动却又与众不同就不足为奇了。

314

第四节　叙事研究的视角：朱瑟琳·乔塞尔森

特蕾莎的故事在细节上相当直白。一个年轻有前途的歌唱者患了甲状腺癌，失去了她的歌喉。她的整个身份意识都植根于她的歌唱以及她对歌剧事业的希望。当一切在进行喉部手术后变得不可能时，她重建了她作为心理学研究生的基本身份感。然后，她的声音开始恢复，但达不到以前的功能水平，她必须决定未来该走向何方。每个人都说，这是一个痛苦的故事，也是一个勇气和毅力的故事。作为研究者，我们之间的差异集中在我们对故事的处理上。

有趣的是，我们五个人之中有四个人都摘录和引用了特蕾莎那重要又动人的叙述："我的声音没有了，我也随之而去。没有了声音，我什么也不是。"这句话辛酸地概括了特蕾莎丧失感的历史过往和本质。特蕾莎的故事可以是小说或电影的情节。我们几个人面临的挑战是如何分析特蕾莎的故事并使其概念化，或至少在学术情境下找到她的故事定位。

叙事分析借鉴了其他方法的各个方面。它试图对叙事中所表现出来的经验的现象学进行详细的描述，即从叙述者的角度看世界。叙事分析关注的是创造并掩藏了意义的话语结构，并考虑叙述者在特定的叙事中可能践行的社会和身份的定位。叙事分析将材料组织成类似于扎根理论模式的主题，对其进行逐行解读以便记录和分类主要和次要主题。它是直觉的，并借助了共情和自由联想，因为它要求对研究者的主体性进行审视。反复解读的过程与罗斯玛丽详细描述的直觉探询的过程没有太大的不同。除了这些共同的观点之外，叙事分析者还试图将注意力集中在不同层次的意义的交叉点上，就像人们分析文学文本一样。叙事研究者也时刻注意到要超越叙事本身，并牢记一个问题，即文本的精读如何能在更概念化的层面上增进知识和理解。因此，叙事研究的解读是以一些概念框架的研究问题为指导的；被研究的某个人（或某类人）为这种基于理论的调查研究提供了一个实例。

我的分析首先考虑到，这可能是一个关于抗逆力的故事（最初的研究问题）。我认为特蕾莎的故事更多的是关于经历创伤和丧失后的转变过程。我认为特蕾莎并没有恢复到以前的功能水平，尽管她曾经尝试过这样做。相反，她对失去的反应是一种重生的感觉。因此，我把我的分析框架建立在抗逆力的概念上。这个概念起点与我的同事们的起点不同。

在将我的发现与同事们的发现进行比较时，我尤其关注我们每个人都发现的关于特蕾莎的重要"事实"。因此，我简要总结了我的分析要点，以便将它们与其他人在解读中强调的内容进行比较。我的分析主要集中在三个主题上，我把特蕾莎应对最初所说的"非常不幸"的事件建构为几种张力。这些张力涉及她青春末期发展任务的交互点，即在失去一个定义她一生身份的梦想的同时，形成一种身份认同。

第一种张力聚焦特蕾莎的身份转变，以回应她之前将自我定义为"声音"的丧失。

第二种张力涉及特蕾莎有关思维和情感的经验，以及她如何平衡或交织两者。尽管她专注于自己的认知力，以便应对降临在她身上的悲剧，但她那个未被充分叙述却被凸显的自我仍然存在着周期性的情绪失控。思维和情感的联系是特蕾莎经历的一个核心方面，当情感威胁要压倒她时，她通过坚定地运用逻辑和冷静来应对威胁和丧失。

316 我讨论的第三种张力与她和他者相处的经验有关。尽管特蕾莎认为自己在应对死亡和功能丧失的反复威胁时基本上是孤独的，但她必须生活在一个由他者组成的世界里。尽管采访者想探究来自他者的社会支持如何帮助她应对困难，但特蕾莎拒绝了这个想法，而是强调自己对于寻找重塑自我和应对丧失的解决办法的内在努力。在我的分析中，我论述了她生活中的他者如何在反映她不断变化的身份定义方面扮演着复杂的角色，以及在更深的心理层面上，他者似乎表达了她自己无法忍受的情感。

为了尝试从整体上描绘特蕾莎应对悲剧丧失的方式，我接着探讨了这些张力是如何相互联系的。我认为特蕾莎的理智优先和情感疏远与她在应对过程中对他者的利用有关。我试图证明，她在保持冷静的同时，也能在他者身上找到更具破坏性（"吓坏了"）的感觉。这一过程本身与她对重生和转变的叙述有关。对特蕾莎来说，身份与她对他者的唾弃是密不可分的：她以歌唱者的身份反对父亲，而她以心理学者的身份唾弃那个拒绝了她的音乐界。她的情感生活，尤其是她的愤怒在人际关系中产生，对她的身份产生重要影响。

因此，我的分析不仅仅是为这些张力命名，更要试图详细说明它们是如何交织在一起的。我也关注这些过程如何助益于对相关概念的探索。正如克拉克浩恩和亨利·默里那句名言，每个人与其他人都是一样的，与他人有相似的地方，也有一点都不像的地方（Kluckhorn & Murry, 1953）。每个人都像特蕾莎一样拥有一个强大而有意义的人生故事。这些故事如何在社会科学中启发我们，并帮助我们了解他者的真实情况？如何解读访谈文本，从而引出有关人类经验的新的有趣问题？

特蕾莎的故事是一个"未完成"的故事，其结局尚未可知，因为她持续受到其他癌症的威胁，并继续处在平衡自己的智力/学术和音乐自我的过程中。正如巴赫金所说，每一个故事都指向未来，并具有改变的潜力（Bakhtih, 1981）。特蕾莎对人生中这一"非常不幸"的事件给她的生活带来的影响做出了什么评估，她对于自己如何应对这件事有什么看法？

我提出了我的分析，作为理解上述情况的一种途径。然而，对于对此进行重新设计和修改的可能性，我保持开放的态度。

317　　当我将自己对文本的解读与同事们的解读进行比较时，我最感兴趣的是：我们每个人都认为我们了解特蕾莎，以及清楚我们对她的了解对于理解或进一步研究抗逆力和创伤可能产生什么影响。他们的方法得出的结论或解释是否与我的相似或截然不同？在我们希望阐明的方面，我们的目标和意图是否有所不同？我们的"方法"是否殊途同归？

　　我对特蕾莎的叙事解读在重点和形式上都与其他的解读不同。与我的同事相比，我更感兴趣的是对文本进行质疑，把寻找内部对话作为发现概念的一种方式，从而对理论进行扩展或批判。一般来说，叙事研究者主要关注的不仅仅是主题，而是主题之间的相互关系。在我看来，凯西、弗雷德和琳达三位学者以比我更线性的形式复述了特蕾莎的故事，而我更感兴趣的是故事中的张力和内在矛盾、隐藏的潜台词、隐藏在表面之下的可能性，以及元素之间的相互联系。我认为，叙事方法聚焦文本中的分层意义，区分叙事的结构和叙事的内容，与心理经验的心理动力学模式（我个人的理论基础）非常吻合。当然，其他合适的分析方法也是存在的。

一、现象学心理学与叙事研究

　　叙事研究广泛运用现象学的文本解读方法，试图发现生命经验对叙事者的意义。与现象学家一样，叙事研究者从对访谈和文本的高度共情入手，试图从他/她的角度来看待个人的经验世界，把他者与我们联系起来。我们旨在理解他者经历的内在构成，这个过程也总受到我们共同创造的意义模型的影响。虽然我们认识到，我们永远不可能完全了解另一个人，但共情是以联结为前提的。同时我们也认识到，自我和他者之

间的密切关系提供了一个更深层次、更清晰地了解他人的机会。共情成
为一种关注现实世界的态度，其基础是努力将自己与现实世界联系起
来，而不是与现实世界保持距离（Buber, 1965；Josselson, 1995）。现象
学和叙事研究共享了关于主体性和经验的哲学传统和假设世界。

　　然而，叙事并不是对事实的记录，也不是对事物真实状态的记录，
而是对一个意义创造系统的记录，这个意义创造系统是从大量混乱的感
知和生活经验中产生意义的。叙事研究者仔细解读表面的和潜在的意义
（Josselson, 2004），但也许没有弗雷德的论证那么精细。弗雷德对特蕾
莎生存危机的共情、唤起和抒情演绎，使我们非常接近构成她创伤和抗
逆力经验核心的"本质"，因为他试图提炼、放大和重新呈现她的一系列　　318
感知和经验。

　　叙事研究者注意到，任何叙事都只是一种叙述，一种可以通过多种
方式讲述的故事式经验。（事实上，我们留意到，特蕾莎书面和口头讲
述她的故事时有所不同。）过去的意义是由现在构成并存在于现在的
（Josselson, 2009），而叙事是为听众产生的。特蕾莎可能会把她的故事
告诉她的治疗师，她最好的朋友，或为这次任务而访谈她的同学，但每
个故事都可能不尽相同。她现在说的与三年前或三年后说的也会不同。
叙事研究者在考虑叙事的意义时考虑了叙事语境。在寻找"本质"的过程
中，弗雷德的现象学描述中并没有考虑这些。

　　弗雷德的方法是把访谈问题从文本中去掉，只考虑特蕾莎的话。这
样做就忽略了一个事实，即上帝对特蕾莎的重要性是由采访者引入的。
特蕾莎相当清楚地说，这并不是她思考自己经历的背景因素。事实上，
她自称是不可知论者，但弗雷德强调灵性以及她和上帝的错综复杂的关
系。我想，如果不是采访者提问的话，特蕾莎可能连上帝都没提过。然
而，她确实提到了她对许多宗教的解读，这暗示了她尚未解决的灵性追

求。我认为弗雷德在这里的分析放大了灵性体验，即他称为"富有想象力的"解读的精神体验，它很可能与特蕾莎存在于这世界的感觉方式一致。值得称赞的是，他详述了他的解读基础，并承认自己可能进行了"富有想象力的变形"(imaginative variation)。

弗雷德提供了许多旨在表达特蕾莎生存困境本质的图像，他把特蕾莎的故事写成了一篇赞扬生命的经典颂词。我也钦佩特蕾莎，但我可能比弗雷德更关注她的内心挣扎和矛盾的一面，这可能反映了我作为一个心理动力学导向的临床心理学家或是一个对经验和生活故事的多元性感兴趣的叙事学家的定位。这一直是一个质性研究作为解释性研究工作所面临的挑战。我们能尽力做好的就是定义我们的理解视域。

二、建构主义扎根理论与叙事研究

凯西·卡麦兹和弗雷德里克·沃茨一样，用自己的语言来戏剧化特蕾莎的痛苦，对文本进行了富有诗意的叙述。我尽力贴合特蕾莎的原话，只是为了概念化或论述我与文本的关系，或我在不同层次的分析中对文本的解读。

319　　凯西的解读聚焦重建自我统一体的两端，即丧失自我和重获自我。她强调促成丧失自我的境况，以及实现意向性自我重建的必要条件。我更关注身份的丧失，这反映了这些术语在心理学中的运用方式。心理学在试图区分"自我"和"身份"这方面有着悠久的历史(Lapsley & Power, 1988)，这种区分在社会学上也许没有那么麻烦。我认为凯西用自我(self)这个概念和我用身份(identity)这个概念很像。凯西在详细描述特蕾莎自我的丧失和重获时，把这些过程分解成几个部分，从接纳和告知坏消息、吸取过去的教训，再到学会面对不确定性。我不反对凯西的分析，但我发现这是一个非常详细的描述，从这种分析中可能产生新知识。我想，我比凯西更感兴趣的是，"丧失的"自我仍然存在于"重获的"自我中，所以我不会在概念上把它们描绘成一条线。虽然不是所有的叙事研究者都是按照心理动力学或自我心理学的框架来思考的，但我确实是这样想的。此处阐明的不同或许反映了一个差异，即扎根理论中的出发点是相对非理论性的，而叙事研究则允许更多理论的嵌入。

凯西提出了一系列研究问题，她开始探索：什么是丧失自我？它与破坏的自我和改变的自我有什么关系？哪些经历导致了自我的丧失？丧失自我的人如何找回有价值的自我？她通过使用与这些问题相关的她自己的话语和特蕾莎的话语来详述特蕾莎的痛苦和焦虑，从而提供了一个抒情的和引发联想的反思。然后，她用盖尔的经验（一个我没有采用的访谈资料）来展示自我丧失和自我断裂之间的对比。事实上，特别是在创伤方面，区分"丧失"的自我和"断裂"的自我，在理论上可能是非常有价值的。我特别赞赏凯西对特蕾莎努力面对不确定性的关注。我也试图讨论了自我状态波动的问题。

三、话语分析与叙事研究

作为一名叙事心理学家，我的目标是理解个体，而琳达·麦克马伦则强调通过话语理解社会建构的过程。她的重点是特蕾莎如何定位自己与他人的关系，这个主题我也探讨过，而且通过不同的途径得出结论。我们都注意到，特蕾莎在强调自己的能动性和应对问题的能力时弱化了他者的作用，但我们从不同的假设和目标出发，并对差异作出了不同的解释。

琳达对于特蕾莎的"工具"（她的声音）和"工具性"之间的关系的论述　320
引起了我的兴趣，我发现这是一种具有创造性和富有成效的分析方法。这种想法使得她去询问特蕾莎可能会采取什么样的社会行为，并得出结论，即她的叙事表现，在一定程度上有助于"强调自我，弱化他人"。重要的是，琳达说："我认为我的分析并不是在证明特蕾莎是一个'自我强调者'，而是在证明这种特质是通往抗逆力的路径……更确切地讲，我认为这种行为的不同之处在于，它服务于特定的目的，利用特定的文化和历史上的话语，并在生成访谈资料的特定语境中产生各种各样的社会后果。"我明白这意味着琳达的目标是探索能动性以及能动性的增强是如何被社会建构并在这种特定背景下产生社会后果的。我和琳达看到了类似的现象，但我们将这一现象与不同的概念背景联系起来进行解释。我同意特蕾莎强调她的工具性和能动性，她认为要为自己的生活负责，不依赖别人，不管怎样，别人对她来说都不太可靠。作为一名对关系互动感兴趣的心理学家，我关注的是，特蕾莎如何将她的内在经验和别人对她丧失的反应联系起来，我认为这成为她的内在心理平衡机制，将她自己无法承受的东西投射到他人身上。这也许代表了心理解读与关注特定社会行为的功能和后果的解读之间的差异。

四、直觉探询与叙事研究

与直觉探询一样，叙事研究尊重诠释学循环，根据访谈资料修改概念语境，根据概念语境的变化修改访谈焦点，再根据这些变化重构解释立场，等等。罗斯玛丽·安德森强调研究者"个人投身于资料中"，将我认为的反身性发挥到了极致，但她将其限制在一定范围内，并发挥了作用。罗斯玛丽的分析主要集中于主题 2，特蕾莎的情感和理性经验，以及她如何运用她的身体和他者来掌控这种平衡。罗斯玛丽还详细介绍了一个主题，我觉得最为有趣——特蕾莎动员他者承受她无法忍受的情感——但她似乎是通过不同的途径来实现这个主题的。

罗斯玛丽的独特之处在于，她直观地提出了一个关于疾病的概念性假设，即"镜像话语"，我发现这个假设很有意思，可以进一步在其他访谈中探索。我自己的分析很少集中在身体上，部分原因是我没有特别注意特蕾莎的具身经验，尽管它们确实非常重要。我认为，罗斯玛丽的洞见——特蕾莎会把她的愤怒归咎于她的癌症，是很巧妙的。我很感激罗斯玛丽为我指出了这一点。在我看来，这是很难发现的，并使我产生了新的想法——在我看来，这也是好研究的标志。

　　这也许是这个比较研究项目中最重要的一个经验收获：我们对访谈资料的分析很大程度上受到我们作为解读者的身份以及我们所能理解的东西的影响。不管我们的方法如何，我们强调并加以概念化的事物都与我们给研究工作带来的东西有很大关系。因此，叙事研究者经常阅读研究合作者的访谈资料，以便充分利用我们不同的敏感性，抑制对文本"先入为主"的可能性。我认为，方法只是一种区分我们洞察方式的手段，但并不能产生洞见。最后，我认为，研究只是一种对话形式，在这种对话中，我们试图详细说明并证明我们对所看到的材料的解释是正确的。尽管如此，我们中没有人对特蕾莎的看法是"正确的"，但我们都以自己的方式提供了看待这次访谈的途径，这可能会加深对人类经验的理解。

第五节　直觉探询的视角：罗斯玛丽·安德森

　　为了准备对本书各章中提出的 5 个质性分析进行比较分析，我首先阅读了所有的分析，就好像我是第一次阅读这些分析一样。早些时候，我已经准备了初稿，并听到我的同事弗雷德里克·沃茨、凯西·卡麦兹、琳达·麦克马伦和朱瑟琳·乔塞尔森在各种会议上介绍了他们的分析。然而，当我重读这些分析时，我观察到了什么吸引了我的兴趣或在

321

某种程度上挑战了我。接着，我又将每个分析读了一遍，在页边空白处批注每个人分析过程的独特性质，以及同事们的分析和我的直觉探询分析之间的共性和差异。换句话说，我开始进行比较分析，就像我准备分析一样。

最先打动我的是，这 5 个分析读起来像一个谜，好像我们每个人都发现了拼图中独特的一块。每一个分析都强调、解释和"剖析"了特蕾莎文本的不同方面。虽然分析在程序、确定的主题和解释上有很大的重叠，但在程序、主题和解释重点上也有许多不同。每一项分析也都是以一种吸引读者的方式撰写的，这种方式至少一定程度上吸引了读者，从而向读者传达了研究结果的相关性和重要性。

在下面的比较分析中，我首先描述了特蕾莎文本的现象学、扎根理论、话语分析和叙事研究分析的独特特征，然后将每一种分析与我的直觉探询分析进行比较。在这之后，我以讨论我的分析的 4 个显著特征（Anderson, 1998, 2000, 2004, 2009）作为结束语，这些特征在比较中还没有涉及。

一、现象学心理学与直觉探询

现象学心理学研究以深入分析著称，弗雷德里克·沃茨的章节对特蕾莎文本进行了全面的现象学分析。像许多现象学家一样，弗雷德热衷于词语和语言传达给人类理解的细微差别。当他打字的时候，词语似乎"飞扬"了起来。在这一章中，弗雷德详细分析了特蕾莎文本中的每一个细微差别和富有想象力的变化，并提醒读者，由于他分析文本的长度有限，他只能提供他在分析过程中所采取的步骤的例子。在这一章的末尾，弗雷德陈述了现象学研究的目的：探索"总是超越我们知识的、无穷的、多样性的，具有深度、复杂性和根本的神秘性的生命经验"。的确，就像直觉探询一样，弗雷德现象学分析的特征不可避免地指向了生命经验的基本奥秘。

引用自然世界的类比，弗雷德的现象学分析让我想起帕特里夏·安德伍德·斯宾塞（Patricia Underwood Spencer）传承下来的美洲世居民族传统中雕（eagle）和鹰（hawk）的视觉感知之间的差异（Spencer, 1990）。根据奥奈达祖先的说法，雕（eagle）通过扫描整个领域来寻找猎物，搜索整个领域内的不同模式，而鹰（hawk）看到的是一些微小的细节，比如一个移动的物体，也许是一只老鼠在草地上匆匆掠过。当我读到弗雷德的分析时，我感受到：他在雕和鹰的扫描模式之间来回移动，以便不错过任何一件事。例如，弗雷德的个人现象描述，由 55 个意义单元组成，以时间顺序呈现，似乎是扫描了整个领域，以便模式可以变得明显。随后，弗雷德详细反思了每一个意义单元。在这些反思之后，弗雷德生成了个体的心理结构，他在其中扫描这些反思，寻找模式变化，并在特蕾莎的经验中识别出亚结构的 11 个时间瞬间。弗雷德的现象学分析可以一步一步地看作是在这两种知觉模式之间交替的过程性转变。

考虑到弗雷德显而易见的全面性，我惊讶地注意到，我已经识别并使用了比他更多的意义单元（77 个），这表明，我在使用直觉探询时比我想象的更精确和更有分析性。诚然，直觉探询研究者通常并不认为自己是详细和有条理的。然而，我一直相信直觉探询的分析过程不应该被忽略（正如最初的研究者有时不愿意做的那样），因为这些过程对于直觉或创造性的解释是必不可少的，为直觉洞察力设置了一个上下文或宽敞的"容器"，以便在解释过程中"跳入"。正如我在"直觉探询"一章中所描述的，直觉通常不会在个人的意图、焦点和背景之外"自由浮动"，如果是这样，就很难解释。也就是说，弗雷德运用想象变化的方式与直觉探询过程中嵌入的想象过程有关，但也不尽相同。弗雷德富有想象力的变

323

化和解释，与资料的变化密切相关。相比之下，无论洞察力是否直接基于所分析的经验资料，直觉探询都容纳了广泛的象征性和无意识过程（见第九章直觉探询中关于直觉模式的部分），包括夜梦和白日梦洞察力。直觉探询者倾向于相信右脑的过程能唤起意象和具体的感觉，从而引导他们对研究主题有创造性的见解，并随着时间的推移，获得突破性的见解。

弗雷德的现象学分析也包含了本书其他 4 个分析甚至是直觉探询未发现的两个特征。首先，弗雷德提出了要讨论宗教甚至灵性对特蕾莎应对创伤和不断恢复过程的反应所起的作用。在现象学心理学中，有一个很长的解释传统，弗雷德关于宗教和灵性在特蕾莎文本中的作用的讨论也属于这个传统。其次，根据特蕾莎经历中所有特征的富有想象力的变化，弗雷德列出了一长串（但不是全部！）特蕾莎创伤和康复经验中的"一般"成分。然后，他将这些成分与盖尔的经历进行了比较，并建立了关于创伤和康复的可能概念的概括。弗雷德比其他任何一种分析都更深入地描述了概念化的轨迹。与直觉探询相比，我并不打算提供一套关于创伤和康复的全面概念，而是通过跟踪资料中最吸引我的模式，随着分析的继续，深入探讨如何为这个主题带来新的见解。

二、建构主义扎根理论与直觉探询

扎根理论因分析和解释质性资料而享有盛誉，这一分析和解释归纳性地建构了中层理论。凯西·卡麦兹在本书中的建构主义扎根理论分析遵循了这一传统。凯西所描述的分析编码过程是细致和多样的，进一步生成了随着时间的推移建构理论的概念类属。在阅读凯西的这一章时，我感觉到她在编码过程幕后的深思熟虑和想法，这可能反映了她对各种慢性疾病幸存者的广泛研究。在逐行编码之后，她选择把分析的重点放

324

在失去和重新获得有价值的自我这一主题上。她根据特蕾莎和盖尔访谈文本的共性和差异，全面探讨了这一特定主题。

在我看来，凯西的分析似乎为特蕾莎的经历提供了一种"环绕声"，从多个角度阐述了受访者的经历，尤其是特蕾莎的自我理解。如果我是特蕾莎，在阅读本书中的每一个质性分析时，我可能会识别自己在每一个分析中所描绘的部分。然而，我可能觉得凯西的分析与我的自我理解很吻合。凯西对特蕾莎言行的理解不会超出特蕾莎所说或暗示的范围。有趣的是，凯西是一位在社会学领域受训的社会心理学家。我们其他人最初是作为研究者或临床心理学家接受心理学领域的训练的。当我考虑到这一点时，我开始怀疑心理学家是否因为他们的偏好而被训练或选择去推断不明显或无意识的过程。凯西的分析是如此"干净"的讨论，在她的章节结束时，我发现我自己在笑自己。也就是说，我忍不住问凯西是否愿意讨论那些心理学家们认为很有趣的深层次的内在过程。

相比之下，在我对特蕾莎文本的直觉探询分析中，我扫描了一些不明确的内容，就好像直觉的洞察力是通过一个微妙的感知过程来表达自己的，这个过程有些若隐若现，或不甚明显，因为直觉探询在产生新的甚至突破性的洞察力时起着很好的作用。借用数字技术中的一个比喻，我似乎对资料分析和解释有双重关注，就好像我左脑的"线性处理器"在寻找和组织细节，而我右脑的"并行处理器"在寻找模式，包括隐性和显性的。在我的视觉和动觉知觉场域中，它们相互辉映。分析和直观的过程都嵌入这个不断的涨落中。我并不是在寻找无意识的过程本身，而是寻找那些迄今为止还没有被深入探索过的关于人性可能性的资料的方面。我寻找资料指向的轨迹。就像看着一个球被抛向空中一样，我在寻找球可能经过和降落的地方，我深知一股强风可能会吹来并改变它的路径。直觉呈现的是可能性，而不是确定性。在我看来，所有的质性分析，特别是通过直觉探询得出的分析，都提供了理论考虑和后续实证分析的可能性，而不是必然性本身。在后现代或超现代的视角下，直觉探询旨在探索资料中蕴含的可能性，以便对当前和未来事件有新的理解。

此外，虽然建构主义扎根理论和直觉探询都是建构理论的归纳方法，但我和凯西创造的理论建构却大不相同。凯西通过仔细地将资料与编码联系起来，建立了她的理论结构。相反，基于对特蕾莎文本的直观内容分析，我培养了自己的个人资源，以获得直观的洞察力，并将它们与手头的资料一起进行仔细权衡。因此，在分析和最终的理论构建中，我的发现超越了文本表面显而易见的东西，揭示了其他更隐蔽但也更清晰可辨的因素。从现象学的角度来说，分析似乎是在我和资料之间的主体间性中产生的。尽管许多质性研究者，包括扎根理论研究者，在分析和诠释过程中积极运用主体间性，但直觉探询和理论构建也自信地置身于一个自我反思、诠释学循环中，在个人洞见和资料之间来回循环。

三、话语分析与直觉探询

琳达·麦克马伦对特蕾莎文本的话语分析读起来更像侦探小说或调查性新闻，而不像其他任何质性分析。琳达专注于特蕾莎的语言在自己和他人的关系中的工具性，并遵循这一重点，循序渐进地得出结论。琳达没有探究特蕾莎使用语言作为个人特质或特征的指标，而是研究特蕾莎的话语功能对创伤和复原的作用方式。具体地说，琳达的分析认为，特蕾莎的语言能力发挥了强调自我和弱化他人的功能，这也是她应对癌症和丧失嗓音从而使生活恢复活力的努力。她所研究的是书面描述和访谈中的行为是如何表现的，以及如何满足特定的目的。在阅读琳达对特蕾莎使用语言的分析时，我不禁要反思我是如何使用语言的，尤其是在压力重重的情况下，怎么去塑造别人对我的理解，即使不是我自己的理解。由于分析的单位是特蕾莎的话语，而不是特蕾莎这个人，所以琳达的分析能够考察语言在意义的社会建构中的内在流动性和表述性。

虽然琳达的话语分析和我的探询分析对特蕾莎文本得出了不同的结论，但我们分析过程有两个方面却惊人地相似。第一，我们两个都关注那些引起我们兴趣的资料，而不是分析文本中明确和隐含的各种解释的可能性。跟随我们的注意力，我和琳达的分析都超出了特蕾莎对自己的评价。第二，虽然我没有着重关注特蕾莎话语的工具性，但我的研究发现了这一点。本质上，我的发现表明，特蕾莎的话语映射了疾病本身的性质，无论"镜像"话语是有意的还是无意的。我的分析还表明，有关身体的语言可以表达具身化感觉的方方面面，通常是对认知意识的潜意识。在我对特蕾莎和雷诺文本的分析中，我们用来谈论我们的身体和疾病的语言可能在某种程度上对疾病症状起作用。

四、叙事研究与直觉探询

朱瑟琳·乔塞尔森对特蕾莎的文本进行了叙事研究分析，将特蕾莎故事的元素编织成一幅完整的"宏大图景"（big picture）。朱瑟琳的分析结合了叙事研究的意图，使文本的无形显现和意义回归综合了各种元素，尤其是语言元素，把特蕾莎的经历写成一个有意义、有同情心、完整的叙述。我感觉到，朱瑟琳编织并重写了特蕾莎叙事的某些元素，直到她确信这一幅"织锦"在情感和概念上成为令人满意的文本描绘，包括乍一看似乎与整体不一致或不连续的叙事元素。在朱瑟琳的语言中，叙事分析本身并不是"真实"发生的记录，而是要带来"新的要素——在文本表面不存在的新要素"。她对诠释学循环的运用涉及选择性叙事元素与整体之间的此消彼长，直到呈现出丰富而多层次的阐释。用我自己的语言来说，她对特蕾莎经历的叙事分析是一个完整的整体，大于构成要

326

素的总和，甚至大于整体本身。

一般而言，叙事研究和直觉探询之间的相似度似乎比直觉探询与本书其他任何质性方法的相似度更高。在认识论上，两种分析方法都是基于欧洲诠释学传统的。在程序上，我们都利用诠释学循环，一个在文本的局部和整体之间流动的过程，然后回到具体的方面。我们分析中的差异可能不是方法论上的差异，而是我们直觉风格的差异，以及我们通过个人和专业经验为分析带来的差异。这些差异是微妙的。朱瑟琳似乎比我更关注"声音的分层（主体位置）、它们之间的互动，以及表达的连续性、模糊性和断裂性"，我将其描述为一种复杂而特殊的模式识别形式，强调意义的形成。相比之下，在我的分析中，我倾向于在特蕾莎文本中寻找结构性、错位和缺失的主题和模式，以及这些主题和模式是如何相互关联的。我对寻找缺失和相关因素的分析偏好是基于生活经验的。作为一名定量研究者，我分析数据模式中的结构成分已有 30 多年了，因此在质性资料中寻找结构、模式成分及其相互作用对我来说似乎很自然。此外，禅宗的禅修教会我观察对象与事件之间的间隙，它有时在西方被称为"负空间"，以使心灵摆脱先入为主的观念，在日本美学中，这种做法被称为"ma"（Matsumoto, 1988; Mellick, 1996）。随着时间的推移，我也开始将"ma"的实践应用到资料解释中。

我和朱瑟琳对特蕾莎文本的分析都强调特蕾莎故事潜在脆弱的一面。纵观朱瑟琳的分析，她作为一个心理动力学取向的心理学家（习惯于听到个人悲剧的叙述）的过往经历，似乎使她更容易地选择有助于她分析的叙述元素。例如，她注意到特蕾莎对癌症复发缺乏情感，她把悲伤和忧虑放置在她周围人的言行中，这两者之间形成了鲜明的对比，这在特蕾莎不寻常的陈述中所说的她自己可能会"屏住呼吸直至死亡"的话语中体现出来。我对人类脆弱性和对人类苦难的敏感性来自沉思自己的个人苦难和世界的苦难。和朱瑟琳一样，我也注意到，特蕾莎用她周围其他人的行为和情感来反映她自己的情感，而不是自己公开表达情感。此外，我的分析描述了反向镜像中隐含的脆弱性。这一反向镜像存在于特蕾莎的话语与投射出的愤怒之间。她的话语是关于冷静的逻辑、情感与身体知觉的麻木的。她投射出的愤怒在之后她对癌症症状的描述中体现出来。作为一名圣公会牧师和一名超个人心理学学者，我也听过许多关于复原和转变的故事。通常在这些故事中，挑战和"缺失的部分"——在这两者之间，类似 ma 的瞬间——传达出复原和转变的最大潜力。因此，我倾向于寻找特蕾莎文本中不连续或缺失的方面，这些方面可能指向解决和治愈。

五、直觉探询的独特性

当然，我对直觉探询很有热情——我开发了这种方法！也就是说，我对特蕾莎文本的直觉探询分析的与众不同之处主要在于它自身的一些独创性发现。我很高兴我的分析显示了直觉的力量，让我对这个话题有新的见解。正如我在关于直觉探询的一章中所指出的，这种方法的主要目的之一是在任何一个研究主题上获得突破性的见解——而这是正在发生的事情。

对特蕾莎文本的直觉探询分析确定的几个主题也是本书的一个或多个其他质性分析中确定的主题。具体来说，务实和冷静地运用理性和逻辑作为应对策略（主题 1），情感"封闭"（主题 2 的第一部分），从"没有朋友的胖女孩"到具有愤怒、解脱和感激之情的自我的转变（主题 3），以及他人表达的强烈情感（主题 4），或多或少都在其他人的分析中得以体现。然而，我的分析在两个重要方面也很独特。第一，我在主题 2 中关注身体麻木和情感疏离。特蕾莎反复描述她对身体的感觉或身体的某些

328

部位（包括肿瘤）感到麻木。第二，在主题 5 中，未分化癌被描绘成凶险的癌症，我留意到特蕾莎把她的癌症描述成凶险的癌症，也许她从其他人那里听到了关于其快速增长的本质的说法。然后，我将主题 1、主题 2 和主题 5 联系在一起，提出一个总的主题，即在特蕾莎运用冷静的逻辑、对情感和身体知觉的麻木以及对未分化癌症（凶险的癌症）的躯体话语（Somatic Discourse）之间进行的反向镜像。

除了分析结果外，我对特蕾莎文本的直觉探询分析有两个特点，它们与我在其他比较中没有讨论过的其他文本有所区别。

第一，虽然许多质性方法需要特定形式的资料分析，但在直觉探询的周期 3 中，可以使用各种各样的分析程序作为资料分析的基础。在周期 3 中，资料在研究者解释之前以描述性的形式呈现。迄今为止，直觉探询者主要依靠主题内容分析、参与者画像或经过仔细编辑的访谈记录进行周期 3 的分析和陈述。然而，假设本书中提出的所有质性分析程序，以及行动调查，个案研究，焦点小组，民族志的、启发式的、参与式的研究的程序，都可以用于周期 3 的资料分析。我知道有两位研究者目前正在将周期 3 中的建构主义扎根理论的分析编码程序整合到直觉探询的 5 个周期的整体框架中。

第二，也是最重要的一点，我认为直觉探询是一种潜在的诠释学，这反映了它在超个人心理学和人文主义心理学领域的历史渊源。作为一种潜在的诠释学，直觉探询指出了通过人类生命经验和参与世界而形成的未知能力，亚伯拉罕·马斯洛的《人性能达到的境界》(*The Farther Reaches of Human Nature*)就是一个很好的例子；在认识论和方法论上，潜在的诠释学补充了信仰的诠释学，它起源于保罗·利科的著作；怀疑的诠释学(hermeneutics of suspicion)起源于卡尔·马克思和西格蒙德·弗洛伊德的著作。这三种诠释学模式对研究实践都是必不可少的。当

然，在历史上，潜在的诠释学是世界上许多哲学、神学、灵性和心理学 329
伟大思想家的作品所固有的。举几个例子，现象学和存在主义哲学家埃
德蒙德·胡塞尔、索伦·克尔凯戈尔（Soren Kierkegaard）和莫里斯·梅
洛-庞蒂，存在主义心理学家路德维希·宾斯旺格和梅达特·鲍斯，哲
学家阿尔弗雷德·诺尔司·怀特海（Alfred North Whitehead）和过程神学
家查尔斯·哈特肖恩（Charles Hartshorne）和大卫·雷·格里芬，哲学家
和诗人欧文·巴菲尔德（Owen Barfield），存在主义神学家马丁·布伯
（Martin Buber）和卡尔·蒂利希（Carl Tillich），伊斯兰教学者阿加扎里
（Al Gazalli）和亨利·科尔宾（Henri Corbin），心理学家威廉·詹姆斯，
以及超个人心理学家亚伯拉罕·马斯洛和安东尼·苏蒂奇，都指向人性
中未知的潜力——还有什么东西有待被发现或揭示出我们是什么样的人
类。相反，在寻找共同的特征和可重复的发现时，许多心理学研究只停
留在对过去的重复上，而很少注意到人类经验中产生的新生潜能。当主
张一种潜在的诠释学时，直觉探询欢迎人们对当下可能发生的事情进行
直接的探索和关注。现在才刚刚起步的事情可能会在不久的将来变得司
空见惯。现在不寻常的情况可能会遇到来自未来的挑战。虽然潜在的诠
释学明显适用于直觉探询，但它促进了一种新的科学话语的发展，这种
话语探索人类科学研究和学术的所有途径的现在和未来。

第六节　分析方法的异同

对5种质性研究传统的分析实践特征进行比较，有助于我们厘清它
们之间的异同和联系。这5种方法有着共同的思想根源，在实践中相互
重叠。它们可能被比作父母相同、相貌相似的家庭成员；但每一个都是
独特的，有其独特的风格，以自己的方式分析，并采取不同的方向。更

复杂的是，这些研究传统都不是一成不变的。我们在对每种方法的一般描述中了解到，每种方法的应用方式存在差异，本书中的每个研究者都使用现象学心理学、扎根理论、话语分析和叙事研究方法中的一种。最后，即使在这些子传统中，每个研究者都有自己的个人风格，并以自己独特的方式使用了子传统。我们试图承认和解释每个研究者的个人价值观、研究风格和表达方式。比较得出的最重要的结论是，这些方法之间有很多共同点。我们下面会重点谈一下共同点，虽然 5 种质性资料分析方法也有很多差异。

330

第七节　重大共性

每一位研究者，在用自己的方法与他人进行比较时，都注意到了显著的共性。在很大程度上，也许令人惊讶的是，这 5 位研究者，遵循他们各自的传统，分享了关于人类的重要观点。人类是语言意义的创造者，在复杂的情境中处于不同的地位。人类的表演是多方面的：创造意义，塑造世界；它们同时体现在认知、实践、情感、人际、社会、文化和时间上。人从来不是一个"完成的事实性的东西"，人有超越实际的潜力，能够创造性地改造自己。一个人，与文化中的其他人有着千丝万缕的联系，同时也是一个塑造自己的生活方式的代理人。这 5 位研究者不仅分享了人的基本概念，而且这 5 种传统的创始人和集大成者也系统地阐述了这一概念。此外，一个强有力的主张是，即使这种理解并不总是反映在过去大师级的质性研究者的理论中，如弗洛伊德、詹姆斯、马斯洛和科尔伯格，在他们进行的具体分析中，这种人的形象也是含蓄的和可操作的。这种对人的看法不仅限于心理学，而且在人类科学各学科的质性研究者对"一个人是什么"的共同认识中也得到了深刻的认同。

　　这 5 位质性研究者在对人类的研究中都非常重视言语，包括书面语和口语，正如质性研究的先驱们在实践中所做的那样，正如人类科学方法论学者在他们的著作中明确推荐的那样。这 5 位研究者都是从对研究参与者的口头表达的开放阅读开始分析的。如前所述，弗洛伊德称这种态度是"均匀地分散注意力"。科尔伯格报告说，在进行任何具体的分析程序之前，他阅读了采访记录。这种共同的说话方式和更普遍的人类表达方式被欧洲大陆传统中的哲学家们所描述，这些哲学家遵循狄尔泰的传统，狄尔泰强调了人类科学研究的基本实践——理解（Versteher）。

　　质性研究者试图理解参与者的语言表达，促使他们从整体上阅读口头资料，并敏感地区分这些语言资料的各个方面。在理解的基础上，研究者们都关注资料的内部组织、内容、意义建构的方式，以及与资料产生的直接情境和更大的生活历史文化背景等多重语境的关系。这些语境为研究者批判性地理解分析中使用的文本提供了重要的参考点，这些文本本身也可能在分析中被采纳。一个在整体和部分之间来回移动的理解过程，被称为"诠释学循环"，它似乎是跨多个个体实践、系统和质性研究传统的基础。

　　所有 5 位质性研究者都亲自参与了文本的创造。每个人都借鉴了自己的人生经验和意义，这些经验和意义与参与者的表达方式产生了共鸣。研究者以一种相互关联的方式理解了书面描述和访谈中呈现的主题。虽然质性分析涉及研究者的参与和主题的关系，但它不是一个任何事情都要进行的投射测试。在他们的阅读、理解和分析中，研究者不仅对参与者感同身受，而且以个人的方式回应了她，也将她视为有独立意志的他者（other）。研究者在研究参与者的话语和意义时，退后一步，保持一定的距离，对参与者构成、组织和生活的方式感兴趣。通过这种方式，这些质性的方法是基于资料的，从根本上讲是经验性的，它们的结

331

果是浮现出来的，而不是投射或强加的。分析的所有产物——描述、诠释和理论——都是以它们不断引用的另一个人的文本表达为参照的。这种浮现性知识（emergent knowledge）的质性原则是一个基本的、统一的原则，它保证了质性研究的结果具有证据基础。在最后一章中，我们将进一步探讨质性研究实践的这些统一基础，以及这些方法的不同之处。

第八节　下一章内容提示：参与者的分析经验

在这一章中，我们深入研究了 5 种研究质性方法的结构，以及 5 位经验丰富的质性研究者的情感和风格。对质性研究中具有相互替代性的哲学、目标、选择、程序、发现、情感和写作风格进行了阐释。这种探索是建立在另一个人的资料和生活情境上的，我们称她特蕾莎，她毕竟不是虚构的，而是一个真实的、活生生的人，是这个项目的参与者（participant），她的生活与这些分析有关，并且被理解为与这些分析有关。读者可能会很好奇，正如我们报告这部著作的专业会议上的听众一样，参与者本人（特蕾莎，真实姓名为艾米莉·麦克斯帕登）将如何回应这些基于她所写和所说的关于她的生活的分析，她将如何看待这些研究者的工作，这是下一章的主题。

[本章译者：钟晓慧、丁瑜、张文琪、郑静、连宏萍

本章校对：朱志勇（原书第 304～314 页）]

332

参考文献

Anderson, R. (1998). Intuitive inquiry: A transpersonal approach. In W. Braud & R. Anderson, *Transpersonal research methods for the social sciences: Honoring human experience* (pp. 69-94). Thousand Oaks, CA: Sage.

Anderson, R. (2000). Intuitive inquiry: Interpreting objective and subjective data. *ReVision: Journal of Consciousness and Transformation*, 22(4), 31-39.

Anderson, R. (2004). Intuitive inquiry: An epistemology of the heart for scientific inquiry. *The Humanistic Psychologist*, 32(4), 307-341.

Anderson, R. (2011). Intuitive inquiry: The ways of the heart in human science research. In R. Anderson & W. Braud, *Transforming self and others through research: Transpersonal research methods and skills for the human sciences and humanities*. Albany,NY: State University of New York Press.

Bakhtin, M. M. (1981). *The dialogic imagination*. Austin, TX: University of Texas Press.

Berger, P. L. (1963). *Invitation to sociology: A humanistic perspective*. Garden City, NY: Doubleday.

Berger, P. L., & Luckmann, T. (1966). *The social construction of reality: A treatise in the sociology of knowledge*. Garden City, NY: Anchor Books.

Bergson, H. (2007). *An introduction to metaphysics*. New York: Palgrave Macmillan. (Original work published 1903)

Blumer, H. (1969). *Symbolic interactionism: Perspective and method*. Englewood Cliffs, NJ: Prentice-Hall.

Buber, M. (1965). *The knowledge of man*. New York: HarperCollins.

Burr, V. (1995). *An introduction to social constructionism*. London: Routledge.

Charmaz. K. (1991). *Good days, bad days: The self in chronic illness and time*. New Brunswick,NJ: Rutgers University Press.

Charmaz, K. (2006). *Constructing grounded theory: A practical guide through qualitative analysis*. London: Sage.

Charmaz, K. (2009). Shifting the grounds: Constructivist grounded theory methods. In J. M. Morse et al. *Developing grounded theory: The second generation* (pp. 127-193). Walnut Creek, CA: Left Coast Press.

Clarke, A. E. (2005). *Situational analysis: Grounded theory after the postmodern turn*. Thousand Oaks, CA: Sage.

Clarke, A. E. (2006). Feminisms, grounded theory, and situational analysis. In S. Hess-Biber & D. Leckenby (Eds.), *Handbook of feminist research methods* (pp. 345-370).Thousand Oaks, CA: Sage.

Clarke, A. E. (2009). From grounded theory to situational analysis: What's new? Why? How? In J. M. Morse et al. *Developing grounded theory: The second generation* (pp. 194-235). Walnut Creek, CA: Left Coast Press.

Crotty, M. (1998). *The foundations of social research: Meaning and perspective in the research process.* London: Sage.

Frank, A. W. (1991). *At the will of the body.* Boston: Houghton Mifflin.

Glaser, B. G., & Strauss, A. L. (1967). *The discovery of grounded theory: Strategies for qualitative research.* Chicago: Aldine.

Griffith, D. R. (1988). *The reenchantment of science: Postmodern proposals.* Albany, NY: State University of New York Press.

Hansen, E. C., Walters, J., & Baker, R. W. (2007). Explaining chronic obstructive pulmonary disease (COPD): Perceptions of the role played by smoking. *Sociology of Health and Illness,* 29(5), 730-749.

Josselson, R. (1995). "Imagining the real": Empathy, narrative and the dialogic self. In R. Josselson & A. Lieblich (Eds.), *Interpreting experience: The narrative study of lives* (Vol. 3, pp. 27-44). Thousand Oaks, CA: Sage.

Josselson, R. (2004). The hermeneutics of faith and the hermeneutics of suspicion. *Narrative Inquiry,* 14(1), 1-29.

Josselson, R. (2009). The present of the past: Dialogues with memory over time. *Journal of Personality,* 77(3), 647-668.

Kluckhohn, C., & Murray, H. A. (1953). *Personality in nature, society, and culture.* New York: Knopf.

Kuhn, T. S. (1962). *The structure of scientific revolutions.* Chicago: University of Chicago Press.

Lapsley, D., & Power, C. (Eds.). (1988). *Self, ego and identity.* New York: Springer-Verlag.

Mathieson, C., & Stam, H. (1995). Renegotiating identity: Cancer narratives. *Sociology of Health and Illness,* 17(3), 283-306.

Matsumoto, M. (1988). *The unspoken way.* Tokyo & New York: Kodansha.

Mead, G. H. (1932). *The philosophy of the present.* La Salle, IL: Open Court.

Mead, G. H. (1934). *Mind, self and society.* Chicago: University of Chicago Press.

333

Mellick, J. (1996). *The natural artistry of dreams.* Berkeley, CA: Conari Press.

Murphy, R. F. (1987). *The body silent.* New York: Henry Holt.

Robillard, A. B. (1999). *Meaning of a disability: The lived experience of paralysis.* Philadelphia: Temple University Press.

Salander, P. (2002). Bad news from the patient's perspective: An analysis of the written narratives of newly diagnosed cancer patients. *Social Science and Medicine,* 55,721-732.

Schutz, A. (1970). *On phenomenology and social relations: Selected writings.* Chicago: University of Chicago Press.

Spencer, P. U. (1990, Summer). A Native American worldview. *Noetic Sciences Review,* 14-20.

Strauss, A. L. (1969). *Mirrors and masks.* Mill Valley, CA: Sociology Press. (Original work published 1959)

Weber, M. (1949). *Max Weber on the methodology of the social sciences.* Glencoe, IL: Free Press.

Wood, L. A., & Kroger, R. O. (2000). *Doing discourse analysis: Methods for studying action in talk and text.* Thousand Oaks, CA: Sage.

第十一章

参与者回应

　　在很多心理学的研究项目中，参与者都有机会收到并阅读最后的报告。传统而言，研究者很少通过联系研究参与者，询问他们的意见进行后续跟进，更不用说在发表中呈现这些意见了。质性研究的发现可能是高度个人化的，常常包括引用参与者的原话来支撑的解释，在这些解释中，参与者很容易将自己辨识出来。有些类型的质性研究开始特意将参与者引入研究过程，甚至让他们参与到研究评估和形成发现的过程。在行动研究和临床研究中，参与者对研究发现的所有权和积极贡献，以及从发现中获益可能是主要的研究目标。然而，我们相信，对于质性研究者，以及普通心理学家来说，理解研究参与者如何被研究发现所影响，并回应与他们相关的发现是非常重要的。

　　鉴于这一研究项目罕见地聚焦于一个独立的个体，我们在此邀请艾米莉·麦克斯帕登（"特蕾莎"是其假名）分享了她对于我们的研究发现的回应。当她同意后，我们没有给她任何指南，鼓励她尽可能全面地、用任何她选择的方式，自由表达她的回应。我们没有改变艾米莉①最初书面回应中的任何内容。读者们可能会注意到艾米莉的叙事是按照她阅读5个分析的顺序，而不是按照我们前面章节使用的顺序进行的。我们都认为，忠实于艾米莉的经验比按照章节顺序进行呈现来得更为重要。

　　我们邀请艾米莉回应我们分析的目的并不是为了证明我们的发现是

---

① 在本章和后面的章节中，原作者运用艾米莉（名）来指代她的全名艾米莉·麦克斯帕登。虽然学术书籍通常用姓来称呼作者，但为了尊重作者的本意，本书对此不做修改。该名在本章第一次出现时使用全名，后面统一用"艾米莉"。——译者注

有效的。我们 5 个研究者都不认为参与者对基于研究的知识说法具有解释的权威。相反，我们更有兴趣将参与者的回应作为一个独立的研究主题。在最后一章，我们探讨了参与者对每一研究报告的回应的一般性意义；同时，我们处理了解释的权威问题。作为探索和讨论的基础，艾米莉·麦克斯帕登提供了如下叙述，涵盖了研究过程中她的个人经验，以及她阅读五个分析时的感想。

335

第一节　声音内外：艾米莉·麦克斯帕登

从我的角度来看，一切起始于懵懂……

在上一门关于质性研究方法的研究生课程时，我们班被布置了一份作业。我们都同意研究困境和/或创伤过程中的抗逆力现象，班里的同学们会分组并互相访谈。我们会用开放式问题开展访谈，允许访谈资料尽量丰富并有自己的逻辑（free flowing）。我们也会在与受访者描述的经验相关的事件中，关注力量源泉的主题，这些力量可能是从社会支持或精神信仰与实践中获得的。跟随着以上基础性说明，我们就开始做了。我和合作伙伴花了一个下午来进行访谈、录音，后来又逐字转录，交给了班级。我们作为一个班，会选择一个特定的访谈资料来开展分析。

就像我之前说的，非常懵懂。

我没花多长时间就决定了要为访谈描述的创伤性事件。我不知道是不是其他人都觉得很容易，我非常希望他们不这样觉得。相反，我情愿认为大家努力思考也发现不了什么创伤性的经历。在访谈过程中，我发现自己第一次袒露了那么多信息，找到了自己能找到的、最恰当的词，描述我从不曾表达过的事情。虽然被访谈的经历丝毫没有困扰、打击我，或造成不可忍受的不适，但事实证明，这段经历还是产生了比我想象的更大的影响。当我们班选定我的访谈作为整个班分析的资料时，除了我的访谈者，其他同学并不知道访谈的是我。直到选择尘埃落定，匿名的问题才被提出，即我是否愿意，甚至是否能够在此后的课程中保持匿名。不匿名可能会有帮助，例如，我们的教授和班里同学们可以向我提出进一步的问题，以便获得原始资料的更多情境。于是，我发现这是自己第一次为处理匿名这一问题而纠结，尽管这并不是困难的问题。我很渴望帮助大家，我从未发现解除匿名有何不适，即便这意味着要在同伴面前探究更深入更痛苦的个人记忆。我觉得这是一个罕见且令人兴奋的机会。

首先，如果解除匿名，我就帮助同学们理解并开展了质性研究，我认为这是无价的。其次，我能够分享我这段古怪的经历，是因为我希望：假如我是一个面对创伤成功展现抗逆力的例证，其他人可能会看到我是如何应对的，并从中汲取力量，以应对他们自己生活中的风暴。最后，我发现自己不得不以一种非常个人而又公开的方式，面对与创伤经验事件相关的许多议题。这是一个挑战，不过我逐渐认识到这个挑战是非常令人满意且影响深远的。邮件沟通先是在我们的教授、我的访谈者和我之间展开，他们期望确保我足够舒适以便公开讨论我的经验。后来，（在我的同意下）我们给全班同学发了一个邮件，说明这是我的案例，我也愿意公开讨论访谈资料的相关问题。从那开始，我们有两至三次课堂讨论，我不仅回答了访谈资料中的问题，也回应了班级同学们的初步分析，甚至讲述了我在课堂上作为一个"在讨论中心的参与者"的经验。

在课堂项目的过程中，我始终能够轻松地回答来自班级同学的个人问题，讨论从资料中浮现出来的个人关系的议题，我没有一次觉得事情变得太困难或太私人化以至于不能够继续参与。在课程结束时，我发现自己对这整个的经验是满意的，我很高兴有这样一个机会运用创新的方式去审视自己。当我得到参与这一项目的邀请时，就好像我预料到会发生什么似的。然而，基于这一项目的独特性质，以及发表、对发现的展示，可能带来的影响，风险自然更高，从我的角度也值得更认真地考虑。毕竟，这不仅是一个课堂作业。

从讨论这一项目开始，我和沃茨博士一直都有一个考虑，希望我不要因自己的学生身份而觉得不得不参与。参与不是为了给我的教授帮个忙以便让他对我有个好的评价。诚实地说，我从来没有感到任何胁迫或压力。在最初做决定的时候，我脑中曾经闪过假想拒绝的念头，但这个拒绝更像是一个练习，而不是我真正会选择的倾向。当我这样想的时候，我发现自己立刻很后悔，即便我只是在想象之中拒绝了这次参与。我怎么能放弃这样一个难得的机会呢？我不仅可以作为一名学生，而且可以作为参与者，参加这么棒的项目。我个人很好奇，想看看事情如何发展，分析之间究竟有什么不同或链接，以及我的故事是否做出了什么贡献。很快，我便同意了，并且全情投入。既然我先前课堂作业的经验，以及与我们的教授——弗雷德里克·沃茨的互动是非常有收获的，我便很渴望参与到他向我描述的这个新的机会中，并且我的原因还是一样：促进研究，有可能帮助其他寻求理解抗逆力的人，或是通过审视探索自身的创伤性经历，再次挑战自己、促进自我成长。通过知情同意的过程，我明确知道，这一项目会让几位有经验的质性研究者对我先前转录好的访谈资料进行分析，且这些研究者将各自使用不同的方法。我也被告知，在他们分析完成时，我会有机会阅读并回应这些分析（如果我选择回应的话）。这些分析和我可能的贡献最后有可能结集发表。最重要的是，我被告知，在整个过程中的任一时刻，我都可以选择停止这个研究，我的资料始终归我所有，并且我对此的舒适与否是最为重要的考

337

量因素。

　　随着时间的流逝，我自然而然地对分析究竟什么样感到越来越好奇。先前的课堂练习是一个公开的论坛，我们实时、自由地讨论这些资料。这一新的情境首先让我感到不同的一点是：他们分析资料的时候我不在场；有些分析资料的人也不知道我是谁；他们可能永远不会见到我，也不会感到有义务在分析我的文字及其含义的时候表达善意。在教室里，我与同学们有一种超越访谈资料的共同情境。这一共同情境增加了我的舒适程度，但新的项目却没有这样的保护，我立刻觉得有一些脆弱。但是，随着我全情投入并展露真诚，且在过程中提供协助，这依然是一个可以忍受的情况。这并不是说我参与可以从中得到什么好处，也不是因为我被迫待在一个令自己不适的情境中。我真的是好奇，想知道分析的结果，同时我觉得很安心，因为如果我发现有任何恐怖的事情发生，我完全可以在任何时候终止这件事。我知道，退出的话，研究者们会觉得非常失望，我从参与者的角度也会受到负面影响，但我的名誉和舒适对我来说至关重要，因此如果任何时候我感到有这个需要，我都能够从项目中抽身而退。此外，我和沃茨博士有很多沟通，他不断保证：在这一过程中我的舒适度是最重要的，同时，实际上，只要我觉得需要，所有这一切都可以停止。除了对我作为研究参与者的关心，他也总是关心我作为一名研究生承担的繁重课业。并且，因为很清楚我的故事，他也关心我的健康状态，尤其当我面对日益繁重的研究生课程安排和课业要求之时。显然，他与我持续真诚的联系为我参与项目创造了极大的安全感，特别是我自始至终作为参与者的控制感。我从未感觉到，如果我叫停这个巨大的研究车轮，他对我的关心——无论是作为他的学生，还是作为一个有自己权利的个体——会减少或消失。

　　随着时间的流逝，不仅在我的自我反思中，而且在我和沃茨博士的交流中，其他考虑浮现了：有些问题我之前没想过，但当项目逐渐成形的时候，这些问题时常令我陷入停滞。例如，在我讲述故事的时候，我并不是故事里唯一的人物；我提到了很多其他人，但在最初的访谈中，对于是否想参与其中，他们可能没有太多的发言权。我选择在班级作业中揭露我的身份，但后来这一研究的情形又与先前大相径庭，在这一项目中揭示我的身份可能产生的影响显然又会更为复杂。当我知道，研究者(除了沃茨博士)在分析资料时只知道我是"特蕾莎"时，我的反应有点困惑。我发现化名虽然是一个为保护我而隐藏我身份的完全合法的手段，但同时也有一些奇怪；似乎我的经历以一种奇怪的方式被拿走给了另外一个人，一个我都不认识的人(因为我不认识任何叫特蕾莎的人)。倒不是我不能因为我的经验获得认可这件事让我烦恼，反而是认为我需要保护这一假设更让我不适，并且使用化名使得我需要在自我身份、我"自己"和我生命中的事件之间建立一定的距离。

我选择参与这一项目，很大程度上是想与这段经历更加接近、进行更深入的探索，通过阅读研究者的分析进一步以不同方式来拥有这一经验。此外，如果我要回应这些分析，我需要站在"特蕾莎"的面具之后，还是站在我自身身份的视角？从一个化名的立场来说话，虽然我知道本意是保护或解放我，我反而感到一种不真诚。我相信我能够作为特蕾莎来发言，但是我也能够感到，鉴于资料的类型和我在其中的感受，如果能够以自己的身份来说话，我能够以我觉得更自在(不会更不坦诚)的方式来言说。(如果我觉得资料太私人或有损我的声誉，或许我可能觉得运用化名更自在，但我觉得自己没有这些情况。)

另外，这还涉及在资料里提及我生活中的其他人的问题，以及他们是否愿意我在公共平台表达对他们的感觉。我第一次特别明显意识到这一议题的存在，是当我与丈夫随意提及这个项目的假设以及我在其中的参与时。某次，他突然问我有没有提到他，并开玩笑说，希望我说的都是他的好话。差不多同一时间，沃茨博士提及，我需要考虑在资料中公开父母和丈夫的潜在风险，特别要考虑我是否应该暴露自己的身份。如果我在整个过程中保持匿名的话，以上这些议题也都不太成问题，因为最终出版的作品中，我自己身份的保密将同时掩盖我父母和丈夫的身份。然而，如果我愿意完全暴露我的身份，我也需要考虑到那些和我很亲近的人，那些我在访谈资料中详细讨论的人，我也要考虑他们的想法。这样一来，这就不再是我个人的决定，而是一个共同的决定。我先向我的丈夫解释了这一情形，又向父母解释了。这又导致我的另一个选择：要不要给他们看访谈转录，这后来被证明是一个比我的想象更可怕且尴尬的局面，不仅对我而言，对他们也是如此。老实说，我从来没想过我的父母会阅读这些资料。不过，我说的这些对他们而言毫不新鲜。我在他们面前无数次表达过这些观点；唯一一个可能的问题在于我现在要向一个满是陌生人的广阔世界表露这些观点。值得感恩的是，自从第一次听说我参与这一项目，我的父母和丈夫一直都很支持我，而且都很大方地支持我表露自己的身份。有他们的支持，再加上我对远离我的资料感到尴尬，我越来越倾向于使用自己的名字，同时也感谢"特蕾莎"完成了她的部分。这当然是我的选择；我知道研究者更倾向于我采取匿名，我尊重他们在这一议题上的专业，正如他们也尊重我的选择。

当我收到分析后，我花了一些时间鼓起勇气去阅读它们。我曾很期待它们的完成，然而我真的拿到手以后又很奇怪地感到紧张。很多时候，我的顾虑不是因为担心自己会因读到的分析感到愤怒或受伤（尽管我不否认这确实存在，但这都不足以消除我的好奇心），而是由于一种真切的可能性，即我会读到超越我的安全感的分析，而这个可能性或许会迫使我退出这一研究项目。到那时，我开始非常渴望看到这些著名学者之间的合作。这是那种哪怕与我无关我也会很渴望阅读的项目。事实上，我的故事和访谈被选中，是一种荣幸；但是，我也做好准备来尊重自己作为参与者的权利和特权，当我觉得需要的时候，我也会适当远离。这就是我对这一过程而不是对项目本身的投入。我知道，作为一名研究生，最重要的是支撑起最为严格的伦理准则，尤其是面对这一敏感的议题，不管我可能觉得自己有多么厚脸皮(thick-skinned)。

这一项目的另一因素也给我带来舒适感并成为我持续参与的主要动力。在我作为研究生的不太丰富的研究经验中，我观察到一个状态，即资料分析通常并不直接对资料的被分析者(参与者)负责、无论结果是定量还是质性的。虽然质性研究方法整体上看似更在意参与者，但它们也很少建立与提供原始资料的参与者之间的对话，或者至少这样的对话不会作为报告结论的重要部分来呈现给读者。在研究伦理方面，我一直认为这是目前我所遇到的每一种研究方法中都存在的问题："汇报"(de-briefing)过程不是研究及其发现的明显组成部分，而仅仅是研究人类的科学家的正确做法中的程序性部分(procedural component)。即便是在以面对面访谈为资料来源的分析中，参与者的声音从来都隐藏在分析的面纱之下，经过或多或少的过滤才最后呈现出来。虽然我坚信，相比定量研究方法，质性研究方法以一种丰富、亲密的方式更加尊重参与者的声音，但是最为突出的声音还是来自专家或叙事者，尽管他们已经尽了最真心实意的努力让资料自己发声。然后当我认识到，这一项目将为我提供一个作为研究对象去回应分析的机会时，我感到被赋权了，这一感受超过了自我暴露带来的脆弱感。我能非常自信地说，如果我没有获得机会去回应研究者对我个人经验的分析，我可能对于自我暴露的程度或持续参与感到不适，特别是当是否匿名和我家人参与的问题出现时。

研究者可以放心的是，我是一个非常积极的参与者，哪怕需要重新经历一遍，只要这经历给我机会让我可以从那令人不适的个人创伤中得到收获。此外，我不禁想到有些人也许觉得我想从我的参与中获得一些东西，不论专业知识还是金钱，因此我被过度鼓励持续参与这个项目。诚然，稿费、出版物中的共同署名权，或者简历上的一笔，这些确实是值得感激的东西；如果匿名的话，上面列出的可能性就会缺少两项。然而，认为这些"激励机制"是我参与的主要动力，这对我来说也有点可笑。当我想到在我参与的过程中，包括与我的家人分享我的访谈，以及第一次阅读分析，我需要积攒多大的勇气时，我可以向读者保证，与所获得的相比，我好像面临更多的困境。但是我觉得自己必须参与，即便研究者们觉得匿名是必需的。重要的是，我既通过自己的资料又通过自己对分析的回应，将自己的看法给予这一项目。这不仅能促进质性研究的科学，而且也能为抗逆力研究的文献作出贡献。希望这些对于研究者和非研究者都有一定的意义。

第二节　阅读分析

当我思考如何最好地回应这一项目的分析时，我的目的绝对不是去挑战它们。我信任研究者的专业水平，他们不仅会采取尊重的方式对待我的访谈资料，而且比我更知道应该如何开展相关的研究。如果分析和我个人的观点有任何争议之处，我不认为这是对我个人的冒犯，而是对于既定段落、用语甚至词语传达意义的真诚的不赞同。除此之外，我发现自己对于资料拥有更为优先的视角，因为它们是我的，于是我比研究者们更知道我所说的话语的最初动机，这使得我对研究者的误解感兴趣，而不是将其看作对我个人的冒犯。基于此，我不觉得我是要分析自己的案例，也不是要反对这些分析，而是尽我所能，提供阅读他们分析后的反馈。

在对人类情绪和行为现象的研究中，有一个问题常被忽视：参与者如何看待这个分析？阅读分析让他/她有什么感受？他/她同意这些发现吗？此外，最终，究竟谁是权威？是研究者，还是研究参与者？研究者是通过已有的文献和科学依据来定义现象的专家；参与者是资料的来源，是生活于其中的人。一些人可能会说，这类信息与研究发现或研究本身无关；相反，另一些人可能会认为这是意义的核心。这一议题可以留待以后再辩论。不管哪种情况，读者（无论是否是研究者）阅读时常常会冒出这些问题。并且，既然研究已经完成了，我认为提供对建构分析没有影响的反馈并没有害处。

除了我作为一名提供了非常个人化的资料的研究参与者的投入之外，我自己作为一名未来的研究者，也关注这一过程，因为作为心理系研究生，我近来越来越多地了解到好的研究需要什么。于是，我希望为这些通常没有机会获得的资料贡献一些效度。如果一个分析对我来说完全不准确，我也只能说出来，只有这样才是合理的。同样，我认为自己有义务尽可能说出什么是我认为的准确的分析。奇怪的是，这很像同行评议，尽管作为一个充分知晓项目、拥有同等利害关系的参与者，我也不能算是"同行"。这显然不是一个没有缺点的方法，并且这一方法也同样可能受到偏见影响。然而，它确实是一个引人入胜的机会，以一种有趣的、全新的方式去阐明质性研究资料分析的准确性。

下面是我对呈现给我的分析的回应。我所做的这些观察基于我对分析的最初阅读，没有一个特定的顺序，我也在随后的阅读和反思中不时地加入了评论。我很自信的是，随着对分析的反复阅读，我最初的反应与我后来的观察足够一致，以致我不觉得需要改变我最初的语气或情绪。这些回应不是直接针对研究者的，尽管我不时地发现自己在思考：

342

针对研究者的这一个或那一个发现，我可能会问他们什么问题（我把这些思考也包含在我的回应中）。正如研究者所做的那样，我选择面向读者中的非研究者。我也选择了一些自然浮现在我脑海里的用词，这些词并非是我作为一名研究生，而是作为有一定教育水平的人产生的词。例如，我运用"假设"（hypothesis）这样的术语，却并不意指它在研究情境下的含义。因此，当我选择了承载研究含义的术语时，我指的是普通人理解的含义。我并不假设通过这样的方式提供给我的意见会有同等的作用，但我的确希望以某种方式对整个话语有所贡献。

一、直觉探询

这是我阅读的第一个分析。我并没有按照特定的顺序来阅读。当我阅读时，我首先感激的是研究者的坦诚——她提到在分析过程中带入了个人经验与信念。了解研究者的一些过去帮助我减轻了阅读她分析的恐惧。此外，我觉得研究者的自我暴露也是一种付出，这有益于开启新的讨论。我也对研究者表达的关心和理解表示感激，并且我在她对文本的处理中也发现了同样的感情。同时，我也惊讶于研究者所描述的发自肺腑的反应，例如研究者报告中提到的她梦到以及思考我的资料。在某一刻，我几乎是惊喜地发现自己被设定为分析的读者之一。

至于分析，我发现自己在想，如果仅仅被问起人生不同阶段的创伤，我的回答可能会大相径庭。然而，我被要求选择一个事例来详细描述。另一名被研究者讨论的参与者——雷诺，有着更为广泛的叙述范围。思考研究者所做的对比时，我花了一些时间仔细阅读雷诺的讲述，以此来提醒自己这一点。因为正如分析中所描述的，雷诺讲述的范围如此广泛，它的简洁性与我在一个截然不同的访谈情境下所做的回答形成了对比。如果我被用同样的方式问了同样的问题，我的回答也许会与他

343

的非常相似，相应地，研究者的分析也就会非常不同。

被选中的意义单元引起了我巨大的共鸣。除了将我所说的与原始语境紧密结合之外，研究者对它们的解读也体现了一种我所珍视的共鸣、同理心和理解。我确实留意到五个最初呈现的主题（否认、情绪封闭、自我转变、对他人的强烈感受、愤怒的身体反馈）和随后包罗万象的反向镜像的主题之间有一点脱节。对我而言，反向镜像这个概念有一点令人困惑，仅仅因为这如研究者所描述，似乎源自"疾病话语"。什么是"疾病话语"，只能用于疾病吗？不知为何我还是不能理解，我发现自己和资料中的这个概念有一些冲突，因为尽管疾病肯定是这个情形的核心，但在我的想法中，它所造成的困境不及其他与之混合在一起的因素。我也觉得这个说法很有趣：手术之后我处理事情的方式与患病之前不一样："随着在治疗和康复中的进展，特蕾莎描述自己的方式，在我看来，在情感上显得更加坚定和接受。"我纠结了一阵这个概念，因为它让我诧异，同时随着时间推移，我试图从我接受的概念的角度，对之进行进一步理解。从我个人来说，我觉得最大的考验就是与对疾病及其可能带来的影响的接纳作斗争，我现在在想，我是否在访谈里传达了不同的事情。我持续质疑这在我的经验里是否真正如此，尽管这肯定是一个合理的解读，我很容易理解他人做出这样的结论，也没有发现这有什么令我不适。研究者讨论的"初步的视角"（preliminary lenses）也让我印象深刻，特别是前两位研究者的："生命挑战和危机常常标志着对个人变化与变迁的需求，因此有时是因祸得福"；"躯体、心理以及精神上的意识状态代表着一个流动的连续统一体，而不是各自分开的单独的经验状态"。这些是研究者的假设还是显而易见地存在于我的话语中？这些是研究者所持的信念，还是也被预设为我的信念？注意研究者的用词："这些进入主体间性的'航班'（Wilber, 1999, 2006）为我提供了直觉的见解，否则我可能无法培养出直觉的见解"，这是否是洞察力的例证，它们是否被认为代表了我的洞见？尽管我很愿意接受它们表现出来的可能性，我承认我发现自己很难从这些视角去重组我自己的经验。如果没有别的，它们肯定引发了我的一些思考。

344

二、建构主义扎根理论

再一次强调，我非常欣赏研究者将个人经验［她之前做过职业治疗师（occupational therapist）的经历和现在在慢性病方面的研究经验］融入分析的做法。我也很高兴得知研究者的目标是"从研究参与者的角度去了解他们的想法，而不是将事先假设的结构加诸其上"，因此我感觉自己能在资料中为自己发声，而不是成为那些疯狂解释的牺牲品。同样，我对研究者能用我访谈中一句简短陈述的"力量"来带领整个分析感到很好奇与着迷，就是"我的声音没有了，我也随之而去。没有了声音，我什么也不是"。当我在访谈中说这句话时，就像是一句总结的话，有时我觉得，艺术家可能会为自己说了这样的话而感到罪过，因为它有时效果太强烈和太戏剧性了。事实上，研究者被这句话如此吸引，带给我的不仅是惊讶，也是有点满足的轻松感，因为研究者并没有觉得我那样说那句话太夸张了。

在阅读分析时，我的第一感觉是，通过分析工作对我的资料进行的"重述"（retell）是非常戏剧性（dramatic）的。开始时，我觉得对我来说太过戏剧性了，但却不能否认，这事件本身就是这么戏剧性的，因此这语气也确实是合适的，要不是我读的是自己故事的分析，我可能会对这语气感到更自在一点。以下这句话很能引起我的共鸣，我感到它捕捉到了很多："也许当特蕾莎回顾那个重要时刻的时候，时间坍塌了。也许我们目睹了一个30岁女人的自我回到19岁的样子，那是一个面对失去自己唯一且珍视的自我的女孩。"我还是觉得它对于我来说是很戏剧性的，但不是说它是夸张的或是对资料的扭曲。相反，我读的时候觉得基于我描述的情况，这种理解是恰当的。但是，结果证明，这种分析让我觉得很难读，它看起来被理想化和夸大了，或许是因为我以这么正面的方式读到了自己，而我从来都觉得被赞美是挺难为情的事。我几乎是皱着眉读到那些句子的，比如，"她求医问诊的经历显示了年纪轻轻的她控制生活的决心和能力。她与生活的不顺作斗争的决心已经显示出她的世界观"。关于我的不安，我认为那可能是我总体感觉的结果，我觉得研究者到达了一个重要的理解层面，很好地把握了我要表达的意思。读这些分析的时候，我觉得自己的用词和字句的意思都被研究者很细心地考虑过甚至感受过，研究者就像一个很关心我的朋友而不是一个做科学研究的探索者。此外，研究者是一个用心倾听的关心我的朋友。最后，"自我价值失而复得"的主题在我现在是如何看事情的这个点上非常打动我，尤其是当我经历过那些事情之后。当我正在经历失去和复得的时候我是不可能这样看事情的，当然，如果那时候就能这样看事情的话，也许就会让整个过程更好把控些。

三、叙事研究

在我看来，这种特殊的过程和分析相当直观，而且似乎与材料相符，尽管其结构不如前两种方法合理。我发现在这种分析视角下，我被看作一个讲故事的人。这很有吸引力，我仍然好奇，我的话是否会被理解为"故事"，而不是传达"事实"。毕竟，这是我的生活（life），而不仅仅是一个故事，或是小说。我不介意研究者把注意力集中在故事本身，而不是所描述的事件上，因为只有故事讲得通，事件才可能被很好地传达。所以研究这个故事似乎并不那么牵强。我注意到，这种方法"还将拥有解释的权威，以仔细记录的方式超越其字面意义和意识层面的意义"，这开始让我有点不安，因为把我所说的话诠释成超越我所说的话的东西会让我有点紧张。我说得不够多吗，还是我在字里行间隐藏了什么东西？

当我阅读这篇分析报告时，我注意到，根据研究者的说法，我生病时很压抑（supressed）。我觉得这个说法并不夸张，只是它没有完全反映出我的经历。另外，也许是研究者并没有处理那方面材料的意图，因为事件并没有像我之前读到的分析那样被考虑。对我来说，在我叙述的时候，不同的自我似乎是一种描述我对自己的看法的好方法；走出我作为一个歌唱者的经历，实际上是进入了另一个自我。与扎根理论分析不同的是，这篇分析报告从不晦涩难懂，也从不过于深奥；并不是说分析报告中的这些话都不是真的，而是说这些话似乎每一句都是我在访谈中明确说过的。换句话说，我并没有真正发现这些分析超越了我自己所说的，或者说它至少达到了我所预期的程度。在某种程度上，我很感激这篇分析报告，因为在我阅读的时候，它并没有质疑我，它尊重了我要说的话。另外，这是不是说得太好了？我感激我的故事被视为"一种存在性孤独的叙述"，我觉得这是对我在访谈中所叙述的经历的一种恰当描述，或者至少在我目前的经历中，我的抗逆力恢复过程，有时确实是一个相对孤独的经历。

尽管如此，我还是觉得我从未被要求以任何特别不同的方式来思考我的经历，好像"分析"几乎没有发生过。也许我是在寻找一个解释性的镜头来展示自己，却没有找到，或者它没有以我能认出的方式展示自己，但其他人可能会认得出。此外，考虑到我对分析的感觉，研究者对我个人的关心是有趣的。当研究者说，我在访谈中情不自禁地展现我如何"通过感知自己的情感或将情感投射到身边人身上来逃避（我）自己的

346

情感"，而且我"没有受到太大影响"地谈及我的病情及其复发可能性时，我感觉我的讲述被误解了。我确实觉得情感和这些事情有关，但正如我在访谈中所说的，我必须继续前进。每天沉湎于这些问题与情感因素——尽管它们与我的生活有关——只会让我筋疲力尽。我必须"带着感情"说话才拥有情感吗？而且，我也不需要为了使自己能与生活中的其他人有更多情感联系而故意创造某些社交场景。我的情感完全在我自己身上。除了与我的疾病相关的事情，其他人在我的生活中也扮演着他们的角色，这也为我带来了无数的情感，但我并不需要依赖其他人为我带来的这些情感，我的确能够拥有并能展示我自己的情感。

四、话语分析

"工具"和"工具性"这两个概念给我留下了深刻的印象。专注于研究者的选择不仅是适当的，而且激发了我继续阅读的热切兴趣，当我在阅读中遇到类似情形时，这些概念就引起了共鸣。但是从那里开始，对这种特殊分析的阅读变得奇怪了起来。首先，我几乎立刻感到一种尴尬。在访谈中，我真的是一个自我抬高的吹嘘者(或"自我强调者")吗？也许是这样，研究者呈现的引文似乎是在描述这类资料。当我接受访谈时，我回答了如何度过创伤的问题。依靠自己而不是别人是一个准确的表述。但是，"弱化他人"并没有足够的体现。公平地说，他人并没有真正地被贬低。在我的资料中，很明显没有其他人的行为，因为我也没有经历过这些行为。相反，分析似乎声称我夸大了其他人角色的渺小，这些角色实际上比我访谈中承认的更大。

例如，音乐学院除了一两个人之外没有人伸出援助之手。而且仅有的帮助笨拙且不是很广泛，以至于他们都与我的治疗或疾病无关。再举一个例子，我的丈夫完全不知道我在音乐世界和心理学世界这两个学习

347　领域之间的过渡所面临的大部分困难，可能是因为那段日子里我尽可能
地把这些困难自己消化了。在特定的疾病历程和遭遇的困难中，我没有
提到这些人的参与。但是我没有认识到，这可能意味着我真的忽略了实
际存在的在场和支持。是的，就我的生活从音乐到其他追求的剧变而
言，我确实感觉像是一个人在战斗，且以这种方式处理了这个剧变。因
此，在这方面，我不能说分析不对。

　　我发现，有趣的是，我的陈述应该被潜在地夸大了。音乐学院的学
生和我的声乐老师，因我的情况而难以与我互动，这是不是太不可思议
了？如果他们当时明显地存在于我的生活中，我很乐意讲述。相反，对
我而言，他们的缺席更为明显，尤其是相对于他们以前的存在而言。与
其说在访谈时我过分地贬低了他们，不如说在我生病时，他们自己将自
己弱化了。在我对事件的描述中，他们较少出现，因为在事件本身中他
们就参与较少。虽然当时确实发生了这种情况，但我也确实设法将他们
的缺席视为一种可以理解的不适。无论出于何种原因，他们在我的生活
中不再活跃或不再以其他方式出现，仍然是非常普遍的情况。简言之，
在我阅读分析报告时，我认为研究者觉得我要么是故意否认周围人提供
的支持是存在的，要么是我根本没有意识到这一点。我衷心希望不是前
者，因为我竭尽全力诚实地对待自己，并希望不会有任何欺骗。至于后
者，虽然有可能，但它并没有改变我对事件的看法：无论以察觉不到的
方式作用于我的支持有多少，我都是察觉不到的。也就是说，如果我如
此视而不见以至于错过这些帮助，从我的角度而言，我仍然无法回忆起
任何受这种误解影响的潜在的情形。此外，我提供的资料是否因为是我
自己的经历而准确无误？在我看来，研究者并不完全这么认为。这甚至
让我质疑自己，我甚至重新读了自己的访谈。

　　分析中提到的另一些内容让我直面自己。当研究者描述我对自己的

陈述时，我是否认为自己"是独特的、与众不同的，特别是有才华的"，如果是，我这样做错了吗？我认为，在我"因为自己音乐上是天才的或优于别人的而自大"这一点上，研究者存在着某种价值判断。除此之外，这是否会降低我所说的话的可信度呢？这些自我感知的问题对任何一个艺术家来说都是难以理解的。我们被告知，作为艺术家或表演者，我们一生既要骄傲又要谦虚，要寻求一个平衡，即在对卓越的追求、自我认可与他人对我们的看法之间寻求平衡。（这时我也意识到，没有一个研究者曾听过我的演唱；这对资料分析是否会产生影响？）

　　手术前，我整个生命的记忆不仅充满了音乐和唱歌，还充满了赞美和认可，这促使我相信自己比周围的人更好。除音乐方面外，没人赞美过我。实际上，这可能是我整个童年中仅有的被同伴们视为优点的特性。在我的意识中，在我恢复的那段时期里，只能疯狂地、拼命地寻找所有能占据我时间和"才能"的东西；如果我有音乐以外的东西（那时，我真的认为我没有），才能与失去的这些相媲美。所以，是的，我认为自己确实与众不同。因为我不知道还有谁做过我所做的事情，或以我的方式做事。我觉得任何人都完全有能力做我所做的事情，但是他们可能要么太聪明，要么没有受到普遍存在的死亡观念的压迫，而无法承受这么多。不同寻常？是的，我想我会说我很不寻常，并且出于同样的原因：我不知道有谁能像我一样做了这么多，我不知道有谁能拥有我的履历。有才华？是的，在癌症和手术之前有。在此之后，我以不同的形式保留了其中一些才能，所以我仍继续将自己视为有才华的人。为了取得成功，我建议音乐专业或任何领域的任何人都应该相信自己的才华。如果我最终不认为自己有其他人认可的那种才华，我不会在之后很多事情上都取得成功。因而，认可自己有才华，不仅仅是一种解决困难或创伤的方法。再说一次，我是否真正成功仍然有待观察，因为这肯定是一个

348

持续的过程。同时，尽管我对分析做如此理解，但我并不一定认为此分析旨在假设一个我已经扭曲过的现实。而且，如果使用强调自我并弱化他人的谈话有助于保持抗逆力，那么我想知道，被告知的和记住的事件的准确性，是否也很重要。

五、现象学心理学

当阅读这份现象学心理学分析材料时，我发现研究者的反思和评语与我在创伤经历中的自身蜕变过程息息相关。研究者对这一过程进行反思，同时向我展示了"有意义的世界"。不管怎样，既然这种观察来自我对事情的叙述，我好奇地想知道在作为局外人的观察者眼里，这个"世界"是何等模样。

在阅读其分析过程时，我感到自己有点儿震惊。研究者显然十分详尽地分析了我的案例，尽管如此，我的经历几乎被切分成一小块一小块作剖析，这种方式捕捉到的信息远比我最初设想的要多得多。虽然我的描述集中在自己生活经历的某个特定事件，但是我说的话真能够如此直白地揭示我这个人吗？别人真的能从我的叙述中察觉到我如此多的意向性（intentionality）吗？然后，当这些研究发现的主题向大家展示时，我听见自己在大声问："真的吗？一定要告诉我，你真的看到了吗？"我也将自己放在与资料没有丝毫私人关系的读者位置上，我想知道基于资料得出的这些研究发现是否合理。哪怕看得我眼睛疲惫不堪，我也要继续阅读，去挖掘这些主题产生的依据。尽管我很怀疑别人具备像我这样的能力去深入而准确地分析我的资料，但在阅读结束时，我对这些主题几乎没有异议。实际上，我从未感觉到被错误解读。（按照每一位研究者的说法，我经历以外的任何意义都没有被强加于我，如果这是事实的话，我这种做法看似反直觉，却是合理的。）

349

此外，这份分析如此细致和详尽，反倒让我一下子感到自己说太多了，也觉得应该再多说一些。我明显地察觉到这点。换言之，这份分析似乎在邀请我继续参与对话，而非进行澄清。譬如，在有关我的资料分析中，有一段讨论灵性（spirituality）的作用，这促使我再度思考医生诊断时我的精神冲突，解决这一精神冲突是与治疗相关的后续任务。对于如何处理自己的灵性，我个人的看法现在发生了很大变化，我感到自己有很多话要说，远比访谈时要多。但是，那些话是在当时访谈的特定情境下所说的。另外，当时的访谈特别关注我与外科医生的互动，那段经历我经常认为很痛苦，但是出于实用和情感的原因，又是非常必要的。当我阅读研究者对那天在外科医生办公室的反思和分析时，我再次体会到那些不适、无奈和希望的感觉。

最后，尽管我对研究者能够准确表达我的经历感到非常满意，但是我担心自己可能是唯一会这么认为的人，这让我陷入一个诡异的难题。在我看来，研究者明白我想要说什么，也准确地（从我的角度）描述出我经历的意义，一个人竟然能够分析到如此的深度和程度，这令人难以置信。实际上，直到读完这份分析材料（以及重读访谈资料所涉及的部分），我才被说服，真是难以置信。然而，那些没有与我相似经历的人又怎么可能相信研究者的分析呢？研究者的分析捕捉了这么多，但会不会过多呢？哪怕分析得非常精准，它毕竟只是关注一个个体的某些方面，只能够代表这个人，因此，它能否从更一般的意义上加深对某种经历的理解呢？不过从另一方面来看，也许我这么说有点自命不凡。其实透过同理心的镜头，任何读者都能从如此深入的分析中找到与自身经历千丝万缕的联系。

我确实感到关于濒临死亡和重生的描述极具震撼。在我看来，这一分析材料的描述用了一种更好的方式，表达了我在访谈时曾经力图陈述

350

的内容。由于担心自己说的事情过于戏剧性，我在访谈时有所保留。在阅读这份分析材料时，我感觉就像在阅读一份关于我经历的"翻译"文本，我很想自己表达，但是不知何故没有做到。这份"翻译"没有更改或者重新解释我的话语，而是用一种我在访谈时缺乏的语言进行澄清。此刻，相比于阅读其他几份分析材料，我感到最矛盾的是自己在访谈时选用的语气。我当时敏锐地意识到，我班里的同学们很可能最后会读到访谈的内容，包括看到访谈我的那位研究生同学说的话。我现在开始思考为什么自己当时有意隐瞒，这比那些必要的事实看起来更像戏剧化的修饰。即便当我描述对那段经历的感受时，我记得自己努力显得轻描淡写而非真情流露，部分原因是我觉得故事本身足以引人入胜，而且实际上我还想保护我的同学。并不是因为我觉得这段经历过于私人，为了避免尴尬而不与人说；我只是认为其他人也许会反感，觉得我说话的内容太夸张。如果我那会儿随心所欲地讲述经历中那些沉重的情感，我估计很容易就说过火。与扎根理论分析方法呈现的结果很相似，我发现这份分析材料的语言处处彰显震撼，充满情感，而且看起来还挺合适的。如果当时是其他人来访问我，比如一个更有经验的研究者，不给我太多同情，又或者他/她显得更从容，我也许会更乐于用一套偏感情色彩的"修辞"（embellishment）。奇怪的是，我现在明白，考虑到当时的情况，我其实永远不可能以那种方式参与访谈，来完成课程作业；因此，诸位研究者能够以某种方式呈现我的访谈材料，并且从我古怪的自我否认中揭示其意义，我对此深表感激。

第三节 最后的一些想法

不管采用哪一种方法论立场，受访者说的话对质性分析的研究者的重要性都不能被无限拔高，也绝不能以辞害意，让读者感到迷惑。然而，当研究者仔细考察和挖掘受访者的话语，务求让研究获得更多有启发的信息时，显然为读者带来了截然不同的个性化含义。除了好奇"专家"如何看待我说的话以外，无可否认，我感到专家在传递一种评判，将评判传递给语言，传递给对事件的讲述，甚至传递给作为参与者的你。这些不仅是人类的语言，而且是被人类阅读的语言，被人类倾听和思考的语言。同样，人类一旦开始此类研究，评判随之而来，有时候甚至悄无声息抵达任何一位读者，不管他/她是不是研究者。研究者在这项研究计划中，解读我的访谈材料，有时候动情地回应我的话，他们都表现得极具人性，我对此深表感激。我也认为，研究者在处理我的话语时，都予以深切地尊重和关注；同样，我也如此相待。虽然我没有参与沟通讨论，但是他们的分析竟然能够与我的经历相互关照，这本身对我实在是恰如其分的一丝安慰，毕竟沟通者本来就是要把这项工作做好。

这些材料对我的经历做了不同分析，读完之后我想提一个有趣的问题：研究对象是什么？是抗逆力，是展示抗逆力的我这个个体，还是两者兼具？也许两者之间边界模糊，这正是质性研究的意义所在。比如，抗逆力是个人应对创伤经历的能力，那么在分析创伤经历时将个人从抗逆力剥离出来，这是恰当的吗？又比如，我发现自己在思考访谈的话语，尤其是我说的话。我在想每位研究者是如何小心翼翼地将重点放在我的话语上的，研究的重点无论是话语包含的意义，使用话语的模式，还是话语交流的主题，抑或话语叙述的故事，话语总是理解某种经历的关键，有时一些经历是以话语缺失而呈现的。在患病期间，我失去唱歌的能力，有时也无法说话，我不得不改变交流的方式，设想自己是这世界上芸芸众生中的一员。由于当时我与世界交流的方式发生很大变化，而这种变化反过来也极大改变了我，因此，用语言将我当时的经历诉说

351

出来成了一件对我来说有趣的任务。哪怕现在，我也不确定自己为这项研究计划所说、所写之语言，是否大体上恰如其分地展示了我的经历。不过我至少可以证明一个事实，即这些语言至少如实地反映了我经历中的某些方面，那些我能够以某种方式沟通的部分。如果这已足以证明我为阐明这项研究和研究问题尽到绵薄之力，那我别无所求。

当我掩卷时，我是否对抗逆力有了更多的认识，是在一般意义上还是就我自身个体而言？答案既是肯定，也是否定的。我熟知自己的故事，研究者们的发现已经嵌入其中，因此我与这些故事骨肉相连的事实让我有能力判断什么样的分析与我的经历和抗逆力的本质相关。在更一般的意义上，我现在明白，在从个体经历中能够探寻如此多的含义；我也意识到，为了理解个体的生活经历，从不同方法解读同一个故事能够带来有关人类处境的重要洞见。从我读到的这些研究发现而言，个体具备抗逆力是一种经历变化的过程。这种变化发生在生活经历的不同层面，由外部因素和内部因素组成，有些因素可控，有些则完全脱离个人控制。我也领悟到，抗逆力这一事物并不必然由个体自身来判断，也许需要借助观察者敏锐的眼睛来洞察它的形成。

在我撰写上述这些文字时，我的癌症已经有所缓解，但还是无法痊愈。因此，我一直是一名癌症患者，到目前为止还属于幸存者。如果我曾经表现出抗逆力，我希望自己能一次又一次地重复，而且比我之前，即研究中所记录的那些做得更好。此外，我真诚地相信，对此类主题展开质性研究，能够将人类带至彼岸；在那里，个人将有所裨益甚至有所启发，从而实现个人成长，我希望其他人也能如此。

[本章译者：王曦影、连宏萍、丁瑜、郑静、张文琪、钟晓慧

本章校对：朱志勇（原书第 346～348 页）]

第十二章

伦理、参与者的介入和分析方法

在这最后一章，我们探讨了在多元世界中质性研究者面临的核心议题。我们的目的是要通过直面这一项目遇到的挑战，来促进社会和科学的责任。我们首先在高度个人化的质性分析中讨论伦理议题，包括对困境的讨论和解决的指导原则和灵活交流，研究者与参与者彼此的责任，资料的所有权，对参与者和他们的社会网络的保护，保密和暴露的价值。然后我们讨论将参与者引入研究的启示，参与者既是资料的来源、研究对象、知识的评估者，也是研究合作者，这不可避免地涉及权力和知识的不对称，质疑解释的权威，科学家与非科学家之间的相互信任感。下面我们聚焦于不同质性分析传统中的共通性。我们认为，在某种程度上，不同方法之间共通的实践为质性分析提供了基础和一系列可选择的、可比较的过程，同时指出了不同方法可以服务于不同的研究兴趣和目的。遵循这些方法论的结论，我们通过本书展现了 5 种质性研究方法的整体性和互补性，进而探索不同研究者运用不同分析方法获取知识的一致性与多面性。5 位研究者都书写了从这一研究项目中获得的经验。最后我们为进一步反思和研究提供了总结和开放性的平台。

第一节 伦理议题：关系的技艺

伦理议题由始至终贯穿这项研究。研究所涉及的伦理议题经常充满挑战。某些议题在质性研究中比定量研究更复杂，尤其当研究者采用非常规的研究方法时。克沃勒和布林克曼（Kvale & Brinkmann, 2009）指出，质性研究是一门技艺（craft），包括伦理考量。这意味着面对研究情境中出现的复杂挑战，研究者不能机械地使用抽象原则和程序规则，而必须不断作出灵活判断和具有创造力的回应。我们的伦理议题遵循美国心理学会公布的伦理守则和常见做法，也参考了它们的变化形式。我们对伦理议题的理解植根于诸如道德与非恶意，忠诚与责任，正直，正义，对他人权利的尊重与尊严以及特定的行为标准等伦理原则（American Psychological Association, 2002）。尽管如此，原则的抽象性，情境在行为规则中的重要性，以及具体情境下原则使用的不确定性，这些要求以一种关系的、对话的方式处理具体的伦理实践（Gergen, 1992; Josselson, 2007）。因此，我们几位研究者，互相讨论何为善、何为正确，不仅在我们之间，也与研究的参与者、专业的同事们、大学伦理审查委员会及愿意聆听和发表意见的同仁一同讨论这些议题。我们作为一个团体来做决策，有时候很难达成共识。可是，我们认为建立共识才是理想的，因为伦理的社会性植根于共同利益（common good），这需要，也要求我们采纳多元视角和集体决议。

一、合作的伦理

在我们正式敲定以何种方式保护项目参与者之前，研究者之间的合作也存在伦理考量。从最初获邀参与此项目到后来这一过程中的所有决定，我们由始至终对彼此的研究兴趣、价值观和权利都保持一份敏感。每位研究者都是自愿参与此项目的，彼此相待时恪守正义、关怀与智慧的原则。个人研究兴趣不得凌驾于我们个体和集体的福祉之上。在选择分析的资料，制定研究方案，形成报告和论文发表时，我们的决定都基于彼此开放、敏感和尊重的讨论。我们一致同意才能做的决定，是不会由个人单独决策的。要求持不同方法论传统的学者们，遵循相互理解、关怀与合作的伦理原则在范式方面与传统的研究实践相冲突：传统的研究实践主要通过与其他研究方法和研究者竞争，来激发个人学术贡献和研究方法的兴趣。

355

二、起点：保护人类参与者的原则与程序

此项研究以一种谈话的方式对伦理关系精雕细琢，这源于努力保护研究参与者的传统。譬如，对研究参与者自由与福祉的关注，会促使我们保证他们的参与是自愿的，他们的隐私是受保护的，并且他们保留随时退出这项研究的权利。我们在机构（伦理）审查委员会（Institutional Review Board, IRB）协议中提出了这项研究计划，协议包含了参与者知情同意书，以及遵循标准化操作的研究程序。两位参与者向这项研究计划提供了资料（他们的访谈者也如此），我们以书面形式告知他们这项计划的性质，包括研究目标和步骤。他们确信自己的隐私受严格的保密条例保护，任何能够识别其个人身份的信息都不会出现在研究资料或研究出版物中。在几位研究者中，只有负责保管知情同意书的项目负责人知道参与者的身份。研究项目的资料来自一份研究生班的课程作业，参与者自愿向其同学表明其身份，而采访她的同学尽管知悉其身份但恪守保密原则。这项计划的伦理审查委员会的协议得到了快速审核和批准，两位参与者也签署了知情同意书。

这项研究中出现的某些伦理议题较为复杂，这是因为该研究非同寻常地只聚焦于"特蕾莎"这一名参与者提供的资料。同时，这也是非常典型的质性研究，因为它高度关注个人经历。在交流和提供发现的证据时，哪怕一项质性研究涉及多位参与者，研究出版物经常包含参与者能够辨识出自己身份的信息，也可能包含足以辨识出其他人身份的信息。

质性研究很可能对个人产生不可预见的后果，这不仅要求研究者彼此间交谈要注意，而且研究者和参与者及其他人交谈时也需要谨慎。

三、资料的所有权

我们在这项研究中遇到的一个伦理问题是：谁拥有这些资料（who owns the data）？由于资料是研究者和参与者共同建构的，因此答案是"资料属于两者"。相应地，关于资料的使用会产生很多问题，譬如在出版环节。根据我们的知情同意书，参与者可以随时退出这项研究。正如艾米莉·麦克斯帕登在她那章所提到的，参与者不仅可以不再参与研究计划，还可以要求不在出版物中使用她的资料。这一可能性引发了有趣的问题。这些议题涉及参与者为承担起研究的道德义务经历了什么，但是这些议题在伦理话语中鲜有关注。艾米莉明白研究者们为这个项目投入了大量时间，他们仰仗她的参与以及她的资料。她的体会是把资料交给研究者，相当于许下承诺，研究者可以依赖她。如果她出于任何原因反对我们使用资料，并且希望将资料撤回，她将不得不面对自己内心的伦理冲突，需要周全的解决方案。幸运的是，这样的事情没有发生，但是艾米莉提到的这个问题促使我们思考其中的伦理考量。

我们在研究中咨询过一位伦理学家，他的观点是一旦参与者签署了知情同意书，同时自愿地参与并完成了项目，那么资料就完全归研究者所有，参与者不能随意撤回资料。知情同意书被看作一份不可逆的合约，赋予研究者使用资料的权利，包括将其出版。这种传统的观点似乎不假思索地就被用于那些或多或少非个人化的资料和总体性分析中。但是，在质性研究中，尤其当研究包含了参与者的高度个人化表达时，如果研究者宣称自己完全拥有资料，则值得怀疑，哪怕参与者曾经正式答应让研究者使用资料。我们的研究团队对这种严格的契约思维感到困

356

扰，也不同意这种立场。团队里一位研究者强烈认为，个人化的资料完全属于参与者，知情同意书也能够（could）随时被撤回，这部分的风险由质性研究者来承担。在美国心理学会（APA）的一次大会论坛上，与会者讨论这个议题，这些有经验的人类科学家形成共识，即无论研究者还是参与者对资料的归属和使用都没有排他的优先权。如果发生冲突，双方负有道德责任开展对话沟通，以便找到最好的解决方法，或者至少是双方都可接受的方案。

四、保密与披露

这项研究计划另一个有争议的问题是关于化名的使用，这原本是为了保护参与者的隐私。研究者沿用社会研究中可贵的、标准的常规做法，将参与者化名为"特蕾莎"。出于自身的理由，当参与者更希望在出版物中使用其真名时，这时候事情就变得复杂了。我们搁置最后的决定，直至全部完成分析工作，这样参与者可以读到准备发表的真实报告。当时，参与者已经接受了研究者们的邀请，将会撰写一章用于回应分析报告，相应地，她也成了这本书的合作者和合著者。这样一来，如何使用姓名的问题变得更棘手。当艾米莉最初阅读这些分析材料以准备她的回应时，她对使用化名强烈反感，甚至更加坚持要求使用真名。对这项请求，研究者第一时间对保护艾米莉，最大限度降低她的风险给予同样强烈的关切。我的一些同事担心公开她的病史有可能对她造成伤害，比如，不利于她以后找工作或者申请健康/人寿保险。我们也担心在书中使用她的真名，会损害出版物的学术诚信和教学价值。研究计划最初的开展和实施都遵循参与者匿名原则，这本书也是一项方法论而非传记出版物，两者应该相一致。尽管分析材料主要集中于一位参与者，但研究者们不认为他们仅仅在对这一特定个体（particular person）作研

357

究，他们实际上是通过研究该个体的经历，说明如何获得某个主题的一般性知识（general knowledge of a topic），譬如如何度过不幸。另外，我们担心使用参与者的真实姓名，可能会侵蚀社会研究机构对隐私保护的要求，这一点是教学中的重要内容；这样一来，当学生们开展的研究不包含任何传记性意图时，很可能给学生带来不必要的两难。

一位备受尊敬的伦理学家向我们指出，如果公开参与者的个人身份，我们需要预先准备好伦理保护措施，且需要得到伦理审查委员会的同意，从一开始就为她提供保护。不能事到半途才回溯性地制定和检视这些保护措施；因此，他认为不应该在本书中公开参与者的身份。另一位伦理学家，同时也是研究者，则捍卫参与者使用其真名的权利，他认为，研究者必须尊重参与者使用他/她真实姓名的愿望，即便最初设定了保密原则；事实上，他有类似的出版经历。他辩护道，人们的生活故事属于他们自己，他们希望公开自己身份的愿望（只要不伤害其他人）是一个关乎他们人性的问题。我们纠结于这种两难的局面，为此，我们彼此之间，我们的同事之间，我们与这个项目的参与者之间，都在深入广泛地讨论这个问题。我们越来越明显地感觉到这一项目的独特性，尤其因为我们的研究参与者有了新角色，成为合作者和合著者。还有一位伦理学家，同时也是一名律师提议，作为我们出版物的合著者，参与者有权将她自己确认为这一创意作品的发起人。我们竭尽全力去理解参与者的愿望以及提出这项要求的理由。我们把所有的顾虑与她分享，包括对她家人福祉的关切，如果她的真实姓名被公开，她家人的身份也可能随之被公开。团队中的有些研究者坚决不肯同意参与者的要求，但有些研究者则认为自我决定带来的益处胜于风险。我们所有人都看到，这个问题的两面均有合法性。

后来，我们越来越为当初的决定感到满意，这是最好的选择。朱瑟琳·乔塞尔森提议，本书第六位作者的名字不妨用参与者的真实姓名，即艾米莉·麦克斯帕登，"特蕾莎"这一化名则在与资料和分析相关的部分继续使用，遵循资料收集和分析的保密原则。这个决定能够尊重参与者的愿望，她希望以合作者的方式在此项目中拥有自己的故事和创造性的作品。它也能够标记研究者分析的初始点，反思他们探寻一般性而非传记式知识的意图，以及给予保密原则和机制一份象征性的尊重。尽管这个做法不同寻常，但是恰好说明这项计划的独特性，也是研究者、参与者、合作者认为对彼此、对所有人，包括对读者和研究共同体最好的选择。福特汉姆大学的机构伦理审查委员会起初也表达了深切的疑虑，后来也接受了我们的处理方案。

我们明白在社会科学研究中做伦理决定是非常困难的，在高度个人化的质性研究中则更复杂，如果研究者和参与者还牵涉合作伙伴关系，并且承担其他非常规的角色，做决策更是难上加难。研究者需要知悉一般性的伦理原则和专业行为守则，也需要为提供标准化保障做好准备，他们还应该在一个广泛尺度上考虑研究的愿望和利益，不仅指直接参与研究的参与者和研究者，也包括与研究相关的更大的共同体。一门技艺，需要不断的反思、咨询、讨论，以及富有创造性的决断，这使其必然嵌入一种持续的关系过程中。

第二节　研究中参与者的介入：
科学的、社会的、个人的视域

人类科学研究涉及研究者与参与者双方。这一项目中参与者对分析的回应引出了关于研究参与者的角色，参与者对研究发现的回应的重要性，以及研究者再次回应的最好方式等一系列常见问题与考虑。质性研究一般来说都会有不止一个的参与者，寻求超越参与者个人的一般性知识，回应对科学共同体来说比较重要而不是只与参与者个人相关的议题。尽管如此，除了道德议题之外，有越来越多的关注点落在参与者对研究发现进行回应的科学的、实践的、社会的重要性上。当质性研究采用参与式与解放性的路径时，在一些行动研究和评估研究中，参与者的理解、接受和对研究发现的使用都是研究过程的重要组成部分，也是研究目的的一部分。然而，当研究旨在向科学共同体提供更加一般性的知识时，研究参与者回应的意义与价值就存疑了。有些研究者召集参与者是为了确认研究发现的科学效度，但参与者是否有足够的水平来做这个工作？即使我们不把参与者当作验证的合法来源，他们也可能在读这些研究发现时受到研究报告的影响，那么他们的回应也会让科学家们担忧。

在这个项目中，我们邀请了参与者对分析进行回应。她跟我们和读者们分享了她的感受。因此，这个项目促使我们考虑研究者回应对质性分析的意义，其中出现了一些疑惑与矛盾。虽然参与者尊重研究者的专业，也不认为自己有评价他们科学实践合法性与知识主张有效性的专业知识，但她还是不由自主地被不同的实践吸引，甚至开始对分析的"正确性"评断起来。研究者从自己的角度当然认为他们的分析是心理学的一般知识，因此并不认为要去迎合，甚至在某些情况下还要有意超越与反驳参与者的自我理解，但他们也不否认参与者的生活体现在她的资料中，也包含在分析中。

一、"研究者"与"参与者"作为个体担任的位置

为了回应一些复杂议题，重要的是先搞清楚到底研究者和参与者（researcher and participants）是角色还是位置，研究是否是一个知识工程。

一般来说，研究者是知识的主体，他用一系列特别的行动将知识生产出来，达成目标。参与者则沉浸在生命过程（project of living）中，他们通过参与研究，同意成为知识生产的对象与方式。研究者与参与者之间有一种无可避免的距离感与不对称关系，知者与被知者亦是。矛盾的是，研究与参与者的生活既近又远。

1. 关系不对称

研究者作为对研究项目负责的发起人和主体，具有一些天然的优势。比如确定研究议题、方法、发现和进行报告等活动都完全是研究者的任务。参与者作为研究的协助者，处于一个次要地位。同意参与研究，参与者就要依赖研究者，与他们合作，辅助他们。研究关系存在着一种天然的不对称、从属与权力不平衡。研究伦理是研究者需要首要考虑的问题，比研究的其他任何方面都重要，因为权力的不对称需要一种尊重参与者，将他们视为自由、自主和有自决能力的主体的反向力量来平衡。比如，他们有知情同意与随时退出研究的权利。尽管如此，参与者在研究中的角色是被知者、被观察者、被访谈者、被录音录像者——为研究分析提供资料。虽然资料的提供是自由的，但它们从属于，且被纳入研究者的知识体系。

2. 参与者作为人

参与者是人，他们不能被化约为资料或知识，人类科学面临着一个有潜在风险的矛盾：一个自主的主体被当作了一个客体，一个人自愿地成为满足他人需要的工具。研究要求参与者在研究中表达自己时，他们是活生生的主体，以及意义与目的的初始来源。心理学研究的初始目的就是达到与人的自然生活的一种紧密与精确的关系，但在此过程中不可避免地会产生距离，将主体客体化，使一个原本的意义创造主体变成组成资料、分析，最后又出现在知识报告中的客体。参与者在研究情境下的表达是相对来说较少被检视的活生生的生活与研究者面对的熟知的生活之间的重要结合点。无法避免的是，离未知的生活越近，科学就越会采取一种分析的距离，超越那个相对未知的生活，用一种科学家的专家式的声音提供知识，这对参与者来说是未能预料到且非常陌生的。

3. 调换与分享位置

传统来说，一个或一组人处在研究者的位置，那么另外一个或一组就处在参与者的位置。但是，同样一个或一组人也可能同时做着两个位置的事，这样做会带来科学的与社会的益处。角色的调换和分享可以填平知者与被知者之间的间隙，使知识更接近于生活，使权力更平衡，甚至将知识民主化。心理学的历史上很多一人同时承担研究者与被研究者的非常合理和成功的例子。弗洛伊德在精神分析方面的重大突破就是他对自己梦境进行自我分析与调查的结果（Freud, 1900/1965）。在心理物理学与记忆研究中，实验者从他们自己或其他研究者那里收集资料。卡尼曼（Kahneman, 2003）报告过，他与合作者特维斯基（Tversky）一起进行玩笑式的决策，向对方描述经验，然后分析他们自己和对方的心理过程并发展理论。质性研究揭示了一个人占据两种位置，同时进行两种活动的价值，也提供了将研究者与参与者结合在一起的创新安排——比如，把参与者列为"合作研究者"，或是开展自我民族志。即便是由一人承担两种角色，它们还是不同的，并且包含着距离与亲近的矛盾以及知者与被知者间的张力。伙伴式研究显现了将没有知识与社会权力的外行纳入研究的价值，有时会给他们一些关于研究的特别培训，比如如何决定研究议题，知识的目的是什么，如何设计研究，如何指定资料来源，如何开展分析和报告发现，等等。虽然不同的位置要求不同的资质，其主体性、权利与责任也相对不同，但人们确实可以同时承担两种角色。

4. 参与者的反馈

即便允许参与研究的人没有研究者的经验，研究中的参与者也不只

361

是资料而已，不只是研究者的客体与对象，而是有着自己兴趣、目的、意义、自我理解与自知之明的人。为研究提供了资料，又受研究影响的参与者，可以尝试去理解研究者的实践，阅读他们的报告，也有权从头到尾以自己的方式去评价研究。

在这个特别的项目中，参与者与研究者间通常的关系有了些转变。艾米莉·麦克斯帕登曾是一名心理学学生，自己也做过研究。她关于自己与疾病作斗争的书面描述和访谈发生在她作为研究者学习研究技巧的课堂上，她与访谈者和其他同学交换了参与者与研究者的身份。艾米莉对特蕾莎文本的分析有着很细致的研读。她从两个角度都进行了回应：一是自己也曾经历过那样的事情并且是对分析有着个人兴趣的参与者，二是自己是初学的研究者/学者。有时这两个位置间的边界是坍塌的。从艾米莉的角度，她是被知者，是通过研究报告被展示的对象。即便研究者的目的是与她沟通她所不熟悉的一般性知识，艾米莉还是觉得那些知识主张是"关于她"个人的。

362

我们从艾米莉的回应中能了解到更多参与者对研究报告的反馈。了解参与者对质性研究的反馈能使我们更好地把握这类知识中接近与拉开距离的矛盾会为人们的生活带来什么影响。艾米莉原来是挺脆弱和担忧的，不知道别人会怎么看她。她欣赏研究者的坦诚，他们让她感受到他们也是有着自己的敏感、喜好和过去经验的人。她感谢他们的人性关怀，以及他们看待她的友好方式。她的健康状况会被人知道，她也知道研究者在他们的分析中有可能会踏入原本只属于她自己的那块生命的宝地。她给予研究者她的生命故事，并且通过研究报告让他们并让世界知道，这些都是非常私人的、人际的事情。对艾米莉来说，把研究者当作非常关心自己的朋友让她宽慰、放心和满足。在阅读研究分析时，艾米莉非常在意研究者是喜欢还是不喜欢她，能理解还是不能理解她，因为她很想让人明白她的处境。她的常用准则是：这感觉如何，这份研究报告能为我做什么，研究者对我的理解与我自己对自己的理解是否一样？在对研究报告的回应中，艾米莉表达了这样的担忧，这很有可能代表了很多研究参与者的想法。从他们的角度来说，没有人比参与者自己更合适评判研究者报告的准确度。

二、关于解释的权威

参与者是否应该在研究报告中找到对自己的理解？一个质性研究者常见与合理的回应就是："在资料中，是；但从分析中生成的知识中，否。"参与者被认为有一定的评判与报道他们经验的权威。他们有自由编写他们生活、展现与修改访谈资料的权力，使他们活生生的生活真相能被表达出来。但是，在知识生产、自我知识生产，甚至是那些只有经历者自己才能描述的经验的知识生产中，他们却没有同样的权威。参与者可能没有好好地检视自己的经验，可能没有掌握分析工具或概念工具，可能没有知识生产甚至是自我知识生产的才能。而且，他们也并不熟悉研究者的目或是科学家使用的技术语言。毕竟，这个项目中的 5 位研究者都发现自己对其他研究者的分析与传统的了解仍然不足，并需要修正，甚至在仔细学习之后也还是这样。解释与评价他人知识主张的权威——这种需要通过教育、训练与批判发展、培育出来的能力和权威，研究参与者不一定能拥有。因此参与者不一定能在分析中看到自己的观点，也不一定能评判研究者知识主张的有效性。他们只能提供更多反映他们生活的资料，而这可能促使研究者重新厘定分析的方向，或修改分析及其导向的知识。

认为参与者在资料的生成中有权威地位，和认为研究者在知识生产中有权威地位，这两种观点都应受到质疑。毕竟，没有资料是完美的，没有心理生活是明确的、不含糊的，没有任何一种知识的主张是可以不受批判的。口头描述是片面的，受情境影响的；它们可能与非口头表达相左，甚至与进一步的口头描述都不同。有时行为观察或进一步访谈能揭示参与者开始时并未表露的心理过程或社会行动，对此他们可能不想承认，甚至会在无意间就否认了。资料既能揭示，也能隐藏，它们是有问题的，因此，原则上并没有什么绝对的权威。科学也是同理：没有研究者的资料分析与解释是绝对权威的，也没有任何知识的主张是。科学家也是会犯错误的，也需要服从他们以外的权威，比如新的资料、批判、其他科学家的分析等。描述和解释的权威都是在持续的历史进程中达到和建立起来的。

在人类科学中有着非常强的调查人们未意识到的那些过程的传统。这样的研究可能会让意识提升（consciousness raising）。弗洛伊德揭示了"被压抑的无意识"，马克思揭示了"虚假意识"。要人们接受和利用科学知识的洞见，需要一场艰难的心理治疗，甚至是一场政治革命。人类科学研究要服务于人性，有时就恰恰包含着对个人既有的自我理解的痛苦颠覆与跨越。心理治疗案主可能会猛烈抗拒这些解释，他们需要时间来接受原本只掌握于科学家手中的观点在他们身上的应用。那些原本遥远、令人不安的关于自己的社会科学知识被运用，长远来说，对人们是有好处的（也可能会被伤害，比如在关于"虚假记忆"的建议的案例中）。一个人的自我理解并不是一成不变的，也不完全是他/她自己的财产，它可能会随时间或与他人的交流而改变。

艾米莉承认她对自己经验的理解在事情发生时和在研究时是发生了变化的。当我们邀请参与者阅读和回应我们的分析与报告时，不是简单地让他们来评判报告的正确性。因此，他们的反馈并没有占据解释的权威或将分析判为无效的权威。他们也许受限于当时的自我理解，也许没

364

像研究者那样花时间研习和分析自己的资料，但不可否认的是，社会科学的知识是关于他们的，他们对社会科学知识的评价就是评估背景之一。

科学知识本身就是会回应人的兴趣与自我理解随时间的变化，外行人也有变成知者的潜力，他们对知识的运用令科学家非常感兴趣。一些质性研究的目的在于产生出能让参与者直接获益的知识，其他群体则是间接获益。扎根理论一直以有用性作为分析的标准。这里的有用性（usefulness）指的是向参与者与非科学家提供他们之前可能没有的，用以理解他们的经验与情境的分析工具。虽然参与者不一定有解释的权威，但他们对分析的反馈对于心理学家来说是很重要的，要根据知识的目的对其加以考虑。

三、艾米莉对分析的反馈

话语分析的目标，如琳达·麦克马伦所说，不在于整体地理解个人经验，不在于反映参与者的自我理解，甚至也不在于提供参与者谈话中的所有形态的完整信息。话语分析不是关于个人的，而是关于语言中的一些特殊形态的，这些特殊形态具有特定的社会影响，这些社会影响在文化上是具有共性与启发性的。这种分析的目的在于挑战与拓展我们解释口头表达的方式。话语分析很容易引起误解，因为它的特点与对语言形态的格外关注，不同于我们日常生活中看待语言的通常方式，即个人经验的表达和现实的参照。琳达并没有从分析中得出艾米莉在自己的康复中忽视他人存在，或者夸大自己的重要性的结论。琳达的关注集中在艾米莉谈话里有关价值、工具性结果、弱化他人和强调自我的内容上。她把这个谈话理解为一个具有文化相对性的话语形态的例子，或者说它是由这种具有文化相对性的话语形态造成的。艾米莉认为这些发现是关于她的真实生活事件，而琳达则在研究话语的文化层面，而不是从个人层面来看待它，也就是说，其实这是一个匿名的、可能关于任何人的形态，并没有指涉艾米莉的个人意义或她的个人现实。我们也能理解为何艾米莉会将这个分析看成是个人层面上的，因为那是她自己说的话，她是想通过这些内容来表达她实际的个人情况。尽管研究者的关注点是特意选取的，与日常生活中的个人的关注点非常不同，但两者还是有关联的。

　　罗斯玛丽反向镜像的概念对于艾米莉来说也是很困惑的。根据直觉探询研究的目标，这一概念特指那些不容易被任何人捕捉的东西，它与健康科学领域的文献有关，罗斯玛丽通过对特蕾莎文本直觉上的理解发展了这个概念，目的是要推进一般性的理论与研究。但是，像艾米莉那样的研究参与者并没有这种知识背景，没有论证这种概念或这种知识的理论目标所需要的直觉。研究者将反向镜像视为一个无意识的过程，它不一定会与艾米莉对自己的理解相同，它与她的意识可能有关也可能无关，也不一定会在她的意识中被强调。同样，弗雷德在特蕾莎的经验中发现的暗含的灵性对于艾米莉来说也不一定是可信的。参与者基于自己的个人经验将灵性认定为一套特定的信念或社会仪式（他/她自己可能会拒绝或避免，比如那些关于上帝和教堂仪式的）。弗雷德对于特蕾莎经验中的灵性的描述是有着很悠久的学术传统的，这个传统承认不可知论甚至是无神论的信仰，这与学术信条和宗教组织都没有关系。艾米莉被凯西和弗雷德作出的知识主张的戏剧化特质震惊和迷住了。虽然分析有时候与她自己的理解相符，但她觉得，她看待自己的方式令她很难接受这种从她的经验中明确表达出隐含意义的语言方式。不过她也承认，虽然这些分析有时让她感到很混乱，但它们却是非常正确的。这种特殊知识与通常的自我解释是有差距的，当两者相遇之时，艾米莉将自我理

365

解往新的方向作了延伸。其他的参与者可能不一定理解与接受这种戏剧化的语言，因此可能觉得它是"不正确的"。朱瑟琳和罗斯玛丽写到了艾米莉是怎样与自己困扰的情绪保持距离的，以及对她来说重要的他人是如何处理这些情绪的。不知道这些内容艾米莉是否能理解？

尽管参与者在生产资料、提供文本、描述自己的生命经验中有一定的特权，他们的自我分析与知识却是有限的，也可能会随时间发生变化，在研究中变得不重要。参与者的"专业"与"权威"是在个人表达领域中的，包括他们对知识的回应与运用。参与者对研究的贡献在于向研究者开放他们的生活，而不是参与到创造和评估科学知识的劳动中来。尽管如此，个体可以从参与者转变到研究者的位置，作为科学共同体的一分子提供学术评判，虽然参与者与研究者间的角色是不同的，但其间的界限却不是固定或绝对的。

366　　　　　四、研究者与参与者的回应之间的关系

我们作为研究者，应如何回应艾米莉对分析的反馈呢？我们欣赏她所写的。我们感谢她的坦诚，享受她清晰的写作，也被她对待我们的分析与表达自己的方式深深感动。作为个人而不是研究者，我们也有自己的脆弱之处，因此我们能预见艾米莉的回应，就好像艾米莉读我们的分析时的感受那样。我们感到好奇：她会喜欢我所写的吗？她觉得我写的真实和公正吗？我写的东西会不会令她感到迷惑或伤害到她？就像艾米莉以一种个人化的方式来体会自己的文字与看待我们的分析那样，我们也要对她的回应以"个人化的"和"专业化的"两种眼光来看待。有时我们觉得自己被误解了。我们既不打算证明艾米莉的经验是错误的，又不想贬低我们自己严谨研究与修正得来的分析。我们得出这样的结论，艾米莉对我们的发现的理解与我们并不总是相同的。我们中的一些人并不认

为我们的发现是关于艾米莉这个个体的，而是将其看作一个更一般的主题（比如创伤、具身化、抗逆力、自我、话语、叙事结构）。有些人没将她看作同行或是方法论学者，而是将她看作一个对所运用的方法只有有限了解与掌握的学生，将她看作与我们的分析兴趣、目的不尽相同的人，看作跟我们大家都一样的、有着有限知识且自我理解不断变化着的人。有些人觉得很有必要进行自我澄清，以让艾米莉从一个更有距离感的传统与学术共同体的立场，在学术目的和规范的指引下来看待这些分析。我们也担心，读者们尤其是学生会认为艾米莉的回应才是这些学术发现的价值与可信度的最终权威，而不是将她的观点仅仅看作有自己的价值、自我理解学术背景和个人偏好的个人层面上的回应。研究者还注意到艾米莉与其中一位研究者已认识了很久，这位研究者曾是艾米莉的系主任、老师，也可能成为她的导师——这些都是她的回应所处的复杂的关系网络。

　　研究者不想去怀疑，更不要说去"更正"艾米莉的回应，就好像她对分析的个人经验是无效的。毕竟，我们邀请了她对分析进行反馈，而她也非常真诚地做了。但是，一旦艾米莉成为合作者，而不再仅是一位资料的提供者，她以一个同行的身份，甚至是以一个新晋的方法论学者和读者与学生的教育者的身份研读这些研究发现，那么她是不是就不再处于一个批判和修改是合理规范的领域中了？如果我们不与艾米莉一起澄清我们作为研究者所做的研究活动，就像我们互相之间做的那样，以推进对我们知识和传统的性质的严谨理解，是不是就是不公正的？我们确实做了。我们对艾米莉的反馈进行了回应。我们在艾米莉的回应文本中加进了我们的反馈，每个研究者分别用不同的颜色和字体，供艾米莉考虑（朱瑟琳没做，她认为艾米莉想说什么都可以，因此只写了比较大概的和正面的批注）。我们让艾米莉在她的那一章里表达自己的经验，对

367

分析进行回应，她说了算。尽管她觉得与研究者的对话很有趣，她还是决定在本书里将自己的写作原原本本地放上来，几乎没有修改。唯一修改的重要一处，是加了一些话来说明，在她研读自己的那一章与有关分析时，她并没有像研究者认为的那样以心理学家的眼光来看待那些材料，也没有使用专业术语来表达准确的科学含义。她是以一个自发地对分析进行回应的个人的立场来进行写作的，她使用的是能帮助她达意的语言，而不是用方法论学者或研究方法的教育者的语言。我们将这些交换都视为一种对话，在其中没有人有绝对的权威，每个人都只是讲他/她自己的那部分而已。研究者与参与者之间，生活与认识之间，日常生活与科学之间的张力，都体现在这场持久性的对话中。

五、科学共同体与外行的持久对话

我们 6 位作者让作为读者的你自己去得出自己的结论。科学共同体与外行之间的界限终究不是固定不变的。这部书里的 5 个传统都有各自的专业性，都能从自己的角度对他人进行批判。在我们生活的这个世界里，没有哪一种观点、传统和个人能就所谓的真相有绝对的权威。这是一个话语和权力被问题化、多元化和民主化了的社会。科学家的视角不见得就比外行优越。科学研究最后到底服务于谁的兴趣呢？毕竟，科学研究归根结底扎根于科学出现以前就存在的人类的兴趣。研究者保持反身性是非常重要的，要尊重和关心研究对那些不懂科学研究的人或希望能分享自己看法的人的影响。这就是关系的责任在一个多元社会中运作的方式。

第三节 基础、兼容的选项、质性研究方法的专业性：多种方法的通用性

本书探讨的分析方法在很多方面具有共同点，但每种方法都具有其他方法所没有的独特性。在本节中，我们首先描述 5 种方法共有的基础。作为质性研究方法的基础，这些实践在弗洛伊德、詹姆斯、马斯洛和科尔伯格等质性研究者的开创性工作中也很明显。然后，我们将重点放在质性研究实践的构成要素上。这些构成要素未被所有 5 位研究者采用，也没有在涉及所有 5 种传统的方法论著作中得到强调，但是与所有方法都完全兼容。这些潜在的普遍做法，存在于历史上伟大的、开拓性的质性研究者的工作中，可以整合进 5 种方法的每一种之中，也可以被不认同任何特定的质性传统的研究者加以利用。最后，我们着重介绍每种方法论传统的不同之处，以突出每种方法在单独使用时以及与其他方法结合时可以做出的特殊贡献。每种方法的这些独特方面可能不会在所有的质性分析中使用。这些特殊实践与专门从事或旨在发展更高水平的特定的质性研究方法及传统的研究者最相关。

本节旨在澄清质性研究中必要的和可选的实践。下面讨论的实践非常灵活，需要特定的研究问题和研究者与之相适应。还应记住，在本展示稿中，为了促进理解，质性分析的这些程序是有区别的、有顺序的。然而在实践中，他们不能以一个僵化的序列被分开构建。实际上，下面的过程和原则可以以各种方式进行修改、合并、组合和排序。

一、质性分析实践的基础

当我们观察这 5 位研究者的分析实践时，我们发现了更专业化的程

序所依赖的共同实践。这些可能是质性研究的最佳实践和通用规范的基础。我们在第十章的结论中指出，这些共性并非无关紧要。它们本身可能足以产生重要而健全的科学知识。因此，质性研究者并不一定要选择一种特定的传统，而是可以使用这些通用的实践来实现重要的研究目标。

1. 资料的批判性评估

进行所有质性分析的第一步是阅读并理解资料。阅读后，对资料进行严格的评估是进行进一步分析的前提之一。研究者检查资料的构成并检查它们是否适合分析。对资料进行积极的评估，是因为它们与主题相关，可以具体表示所调查的问题，并且资料的完整性足以使研究者能够回答研究问题并实现研究目标。研究者检查资料的特征和限制，并特别注意其构成所涉及的个人和社会环境。没有资料是完美的，所有资料都揭示和掩盖了主题。问题是它们是否足够丰富（good enough）以进行富有成效的分析。

该项目的研究者们特别关注特蕾莎撰写描述并参与访谈的社会情况。研究者仔细研究了班级中同伴关系的社会背景、访谈者的存在、言语互动的质量（如特蕾莎对强调社会支持的强烈抵制），以及研究者对资料本身的内容的审查。艾米莉在表述自己对研究情境的经验时也做出类似的评论。对于某些研究者而言，这些限制被视为研究现象本身的一部分。如在话语分析和叙事研究中，访谈被看成一种语言实践，并在社会情境下进行分析。对于其他理论，如强调理论抽样的扎根理论和强调理论构建的直觉探询来说，这些资料被视为对主题的初始收集，需要通过进一步的资料收集来补充（实际上真的是与参与者开展了后续访谈的，但相关资料并未在这一项目中使用）。现象学研究者认为，特蕾莎的书面和访谈这两种资料都提供了尽管有限但真实的、使参与者能够体验到

369

创伤和抗逆力的例子，接受了资料的局限性，并认为虽然没有进一步的资料生成背景，但这些资料是对过去经验的访问。所有研究者，在对资料进行初步研究时，首先都按照其通用的方法、研究兴趣和目标对其进行了批判性的评估。

2. 人类科学态度

质性分析的第二个基本要素是怀着对参与者所表达的含义的共情式理解，开放性地阅读资料。所有 5 位研究者都将特蕾莎的文本视作人类的表达，这要求研究者与参与者建立亲密关系，并体验她的生活状况。在整个研究过程中，所有研究者都专注于参与者的话语，开放性地阅读资料，与参与者产生个体的共鸣，作为同路人对参与者的意义进行假设，并共情式地理解参与者的观点。所有研究者都进入了一种理解的链接方式（a connected form of knowing），对一些个人和集体共享的表达词语很敏感。在此过程中，研究者利用了他们理解日常语言的全部能力。罗斯玛丽利用自己作为体操运动员的经验，来理解特蕾莎的登山体验，并了解特蕾莎康复期间至关重要的身体状况。这种独特的态度正是狄尔泰（Dilthey, 1894/1977）所称的"理解"（Verstehen），即理解人类经验的意义。

3. 专注于独特的人类经验

在读取资料时，运用特定的分析步骤之前，研究者的理解重点关注参与者呈现的、与心理世界相关的目标和意义。所有人都将参与者视为积极的行动者，而将人类生活视为一种实践和行为。所有人都将心理生活理解为具身的、情感的（价值的）、社会定位的、目的性（目的论）的、意义导向的、语言的、人际互动的、随着时间的推移而发展的以及相应发生的（实践的）。这一套共同的概念，被整体地看待，构成了所有 5 位研究者对特蕾莎的实质性的共同观点。属于不同哲学、理论和方法论取

370

向的研究者，在这种核心的质性观念和人类科学主题的愿景上达成了非常普遍的共识。狄尔泰（Dilthey, 1894/1977）阐明了人类科学的基本质性基础，而胡塞尔（Husserl, 1962/1977）则将狄尔泰的概念描述为对先于具体理论且丰富具体理论的关于人类本质特征的洞见。因此，它可能是隐含的，是假设性的，而不是直接陈述，有时会发生在弗洛伊德、詹姆斯、马斯洛和科尔伯格的开创性研究中。

4. 识别相关表达

质性分析实践中的另一个关键基础是识别与研究可能相关的资料成分——那些能够回答研究问题的成分。由于资料复杂，并且该研究问题涉及许多不同的陈述，因此这种识别是一个不断扩展的过程。弗雷德将资料组织为"意义单元"，以便区分和系统地考虑它们，凯西选择对资料进行编码。罗斯玛丽将特蕾莎的资料成分写在索引卡片上。琳达分析了特蕾莎的文本中的各种话语模式，之后开始考虑她将在分析中重点关注的内容。朱瑟琳阅读寻找主题并将其分组。

5. 新兴的想法

当5位研究者对相关资料提出研究问题时，从资料中（from the data）产生了理解，形成了概念化。这种新兴的想法产生于所有质性研究中。质性分析中最激动人心和最神秘的时刻是洞察力显而易见的时刻。这是令人兴奋的，因为产生了知识，在回答研究问题或解决研究问题方面取得了进展。无论是戏剧性的还是自然而然的，这都涉及研究者恍然大悟的经历。出于许多原因，研究的这一刻都是神秘的。一部分原因在于知识是新兴的，它源于未知，源于主题，之前并非由研究者所拥有。尽管洞察力涉及发现，这是一种结论（finding）（并可能具有令人惊讶或"礼物般"的品质），但它既不是被动接受的，也不是独立于研究者的。新兴知识取决于研究者的才智、反思能力、所受的训练，以及研究过程中进行的所有准备工作。新兴的想法需要时间，为研究目的而对文本产生理解是长期努力和时而挣扎的产物。一方面，新兴的想法是研究者的先验知识之外的拓展；另一方面，它反映了研究者的问题、方法、敏感性、背景知识及对研究主题的熟悉程度。因此，该过程是不可简化的。这是质性研究的关键时刻，其重要程度可以与定量研究中意义的统计检验结果或结构方程模型出现在研究者的计算机屏幕上相媲美。但是，在质性研究中，新兴的想法不是标准计算的结果，而是人类反思和沉浸在具体生活中思考的结果。

现象学衍生的新兴的想法始于对资料的每个意义单元的反思的扩展过程，并持续进行综合，比较个体经验的结构，发展出最为一般的结构作为结论。例如，当沃茨阅读盖尔对她的体操事故的描述并思考她的摔倒（fall）时，出现的想法是，创伤涉及垂直的维度，不仅指的是身体上的摔倒，还包括个人志向和目标达成的跌落。在特蕾莎的例子中，弗雷德意识到她也是从歌剧生涯的上升轨迹中跌落（fell）而遭受整体生存的崩溃（collapse）的，这还涉及情绪下降（descent），甚至在手术台上和她康复期间卧床时，身体上直立姿势的丧失。扎根理论在从逐行编码到备忘录写作的各种活动中发展出新兴的想法。在备忘录中，对经历的类别进行探索（定义、分析）并最终进行理论化。当凯西认为特蕾莎关于失声的陈述是自我丧失的基本心理过程时，她正在发展可以在她正在进行的"失去和重获有价值的自我"的整体研究中扮演重要角色的主题的洞见。

琳达提出有关自我和其他人的工具性的研究问题后，她在关于抗逆力的文献中发现了与自我强调（self-enhancement）有关的重要问题，并选择了特蕾莎文本的引文，这些引文似乎体现了一种与探讨这些问题有关的话语模式。在对这些文本引文的详细检查中，她发展了"强调自我弱化他人"的观点。她在这些引文中发现了两种不同的模式：第一种声称

372

自己负责，其他人无法应付；第二种声称自己独特，与众不同，并且在他人对自己产生不利后果时仍有才华。朱瑟琳在特蕾莎的文本中发现了在她失去一切的故事中自我经历的内部重塑。朱瑟琳发现了多个故事，包括书面文本中的震惊、失落和重构，以及特蕾莎口头访谈叙事中她的另一个新身份——心理学学者。通过这些比较，她同时理解了转型和整合的故事。在罗斯玛丽对自己选出的 77 个意义单元进行分类和再分类的过程中，着眼于模式的浮现，她命名了主题并对特蕾莎的应对策略获得了突破性洞见。这一洞见基于对特蕾莎务实而冷静地使用否定、逻辑和理性作为应对策略的认知。最终，一个合成的、神秘的"反向镜像"概念形成了。

新兴想法的产生不会一蹴而就，通常会涉及大量工作。资料被反复阅读，在分析的不同节点发现的模式可以进行比较，修正并整合概念。对洞见的修改和自我纠正是常态，而非例外。寻找合适的词来表达新出现的概念可能很困难，并且可能需要漫长的试错才能促成。研究者可以利用各种特定的分析实践，这些实践可以发展为高水平的专业知识。在这一项目的 5 位研究者的工作中，这种分析实践是重叠的。例如，所有研究者在各自的分析中至少非正式地使用了现象学的本质直观（intuition of essences）（对主题"内容"的把握，对主题"本质"的认识）。5 位研究者还不停地对资料中结构模式的重复发生（recurrence of structured patterns）进行调整，并试图阐明这些重复发生中的变与不变。5 位研究者隐含地并且通常是非常有意地和广泛地采用了诠释学循环的方法。在诠释学循环中，对主题的事先熟悉在与数据的接触中进入了辩证的、反复的重组的过程，包括部分和整体之间的迭复运动。这些分析模式的目标是什么？所有研究者都从可能被诠释为基本的心理学和社会意义（fundamental psychological and social significance）的东西着手，这对于普通心理学很重要。他们通过关注参与者拥有的具有重要意义的关键词、陈述和行动（key words, statements and action），实现了对这一意义的识别。叙事研究和话语分析的研究者使用了彼此从传统的技艺中借鉴的概念和程序，证明了这 5 个传统原则上可以相互交流，并可以充实彼此的步骤和概念的资源。

所有研究者都把大量的对于心理生活的广泛理解和对于调查主体的理解引入其分析中。这些"先决条件"（fore-understandings）包括研究者的心理学知识和个人生活经验。这些理解起到了增强敏感性和概念工具的作用，有时会在与资料的新的接触中得到重申、修改和重塑。在此过程中涉及的非常常见的主动操作包括对默认的、隐含意义的关注，对细节的注重，以及多次阅读以寻找新的洞见。在与相关资料的接触中，所有研究者都抵制了对于理解预先确定的即时的构架，并通过一系列阅读保持开放，从而使新兴的想法与资料本身紧密相连。现存的概念必须凭借其与资料本身的完美吻合（goodness of fit）去深入（earn their way）分析。因此，扎根理论学者能很好地阐明现有的概念。直觉探询需要明确记录此过程中发生的先前知识的转化。

6. 检查证据和反面证据：调整和完善新兴的想法

质性分析与所有科学都持有的怀疑态度也被用于所有 5 位研究者的分析中。这种态度和相关的步骤不是绝对的、轻蔑的怀疑论，而是相对地、生产性地、有条不紊地采用的，以确保知识主张完全基于证据并且值得信赖。5 位研究者的研究结果不仅处于形成过程中，而且在书面中将其充分表达之后，研究者都仔细地重返文本资料（returned to the textual data）并检查了他们的主张，以评估其吻合度，并关注潜在的相反证据，并据此修改其陈述。

7. 批判的反身性和程序的透明的说明

5 位研究者通常都使用反思的活动（reflexive activity），该活动监控分析过程中的个体过程和科学程序的参与，从而使整个过程具有自我批评的态度（self-critical attitude）。所有 5 位研究者都提供了有关个人存在和程序的透明的说明（transparent account）。该程序在整个分析过程中会塑造结果，还用于向科学界报告研究结果并承认各自分析的局限性（acknowledging the limits）。

374

8. 贡献一般性知识

在他们的知识成果中，5 项分析均达到了一定程度的一般性。所有这 5 项分析都产生了知识的模式，这些模式超越了资料的内容和参与者的生活细节。尽管分析主要集中于单一案例，每一研究目标都是生产一般性的心理学知识（general psychological knowledge）；这些研究者都没有进行"个案研究"，因为对于特定个人的个案研究（一种质性研究的类型），通常需要从单个参与者那里收集比当前的论证更多的资料。即使在这种受限的情况下，研究者都旨在扩展现有的心理学知识到一般的心理学理论和实践。

9. 写作，吸引读者

如果不将写作作为分析的一部分，我们对共同基础的列举将是不完整的。关于这一点可以说很多。我们着重指出，每种分析都服务于特定的受众和读者，这是质性研究涉及的另一个相关的方面，它决定了研究发现。5 位研究者在撰写论文时都试图从概念上吸引读者（conceptually engage the reader）并关注读者的担忧。从这个意义上说，研究完全是主体间性和对话性的。表 12.1 总结了质性分析实践的基础。

二、分析实践的潜在常见变化

每位研究者都采用了其他方法没有使用的特定实践，但这些特定实践与 5 种方法的步骤保持一致并相互补充。这些实践已经在至少一种

表 12.1　共同的基本做法和规范

· 收集研究主题的具体示例：观察、描述、表达
· 批判性地评估资料：个人和社会情境及其局限性
· 采用人类科学的态度：对日常语言保持开放的共情理解
· 关注独特的人类：目的论的、具身的、情感的、实践的、社会的、语言的、文化的和时间的
· 识别相关表达：满足研究兴趣的文本
· 形成新兴的想法： 　· 通过多次阅读来表达意义 　· 运用前理解和知识库、程序库 　· 注意关键词、陈述和行动 　· 发现资料中的重复模式 　· 阐明隐含意义 　· 比较和综合洞见
· 重返资料来检查、修订和完善新兴的知识
· 自我批判性反思分析视角的局限性和成就
· 撰写超越和反映资料的一般性知识 　· 以证据支持知识主张 　· 阐述研究的极限和开放研究视域 　· 程序说明的透明化 　· 以主体间性吸引读者

(但不是每一种)方法的方法论中进行了阐述，并在某种程度上被各种方法采用，并且在原理和实践上都与所有 5 种分析方法兼容。许多实践可以从伟大的历史先驱者的研究中寻找到传统。这些潜在的常规实践延伸且扩大了质性分析的必要基础，超越了在所有传统中常用的内容。像分析实践中的常见原理一样，它们可能被不认同任何一种质性方法的研究

者所使用。例如，可以通过多种方式确定主题和质性分析的目的。可使用指导方针和访谈步骤进行分析。研究者可以逐行或更自由地分析口语访谈记录。分析过程和新发现可以被认真记录。分析中可以使用多种形式的推理。研究者可能会比较不同来源的资料。

可以在分析的基础上收集额外的资料，并在分析和资料收集的循环周期中使用。尽管该项目的 5 位研究者单独进行分析，但他们的一些传统已经发展并倡导在合作小组中进行质性分析。最后，可以开发和采用许多不同种类的反身性。对于所有质性研究者而言，这些变化可能是备选方案，而不是规范做法，有助于更好地分析。

我们对实践中此类潜在常见变化的描述绝非详尽无遗。我们在这里的目的只是为了证明，在某些传统中明示和例行采用的程序不必被视为其专有的。许多方法相互兼容，可以被其他传统和质性研究者在不冲突的情况下使用。鉴定和研究质性方法的潜在常见变化非常重要，因为它可以吸引并鼓励在具有可渗透边界的方法之间进行富有成果的交流。它还为未辨别任何一种研究路径的研究者提供了一种方法，这是从各种传统中汲取的广泛适用的方法，这可能很适合他们的特定研究目的。

1. 研究重点和目标的决定因素

5 位研究者以多种方式确定了他们的研究重点和目标。资料来源包括：①学术文献中的主题；②理论；③资料研究；④研究者的个人兴趣和敏感性；⑤参与者的关注点。以上研究视域在确定适当的分析重点时，可以显性或隐性地发挥作用。所有 5 种分析传统都可以聚集于这些视域中的一个或任何组合，以确定一个分析中心。在这个项目中（尽管以前并不总是如此），弗雷德的分析很少使用理论，他的分析重点是文献主题、研究者的兴趣及研究资料。凯西决定专注于自我的丧失和恢复，因为参与者强调了这一点，也因为这也是她过去对疾病经历的理论

376

关注点。琳达的分析在某种程度上参照了关于抗逆力的文献，并使用理论上重要的自我强调概念来指导她选择分析中关注的话语模式。叙事研究和精神分析理论丰富了朱瑟琳的研究，她将特蕾莎的文本作为一个包含多种声音并涉及自我内部工作的故事。罗斯玛丽的方法强调了两个方面：一是对于研究者的个人意义的重要性；二是分析重点旨在实现自我和社会的变革。

　　5 位研究者在分析中所涉及的主题内容也存在差异。显然，人类生活如此复杂，它包含各个方面，可以在质性传统中以不同方式解决。本项目中的现象学和扎根理论广泛关注了特蕾莎的经验，尽管它们能够研究特定的语言现象。话语分析和叙事研究通常集中在语言上。研究者不可能在给定的分析中发展人类生活各个层面的知识，并且某些传统在某些聚焦点上发展出了比其他传统更多的内容，但所有 5 种传统都以自己的方式对时间性、身体、意向性、表演、工具性、情感性、社会性、话语、叙事、无意识、社会地位和条件进行持续的关注和分析。

　　2. 使用明确的指导方针

　　随着质性研究的建立和普及，人们越来越重视确定明确的指导方针和步骤的需求。乔治（Giorgi, 2009）规定了 4 个基本分析步骤。格拉泽和安塞尔姆·斯特劳斯（Glaser & Strauss, 1967）描述了扎根理论的步骤，并得到追随者的修订。安德森发现，5 个不同的周期为直觉探询的研究者提供了至关重要的结构。然而，我们在弗洛伊德、詹姆斯、马斯洛和科尔伯格的工作中看到，可以在不使用这些工具的情况下进行出色的质性研究。一些研究者可能感觉受到按部就班的分析步骤的束缚，他们更喜欢以自由灵活的方式进行分析。叙事研究者对没有建立或没有要求使用一致的"方法"而感到自豪。

377

　　3. 记录研究过程

　　5 位研究者中有一些跟踪并记录了分析过程中他们个人的和科学的

步骤，而其他一些研究者如果有记录的话，也是很少的。扎根理论（Glaser & Strauss, 1967）需要细致的记录，因为研究者通过组织资料、各种层次的分析以及撰写研究备忘录，完成从开放编码到理论构建的提升。乔治（Giorgi, 2009）还提倡有条不紊地记录每个意义单元上的反思。在话语分析的细致文档中也可以看到类似的责任感：对文本逐行编号，以提供精确的分析参考。个人和研究笔记的亲密关系可以并且有时被用于叙事研究中，即使这种记录的严格形式没有被常规化或被视为强制性的。逐行分析和记录的保持当然不是好的质性研究的必要条件，但是它们可以为任何方向的质性研究者提供一个指导分析技术、鼓励反思和促进研究透明性的框架。

4. 逐行分析

在实际的分析实践中，5 位研究者以不同的各种方式进行了不同程度的逐行分析。每个人都按照自己的个人风格和传统，以及文献的不同层次去做的。尽管有一些人明确地命名或编码了资料中分析单元的主题，但他们都在分析过程中对部分资料进行了概念化。乔治（Giorgi, 2009）提倡按意义单元进行分析，尽管并非所有的现象学心理学家都使用此步骤。扎根理论研究者通常进行逐行分析，而话语分析学者通常关注谈话或文本的特征和片段。在叙事研究中，逐行分析绝不是严格的要求，但它可能是一种兼容的选择。

5. 推理形式

方法论以不同方式强调了本质的、分类的、归纳的、溯因的、主题的、诠释的、结构的、文学的和直观的推理形式。尽管现象学在本质分析中明确地、系统地使用了（在胡塞尔的意义上讲的）本质直观，但其他研究者却实践了这种直观，甚至在阐明特蕾莎个人经历或行为中的一种模式或一种普遍存在的可能性时，还使用了一些自由想象变异。凯西将

378

特蕾莎的失声视作"失去了自我价值"。琳达将特蕾莎话语的引文视为"强调自我，弱化他人"的示例，并详细阐述了这种可以在其他各种示例中找到和想象的模式的特质。5位研究者在不同程度上开展了主题分析，检测了资料中的主题，并选择了一些主题以扩展焦点和精心思考。朱瑟琳区分了主要和次要主题，并考虑了它们是如何分层的，从而将这种分析提高到一个特殊的高度。在现象学方法中，主题分析（如灵性分析）不是主要焦点，而是在阐述经验的总体结构时发展起来的。一些研究者，如叙事研究和直觉探询学者，使用直觉来识别资料中未命名的、秘密的、高度隐含的意义，并且所有5位研究者都发展了这一知识的方法。凯西谨慎地靠近参与者的明确表述，她愿意在理论抽样以及额外的收集资料和分析过程中，跟进关于并不明确的事情的预感。尽管直觉探询引起了人们对直觉实践的关注，并将直觉实践作为研究工具，但5位研究者在与文字的相遇过程中，最初只是模糊地捕捉观点，之后在不同程度上发挥了他们的想象力和自由联想，超越了常识和先前的知识，朝着新鲜的见识延伸。这是另一种潜在的普遍做法，可以由个人和不同的研究取向在不同程度上以各种方式进行开发和形式化。

6. 比较分析

具有多种变体且非常重要的潜在的通用分析步骤是使用比较分析。该程序对于加深理解并实现研究发现的一般性至关重要。比较分析工作可以使用关于研究主题的不同案例、不同描述和/或访谈，以及不同的参与者资料。尽管只有弗雷德、凯西和罗斯玛丽使用了第二位参与者（盖尔）的资料，但所有5个人都能够（could）使用其他参与者的例子和资料来进行比较研究。琳达的话语分析和朱瑟琳的叙事研究，虽然并不关注盖尔的文本，但让我们领会到了质性研究中的其他比较分析方法。琳达对"强调自我，弱化他人"的两种模式的分析，对比分析了特蕾莎文本

379

中的两段引文。琳达和朱瑟琳都将特蕾莎的书面描述和访谈资料进行了比较，并得出了有益的发现。这些分析表明，比较工作的潜力，不仅在研究参与者之间，也在每个参与者的资料之内。对现象和重复模式的多个示例的识别也需要进行访谈间的比较。现象学和扎根理论传统中非常明确地表达了比较分析的观点，所有质性研究者都以各种方式使用比较的方法。

7. 收集新资料以进行循环反复的分析

可以在所有方法中使用的另一个过程是从资料到分析的迭代循环，其中包括收集新资料。尽管此步骤最初是在扎根理论学者的著作中明确提出并正式强调的，但后来这种做法在直觉探询中得到了适当的运用和重塑。任何传统的质性研究者都可以使用新资料循环性地扩展分析。

8. 反身性揭示各种研究情境

我们上面指出，所有 5 种分析方法都是反身性的。所有研究传统都具有潜在的批判的反身性的能力，以及具体而言，在每个研究项目的过程中发展反身性的能力。该项目的 5 个传统和个体研究者在不同程度上强调和发展了这种反身性的众多方向和形式。一些研究者在进行分析之前，特别注意他们对主题和主题定义的预设。反身性可以关注：①研究话题与问题背后的哲学、理论和语言学构成；②研究和个人经历的社会、政治情境性及可能的影响；③研究者在研究之前及研究进程中的个人历史。像朱瑟琳一样，在进行分析之前，可以先对研究者的预设和语言起点进行分析。研究者还可以像直觉探询所要求的那样，追踪他们与研究相关的个人动机和经验；研究者也可以像琳达一样问自己，他们在分析过程中如何阅读文本。研究者也可以像书中的这 5 位研究者一样，密切关注自身以及作为社会历史制度的研究的实践所产生的伦理意义。由于质性研究者承认科学是人类的过程，因此其分析的假设、观点、立场和分析的结果都可以作为过程的一部分被揭示。质性研究涉及广泛的批判责任感，这一点 5 个传统在原则上都认同。表 12.2 总结了分析实践的潜在共同组成部分。

表 12.2　分析实践的潜在共同组成部分

·主题和目标的来源和情境：文学、理论、资料、研究者个人的敏感性，参与者的关注点
·关注的维度：时间、身体、意向性、表演、工具性、情感性、社会性、话语、叙事、无意识、社会地位和条件、自我、文化
·使用程序步骤作为分析时的灵活指南
·跟踪和记录个人的和科学研究的过程
·逐行分析资料
·命名或编码资料的成分
·分析模式：本质的、主题的、分类的、诠释的、归纳的、溯因的、结构的，文学的、直观的
·对示例、访谈和不同参与者资料的比较分析
·在收集新资料和分析的过程中进行迭代循环
·让一群研究者加入分析
·批判的反身性：哲学的、学科的、语言的、社会的、历史的、个人的

三、分析方法之间的差异：质性研究的专业化

上述质性分析实践和传统的共同基础及潜在互补的变化固然重要，但不同方法之间的差异也是显著且重要的。每一分析传统都具有质性分析的特殊潜力。它们之间的差异并不是绝对的，以致这些传统也不是互不匹配的；特殊程序可能合并。进一步说，不同方法之间也时常富有成效的对话、相互批评，这都是在加深质性传统流派（family）的方法论意识，即便有时对话看似有争议。

1. 每一传统都是复杂多面的

这 5 个传统中没有一个是单独发展的，也没有一个是静态、单一或整体的。在 100 多年的时间里，现象学采取了一系列由内部推动的"转向"：存在主义、诠释学、叙事和解放。同样，扎根理论也经历了从新实证主义、诠释学、建构主义的多方面发展。话语分析是一个非特定术语，包含语言、对话和批判性变体。叙事心理学几乎有无数种变体，并且以拒绝程序的标准化以及拥抱精神分析、女性主义和文学理论等多种传统而感到自豪。直觉探询是多元的，并且包含了心理学内的主流观点和变革观点。每一种传统仍在朝着多个方向发展。每一种传统内部都存在辩论，有时甚至是类似的辩论。但是，每种传统都具有一定的独特性和潜在的纯粹性，这使其成为某些研究项目和研究者特别合适的选择。

2. 哲学差异

尽管我们在此探索的 5 种分析传统与主导主流心理学的自然主义（客观主义）本体论和认识论形成了鲜明的对比，但它们借鉴并体现了彼此间也相互批判的不同哲学传统。在此之后，每一方法都以独特的方式定义了心理学的主题。现象学提出了关于二元本体论的知识的问题，提出了假定的构想，并利用了生命经验之外的事物的推论。现象学使用有想象力的自由变化来有条理地进行本质分析，并强调对经验过程的精确的描述性理解。现象学能够用来分析其他每种方法。

扎根理论可以从新实证主义到建构主义等各种哲学观点出发。所有这些都对过早引入理论提出了批评，并为利用归纳和溯因推理发展中层理论提供了初始的方法。扎根理论经常被用来联系欧洲大陆的、诠释学的方向与基于新实证主义的社会科学。话语分析对诸如经验（experience）和心理学（psychology）之类的传统术语展开了批判，并挑战了以下观点：有意义的现实存在于研究对象中。通过这种方式，话语分析可以包含其他心理学方法，毕竟这些方法本身就是需要进行分析的话语模式。

叙事心理学认为，经验如果不放置于特定情境下是无法表达的。叙事心理学将意义置于语言和故事的讲述之中。叙事心理学借鉴了人文学科与社会批判思想的不同传统。叙事心理学本身包含和研究其他方法。直觉探询强调了人类生活的亲密性、神秘性和集体潜能，它们高于特定的理论和方法，以变革的愿景提供了系统的方式来探究隐藏的个体深度，并迈向我们文化历史的未来。

在这些传统之内和之间，我们发现了争论。这些争论是关于意义在多大程度上是由语言或非口头来给予或建构，发现或创造并结构化的。这些方法讨论了人类科学中外部变量的作用和地位，人类生活中语言的特征和功能，科学中主观和客观之间的关系，理论的作用，甚至知识本身的性质。

3. 调查方向

这 5 种方法中的每一种都有独特的研究重点和目标。现象学、扎根理论和直觉探询运用口头资料来了解非口头的生命经验(除非主题涉及语言)，而话语分析、叙事心理学则是书面和口头资料并重，关注其社会语境、意义构建方式和影响。扎根理论学者同样也审视社会语境、意义构建方式和影响。现象学心理学学者倾向于分析所有可用的和附加的构想出来的资料。话语分析明确地侧重于资料的一部分，并集中分析资料的少量引文。叙事研究通常以一种整体的方式关注语言，将研究者个体在研究问题的概念框架中选择的多元理论传统作为灵感来源。直觉探询关注研究者内在的个人生活，达到了其他方法无法比拟的程度，尤其是特意要改变研究者的生活和文化的目标。

4. 不同的学术语境和概念

每种方法都有自己的分析文献，其中包含独特的知识储备。质性分

在页边：382

析的概念来自包括现象学、存在主义、欧洲大陆的诠释学、启发论、精神分析、女性主义、符号互动论、言语行为理论、人类科学等不同的传统。因此，根据研究者所假定的学术背景，概念化呈现出不同的形式。在这些方法中，理论的作用各不相同。现象学是非理论的，认为"事情本身"的具体描述为人类学科提供了最佳的概念理解形式。扎根理论和直觉探询的研究目标是通过提高抽象水平来构建理论和假说思想（hypothetical thought）。现象学停留在经验的结构之内，与此相对，扎根理论则会考虑社会位置（如年龄、种族和性别等）和环境性情境（如社会性质和文化）等因素，尤其当这些因素进入探究的视野并与研究对象的经历相关时。叙事研究使用的概念突出了语言如何表明各种自我的意义和位置，话语分析则使用了概念和大量知识去揭示话语实践的社会工具性和影响。从其他学科汲取的概念也可以纳入这些分析使用的知识。比如，现象学对哲学的使用，话语分析和扎根理论对社会学的使用，叙事心理学对文学和心理学理论的使用，以及直觉探询对超个人和精神传统有关的语言和价值观的使用。

5. 程序步骤

程序上的差异经常得以强调，而这类差异不是绝对的。个人参与在直觉探询中非常明显，而在其他方法中，研究者可能（但不一定）采取相对不感兴趣的立场。现象学学者的目的是将先验的知识加括号，而叙事心理学学者可能会特意从一开始就使用指导框架，并将指导框架贯穿于研究过程中。现象学和扎根理论在没有理论的情况下开始分析，并在分析的后期或分析完成后将其发现与各种理论联系起来。叙事心理学采用资料来确定叙事中包含的多重意义。话语分析摘录了资料并比较了片段，而现象学和叙事的方法则试图涵盖整体并在解释部分资料时牢记整体。尽管现象学和扎根理论学者使用分析的步骤，但是他们的实践很灵活，多种分析可能同时发生。叙事研究，以及直觉探询的第一个周期是相对自由的。扎根理论和直觉探询使用溯因推理并形成和检验假设。正如我们从参与者的回答中看到的那样，现象学和扎根理论的分析似乎仍然更以参与者为中心，并且更接近人的生活，而话语分析和直觉探询的步骤却使知识偏离了人。叙事方法可以采取任何一种立场，也可以同时采取两种立场。表 12.3 总结了 5 种方法的分析实践之间的差异。

第四节　补充发现：多方面的知识

一些心理学家质疑，质性研究是否具有足够的凝聚力和系统性，足以构成一个统一的科学知识体系。尽管原则上已经阐明了多种方法的潜在统一性（Wertz, 1999），我们在开始这一项目时并没有假设各种方法的结果是相互兼容的，我们想知道它们是否无法形成合乎逻辑的关于这一研究主题的图景。

384

表 12.3　五种传统方法的独特性

现象学心理学
·长达一个世纪的、涉及多方面的运动，并伴随着不同的转向（如存在主义的、诠释学的）
·对二元本体论/认识论和假设结构的批判
·对科学和存在性假设的悬置（现象学还原）
·对经验过程和意义的描述性反思（意向性分析）
·使用有想象力的自由变化对本质进行系统研究（本质分析）
·生活世界情境中的整体/关系解释（结构分析）
扎根理论
·从实证主义到诠释学和建构主义的变体

续表

• 归纳推理和溯因推理
• 资料的理论抽样
• 中层理论的建立与尝试
• 使用状态变量使其进入理论
• 与传统的假说性科学建立联系
话语分析
• 传统心理学概念的问题化
• 尤其关注谈话的工具性
• 关注实践而非个人
• 对谈话片段中的模式进行提取和概念化
• 语言分析的专用工具和程序
• 了解社会情境和对话的后果
叙事研究
• 以人文、文学研究和民族志作为基础
• 在意义创造中强调生活的故事本质
• 不受严格的程序步骤限制的范围广泛的变量
• 来自不同学科、理论和社会地位的概念立场
• 使用分层的主题和结构分析
• 关注自我直觉探询的多种声音以及自我直觉探询的内在和社会文化建构
直觉探询
• 灵性和转变研究的起源
• 广泛的研究者的反身性和对资料的亲密接触
• 研究者对主题理解的表达和转化
• 积极培养直觉和想象力作为研究技能
• 个人、文化、历史变革的目标
• 对神秘力量的确认

尽管每位研究者都通过使用特蕾莎的文本创造了独特的知识，但其 385
中存在相当多的重叠——许多知识术语都交汇在一起。当中也存在一些
重要的差异。然而，这一论证结果远不是说，这种独特的质性分析方法
将人类科学分割成不可通约的主观相对性，在这种相对性中，任何事情
都是可以发生的，而矛盾是无法解决的。相反，这一论证结果使得我们
可以朝着一个连贯的、多样化的知识体系前进。

质性研究方法，以及它们之间的关系，都是通过它们的研究发现被
理解的。现在我们回顾 5 位研究者的发现，这些发现是在一项主要由一
位参与者参与的研究项目的背景下产生的，并且已经创造了一些一般性
知识。这些发现之间的一致性是证明我们所宣称的不同质性方法之间相
容性的一种方式。在本节中，我们中的一位——弗雷德里克·沃茨，探
讨了将这 5 种方法的研究结果整合起来的可能性，并试图将本项目中产
生的一些一般性知识整合起来。正如奥尔波特（Allport, 1942）在很久以
前提出的，效度超越并优先于信度，这一观点最近由两项研究进一步证
实（Churchill, Lowery, McNally & Rao, 1998; Wertz, 1986）。也就是说，
不同的观点和分析性发现增强而非削弱了我们知识的真实性。以下是对
我们从不同角度获得的一些一般性知识进行整合的简要尝试，这些尝试
也有其局限性。在这个论证中，弗雷德使用了一种存在性框架和风格，
这是不同质性研究发现的众多方法中的一种。在这种质性知识的整合
中，正如在质性分析中一样，多元主义是一种认识论和方法论上的
优点。

一、创伤性不幸

最初，创伤性不幸（traumatic misfortune）既不是说出来的，也不是
建构出来的，而是经历过的。就意识本身而言，创伤不是意识的客体，

而是对意识意向性的破坏。一个充满敌意的他者被强加在一个人身上，扰乱这个人的生活及其生存。与人际关系相关的生活经历着震惊、堕落、崩溃、瓦解、意义的真空和一种死亡。这些可怕的情绪主要包括惊恐、憎恨、恐惧和焦虑等。当作为一个人的核心的与人际关系相关的生活遭到破坏并受到质疑时，一种重要的可能性就消失了。一个人处于茫然的状态，其实际活动停止了；这个人变得与他者隔绝，先前寻求的未来都变得暗淡了。创伤不是用语言而是用呐喊来表达的，它同时是一种孤立的内在，是一种超验的原始萌动——是对一个失序的、痛苦的、具体化的人的原初抗议，是心理生活的初始复苏。抗逆力是一种在意向性的恢复中超越呐喊的延伸，是一种重新参与的生命历程，在这个过程中，世界与他者的关系得到恢复，未来重新打开。

386

二、生命历程

极端不幸的心理是一种包含过去和未来并随时间变化的生命历程（life historical process）。创伤事件的不幸，部分是从一个人经历冲突性事件的历史中获得其意义的，并且这些意义在当前的创伤中得以保留和回应，这在某种程度上是一种重复。特蕾莎为成人身份而奋斗，是为了摆脱她在家庭中不幸的从属地位，而癌症破坏了她成为一名职业歌唱者的努力，并使她想起了她父亲以前对她的独立和抱负的干涉。无论是字面意义上的死亡还是生存意义上的死亡，她的癌症对她的未来构成了重要威胁。创伤经历者面临的挑战是如何将一个悲剧叙事转变成一个充满希望、勇气、浪漫的故事，甚至是一个成功逆转命运的喜剧故事。为了达到这个目的，一个人会重新使用以前熟知的方法来对付逆境。对特蕾莎来说，这涉及缓和情绪、采取独立行动理性地解决问题与控制局面，并利用她的才能和资源最终达到新的、特殊的、非凡的高度。小时候，特蕾莎不喜欢家里以她父亲的暴躁为特征的"情绪化"（emotionality）环境。早在她患上甲状腺癌之前，她就已经学会了认清威胁，放下不安和紧张的情绪，以便有效地采取能够带来成功和卓越并增强情感满足感的实际行动。一个人可以像特蕾莎那样利用各种可用的心理资源来摆脱创伤，创造新的生活，或者如果可能和可取的话，像盖尔那样恢复以前的生活。因此，不幸也是一个机会，受过创伤的人可以通过随着时间流逝而获得的成长和发展来实现新旧梦想和潜能。

三、具身化

经历不幸的历史过程是一个具身的过程。具身化（embodiment）的缺点和能量也在相关的经验中展现。身体是情感和工具性行动的载体，既是一个人必须面对的挑战，也是一种成为自己的方式。在应对癌症的过程中，特蕾莎克服了最初的"崩溃"，她采取了一种冷静甚至麻木的姿态，让她在了解自己的疾病时，将自己的身体客观化，理性地计划去克服疾病，并有效地执行自己的策略。作为一名歌唱者，特蕾莎的老师帮助她学会运用细致的技术应对身体的挑战，控制她的情绪，并让情绪彰显在演唱中。理性和情感之间的这种相互作用代表了特蕾莎内在的重要 387 方面的交集，并教会我们一种对付逆境与超越身体疾病和情绪混乱的方法。当一个人可能患上一种危及生命的疾病，并有一种难以解释的、使人失能的感觉时，就会想办法去控制这种情绪，以便通过技术理性战胜疾病，从而解放自己，开启新的生活。这就提出了一些有趣的问题，即抑制、否认和解离在成功应对困难中的作用。特蕾莎思维和情感之间的张力，以及她如何平衡和交织这两者，为我们应对一般心理问题提供了启示。逻辑和理性如何克服恐惧、憎恨和痛苦？也许答案就在一个更深层、神秘、冲动的层面上，那就是"反向镜像"——一种人们应对潜在的压倒性攻击具体方式，就像特蕾莎面对她的甲状腺癌时所做的那样，即通过封闭情感和身体知觉及使它们麻木而达成。这种内心的平静反过来恰恰反映了一种恶意蔓延的暴力。这种反向镜像的普遍可能性，以及其他具体化的情绪和应对的典型形式，有待进一步研究。

四、社会性

一个人觉得自己被不幸和创伤所孤立，而这些不幸和创伤也是个体化的、孤立的和孤独的。这种不幸切断个人与他者的链接，预示着破坏他与支持他幸福的至爱他人之间的团结。特蕾莎与母亲、老师和同龄人的关系受到严峻考验。这些关系被动摇了，出现了问题，虽然某些关系后来对特蕾莎提供了至关重要的帮助，但其他关系再也没有恢复到癌症之前的状态。在遭遇不幸时，有些受到威胁的人会适应他者潜在的伤害、帮助、信任和冷漠。有些人会仔细观察和评估他人，看他们是否会进一步让自己受创和退缩，或是会帮助自己恢复与世界的相对理想的关系。污名和羞耻（自我贬低）是不幸的视域，因为创伤涉及个人存在的减少和失败（"没有人爱失败者"）。创伤伴随着被拒绝和被抛弃的可能性，即失去自尊和别人的敬仰。特蕾莎的医生救了她的生命。特蕾莎的母亲接管了重要的管理职能，母女俩避免了关系破裂的潜在危机。特蕾莎的父亲带来了一些很受欢迎的礼物，但这不足以修复长期的紧张关系。特蕾莎被抛弃，被同龄人边缘化。她和那位曾经在她事业蒸蒸日上时如"好父亲"一般的老师的关系，在悲痛中恶化了。创伤和不幸揭示了身边人是自己真正的朋友（帮助者、救命者）还是敌人（漠不关心、冷漠、背叛、令人反感的他者）。

388　　在对脆弱性的探究中，自我披露（创伤经历的表达）对受难者来说是一个重要的问题，因为它既能保证团结，也能唤起帮助，但也有加深不幸和孤立的风险。与他者分享自己经历的创伤是有希望的，但也是危险的，表现为从说真话到隐瞒和欺骗他人的典型变化。在告诉家人和朋友发生了什么时，一个人可能会考虑保护他/她的脆弱感情和脆弱关系。信任和恐惧可能会增强或消解人际关系。

此外，他者在支持或攻击一个人的身份定义，回避情绪，提供或破坏一个人赖以生存的社会环境方面发挥着复杂的作用。即使能理解，但特蕾莎还是因为她的同学和她的父亲对自己不关心或不够关心而感到不满。创伤后的社会交往可能引发新的关系形式，包括更深层次的亲密关系、依赖关系和相互关系。后来，特蕾莎结婚了，她尝试开始更深入的交流，揭露她与丈夫之间的脆弱性，并探索被关爱的可能。支持性他者的重要品质包括真诚、分享、实际帮助、温柔、对个人目标和能力的认可和理解、联盟、关心、鼓励和未来的陪伴。对身份的成功探求可能会有助于得到他者的支持。

五、能动性

能动性（agency）也有助于创伤后新生活的恢复，这需要计划和努力。一个人与创伤作斗争，试图恢复一种自由的生活，一种比不幸地失去和减少痛苦的生活更好的生活。这个人付出所有的努力，超越受害者的身份，重新打开未来，有时还发展出新的赋权形式。特蕾莎对危及生命的癌症诊断做出果断反应的能力，不仅是先发制人的，而且在某些时候，与她自我描述的封闭情感和身体知觉的模式背道而驰。也许，在某种程度上，她能够远离自己的情感和身体知觉，使她能够接纳并忍受必要的手术和治疗。手术后患者的情绪管理方式可能与诊断前不同。个人能动性包括克服困难，也包括对未来的创造性决定。特蕾莎强烈的情感与她更喜欢用兼具逻辑和理性的冷静头脑生活之间的张力具体体现在她的一种能动性形式上，这种形式通过将她的生活转变为一种包括享受、兴奋和自豪的新模式而形成。在一个为她这个年龄的人提供许多自我创造和重新定义机会的文化中，通过理性思考和计划，她创造了一个新的身份，重塑了自己作为知识分子的形象。

个人能动性也体现在人如何对待自己。一个人可以进行内在对话，这些对话既反映了自己的生活，又推动自己的生活向前发展。例如，特蕾莎觉得自己失去了一切（"没有了声音，我什么也不是"），她希望能继续向前，"仿佛这件事情没有发生"。自我的内在工作可能包括应对策略，使一个人远离情感和身体知觉，从而反映出一种否认的话语。能动性可能会不假思索地起作用，就像特蕾莎通过癌症症状，投射或"表达"出自己对癌症确诊感到的愤怒。特蕾莎生活中的重要人物表达的不适情绪也以镜像的方式映衬出她感知到的自己的不安情绪。

六、语言

当我们探讨不幸和人类秩序时，语言（language）就是（is）故事。以上详述的"经历"是通过特蕾莎的书面和对话的话语收集的，这两种话语都反映和塑造了她的生活，并对听众、她自己和分析者产生了影响。特蕾莎的坚强和情感克制体现在她的谈话中，她的谈话表明了上述独立的能动性。特蕾莎坚决拒绝访谈者对社会支持的叙事，她提出了一种与我们的文化和心理学规范说法相反的说辞：人可以是不依赖他人的孤岛。她对自决权的主张本身就植根于她的个人历史和文化之中。特蕾莎拒绝了访谈者对他者的强调，就像她在一种宣扬具有独特个性的自我奋斗者故事的文化中反对她的父亲一样。一个引人注目的美国文化的叙事特点是独自应对逆境，在悲剧之后茁壮成长。在创伤和恢复的时候，我们的语言文化和行为表现，转向各异的、有时是矛盾的不同方向，这些方向与社会支持和坚毅个性相关。

我们中的任何一个人都可以通过强调自我，弱化他人的谈话来"获得抗逆力"（do resilience）。在这样一种普遍的话语模式中，一个人明确地宣称自己是一个有成就、有责任感的能动者，并通过把他者构建成难以应付的人来削弱他们，使他者在"抗逆力"的论述中处于边缘地位。语言中细节的存在和缺失相应地为事实赋予了价值。掩饰他者的细节，说他们消极、逃避、带来不良后果、缺乏能动性、缺乏有效性和价值，可能有助于使自己与众不同，从而形成一种拥有行动力、生产力、独立性、积极价值和高地位的新生活。语言有助于"做自己"（doing self）。经由强调自我和弱化他人而具有的"能动性"是一种通过详细描述、大量行动、时间延伸和伟大成就而形成的话语策略。

"不幸"和"抗逆力"的语言是复杂的，因为在谈话中，一个人不仅可以声称，而且可以否认自我的能动性，把自己塑造成一个强调外部力量的受难者。在话语中，能动者和受难者的位置都可能是模式化的。他者也一样（如特蕾莎的声乐老师），可以说是能动者，也可以说是被动者。话语的工具性植根于语境中，例如，在写作的自由和控制中，特蕾莎阐述了她在歌剧界极有希望的崛起，以及她在大量登山和骑摩托车探险活动的死亡竞赛中与癌症的英勇战斗。研究访谈的互动对话是动态共建的，比书面话语更不受人控制。特蕾莎和她的同学一起，以心理学学者的身份"做自己"。对话具有社会后果和实践历史。特蕾莎开始以"心理学学者"而非歌唱者的身份向陌生人介绍自己，她说这是"奇怪的"，但"奇怪得令人耳目一新"。她用这种新的说话方式来远离自己的丧失，把可怕的情绪转变成积极的情绪，并开始建立新的社会关系和相应的活动。访谈者称赞受访者"聪明""坚强"和"勇敢"。书面叙述中缺乏对社会支持的承认，这使得采访者表达钦佩和同情，也质疑叙述的完整性。语言表现有助于产生特定的目的，并在特定的语境中产生各种社会后果。

语言是主动建构现实的。无论是在研究语境中还是在日常生活中，语言都具有工具性。叙事性讲述包括个人自我体验的内部（internal）重组以及克服逆境的个人能动性等内容。特蕾莎的故事是一个能量十足、鼓舞人心的故事：一个人失去了所有能在这个世界上赖以生存的东西，然后开始勉强接纳这场灾难，并通过一系列比以往更丰富的世俗活动使自己成为一个更开朗宽宏的人。

七、灵性

灵性（spirituality）可能通过提供一个幸福的终极视域的保证，而成为一个人接纳毁灭、丧失和痛苦的核心。个人对超验意义和价值的宽怀接纳，深刻地反击了创伤的破坏性和虚无主义。可以通过祈祷、谦卑感、感恩、接纳恩典和/或治愈的体验，以及完成的可能性来实现与超验的联系。抗逆力的灵性维度依赖于对苦难和不可靠性的接纳以及一种被称作信念（faith）的、多方面的、积极向上的意向性。个人重新获得了对生活的和谐感和感激之情。特蕾莎的勇气可能被视为一种原始的灵性形式，即使没有信仰上帝或参与公共宗教仪式，她也生活在精神世界中。也许"反向镜像"——面对毁灭性侵略时的沉着冷静与平和，说到底是一种精神上的神秘。这种信仰不是抽象的或仪式性的，而是深深地体现在对生活本来面目的严肃态度上，表现在对生活中最糟糕事情的接纳上，表现在对所给予的生命的内在价值和特殊价值的肯定上，表现在对生命不确定性的天赋的充分利用上。

八、自我

自我（selfhood）在经历痛苦的不幸时受到了深刻挑战这种说法仍然

391

存在争议。失去的歌喉曾是特蕾莎的生命、身份、自我。从存在主义的角度来说，失声是自我的死亡。她声音后来的再现是自我的重生，然而由于时间的不可逆性，这是一种不同的声音和自我。在创伤性不幸中，存在着一个从失去到恢复的有价值的自我统一体。在盖尔的案例中，自我是暂时中断的，而在另一些情况下，如特蕾莎，存在着一个不可逆转的自我丧失和自我转变。特蕾莎失去了她存在的核心支柱——她的身份和最重要的人际关系，但她特意通过形成新的目标并建立与他人相处的新方式找到了内在的能力来接纳自己并重塑自己。显然，无论是恢复先前的自我还是创造新的自我，面对和接纳丧失是自我重建的先决条件。

社会关系、语言和文化在自我复原和转变过程中至关重要。例如，访谈者试图重塑特蕾莎的经历，把特蕾莎归类为依赖社会支持的人，但被特蕾莎顽强地抵制了。特蕾莎将她的自我定义为自我奋斗，这是她故事的中心主题。然而，在自我的动态和模糊的层次中，她也开始讲述故事的一个新的篇章，即她婚姻里的浪漫故事。此时，特蕾莎经历了同样患癌症的婆婆的去世，从那首证明了悲剧性死亡和丧失的深刻含义的诗中，她向丈夫发出了求助，并开始收到丈夫对她不安情绪和脆弱性作出的关心的回应。只要人还活着，自我就不是定论，因为这是一项仍在进行中的工作，是一个结局未定的故事。

第五节　经验总结：个人的观点

392

一、弗雷德里克·沃茨

第一，我的同事们。能够和凯西、琳达、朱瑟琳、罗斯玛丽，以及艾米莉一起工作，我对此深感愉快与荣幸。她们探索未知世界的开放性和勇气、敏锐的才智、坚定的信念、出色的研究能力将一直给予我灵感。她们教会我，来自不同方法论传统的学者可以将竞争和个人利益搁置一边，通过沟通对话彼此获得更深的理解和欣赏。怀着敬意去跨界，是克服我们专业不可避免地带有的狭隘性的一剂良药。

第二，关于质性研究的历史。在心理学领域，质性研究在其声名鹊起之前早已占有重要一席。弗洛伊德、詹姆斯、科尔伯格和马斯洛等研究者的杰出作品，是留给我们学习研究方法和发展质性研究方法论的名副其实的金矿。这一大片尚未探寻的领域蕴含着丰厚的学问，可以启发历史学家、质性运动的方法论学者，以及普通心理学的方法论学者。

第三，质性研究正在爆发式地席卷心理学[①]。1972年，我还是一名大学本科生的时候，我开展了人生中第一次质性研究——探索"时间的体验"。我只访问了一名受访者，就是我的妹妹，我访谈了她并分析了她的画作——我确信心理学能够从质性研究中获益良多。当我寻求学习机会的时候，那时候机会很少。如今将近40年过去了，质性研究最近在心理学领域蓬勃发展，为有志之士提供了丰富的学习机会，这也意味着未来挑战和希望并存。

第四，对创伤和抗逆力的探索。在这项研究中，有太多令人惊讶和富有启发的研究发现，此处无法一一列举。在我自己的研究中，我深刻地意识到创伤是一种意向性的自我毁灭，是生命中一种死亡的方式，我为此深受感动。这让我对遭受创伤的受害者有了一份新的同情，也对创伤后个人成长的可能性有了崭新的理解，尤其是对那些糅合了对立面的部分，如独立与依赖、权力与脆弱、理性与情感。在综合各种不同的分析时，我对处理前语言和语言过程的辩证关系感到入迷，尤其是语言以某种方式介入一个人的内心世界、自我蜕变，以及人与人之间的世俗关

---

① 在美国和中国的心理学学者中，定量研究还占据着绝对的主流地位。——译者注

系。我由此获得的一般性见解，可以帮我理解其他情境下的创伤经历，从战争和自然灾害到言语攻击、失去挚爱，从濒临死亡的受损到日常生活的短暂创伤。

第五，关于方法论的启发。我体会到质性研究方法在心理学领域兼具整体性和异质性。质性研究方法尽管有不同的传统，但是有一个坚实的基础支撑起通用的做法，这点对我是强有力的学习。此项研究也表明只要严格地扎根于这个统一的基础，不同的方法可以产生不同的贡献，我对此感到敬畏。用不同方式探知一项事物，可以扩大、加深而非削弱我们对真理的认识。这项研究计划也坚定了我的信念，即现象学可以为夯实心理学研究方法的一般基础提供重要贡献，源自不同传统的知识并非如以往设想那样相互排斥，而是能相互融合，现象学也能为此做出重要贡献。现象学阐明的程序隐含在我同事的研究中，甚至他们不一定察觉得到。现象学方法论的独特构成，即悬置（epoché）（自然科学和自然态度）以及意向性分析和本质分析的程序，为心理学的核心方法提供了基本构件，确保其扎根于现实，免于偏见，阐释意义并且理解心理生活的内容。最后，我得知来自其他传统的质性研究方法能够启发现象学，并且与现象学形成合力，我将敦促和指导我的学生朝此方向努力。

二、凯西·卡麦兹

这个项目拓展了我对质性研究方法和它们在心理学中的地位的认知。我从其他4位同事与艾米莉·麦克斯帕登身上学到了很多，我非常感激与他们共事的机会。质性研究常常是变革性的，对研究者和被研究者来说都是。这个合作项目改变了我对扎根理论作为一个独特方法，以及它与其他方法的关系的看法。

在开始这个项目之前，我认为建构主义扎根理论本质上就是一个解

393

释性的方法。但这个项目让我重新思考接近资料意味着什么，以及什么时候要引入对资料的解释。扎根理论着眼于经验世界，以确定资料中发生了什么。这个方法也鼓励对资料和从其中发展出来的分析性类属进行猜测。我的分析一直很接近资料，部分原因是资料的有限性限制了能促进理论建构的反复的、对比的分析。尽管如此，我还是从中了解到，这种方法依靠的不是个案的数量多少，更多的是靠资料的丰富性。

我们的合作使我更好地体会到扎根理论的内在特点，以及研究者能为他们的方法和他们所研究的世界带来什么。扎根理论的本质在于它的独特的策略——编码、备忘录撰写、类属建构、理论性抽样、理论饱和和整合性类属，以及持续使用比较的方法。如何以及多大程度上运用这些策略，研究者之间可能会有很大的差异。研究内容和分析单元也很重要。以前我是一个社会心理学家，关注的是个体。弗雷德、罗斯玛丽和朱瑟琳的分析，让我觉得他们比我更关注个体，而我对个体的关注则延伸到了他们所处的情境和更广泛的层面。

过去的3年中，我扩展了自己对方法的定义。扎根理论远不止它所包含的这些基本策略。方法、内容和分析的呈现含混在一起，中间的界限不再分明。扎根理论研究的主要内容决定了我们使用哪种方法和如何使用它们。我关于自我价值失而复得的分析引发了一些思考：哪些自我的特性保持着以前的模样而哪些已经改变。如果我要开展一个完整的研究，我需要建构回应这些问题的方法。报告怎么写也很重要。跟朱瑟琳一样，我也使用了文学手法，很多扎根理论学者都会被叙述吸引。关于过程的研究包括了一些基本的叙述要素：故事情节、角色、场景和方向。文学手法不是扎根理论的要素，但在写作中运用它能让报告更清晰，更有可读性。

最后，我们关于匿名性的讨论和决定引发了新的问题，也就是质性

394

研究中自主性与专制性之间的张力。我们的项目清楚地展现了一些伦理学家和民族志学者的长久共识：匿名性和保密性是相对的概念，在实践中是不一定能保证的。虽然有时是无意的，但研究者可能会向参与者作出匿名性和保密性的虚假承诺。当我们努力克服匿名性的伦理问题时，关于风险的默认假设就会开始起作用。我觉得，我们的讨论掩饰了一系列伦理原则的概念，一旦被确定下来，研究者就会认为那就是"对的"，那是一个伦理正确的决定。这些概念基于不变的和无争议的却有风险的定义，也就是表明，后面的伦理决策就是固定不变的。我们的伦理决策已变得具有流动性、条件性、富有争议性和开放性，还有可能被整个质疑。研究实践中的伦理挑战了教科书中对于伦理探究的指导方针。

三、琳达·麦克马伦

我从这个项目中学到了很多超乎想象的东西。我非常感谢有机会与我的所有合作者一起工作——弗雷德、凯西、朱瑟琳、罗斯玛丽和艾米莉。我经常告诉我的学生，要利用机会展示自己，即使（常常是，尤其是）似乎有点冒险并且结果未知。通过这个项目，我再次体会到这一经验：始于弗雷德里克·沃茨的"意外来电"，该项目被邀请作为 2006 年美国心理学会年会中质性研究教学专题报告的一部分，最终变成了一个为期 4 年、积累成这本书的项目。

我从这个项目中学到的令我谦卑的经验之一是，我（也许还有其他话语分析者，除了一些持批评态度的人之外）很少谈论我们的分析对被我们分析的人的影响。（我的研究小组的一位成员最近协助我检查了关于话语分析的伦理学材料。只有极少数人在索引中提及伦理学，在正文中包含有关伦理的实质性内容的作品就更少了。）由于话语分析者通常使用公共领域的自然发生的资料源（如媒体采访、期刊文章、博客、留言板、原始文字)工作，因此将分析反馈给研究参与者并非标准做法。另外，由于我们的分析不是针对语言或者谈话的提供者个人，而是(通常是)文化和历史上存在的话语模式，以及这些模式如何用于实现特定目的，因此研究者与参与者分享资料的分析并不常见。在本项目中进行这种尝试让我提出了许多问题：我是否应将我分析实践的本质告知研究访谈的参与者？不告知他们我们的谈话将被仔细地分析，或者他们可能并不会因分析而感到被理解，甚至可能因为如此近距离地审视对话而感到尴尬，这是否是一种欺骗？如果我选择邀请参与者参与分析，那么我会想到哪种形式的参与？一些批判性话语分析学者(Willig, 2004)认为，使用话语心理学的视角来分析因富有同理心的、促进性的访谈而生成的个人奋斗或遭受苦难的故事，在伦理上是不合理的。因为受访者期望他的经验成为探究的重点，并且他的话将从表层含义被分析。尽管我反对某些研究主题和主体超出特定方法论范围的观点，但我仍在思考这些问题。

对我来说，另一个被强化和细化了的经验是，了解质性研究方法的范围以及如何使用它们是重要的。尽管我向学生们强调了让研究问题来驱动方法选择的重要性，但我也告诉他们，他们很可能会着迷于(或发展)一种适合其分析能力、激情甚至是政治立场的方法。例如，我意识到，我无法完成弗雷德如此有天赋的、详尽的描述性工作，或者凯西如此擅长的详尽的逐行编码。我还了解到，通过质性工作来进行研究者的变革对我而言不如对罗斯玛丽那样重要，而且与朱瑟琳相反，我发现自己在心理学上思考得越来越少。接近这些方法并了解它们是如何被运用到相同的资料的，这使我对每个方法都有了更深入的了解。我现在将这种不断增强的认识和欣赏，传递给我的学生，希望他们在方法选择上也能更加明智。

四、朱瑟琳·乔塞尔森

我非常感谢有这次机会与这样一群有想法有能力的同事合作，我从他们身上学到了很多东西。正如细心的读者了解的那般，我对定义叙事方法的界限不太感兴趣，我更感兴趣的是探索我们如何能对叙事内容和话语过程展开详尽分析。毫无疑问，其他的叙事研究者可能会提出不同的侧重点；叙事分析只是一种工具，而不是保证特定结果的程序。最后，这项工作的成功取决于诠释性解读的可信度和说服力，也取决于这样的解读对学术的贡献。换言之，我更倾向于去阅读一篇能从中学到有趣知识的质性研究论文，它能教给我一些超越文本本身的东西，而不是注重是否遵循了正确的步骤。该研究方法的主要原则是参照文本材料记录自己的解释，并且通过使解释过程透明化来建立自己的可信度。

尽管我一直认为叙事研究运用了现象学、扎根理论、话语分析和直觉探询作为我们"工具箱"的一部分，我也意识到，单独运用这些方法开展分析有时要求会更严苛。因此，事实上，叙事研究者仅使用这些方法的一些基本原则，试图通过不同的视角来看待叙事文本，并进行全面的阅读，以获取文本的意义。

我认为我的分析的主要学术意义是提出了关于创伤后激烈情绪的管理的问题。情感与理性如何平衡？在应对过程中，他者和他者的情绪是如何被使用的？新的身份的可能性如何影响创伤以及由创伤引致的破碎身份？研究结果提出了一些有趣的问题，即如何利用他人的内在表征来应对创伤，这些问题远远超出了关于抗逆力和社会支持的领域，并丰富了对于可能构成社会支持的经验的理解，它们也将对后续研究有所启示。如果这是一个实际的研究项目的一部分，我会把对在特蕾莎的分析中得出的主题与其他相关的访谈资料进行对比，以比较和对照其他人是

397　如何管理思维和情感的，他们是如何寻找他者来帮助管理他们的内部状态的，以及他们是如何改变身份的。我还将转向理论文献，看看这些主题在各种概念框架中是被如何理解的。叙事研究旨在理解过程。特蕾莎的访谈资料以及我对它的分析提供了一些关于在重大创伤后可能发生的一些分裂和重新整合的过程的线索。

　　就我个人而言，从我对质性研究伦理的思考来看，让艾米莉阅读我们的研究分析是一种变革。归根结底，谁"拥有"这个故事？让艾米莉参与我们的研究结果呈现的过程，能帮助我们更好地理解解释的权威问题以及让参与者"发声"的复杂性问题。

五、罗斯玛丽·安德森

　　因为直觉探询最初是为研究变革性经验而开发的，所以我惊讶地发现我能够多么自如地将这一方法应用于一个最初并未将自己展示为与变革相关的主题的研究。在过去的十几年中，在这种方法的发展过程中，我一直认为直觉探询是一种少数的、质性的方法，对于需要（required）直觉洞察力才能充分研究的主题很有用（Braud & Anderson, 1998）。个人、社会和团体变革的主题通常属于此类。然而，现在我开始认为直觉探询及其过程在心理学研究中有着更广泛的应用。因此，我谨提出以下建议。

　　（1）将直觉探询中的程序整合到其他研究方法中，质性或定量的，帮助你将直觉的认知方式整合在研究设计中。当然，研究者在进行研究时总是深入了解他们的直觉洞察力。但是，直觉探询提供了独特的过程，这些过程专门以严格的方式引发和识别直觉洞察力。对于天生不习惯直觉的研究者，直觉探询还提供了一个计划，即一种诠释学结构，用以记录和辨别直觉的认识方式。对于天生就更具艺术性的研究者来说，直觉探询也提供了一种将艺术和想象的认知方式与学术和科学发现相结合的方法。

（2）选择直觉探询的周期 3 所需的描述性分析为分析程序的最佳方法。通过这种方式，研究者将使用直觉探询的诠释学框架，并且仍然保留其他质性和定量方法的知识完整性。因为直觉探询提供了一个后现代的视角，所以对周期 4 和周期 5 的研究结果的最终解释可以遵循后现代的视角，也可以遵循更为传统的视角，这是接受科学报告的观众所希望的和认为适当的。

（3）继续将直觉探询作为一种"独立"的方法，来研究那些本质上需要直觉洞察力才能很好地研究的主题。除了超个人主义和人本主义心理学的主题外，与荣格心理学、想象心理学、艺术和艺术治疗相关的主题，和直觉探询尤其一致。

总之，我们中的许多人倾向于认为，科学是对客观世界运作原则的发现。相反，直觉探询确认的是我们通过不断变化的新的洞察力和理解所创造出的世界现实。我在这个项目中发现，4 位质性研究的同事在不同程度上认同这一观点，尽管他们使用了不同的术语和隐喻。因此，作为一名研究者，我认为这个项目不那么孤独。自从几年前我积极参与以来，主流的心理学研究或者至少是质性研究肯定已经发生了变化，这一发现令人欣慰。当代心理学研究者的处境可能类似于欧洲中世纪的学者和艺术家，他们从一个扁平的世界视角"看到"世界并"绘制"城市地图，这至少具有体验时间和空间作为自然世界和人类感知的动态属性的优势。启蒙运动和科学把我们带入了一个更具时间性、线性和空间深度的视角。然而，从另一个角度来看，中世纪维度的视角是有价值的。也许心理学家现在愿意用动态的现实来想象这个世界，这个世界是我们通过刻苦的研究发现和理论来创造和扩大的。

第六节　最后的重要信息

在这里，我们列出了在这一过程中的重要的一般性发现。然而，这些结论只是过程的开始，而不是结束。每个人都渴望进一步探索。

（1）虽然心理学对质性研究方法的正式采用起步较晚，它却在开展质性研究方面具有悠久而重要的（尽管在很大程度上仍未被认可）的传统。这些开创性的作品为当代方法论提供了很多营养。

（2）心理学上的质性研究分析具有强大的共同基础，尽管在哲学的、理论的和特定的程序和方法上存在着差异。

（3）质性研究以其独特的目的和方法，对生命经验研究中的知识的产生做出了重要贡献。

第一，在进行质性研究之前，不能一劳永逸地建立伦理程序和实践。质性研究不仅需要应用行为准则和标准，而且还需要制定伦理上的"敏感和持续的关系"，这种关系应从研究者延伸到参与者，再延伸到参与者之外，包括参与者的家庭和社区，以及研究惠及的科学的受众和消费者。在研究者的领导下，各个利益相关者共同协作，对研究项目进行持续评估和修订。

第二，效度，也就是许多质性研究者喜欢称为"可信度"或"可靠度"的东西，是在研究的每个阶段建立起来的。它涉及科学与科学之外的领域即人类生活的融合，以及来自不同主体之间、心理学家和非科学家（包括参与者）之间的多种相互批判的观点之间的对话。在这些关系中，没有任何一组利益和价值享有排他性特权。

第三，从不同的角度，多次使用多种方法对资料进行质性分析，可以得出补充发现，从而增强科学性。批判性、对话性多元主义是一种生成性原则，它意味着人类科学要鼓励和邀请不同的目标、理论背景、方法论传统和个体研究者的情感。由此得出，质性元分析（qualitative meta-analysis）是一个可行的和有价值的实践，需要专家的知识在传统和历史的基础上有多元延伸。

（4）与传统的接受方法的等级体系，以及无原则的相对主义均不同，采用多种方法、有充分根据的循证科学是可能且令人向往的。不同的方法可以相互联系，不是作为陌生人或竞争对手，而是作为相互尊重的朋友，甚至是家庭成员，因为我们在这个主题上的共同利益和它对我们学习的要求是一致的。在采纳和探索共同的范式时，我们已经认识到共同的基础，并赞扬每种方法的独特性。我们对方法多元主义的挑战，对心理学中方法的不确定性扩散的回答，不是一场争夺支配地位的斗争（这只会导致一门科学分散在各个单独的"筒仓"中），而是相互尊重和丰富的统一，是为了争取更复杂的理解。

（5）虽然质性研究有能力忠实于人类秩序，但知识不可避免的有限性和客观性与非科学家的生活之间仍然存在着紧张关系。尽管研究者具 400 有特殊的专业知识，这不可避免地使他们处于权力和有知识的地位，但科学家的道德伦理义务是他们职业的首要责任。心理学研究者对非心理学研究者和非科学家负责，不管他们对心理学的理解程度如何，也不管他们的兴趣是相同还是不同。人类科学通过与他们的服务对象的对话而得到加强。

（6）质性研究运动正在改变心理学的学科认同及学科间的关系。从历史上看，心理学主要是一门自然科学，与文化人类学、历史学、社会学、经济学、政治学、文学研究、美学、神学和哲学等姊妹学科的接触和交流有限。心理学中的质性研究，从最初作为独立原则到现在，都把心理学理解为一门独特的人类科学，与艺术、美术、人文、其他文化科学以及教育、卫生和社会工作等服务行业紧密结合。质性心理学学者和这些学科的学者在研究方法和他们共同的人类主题方面相互学习了很多。质性研究运动最令人兴奋、最具挑战性和最有前途的方面之一是它的跨学科性。

我们在这个项目中探索的质性研究方法绝不是同质的。尽管每种传统都是截然不同的，但所有传统都有着共同的根基，彼此在历史上相互交流，并继续借鉴彼此的产品。作为最古老的传统之一，现象学因结合了诠释学、解放实践、批判性思维、叙事学和其他传统领域而取得了突破性进展，既传承了自身的生命力又挑战了传统的假设。建构主义扎根理论、叙事心理学和直觉探询都借鉴了现象学，并各自做出了独特的贡献。社会科学中的语言转向产生了话语分析等强有力的心理学新方法。叙事研究者可以运用话语分析的策略，进而运用叙事的概念，开发出理解和讲述人类故事的原创方式。诠释学传统在叙事和直觉探询中具有重要的整体意义，它们都深入探讨了人类生活的深度和高度。直觉探询可以整合几乎所有其他传统，但在其背景下，却赋予它们一种明显的变革性和远见性。这些分析传统和实践，即使存在差异，也绝不是相互排斥的。可以预见，正如质性研究者通过与主流心理学以及其他社会科学、401 人文学科和艺术学科之间的交流而发展起来一样，他们将在未来继续进行生成性的对话和交流。

[本章译者：钟晓慧、丁瑜、张文琪、郑静、连宏萍

本章校对：朱志勇（原书第 367～383 页，原书第 394～396 页）]

401

参考文献

Allport, G. W. (1942). *The use of personal documents in psychological science* (prepared for the Committee on the Appraisal of Research, Bulletin # 49). New York: Social Science

Council.

American Psychological Association. (2002). APA ethical principles of psychologists and code of conduct. Retrieved January 10, 2010, from *APA.org.*

Braud, W., & Anderson, R. (1998). Transpersonal research methods for the social sciences: Honoring human experience. Thousand Oaks, CA: Sage.

Churchill, S. D., Lowery, J. E., McNally, O., & Rao, A. (1998). The question of reliability in interpretive psychological research: A comparison of three phenomenologically based protocol analyses. In R. Valle (Ed.), *Phenomenological inquiry in psychology: Existential and transpersonal dimensions* (pp. 63-85). New York: Plenum Press.

Dilthey, W. (1977). Ideas concerning a descriptive and analytical psychology (1894). In *Descriptive psychology and historical understanding* (R. M. Zaner & K. L. Heiges, Trans.). The Hague: Martinus Nijhoff.

Freud, S. (1965). *The interpretation of dreams.* New York: Basic Books. (Original work published 1900)

Gergen, K. J. (1992). Social construction and moral action. In D. N. Robinson (Ed.), *Social discourse and moral judgment* (pp. 9-27). London: Academic Press.

Giorgi, A. (2009). *The descriptive phenomenological method in psychology: A modified Husserlian approach.* Pittsburgh, PA: Duquesne University Press.

Glaser, B. G., & Strauss, A. L. (1967). *The discovery of grounded theory.* Chicago: Aldine.

Husserl, E. (1977). *Phenomenological psychology: Lectures, summer semester, 1925* (J. Scanlon, Trans.). Boston: Martinus Nijhoff. (Original work published 1962)

Josselson, R. (2007). The ethical attitude in narrative research: Principles and practicalities. In J. Clandinnin (Ed.), *The handbook of narrative inquiry* (pp. 537-567). Thousand Oaks, CA: Sage.

Kahneman, D. (2003). Experiences of collaborative research. *American Psychologist,* 58 (9), 723-730.

Kvale, S., & Brinkmann, S. (2009). *InterViews: Learning the craft of qualitative research interviewing* (2nd ed.). Thousand Oaks, CA: Sage.

Wertz, F. J. (1986). The question of reliability in psychological research. *Journal of Phenomenological Psychology,* 17(2), 181-205.

Wertz, F. J. (1999). Multiple methods in psychology: Epistemological grounding and the possibility of unity. *Journal of Theoretical and Philosophical Psychology*, 19(2),131-166.

Willig, C. (2004). Discourse analysis and health psychology. In M. Murray (Ed.), *Critical health psychology* (pp. 155-169). London: Palgrave Macmillan.

盖尔的文本资料

　　下面是 3 位研究者——弗雷德里克·沃茨(第六章)、凯西·卡麦兹(第六章)和罗斯玛丽·安德森(第九章)在比较分析中使用的第二组材料。这些材料来源于与第四章的特蕾莎文本相同的背景——质性方法研究生班,同样也包括对"不幸"的书面描述和后续采访。尽管研究者在进行分析时没有得到相关的人口统计的背景信息,但为了方便读者了解,我们在此补充这位名为盖尔的研究参与者的信息。她在参与研究时 24 岁,母亲出生在美国,同时有着英格兰、苏格兰-爱尔兰、法国、德国和威尔士等欧洲的血统。她的父亲在非洲(坦桑尼亚)出生和长大,是印度人。访谈者是一名应用发展心理学博士生,女性。本附录有助于读者了解研究者如何依据原始材料来展开他们的分析。此外,鉴于 5 位研究者没有对这些文本进行详细分析,本附录也让读者有机会以自己的方式将这 5 种分析方法应用到这些材料的分析中。对这些材料的分析可以与使用这些文本的研究者对其做出的分析进行比较,也可以与对特蕾莎文本的分析进行比较。

一、书面描述

　　说明:用书面形式描述你遭遇不幸的情况。请在不幸事件发生之前开始描述。详细分享当时发生了什么,你的感觉和行动,以及之后发生了什么,包括你的反应和事情的发展情况。

404   1. 书面描述

那时候我正在×××大学念大三。那是 2001 年 12 月，我在练习体操。当时我的身体状况是最好的。因为比赛季马上就要到了，我们举行了一次"模拟运动会"。当时有一半人开始在高低杠上热身。我感到自信和安全。高低杠是我最强的项目。这一天，我感觉很好。我对自己的日常安排感觉很好，也知道今年是我大放异彩的一年。在过去的几年里，日子过得很艰难；我必须不断地向教练证明我自己，向他们展示，我能在压力下很好地比赛，他们可以指望我在重大比赛中表现出色。同时，这也是事情出现转机的一年。我的训练越来越得到教练和自己的认可。每一次练习都让我更加自信。

那是一个星期二，还是星期四？差不多是我们开始比赛的时候了，但是在比赛前我们有一个短暂的热身时间。我在横杠上做第三次热身。在我的高低杠常规项目的前半段时间里，我成功地完成了困难的组合动作。我想这"太棒了!"正如我所预料的，一切进展顺利。我从高杠过渡到低杠，然后用我的标志性动作再次向上移动到高杠。这是我日常训练中比较棘手的部分，因为这是一套新的动作，但令人兴奋的是，这是属于我自己的动作，我准备在比赛中使它成为标志性动作。当我从低杠上升到高杠时，我感觉自己在空中悬了一两秒钟。我再次觉得这"太棒了!"这次我已经足够高了，有足够的冲力来继续我剩下的常规项目。

突然，眨眼之间，我感觉我的身体迅速坠落……立刻……冲向地面。我掉落得很快，几乎是头朝下，像鱼雷一样撞在了高低杠下面的垫子上。不知怎么的，我错过了那个高低杠。我跳得太高了，离高杠太远了，抓不住它。我很快就往下掉。虽然速度很快，但我觉得那一刻漫长得像是永恒了。突然我听到一声"噼啪"的响声，或者是一滴眼泪？听起来就像把垫子粘在一起的尼龙搭扣撕开了。我想转过身去看是什么东西。等等，有些好笑。等等，又感觉哪里不对劲儿。我跪在高杠下面的地板上。我用左手摸右肘，感觉非常非常不对劲。那个地方再也没有肘部了，我的胳膊扭曲了。我感觉不到我手臂上有硬骨的那部分，它被弄弯了。我惊慌失措。尼龙搭扣的声音是从我的手肘发出来的？我抓住我的手臂，感受着因跌倒在地板上产生的新的弯曲。然后我震惊了。就在那一瞬间，我想想发生了什么事。我想到了我的赛季……白白浪费掉了。我再一次想到我缺席的那些模拟比赛……我想到了医生，我想到了手术。一想到手术，我就更加恐慌了。我记得当时那种震惊。当我摸到我的肘部时，我在恐慌和怀疑中大喊："我的天啊！我的天啊！"如此严重的事情居然在一瞬间发生了。然后，当一切尘埃落定，恐慌笼罩着我时，我不停地说："不！不！不！"首先是强烈的否认，然后是啜泣、挫败感和沮丧。我记得一开始我没有哭。然后，我意识到它很疼。当然那确实很疼。看看我对我的胳膊肘做了什么。它是向后的，我的前臂朝外。我想这一定很疼。这可能使它更疼了。

先是我的队友克里斯汀（Kristen），然后是本（Ben）和我的助理教练，他们向我跑了过来。我记得我在问这是怎么发生的，我记得当克里斯汀看到我的手臂时，她惊呼："天哪！"我不记得下一个跑来的是谁，但我知道运动防护师凯西在那里，因为她问了我一些重要的问题，比如我能不能活动，能不能感觉到自己的指尖。局面太混乱了，我甚至不知道如何回答这些问题。我祈祷我可以回答。不

405

知怎么的，我的手指开始动了，我很确定我能感觉到它们。我想知道，我的手指能够感知和移动是否意味着我不需要做手术。在那之后，事情变得有些模糊了，因为我感觉整个团队都挤在我周围，每个人都有话要说。在我的脑海里，我仍在慢慢地接受所发生的一切。我的右肘出了严重的问题！凯西开始挽住我的胳膊。当我看着她用绷带把我扭曲的手臂缠在一块泡沫板上时，疼痛更加剧烈了。我怎么能举起这只胳膊呢？然后，天开始黑了：我只想闭上眼睛。我开始头晕目眩，再也回答不出任何问题。我记得我的队友试着帮我爬起来。必须要有三个女孩来扶，我才能站起来，那时我觉得我失去了所有的力量。我光着脚，花了一段时间穿凉鞋。我的脚不停地往外溜，因为我没有力气也不想把它放在凉鞋里。我终于站了起来，这时有人把一件拉链运动衫披在我肩上。我穿着紧身连衣裤、短裤、凉鞋、拉链运动衫，小心翼翼地扶着胳膊，上车去看医生。

本（Ben）开车带我去的。我很高兴是他，因为在所有的混乱中，他好像一直在听我说话，真的很同情我。接下来真正让我印象深刻的是医生检查了那只我肿胀的手臂。我没有看，但我感觉他移动了我的手臂几次，不知怎么的，它又回到了原来的位置。有趣的是，我不记得这个过程是否痛苦。我相信是这样的。事实上，我印象深刻的是他居然这么容易就让我的手臂回到了原位，毕竟他是一个名声很糟糕的医生。我的手臂打了石膏，我被告知我的肘部脱臼了（很明显！），而且有一块骨头断了。石膏会帮助断骨愈合，好消息是我只需要打三个星期石膏。那天回到家时，虽然我很庆幸错过了晚上的考试，但我觉得我的生活失去了一些意义。我觉得自己是残疾人，我真的感到了身体上的疼痛。那天晚上，我感受到了舍友和

来看望我的队友们的极大关心。很多女孩都过来了，这很好，但是
我感觉很糟糕。我很沮丧，很失望，还有点震惊。那天晚上，当我
一个人躺在床上时，我终于哭了。我哭了，是因为我真的、真的很
沮丧。当我第二天早上醒来发现我的右手一夜之间肿得很厉害时，
我感到了最严重的身体疼痛和不适。尽管我不能记笔记，不知怎么
地我还是勉强自己去上课了。

　　在受伤后的几天里，我的头脑在情况是积极还是消极的判断之
间摇摆不定。一方面，它只是一块骨头的破碎和脱位。我不需要做
手术，三个星期后，等取掉了石膏，我就可以开始康复了。教练们
很乐观地认为我能在几个月内恢复健康，而且还能参加这个赛季的
比赛。他们的希望使我继续抱有希望，因为他们似乎还没有放弃
我。另一方面，在受伤前我的状态非常好。这本该是我大放异彩的
一年。然后，我就……残疾了。这个想法一直在我脑海中萦绕。

　　康复期比我想象的要长。取掉石膏后，我就有了这样一个愿
景，我可以重新开始锻炼了。我想立刻卷土重来恢复体力，我想开始
做平衡木训练来保持我的技能，同时尽量减少我的手臂动作。我知
道要回到高低杠上需要一段时间，但我必须(had to)做点什么。我
以为几个星期后我就能重新参加比赛。我不想坐在一旁看女孩们日
复一日地练习。我需要一个目标。我高兴地赤裸着未打石膏的手臂
(这个手臂真的动不了)走进健身房，想看看自己情况如何。我还没
有完全康复。骨头还未成形，但我把石膏取了下来，开始恢复手臂
的活动。这是我没有料到的挫折。在接下来的一个半月里，我焦急
地让手臂重新活动起来，做了一些没有力量要求的简单的调节练
习，最后回到平衡木上做一些简单的跳跃动作。此时，还没等我参

加，比赛季就已经开始了。我决定尽快回归，但我的身体似乎还没有准备好。

我又去看了两次医生，直到我的右臂恢复正常。这个时候，比赛已经进行到一半了。我有自己的工作要做。我当时很专注。我决心以最快的速度复出。随着平衡木技能的提高，我开始为进入现有的平衡木参赛阵容加大努力。与此同时，我开始恢复我的自由体操训练。跳马队最需要我，我决心挺身而出。我最自豪的时刻是3月初回到密歇根州的平衡木参赛阵容。虽然我在第一次比赛中没有获得最好的成绩，但是我的队友和教练们纷纷向我表示祝贺。

407

接下来的那个星期，在康奈尔，我完成了我这辈子最棒的平衡木动作。到赛季末，我参加了自由体操、跳马和平衡木的比赛，帮助我的团队获得了冠军。在这几场比赛中，我真的很享受比赛的每一刻。尽管我已经有13年的比赛经验，但我从未觉得我的表现是这么有意义。赛季结束后，我从队友和教练那里获得了最高票，被选为下一年的队长。仿佛我的努力和动力不只是让我能重新使用那些运动器材。

接下来的赛季是我迄今为止最好的一年。我最强的项目是高低杠，就是一年前让我受伤的那个项目。在比赛中，我证明了自己是一个非常稳定和可靠的竞争选手，在满分10分的情况下，我的得分高达9.825分。这一年，我真正认识到，我已经完全救赎了自己。曾经是我的弱点的东西现在变成了我的宝贵财产。三年后，我继续在高低杠上追求卓越，因为我的专注使我比以往任何时候都更接近我在体育方面的成功梦想。

2. 访谈介绍

访谈的目的是探讨个人能动性和社会支持在应对创伤或非常不幸的事件中的作用。书面记录被用作设计访谈问题的指南。访谈是面对面进行的，并且被录音，以确保后续文字转录的准确性。采访者的主要目标之一是研究每种类型的支持是如何以及何时在参与者的活动经验中被体现出来的。最初，采访者试图确定参与者对不幸事件的定义。整个访谈过程重点是了解参与者的内在动机以及她对支持的定义，以及她如何应对或克服不幸事件。参与者详细地说明了她在这一事件中的经历，即事件对她产生的影响，以及内部和外部动机如何帮助她康复。此外，访谈还详细阐述了书面描述中提到的影响参与者经验的主题要素。除了描述内在支持和关系支持外，访谈还讨论了不信任、震惊、羞耻感、个人责任感、控制力或缺乏控制力、残疾、恐惧、康复过程和抗逆力等主题。参与者愿意并有能力在书面描述和访谈过程中详细描述自己的经历，这大大有助于访谈过程的流畅性。回顾发现，为了获得更多的经验资料，采访者可能会问一些不太结构化的问题。

二、访谈转录

408

采访者：我们正在研究个人能动性和社会关系或社会支持如何以及何时在应对创伤中发挥作用。我的第一个问题是：你为什么选择描述这个事件？

参与者：当我想到不幸的情况时，我会想到一些明显消极的事情，一些瞬间的事情，一些没有计划的事情，一些与我想要的截然不同的事情。我一直朝着一个方向去想，突然，巨大的沮丧眨眼之间就发生了。事情发生得太快了。有很多不同的事情，比如我没有被这所研究生院录取。我想谈这个吗？这感觉更像是瞬间的事情。我想，如果我能谈谈发生的所有事情，以及整个事件的具体细节，那会更有意思。

采访者：你说你想让今年比往年更好。你能再多谈一点吗？

参与者：作为一个第一级别的团队（NCAA Division One）①的一员，我感到非常沮丧。当他们招募你的时候，很明显是想让你加入他们的团队，所以他们会鼓励你……噢，你可以在这些和那些地方帮助我们，你将成为关键人物……然后你上了大学一年级，你并没有做什么；有点像替补的板凳队员。我没想到会这样，因为在体操运动中，你越年轻，身体就越好。那么，为什么会在第一年被选为替补呢？我想，我当时的想法是，我要为队伍做得很好，我要拿高分，我要真正地上场比赛。大学一年级之后，我很失望，因为我上场比赛的次数并没有我想的那样多。我有做一点尝试……但这对我来说还不够。我觉得我需要更多的参与。我仍然需要更多的比赛。比赛非常非常激烈。内部竞赛结果决定一个人能否进入首发阵容。如果你没有进入前 6，那么你就无法参与比赛。现在回答你的问题……我没有做得那么好……在比赛中，我没有给我的教练留下足够的印象，他们对我没有足够的信心。我还得证明我自己。我需要更多的时间。

采访者：你当时还在上大学，所以……事故发生后，你的家人参与进来了吗？

参与者：实际上，并不是因为距离太远。到家的时候，我打电话给妈妈，您真的不想这么做，因为，你明白的……"嗨，妈妈，

---

① NCAA Division One 是美国国家大学体育协会（NCAA）校际体育赛事的最高级别。——译者注

您猜怎么着，我的胳膊断了。"你怎么能轻描淡写地说出来呢？她知
道这项运动是我生活的一部分。她知道这对我有多重要，告诉她这
件事，我不希望她对我感到失望，不要。我也不想让她为我感到失
望。我不想让她担心。我不想让她生气。我也很难过。我试着忍住
眼泪。如果她听到我哭，那会更糟糕的。我也告诉我妹妹了，她也
很同情我。她也做了很多年竞技体操运动员，所以她能够真正地体
会我的感受……她就像是一个队友，也是一个姐妹。我真的不记得
有那么多我的家人参与进来了。因为太多了，我该如何重提呢？我
一直在想未来……我手臂上打着石膏……我们继续吧。就在圣诞节
前，我记得和妈妈那边的家人坐在餐桌旁，我实际上一直捂着胳
膊。对我家人隐瞒这件事，有点傻，但同时我想我一定很羞愧……
我不想让别人为我难过。我不想别人问我发生了什么……与其说是
创伤，不如说是沮丧。我只是不想承认这件事发生了。

采访者：他们（你的家人）有没有参与过任何康复过程？

参与者：我的运动训练师可能在我的康复过程中发挥了最重要
的作用，她每天都在健身房。我妈妈和其他家人都不在身边。我觉
得我其实并不需要那么多来自家人的情感支持和心理支持，因为在
某种程度上我会说我很坚强。当然，我很难过……但同时我知道我
的职业生涯还没有结束。不是这样的，我该怎么办？是的，我该怎
么继续？我想我不需要这么多来自家人的支持，但我记得妈妈确实
来过。她带我到处买吃的，还帮助我做了一些不同的事情。我当时
有点无助。所以，我想说他们更像是背后的支持者。我觉得我妈妈
会说，因为我太专注了，以至于在某些方面都不需要她。当然，我
需要她，但她对此几乎采取了消极的看法。她没让我洗碗……所以

那很好。

采访者：我想问，你是如何透露信息的……你说过你是如何把胳膊藏起来的。

参与者：对此我还有话要说。我的体操教练在家。他有点像一个父亲，一个导师。我与他非常非常亲近。他在我去的那家健身房工作。我告诉他我摔断了胳膊，他完全震惊了。他因为这个情形很生气。他生气是因为他是我这么多年的教练，他送我去上大学，然后我就成了这样。把这件事告诉他，也让我很伤心，因为我不想让他失望。他就像我的体操神一样。把这件事告诉他让我有点痛苦，我不想展现我情感的那一面。

采访者：你是说告诉他或者你的家人更困难吗？

参与者：嗯，我想说这是一样的。然后是爸爸。我爸爸就像个保护者，所以我想让他知道这件事不要紧……我还在这儿，这件事发生了，但我没事，相信我。你的小女儿没事。我不想让他担心。你明白的，就是，你不想让你的父母为你操心。教练和父母是不同的，因为教练对这一情形会更沮丧，妈妈则会更保护我。

采访者：你说你觉得自己有"残疾"，你能描述一下这对你来说意味着什么，这种感觉持续了多久吗？

参与者：第二天我去上课了，我写不了字。我很沮丧，因为写字很痛，我花很长时间才能写字。做一些很简单的事情都有障碍。比如我不能洗脸，我不能梳头。前一天能做的小事情，现在我却做不了了……我只想着如何变得更好以及以后会发生什么。我只想摆脱痛苦。我只是感到非常沮丧，胳膊上的石膏还在那里。那石膏非常碍眼。我遮掩它。我不想让人们看到。我不想让别人看到我是残疾人。如果我把它盖上，那么它就隐形了，我就没事了。我终于能在石膏中伸展一点我的手臂，当然我认为我不应该这样做。有些事情我做不到，像照顾自己这种小事情，这让我很沮丧。

采访者：你觉得这种感觉会持续多久？

参与者：我觉得会持续在整个打着石膏的过程中。它每天都在提醒我。所以至少会持续三个星期吧。之后可能还会断断续续地持续几个月吧。

采访者：你说你必须"拖"自己去上课。你认为是什么推动了你？

参与者：当我说"拖"的时候，我的意思是我不得不把自己从床上拖起来。我是那种总是要去上课的人。我不喜欢落后。我从小学就这样。我感觉非常痛苦。我不能做正常的事情……但我还是得去上课。如果我待在床上，我会感觉对不起我自己。我觉得这反而会给我一个机会去接受这件事。我真的不得不强迫自己……在某种程度上，推动我的身体是违背我的意愿的。

采访者：听起来你得到了队友、室友和教练的支持。请告诉我他们对你的支持是什么。

411

参与者：我的队友们能很好地和我沟通。我更亲密的队友……知道我想要什么、我的目标、我的挫折，一切。他们可以看出我的渴望。他们真的能理解我，真的能推动我走得更远。所以他们真的真的对我很有帮助，主要是因为他们可以理解我的境况。我的教练们……非常支持我。其中一位教练说："她会回来的。"这太激励人了。我确实觉得他们很支持我。我的室友……带我去外面。我们做了非常多不同的事情。他们帮助我分散注意力，让我不再为自己感

到难过。他们帮我做饭，帮我带吃的回家。他们非常善良……周
到。所以，我认为每个群体都有自己的角色。

采访者：你觉得恢复过程有多长？

参与者：我认为在取掉石膏后，我会更好地掌控局面。我有这
样的想法：我真的会慢慢开始掌控局面。当然，我也很害怕，但至
少我可以控制我的恢复过程。但是他们告诉我，我不能举哑铃。这
让我非常令人沮丧，因为每次我去看医生，他都会告诉我……一个
月后再来吧。我觉得医生在拖我的后腿。我满怀希望地去看医生，
然后再次受挫。现在回想起来，我真的很高兴我没有冲回（训练
场）。这对我来说太漫长了。说到受伤的过程，其实很短，非常非
常短，但由于我执拗地认为"这是我应该去（should be）的地方"，当
我不断受挫时，我感到很沮丧。

采访者：你说医生拖了你的后腿，你觉得你的身体也在拖你的
后腿吗？

参与者：这是肯定的，不仅仅是医生在拖我后腿。其实这种说
法是不对的。是我的 X 光片让我退缩了。我想那就是我的骨头（在
拖我后腿）吧。我的骨头长得没那么快。当取掉石膏时，它才愈合
了一半。我的骨头完全愈合的时间比我预想的要长。所以我很容易
把责任归咎于医生。就好像，难道你不知道我的决心有多大吗？如
果我的大脑能治愈我的手臂，它会这样的。就好像，难道你对我不
是越来越有信心吗？你在看 X 光片，但那说明了什么？我会有这
种态度。

采访者：你说在你获得医生的"许可"后，你变得"非常执拗"。
你能描述一下吗？

参与者： 我记得我当时非常急切。在那之前很长一段时间我都很执拗于感觉上的事情，所以我觉得我已经做好了充分的准备恢复训练，尤其是在我说我被拖后腿之后。当我获得许可的时候，我已经准备好动身训练了。回想起来，我确信我做得有点过火了。我记得我很小心地使用我的手臂，但我的腿到了某个地步后会很酸痛。

采访者： 这听起来是，你在获得"许可"之前得到了所有的支持。在你的训练中，你是否得到了外界的支持？

参与者： 我不知道当我开始做事情的时候是否得到了很多支持，也许是因为我摆出了一种"我很好"的态度。我是如此想要好起来，让自己不再是残疾人，以至于让别人觉得我可能在某种程度上不需要任何帮助。我记得最清楚的是在我明显有残疾的时候得到的支持。我从最亲密的队友那里得到了最多的支持。她自始至终都陪伴着我。我很惊讶我还没有提到她。当我获得"许可"的时候，支持可能就不会这么多了，因为我可能不太需要它了。

采访者： 你是通过什么方式获得支持的？

参与者： 她陪着我一起训练。我们可以谈谈这个。她会鼓励我把失去的东西找回来。她知道我有多渴望它们，所以她会给我稍微多一些压力。不是很多，但她会说："这就是你明天要做的事情……这就是团队需要你的地方，看看你已经走了多远。"如果我感到沮丧，那么她会给我一些看法。

采访者： 在你康复之后，你说你觉得你的表现"很有意义"，我想你甚至可以说你更喜欢你的表现。你能描述一下吗？

参与者： 我回归后第一次参加的比赛是平衡木。那是我最弱的项目之一，但很快就成了我最强的项目。这是我当时唯一能做的。

412

我成功地完成了一组完整的平衡木常规动作，而且完全不使用我的手臂。我第一次回来参加比赛的时候，我对这项运动有了不同的看法。那时我真的很感激这项运动。我很高兴我参加了这个比赛项目。我感觉自己是团队的一部分。我从未像那样感觉自己是团队一分子。那天当我参加比赛时，我感受到了很多支持……每个人都有话要说。这非常非常地令人感动。接下来的一年……当我重返高低杠时，在某些地方我确实感到恐惧，但我非常感激这项运动，它对我意义重大。

采访者：你说你感觉"完全被救赎了"，你的意思是什么？

参与者：大四的时候，我认为高低杠是我的主要项目——以前高低杠一直都我最好的项目——我已经找回了它，那是我的主要项目，也是我每一次比赛都参加的项目。那是我在这个项目上最好的赛季。不仅如此，我还获得了出色的成绩，或者说我做了很大的贡献。不仅是这样，而是，哇，看看我走了多远！这是去年我能参加的最后一个比赛项目。很明显我是从那个项目上摔下来的。我胳膊受伤了，所以我不能做摆荡动作。所以我认为要完全救赎我自己就是要回归高低杠团队，而且我就是这么做的。前一年，高低杠我没办法参加，我参加了另外三个项目。第二年，整个事情就发生了变化。我回归了高低杠项目。这就是为什么我觉得我完全救赎了自己。

采访者：关于这次经历，你还有什么想告诉我的吗？

参与者：我意识到我从不谈论恐惧。我花了很长时间才回归了高低杠项目。当我最终回归高低杠项目时，我就可以做摆荡动作了。我知道这需要一段时间，但我害怕，因为在我做的一个动作技巧中，我会像这样扭动我的手臂，这对身体来说很不自然。那也是我的右臂。事情发生几天后，我看着一个队友从高杠到低杠做同样的过渡，她几乎和我一样摔倒了。我双拳紧握。我害怕极了。这一切都重现了，你知道我的意思吗？我为她担心。对我来说，这一切都重现了。关于那个动作的技巧，我觉得我的手臂伸得太快了，我很担心。我确实有过一些让我有点退缩、让我害怕的经历。这不是件容易的事。那是我未提及的事。

（附录译者：郑静）

术语索引[1]

A

Abductive reasoning, 溯因推理 166～167, 296, 381, 383, 384t

analytic methods and, 分析方法和溯因推理 92

compared to theoretical agnosticism, 比较溯因推理和理论不可知论 166～167

Action research, 行动研究 4, 207, 292, 297～298, 328, 334, 359

Agency, 能动性 95, 133, 143, 149, 157, 210～213, 216, 230, 238～239, 283, 284～285, 300, 305, 308, 310, 313, 319, 320, 388～390, 407, 408

Aim of research, 研究目的 50～51, 89, 150, 359, 364, 368, 375

Allport, Gordon, 高尔顿·奥尔波特 42～45

Analytic methods, 分析方法 91～92, 见资料分析, see also Data analysis

Anderson, Rosemarie, 罗斯玛丽·安德森 66～69, 289～291, 303～304, 312～314, 320～329, 397～398

Anonymity 匿名性

ethical issues and, 伦理困境和匿名性 356～358

norms in our culture and, 我们文化中的规范和匿名性 5～6

participant involvement and, 参与者的介入和匿名性 8

participant's experience of the analyses and, 参与者的分析经验和匿名性 337～341

Anthropology, 人类学 11, 63, 64, 92, 400

---

[1] 说明：本索引的每个条目后所附页码为原书页码，即本书边码；页码后面的 f 表示表格(figure)，n 表示注释(note)，t 表示表格(table)；索引是为方便研究而设，原书索引词后的页码，并非都是索引词原封不动出现的页码，有相当一部分页面的内容只是体现了索引词所揭示的主题(如 Action research)，大部分二级索引词尤其如此，有的词在行文中根据语法会有变化(如 Aim of research 在原书第 89 页写为 research aims)；中文与英文的语法不同，在翻译时，索引词为词组的，往往在正文中有不同的翻译，如 Reconstruction of self，译为"自我重建"，但在原书第 177～178 页，必须译为"自我的意向性重建"(intentional reconstruction of self)；一个英文单词或词组往往在中文中有多种含义，相应地，会有多种翻译，索引词中只列最为重要的(作为术语的)中文翻译。

作者介绍

弗雷德里克·沃茨（Frederick J. Wertz）：博士，福特汉姆大学（Fordham University）心理学教授、系主任，2020年退休并任荣誉教授。他曾荣获科学领域的杰出教学奖、美国心理学会质性研究杰出贡献奖。他的学术研究聚焦于心理学、哲学、方法论、理论和文化语境的领域。他曾担任《现象学心理学期刊》（*Journal of Phenomenological Psychology*）和《理论与哲学心理学通报》（*Bulletin of Theoretical and Philosophical Psychology*）的编辑；编著《心理学中的质性研究进展：主题与变化》（*Advances in Qualitative Research in Psychology: Themes and Variations*）；编辑《人本主义运动：复苏心理学中的人》（*The Humanistic Movement: Recovering the Person in Psychology*）。沃茨博士还曾担任美国心理学会多个分会的主席，包括理论与哲学心理学分会、人本主义心理学分会、心理学质性研究分会等，也曾是北美现象学家跨学科联盟（Interdisciplinary Coalition of North American Phenomenologists）的主席。目前他是美国心理学会代表理事会成员。

凯西·卡麦兹（Kathy Charmaz）：博士，曾任索诺马州立大学（Sonoma State University）社会学教授。她的大部分学术成果采用了或发展了扎根理论的方法。她的著作包括《好日子、坏日子：慢性疾病和时间中的自我》（*Good Days, Bad Days: The Self in Chronic Illness and Time*）（曾获奖）和《建构扎根理论：质性研究实践指南》（*Constructing Grounded Theory: A Practical Guide Through Qualitative Analysis*）。卡麦兹博士已经发表了许多关于慢性疾病经历、痛苦的社会心理学著作，以及为公众进行的写作，还有扎根理论和质性研究的作品，她还曾担任太平洋社会学协会(Pacific Sociological Association)主席。此外，她还获得了符号互动研究协会(Society for the Study of Symbolic Interaction)的指导和终身成就奖。她关于扎根理论的著作成为经典，并为推动扎根理论的发展作出了卓越的贡献。凯西·卡麦兹于 2020 年与世长辞，享年 81 岁。

琳达·麦克马伦(Linda M. Mcmullen)：博士，萨斯喀彻温大学(University of Saskatchewan)心理学教授，曾担任系主任，目前为社会科学院执行副院长。她的质性研究形式多样，得到了加拿大社会科学及人文研究理事会(Social Sciences and Humanities Research Council of Canada)的资助。她的研究关注人们如何使用语言来做事，语言如何塑造社会和文化背景及如何被塑造。麦克马伦博士已经发表了一些文章，撰写了书的部分章节，她和珍妮特·斯托帕德(Janet Stoppard)合著了《情境悲伤：社会背景下的妇女与抑郁》(*Situating Sadness: Women and Depression in Social Context*)。此外，她还是加拿大心理学会(Canadian Psychological Association)的理事，曾获得萨斯喀彻温省心理学会(Saskatchewan Psychological Association)为表彰她对心理学专业的杰出和长期的贡献而颁发的吉林斯奖(Jillings Awards)和萨什喀彻温大学学术自由奖(Academic Freedom Award)。

朱瑟琳·乔塞尔森(Ruthellen Josselson)：博士，菲尔丁研究生大学(Fielding Graduate University)心理学教授。她的作品常使用叙事的方法来探究女性身份与人际关系。她的著作包括《修正自己：从大学到中年的女性身份故事》(*Revising Herself: The Story of Women's Identity from College to Midlife*)、《我们之间的空间：探索人类关系的维度》(*The Space Between Us: Exploring the Dimensions of Human Relationships*)、《卖花女：人们如何创造彼此》(*Playing Pygmalion: How People Create One Anoth-*

er)、与特里·阿普特(Terrie Apter)合著的《最好的朋友: 女性友谊的快乐与危险》(*Best Friends: The Pleasure and Perils of Girls' and Women's Friendships*)。她与艾米娅·利布里奇(Amia Lieblich)合作编辑了 6 卷《生命的叙事研究》(*The Narrative Study of Lives*),与艾米娅·利布里奇和丹·麦克亚当斯(Dan McAdams)合作编辑了 5 部叙事研究著作:《路上的转弯》(*Turns in the Road*)、《近距离与个人》(*Up Close and Personal*)、《身份与故事》(*Identity and Story*)、《治愈情节》(*Healing Plots*)和《他者的意义》(*The Meaning of Others*)。她还撰写了欧文·亚隆传记《欧文·亚隆: 关于心理治疗和人类情境》(*Irvin Yalom: On Psychotherapy and the Human Condition*)。乔塞尔森博士还是美国心理学会的亨利·默里奖(Henry A. Murry Award)和西奥多·萨宾奖(Theodore R. Sarbin Award),以及美国心理学会质性研究杰出贡献奖的获得者。乔塞尔森博士是欧文·亚隆心理治疗研究所的负责人之一。她是心理学质性研究协会(Society for Qualitative Inquiry in Psychology)的创始人之一,也是美国心理学会期刊《质性心理学》(*Qualitative Psychology*)。

罗斯玛丽·安德森(Rosemarie Anderson): 博士,索菲亚大学(Sofia University)超个人心理学研究所(Institute of Transpersonal Psychology)荣休教授,同时也是圣公会牧师。她与威廉·布劳德(William Braud,已故)合著了《社会科学的超个人研究方法》(*Transpersonal Research Methods for the Social Sciences*)和《通过研究转变自我和他人》(*Transforming Self and Others Through Research*),她同时也是《凯尔特神谕》(*Celtic Oracles*)的作者。她还翻译了老子的《道德经》。除了直觉探询,安德森博士还研发了身体智力量表,用来测量三种类型的身体意识、具身写作和一种从身体角度描述发展的人类发展模型。2017 年,她荣获美国心理学会人本主义心理学分会亚伯拉罕·马斯洛传统奖(Abraham Maslow Heritage

Award）。

艾米莉·麦克斯帕登（Emily Mcspadden）：在福特汉姆大学获得应用发展心理学项目的博士学位，目前为布朗克斯社区学院（Bronx Community College）心理学助理教授，此外，她曾在阿尔伯特·爱因斯坦医学院（Albert Einstein School of Medicine）为癌症患者担任团体治疗主持人。麦克斯帕登博士的研究兴趣包括应用发展心理学、青少年抗逆力、临床干预研究性别研究等。她的主要研究方法包括混合研究方法、存在主义现象学和扎根理论。

译校者介绍

(按姓氏拼音排序)

丁瑜，中山大学社会学与人类学学院社会学与社会工作系副教授、博士生导师。研究兴趣和专长包括社会工作研究（如妇女社会工作、妇女服务、社会工作中的性别问题、医务社会工作等）、性别研究（包括女性工作与日常生活、妇女流动及劳动就业、婚姻家庭、性别多元等议题）、日常生活研究等。邮箱：dingyu6@mail.sysu.edu.cn

高雨桐，北卡罗来纳大学教堂山分校（University of North Carolina at Chapel Hill，UNC）学校心理学专业博士研究生。研究兴趣包括青少年暴力、校园暴力、性别平等教育、社会情感能力教育等。邮箱：gyutong@unc.edu

李沛薇，莱斯利大学（Lesley University）心理咨询系副教授。她毕业于印第安纳大学（Indiana University）并获得心理咨询和研究方法论双博士学位。李沛薇博士致力于理解与社会边缘化和支配地位有关的复杂权力关系，以及这些关系如何维系和改变社会和系统的病态、不平等关系和心理创伤。她探索批判心理学和批判质性方法论的交界点。研究方向包括多元文化自我认同的发展、解放行动的潜力及对认可和团结力的本质的理解和应用。邮箱：greenappleap@gmail.com

连宏萍，北京师范大学政府管理学院教授、MPA教育中心主任、政府管理研究院副院长。英国阿伯丁大学（University of Aberdeen）社会学博士，香港城市大学公共政策学系博士后。出版英文专著3部（独著1部、合著2部），中文著作1部，教材1部，并在中英文核心期刊发表论文40余篇，承担国家社科基金项目等课题若干。邮箱：hplian@bnu.edu.cn

王曦影，北京师范大学教育学部教育基本理论研究院教授、博士生导师。2014年，国家留学基金委—哈佛大学横向博士后。2015年美国史密斯学院（Smith College）访问学者。2018—2019年南京大学社会学院郑钢访问学者。2019—2020年哈佛燕京学社访问学者。王曦影教授的研究兴趣包括青年研究、教育社会学、质性研究方法、性别暴力、性教育、校园欺凌、亲密关系等。邮箱：xiyingw@bnu.edu.cn

张文琪，华盛顿大学（University of Washington）教育学院教育政策、组织、领导力专业博士研究生。研究兴趣包括校长职前培训及专业发展、校长教学领导力的培养、女性校长成长、循证教育决策、循证教学改革、质性研究方法等。邮箱：wenqi77@uw.edu

郑静，深圳大学社会学系助理教授，硕士生导师。香港大学博士。主要研究领域为婚恋文化、家庭关系、性别关系。在深圳大学教授社会学概论、家庭治疗、亲密关系与相关社会热点议题等课程。邮箱：zj@szu.edu.cn

钟晓慧，中山大学政治与公共事务管理学院副教授。香港大学社会工作及社会行政学系博士。主要研究领域包括家庭变迁与家庭政策、社会福利与社会政策。学术成果发表于《社会学研究》、《妇女研究论丛》、《公共行政评论》、《开放时代》、*Journal of Asian Public Policy*、*Health & Social Care in the Community*等优质中英文期刊，并多次被《人大报刊复印资料》《新华文摘》《中国社会科学文摘》转载。兼任中国妇女研究会第五届理事会理事，中国社会学会家庭社会学专业委员会理事及副秘书长，广州市社会保障研究基地研究员。邮箱：zhongxh25@mail.sysu.edu.cn

朱志勇，北京师范大学教育学部教育管理学院教授、博士生导师，其秉持的学科（理论）视角是教育社会学，致力于质性研究，研究兴趣包括西藏教育、教育政策、学校与社区、学校领导与管理、教师教育、课程改革、课堂教学革命、高等教育等。邮箱：zzy@bnu.edu.cn

图书在版编目(CIP)数据

　　一个案例，五种方法：质性研究与资料分析的艺术/ (美)弗雷德里克·沃茨等著；王曦影等译. —4 版. —北京：北京师范大学出版社，2023. 3(2024. 1重印)
　　(社会科学研究方法丛书·心理学)
　　ISBN 978-7-303-27764-3

　　Ⅰ. ①一… 　Ⅱ. ①弗… ②王… 　Ⅲ. ①心理学－研究
Ⅳ. ①B84

　　中国版本图书馆 CIP 数据核字(2022)第 044038 号

北京市版权局著作权合同登记号：图字 01-2019-5233

图书意见反馈　　gaozhifk@bnupg.com　　010-58805079

YIGE ANLI，WUZHONG FANGFA：ZHIXING YANJIU
YU ZILIAO FENXI DE YISHU

出版发行：北京师范大学出版社　www.bnupg.com
　　　　　北京市西城区新街口外大街 12-3 号
　　　　　邮政编码：100088
印　　刷：北京盛通印刷股份有限公司
经　　销：全国新华书店
开　　本：710 mm×1000 mm　1/16
印　　张：36.25
字　　数：470 千字
版　　次：2023 年 3 月第 1 版
印　　次：2024 年 1 月第 3 次印刷
定　　价：158.00 元

策划编辑：周益群　　　　　　责任编辑：刘　溪
美术编辑：李向昕　　　　　　装帧设计：李向昕
责任校对：陈　民　　　　　　责任印制：马　洁